国家社会科学基金项目·经济学系列

无形资产统计方法
最新进展与实证研究

马晓君　著

本书由辽宁省人文社会科学重点研究基地东北财经大学国民核算研究中心资助出版。本书是国家社会科学基金重大项目"我国全面参加全球国际比较项目(ICP)的理论与实践问题研究"（13&ZD171）的阶段成果；国家社会科学基金"基于数据挖掘的无形资产测度方法最新进展及实证研究"（13CTJ005）的最终成果。

科学出版社

北　京

内 容 简 介

　　无形资产是整合、顺化有形资产的资产，是真正意义上的生产力，仅关注有形资产难以指导国家经济健康增长，以及企业长远合理发展。本书从中国传统文化出发，以马克思主义思想为指导，结合中国特色赋予无形资产五行属性，提出有中国特色的无形资产的经济学理论，给出无形资产全新的定义、分类和属性。本书的突出特色是用前沿的方法解决中国民族企业发展的实际问题，以中国特色的方式制定规则，让中国无形资产统计核算走向世界。

　　本书主要适用于愿意学习无形资产知识的教师、学生、研究人员和实际操作部门的工作人员。怀着对 21 世纪的憧憬，以及无形资产发展的展望，我们尽可能在传统的框架中加进了教学、科研的体会与成果。

图书在版编目（CIP）数据

无形资产统计方法最新进展与实证研究 / 马晓君著. —北京：科学出版社，2016

　ISBN 978-7-03-049098-8

　Ⅰ. ①无… Ⅱ. ①马… Ⅲ. ①无形固定资产–统计方法–研究　Ⅳ. ①F273. 4-32

　中国版本图书馆 CIP 数据核字（2016）第 142231 号

責任编辑：魏如萍 / 责任校对：李　影
責任印制：徐晓晨 / 封面设计：蓝正设计

科 学 出 版 社 出版

北京东黄城根北街 16 号
邮政编码：100717
http://www.sciencep.com

北京京华虎彩印刷有限公司 印刷

科学出版社发行　各地新华书店经销

*

2016 年 6 月第 一 版　　开本：720×1000 1/16
2016 年 6 月第一次印刷　　印张：19 1/2
字数：391 000

定价：110.00 元

（如有印装质量问题，我社负责调换）

作者简介

马晓君，经济学博士，东北财经大学副教授，硕士生导师，中国商业统计学会理事。主要研究宏观经济统计、无形资产统计。主持完成国家社会科学基金项目 1 项、省部级社会科学基金项目 2 项，参与国家社会科学基金重大项目 2 项，参与国家级和省部级课题 20 多项。出版专著 2 部，在《管理世界》《系统科学与数学》《人民日报（理论版）》《价格理论与实践》《数学的实践与认识》等学术期刊公开发表论文 30 余篇，获得 2011-2012 年度辽宁省哲学社会科学成果奖（政府奖）二等奖等多个奖项。

前　言

无形资产（intangible assets）作为一项重要的经济资源，它的存在及对社会经济发展的推动作用是客观的、不容忽视的。如今，随着以知识和技术为依托的经济时代和以数据挖掘技术迅猛发展为标志的大数据时代的到来，无形资产的重要作用进一步凸显出来，无形资产正日益成为评估企业市场价值的主要动力。不仅如此，对一个国家来说，"无形"的国家软实力等因素也是体现国家真正实力的一方面。关注无形资产的研究乃是有效指导国家经济健康增长，指引企业长远发展的灵丹妙药。

无形资产的无形性、独占性、超额营利性、依存性、资源性、不稳定性和长期性等特点，导致无形资产的统计与评估困难且耗费大量人力物力。目前，国内在该领域的研究尤为落后，该领域的知识更新早已迫不及待。而数据挖掘技术具有速度快、处理数据量大、即时性和可编程等特点，可以有效对应无形资产的统计与评估难点。笔者对无形资产长时间的研究发现，将处理大数据常用的数据挖掘方法理论应用到无形资产的统计与评估中，可以大大简化统计过程、节约宝贵时间并能保证结果的有效性。因此，笔者搜寻国内外数千篇最前沿的相关研究文献，总结并汲取国内外学者研究成果的精华，从理论和实证上研究无形资产统计前沿问题。

本书创新性地结合中国特色构建无形资产理论的价值基础，赋予无形资产"中国特色的"灵魂。首先，构建具有中国特色的无形资产理论体系；其次，总结当前无形资产统计方法的最新进展；再次，结合数据挖掘技术与无形资产统计方法针对企业无形资产研究热点问题进行实证研究；最后，对数据挖掘技术应用于无形资产统计的研究领域进行总结与展望。

本书由辽宁省人文社会科学重点研究基地东北财经大学国民核算研究中心资助出版。本书是国家社会科学基金重大项目"我国全面参加全球国际比较项目(ICP)的理论与实践问题研究"（13&ZD171）的阶段成果；国家社会科学基金"基于数据挖掘的无形资产测度方法最新进展及实证研究"（13CTJ005）的最终成果。

目　　录

第一章 引　言

卷首语：
整合、顺化有形资产乃是无形资产，
善攻者动于九天之上乃无形资产角度的战略思索！

第一节　选题背景及研究意义

一、选题背景

资本是决定经济生产的重要因素，随着科学技术的进步，现代经济越来越具备创新经济、知识经济、无形经济和互联网经济的特征，进入大数据时代。在此背景下，经济增长逐渐摆脱对传统实物资产的依赖，仅仅考虑传统实物资本积累，在一定程度上已经无法解释国家获得的经济增长业绩，更无法解释企业获得的经营成长业绩。无形资产是整合、顺化有形资产的资产，是真正意义上的生产力；更进一步，仅仅关注有形资产更无法指导国家经济的长远健康增长，以及企业的长远合理发展。无形资产乃是善攻者动于九天之上的战略掌控，是国家未来的财富，所以在当今时代无形资产的统计更为重要。虽然无形资产统计非常困难，但是统计研究人员和工作者也绝不能放弃。根据笔者对无形资产统计的长期关注和研究，中国在该领域的研究落后，现有研究成果中唯一系统性且最新的为 2006年的出版物，知识更新的急迫性不言自明。

二、研究意义

（1）结合中国特色构建无形资产理论的价值基础，赋予无形资产"中国特色的"灵魂。

本书从由中国特色的角度给出无形资产的定义：无形资产是企业所拥有的无实物形体的用于整合和顺化有形资产的资产，无形资产与有形资产共同构成了企业资产的总和，无形资产与有形资产之间的关系是天地关系，轻清者上浮则为天为无形资产，重浊者下沉凝为地为有形资产，故善攻者动于九天之上乃无形资产高度的战略规划，企业的长久发展依靠于无形资产高度的战略规划，此乃企业核心资产。无形资产与有形资产之间的关系是阴阳，不可分割，对立统一。

本书将无形资产分成五种类型，分别是创新型、管理型、营销型、信用型和人力资源无形资产。关于五种类型的无形资产，它们不仅仅具有经济属性、社会属性，还具有自然属性。中国传统文化在事物自然属性的探索走得比较深入，而且中国文化讲究格局，探索事物之间的关系及作用，是对五种类型的无形资产经济社会属性最好的补充和扩展，五行属性就是事物自然属性中最为常见的属性，如果把无形资产作为一个相对独立的事物，它内部分为五种类型，正好与五行自然属性相应，我们可以挖掘无形资产五种类型相对应的自然属性，则创新型无形资产具有金的属性，信用型无形资产具有土的属性，管理型无形资产具有木的属性，人力资源具有水的属性，营销型无形资产具有火的属性。

（2）高屋建瓴，纵观世界无形资产统计方法前沿进展。

美国经济学家 John McMillan 说，依靠个人的所有资源，一个经济学家能够相对轻松地对他所研究的领域了如指掌，但是要想跟上经济学作为一个整体的发展则是一个相当大的挑战。这个道理同样适用于无形资产统计领域。世界经济统计领域已经取得了显著性进展，系统全面地对其进行审视，是统计学者必须做的工作。故本节关注近些年来国内外前沿统计方法的最新进展，在互联网时代和大数据时代，数据库中存储的数据不仅数量巨大，而且很多数据都是非结构化的。然而，在人们所表达的有效信息中，85%的信息存在于非结构化数据中，这就决定了这个时代的数据处理走向了数据挖掘、人工智能、机器学习，这是统计方法的最前沿，本节对数据挖掘、文本挖掘、意见挖掘等最前沿方法进行梳理，同时也对面板数据统计方法进行最新进展跟踪，其原因是在大数据时代15%的结构化数据也是复杂、多维度的，面板数据分析恰恰可以解决此问题。关于无形资产核算的世界最新标准已经公布（联合国等，2012），结合其他国际标准组织，如经济合作与发展组织（Organization for Economic Co-operation and Development, OECD）、《弗拉斯卡蒂手册》（*Frasati Manual*），以及美国等国家的无形资产，本节探讨无形资产核算方法最新进展，并且提出不能盲目跟随国际标准及其他国家无形资产的核算方法，因为中国有自己的国情，盲目跟随有可能把中国带入核算的陷阱之中而不能自拔。

（3）实实在在，做无形资产中国实证分析，提出企业发展之策。

国际上以数据挖掘、意见挖掘等方法为无形资产最新统计方法引入中国，然后利用中国数据进行实证分析，进而探讨这些舶来的先进方法如何本土化，用于分析中国本土的实际问题，无形资产乃是善攻者动于九天之上的战略掌控，是整合、顺化有形资产的资产，是真正意义上的生产力，所以用无形资产分析方法为中国民族企业献计献策，实为研究无形资产统计分析的目的之一。本书中的实证部分，分别对信用型无形资产、营销型无形资产、创新型无形资产及总的无形资产进行实证分析，其中所有实证专题都是为中国民族企业的发展提供建议和策略的实证应用研究，是央企中行国际、中国跨境电商领军企业河南保税物流中心、中小型企业沈阳海水动漫科技有限公司、沈阳蕴灵文化传播有限公司的委托项目，并实实在在为这些企业提出有战略意义的企业发展之策。

（4）尽匹夫之力，认真谨慎，为区域经济发展提出战略思索。

在区域经济发展战略思索中给出两个区域经济发展核心战略。首先，"引凤"不如"养凤"的战略核心如下：第一，选择条件合适的企业纳入"养凤"计划，促进其快速强势崛起；第二，加强龙头企业的辐射效应，整体拉动地方经济的发展；第三，布局校企联合之技术攻关，短期时间内抢占技术高端，甚至制高点；第四，探索中小企业的资本扩张模式。其次，因地制宜，发展地方特色文化，地方名片文化先行的主导理念如下：第一，选择一个地方企业为原型，以其成长过程为背景，以政府的支持为衬托，写出小说、剧本，拍摄电视剧或者动漫；第二，做出各行业布局的情况调查，并做出各行业协调发展的整体规划。

第二节　本书项目方法创新之处及主要建树

一、本书项目方法创新之处

本书在对上千篇外文文献进行归纳、整理的基础系统，分析目前国际上比较流行的可以用于无形资产定量分析的统计方法，尤其是数据挖掘的方法，并将这些前沿数据处理方法应用到中国企业，同时解决这些企业的实际问题，并对舶来的方法进行适用于中国实际情况应用方法的创新，具体体现为以下几点。

在基于数据包络分析（data envelope analyse，DEA）交叉评价模型的我国R&D 效率的评价分析中方法创新之处在于：其一，基于科技研发活动的特点，科研活动需要在投入产生后一段时间才能得到相应的产出，因此在本书对 R&D 效率评价研究中，将 R&D 投入产出的时滞问题考虑进来，使研究结果更科学合理；其二，考虑到 DEA 模型存在无法准确确定各个决策单元权重的不足，本书将 DEA 模型改进，采用 DEA 交叉评价模型，有利于各个决策单元权重的确定。

在基于数据挖掘的我国上市公司信用型无形资产风险评估实证研究中方法创新之处在于：其一，数据挖掘技术中的决策树（decision tree，DT）算法，在分类和预测等领域有十分广阔的应用前景。然而，本书却从决策树变量选择的角度出发，利用决策树针对单变量分析的特点，从众多的评价指标当中，挑选出对上市公司信用最具影响力的指标，为反向传播（back propagation，BP）神经网络的建立提供了良好的数据环境，也为决策树变量选择功能的实际应用提供了有益参考。其二，结合数据挖掘技术中的决策树单变量分析和人工神经网络（artificial neural network，ANN）综合变量分析的特点，综合运用两种算法建立制造业上市公司的信用风险评估模型。与以往大多数研究只采用单一数据挖掘分类算法预测相比较，本书提供了更为广阔的建模思路，为数据挖掘分类算法的综合运用提供了新的研究方向。其三，研究总结数百篇关于文本挖掘最新最前沿的中外文文献，对当前应用最广泛最成熟的文本挖掘方法进行对比分析，本书开创性地提出将文本挖掘方法应用于无形资产的评估中，未来这将是文本挖掘的应用与无形资产评估的最前沿命题。

在基于条件随机场（conditional random fields，CRFs）模型的中国电子商务平台产品评论意见挖掘的实证研究中方法创新之处在于：采用意见挖掘中的条件随机场模型进行分析，在模型中加入是否评价句特征，大大提高了条件随机场模型的效率和性能。

在基于层次分析法（analytic hierarchy process，AHP）与 BP 反向传播网络联合模型中国跨境电商风险评估应用研究中方法创新体现在以下两点：其一，借鉴前人对电子商务链的研究，并结合完整的跨境电商交易流程，针对交易环节划分比较笼统、指标构建局部化问题，构建一套崭新完整的跨境电商风险评估指标体系；其二，由于跨境电商客户样本风险无直观数据，而 AHP 能实现风险指标权重确定，对风险指标进行明确的量化测度，且结果具有较高的可信度，进而实现样本数据的收集与整理。BP 反向传播网络模型复杂的数据传递处理机能，模型精度高且可靠性较强。故本书构建 AHP 与 BP 反向传播网络联合模型对跨境电商风险评估进行研究。

二、本书项目的特色与主要建树

本书的突出特色是有中国特色地引入国际先进方法，并注入中国灵魂；然后站在中国立场上输出，即用前沿的方法解决中国民族企业发展的实际问题，以中国特色的方式制定规则，让中国无形资产统计核算走向世界。

（一）关于无形资产理论方面的建树

本书尝试性地给出无形资产的理论基础、社会主义市场经济理论及新经济增长理论。本书提出社会主义市场经济理论是有中国特色的无形资产统计的理论基础，同时也需借鉴西方关于无形资产的理论，即新经济增长理论。新经济增长理论分别分析了无形资产中的投资外部性、产品创新、人力资本积累、技术模仿及扩散，以及创新和企业家精神作为经济增长的驱动因素对经济增长的贡献，而没有把它们作为一个有机整体——无形资产来讨论对经济增长的贡献，所以本书尝试整合新经济增长理论，构建无形资产对经济增长贡献的理论模型。

本书挖掘无形资产的特征，不仅包括经济管理学特征，还包括自然属性特征——相互作用性。相互作用在物理学中是指任何物质的某种运动，都会对其他物质及其运动产生影响，而影响的强弱程度取决于两个相互作用的客体对该种运动的共振程度。无形资产内部各要素之间也存在相互作用、相互影响的关系，而且这种相互作用和相互影响符合某种固定与可变的关系。

本书在讨论无形资产的基本属性时，有这样一种假设，假设社会经济规律是自然规律的一部分，社会经济规律属于自然规律，社会经济中所研究的事物属性同时存在社会性和自然性。在这种假设之下，我们用中国传统文化或者说东方哲学中对自然运转规律的认知，以及对自然界中客观存在多种相关事物相关性的分析来分析无形资产。

本书从东方哲学角度给出新的分类体系，与原有传统分类体系相互补充。关于分类，在西方哲学中，是指把研究对象按照感兴趣的属性进行划分，使研究对象更加清晰明了。在东方哲学中，把研究对象按照其本质属性进行划分，从而找出其规律。这些基本属性可以按照全数幻演法则来展开，即太极、两仪、三才、四象、五行、六兽（爻）、七星、八卦、九宫、十天干、十一动静、十二地支和十三太保。东方哲学下的分类是固定的，而西方哲学下的分类则是具体问题具体分析，两者相辅相成，协调统一。

（二）关于中国无形资产评估方面的建树

无形资产评估在我国发展时间短，认识有待提高，实践需要深化。一是评估对象和内容不明确；二是评估方法滞后，评估质量不高；三是评估管理机制不健全，评估市场无序；四是专业评估机构、高素质评估从业人员匮乏，导致一些评估结论不科学、评估低效，甚至无效。这些问题降低了无形资产评估的功能，阻碍了无形资产产权交易，不利于全面认识和提高企业竞争力。促进无形资产评估健康发展，提高评估质量，必须采取有针对性的措施加强无形资产评估管理：第一，根据评估目的和对象确定无形资产内容。第二，建立健全规范的评估管理机制。第三，构建无形资产评估信息网络服务体系。第四，提高评估人员的专业素质，建立专业的评估机构。

（三）关于在研究产业集群对无形资产影响关系方面的建树

本书通过实证分析得出高技术产业中产业集群（industrial cluster）对企业无形资产的影响呈倒"U"形趋势变动，且现阶段我国正处于高技术产业集聚水平上升的时期。而其他国内外学者要么认为产业集群对无形资产的作用是正相关，要么认为是负相关。

第二章　无形资产基础理论及传统统计方法研究

第一节　无形到无形资产的定义及特点

要研究无形资产，必须先深刻理解什么是无形资产。无形资产，顾名思义是由无形与资产两个词组成，下面我们对无形与资产两个词分别进行认识，进而认识无形资产"无"的内在涵义。

一、东西方文化对无形资产的理解

（一）中国传统文化对无形资产的理解

"无"字道出了中国传统文化与中国哲学的精髓，中国古代时期有多种认识。无形是"不具备某种事物的形式、名义而有类似作用的"。老子在其著作《道德经》中反复解释了"无"："天下万物生於有，有生於无""有之以为利，无之以为用"。老子《道德经》中的"无"在某种意义上暗含了封神榜中姜子牙封神战旗上写的"无"字。另外，庄子《庄子·天下》曰："至大无外，谓之大一；至小无内，谓之小一。无厚，不可积也，其大千里。"讲的就是无形之道，还是说宇宙发生的本源。道家讲的"道"就是宇宙发生的最高本源，宇宙运动的根本法则。还有《礼记曲礼上》曰："为人子者，……听於无声，视於无形。"子辈对父辈的教诲，要在无声之中能有听闻，这里所指的"无形"，是将客观存在的具体的父子形认识，抽象为一般的不具体的子辈对父辈的教诲要"视於无形"。北宋（公元 960~1127 年）诗家宛陵先生梅务臣注："兵本有形，虚实不露，是以无形，此极致也。""故形兵之极，至於无形"，用兵水平之高，达到"无形"的境界，使兵不露形迹。以上说明，"无形"一词早在中国古代《孙子兵法》（春秋时前的公元前 515 年至公元前 512 年）的著作中联系一定事物时已开始使用。这就是中国文化对"无"的解释。

组成无形资产的另一个词是"资产"。资产一词源于古代，在古代，我国对占有生活资料和生产资料，在一定时期才称为资产或财产、财物。例如，《后汉书崔骃传》曰："初，宴父卒，剽卖田宅，起冢茔，立碑颂。葬讫，资产竭尽，因穷困，以酤酸贩鬻为业。"意即崔宴之父去世，标价出卖田地和房屋，建起坟墓，树立墓碑。安葬完毕，用尽家中资产，因穷困，以酿酒贩卖为业。这是《后汉书》记载后汉（即东汉）（公元 25~220 年）崔骃传，因崔宴之父去世办丧事而用尽家中资产的故事。又如，唐封演《封氏闻见记除蠹》："因自诣郡，具言陈氏豪暴日久，谨已除之。计其资产足充当县一年租税。"这是《封氏闻见记》卷九除蠹（为人除害）的一个故事：崔邱为雒县，有豪族陈氏为县录事，态度十分傲慢，不听劝阻，邱命杖刑至死，邱因而自行到太守处，详细地说明陈氏长期强横凶暴，谨已处死。查究其财产，足够充当县一年的租税。而我国当代《企业会计准则》中将资产定义如下：预期会给企业带来经济利益的资源，它是由企业拥有或者控制，并且由过去的事项或者交易形成。

（二）西方文化对"无形"及无形资产的理解

在西方世界里，经济学家亚当·斯密对"无形"给予了最深入的关注。在《国富论》中提出国民所有的有用能力可以称作资产，这种思想实际上就是无形资产中人力资本的含义，并提出了他的核心理论"无形的手"；到了卡尔·马克思时期，科学技术是生产力的思想更加明确，可以作为无形资产的一部分；进入 20世纪 20 年代，马歇尔和费沙进一步把知识一般性地归为资产，即无形资产。对"无形资产"概念的形成起推动作用的却是法律。1890 年，美国法院通过审理明尼索达州铁路委员会降低铁路运费一案时，宣布这是一种"财产剥夺"行为，虽然剥夺的不是有形体的财产，但它是五星的财产——规定价格的权利。

由于这种资产不具有实体，所以人们称其为"无形资产"。因此，无形资产一词作为专有概念开始为西方各国所采用。

二、无形资产的定义

随着社会经济的不断发展，无形资产的定义一直在变化之中，所涵盖的范围也不断产生变化。本小节主要从国民经济核算体系（system of national account，SNA）、法学视角、《无形资产词典》、会计法律制度方面和经济学视角对无形资产进行定义。

（一）国民经济核算体系

SNA 核算体系的依据是宏观经济理论，为了政府决策，把无形资产分为无形固定资产和无形非生产资产，它们虽然都是非金融资产，但无形固定资产属于生产资产中的固定资产，无形非生产资产属于非生产资产。其中无形固定资产包括矿藏勘探、计算机软件、娱乐文学或艺术品原件及其他无形固定资产；无形非生产资产包括专利性实体、租约和其他可转让合同、购买的商誉及其他无形非生产资产。

（二）法学视角

法学视角下侧重于对无形资产的法律保护，对其归属权、划分范围进行界定，并且对知识型经济进行了分析。法学角度给出的无形资产的定义是无形资产是一种权利，本质是"智力创造"，即智力创造成果的所有者对新创意、新技术的使用、经营、收益和处置权。

（三）《无形资产词典》

2009 年于玉林主编的《无形资产词典》在上海辞书出版社出版，该书共包括十三部分内容，收录了无形资产涉及的知识产权、商标权、专利权、非专利技术、特许权和商誉等，并且在总述部分对无形资产的特点、发展历史，以及该领域具有代表性的专著进行了简单介绍，最终给出的无形资产的定义如下："有形资产"的对称，由一定主体所拥有或控制并且长期使用，但是不具有实物形态的，预期会带来经济效益并能以货币计量的资产，包括专利权、经营秘密、专有技术、著作权和商标权等。它是客观存在的，在一定的经济基础之上，从个别无形资产的发展，到形成抽象、综合的无形资产的一般认识，经历了长时间的发展过程。

（四）会计法律制度方面

1985 年，财政部颁布的《中华人民共和国中外合资经营企业会计制度》中提到，无形资产包括专有技术、专利权、商标权、版权、场地使用权和其他特许权，可以运用"场地使用权"、"专有技术及专利权"和"其他无形资产"三个会计科目核算无形资产。《中华人民共和国外商投资企业会计制度》中也提到"外商投资企业的无形资产，包括工业产权、专有技术、场地使用权和其他无形资产，应当分别核算，并在资产负债表中分别列项反映"。这两项会计制度都非常具体地指出了无形资产的主要类型，主要包括使用权和专利技术等。《企业会计准则》提到"无形资产是指企业长期使用而没有实物形态的资产，包括专利权、非专利技术、商标权、著作权、土地使用权、商誉等"。《企业会计准则——无形资产》规定："无形资产指企业为生产商品、提供劳务、出租给他人，或为管理目的而持有的、没有实物形态的非货币性长期资产。"进一步地，它还规定："无形资产可分为可辨认和不可辨认无形资产。不可辨认无形资产是指商誉。"另外，《资产评估准则——无形资产》中规定："本准则所称无形资产，是指特定主体所控制的，不具有实物形态，对生产经营发挥作用且能带来经济利益的资源（本准则不涉及土地使用权的评估）。2006年发布的新准则规定了无形资产的范围，无形资产可辨认标准包括以下两点：①能够从企业中分离或者划分出来，并能单独或者与相关合同、资产或负债一起，用于出售、转移、授予许可、租赁或者交换；②源自合同性权利或其他法定权利，无论这些权利是否可以从企业或其他权利和业务中转移或者分离。

（五）经济学视角

经济学中无形资产的概念具有代表性的是《企业会计准则——无形资产》中规定："无形资产是指企业为生产商品，提供劳务，出租给他人，或为管理目的而持有的，没有实物形态的非货币长期资产。

可见 SNA 核算体系、法学与会计视角对无形资产的看法稍有不同，所包含的内容更有不同，原因是目的和理论依据不同。国民核算依据的是宏观经济理论，为了政府决策；法学依据的则是国家法律法规的规定，为了保护无形资产所有者的合法权益；会计核算依据的是企业原理和微观经济理论，为了企业决策。

三、无形资产的特点

无形资产作为一种有别于有形资产的核心资源，具有其独特性。

（一）非实体性，即无形性

无形资产的非实体性是相对于有形资产的实体性特征而言的，这也是其之所以被称为无形资产的直接原因，即其通常都是看不见、摸不着的。在一般情况下，无形资产或者表现为人们对某种事物的主观信念，或者表现为社会结构中的某种生产关系。另外，就好像书籍的内容是无形的，但却需要依托于书籍才能被人们所认知一样，无形资产通常也需要依附于一定的载体（有形资产）才能存在，如土地使用权需要附着有相应存在的土地实体，而专利权的存在依靠于专利证书来证明。反过来说，土地及专利证书本身仍然并不构成无形资产，这就如同于人们谈论书籍的时候，谈论的其实是书中的内容，而不是构成书籍本身的纸张和油墨。因此，无形资产之所以有别于有形资产，核心在于其价值是通过实体部分还是非实体部分才能体现出来。

（二）独占性，即垄断性

无形资产通常是通过法律按照一定条件所赋予的，如商标权、专利权等，因此在一定期限内也会受到法律的排他性保护。无形资产通常以禁止非持有人无偿获益、排斥他者之非法竞争等形式表现出其排他性的独占。正是因为这种排他性保护，拥有无形资产的企业才能借助这些无形资产所具有的价值实现其在相应市场中的垄断；无形资产的价值越高，这种垄断带给企业的价值也越大。值得注意的是，为了获得这种排他性的独占，企业通常也需要公开其相应无形资产的某些内涵，即所谓的以公开换垄断，如专利。当然，如果某项无形资产并未受法律保护，或者不在法律保护之列，但因为其对于企业之外处于保密状态，那么其事实上也是处于所谓的独占状态，如某些未形成专利的专有技术。

（三）超额营利性

因为无形资产的独占性，在一定程度上排斥了可能的市场竞争，所以如果企业能够合理地运用好这一特点，即可能借助于无形资产来获得超额的盈利。正是由于无形资产能够更容易带来超额利润，所以评估和管理无形资产具有十分重要的现实意义，这也是其最为本质的特征之一。另外，无形资产这种超额营利性的获得并非是简单地依靠于无形资产的数量累积即可实现的，通常情况下，更为重要的是无形资产的质量。也就是说，无形资产的回报与投入极有可能是不成比的，投入只是促成无形资产的外部辅助性条件。

（四）依存性

如同书籍的内容需要依托于书本才能将其体现出来，外部环境虽然不能直接改变书籍的内容，但是却有可能对构成书籍的纸张带来影响；无形资产同样也需要始终依托于一定的有形载体，而相比较情形下，有形载体就相对容易受到外界环境的影响。从这个角度来讲，无形资产依然具有一定的环境依存性。

（五）资源性

与有形资产不同的是，物质会因为消耗而竭尽，无形资产却可以源源不断地再生利用。通过与企业的有形资产相辅相成配合作用，不仅能够实质性地推动企业向更高层次发展，而且通常并不需要增加过多的额外成本。

（六）不稳定性

无形资产的价值构成不如有形资产的实体那般明显而稳定，其很容易受到一些因素变动的影响。通常这种影响以以下三种方式进行：一是受到企业内外部环境的影响而导致的无形资产盈利能力变化；二是受到无形资产使用年限不确定而导致的盈利时间区间的变化；三是受到资本市场变化，如利率的变化、通货膨胀率的变化等，而导致无形资产资本化率的变化。

（七）长期性

由于无形资产的资源性特征，及其价值转移和补偿方式的逐期进行特点，一旦企业无形资产的优势地位得以形成，该无形资产将有很大可能在较长时间内持续发挥相当效用。而且，如果能对无形资产进行长期的维护与改善，其长期效用性将表现得尤为明显。

第二节　无形资产的分类及相关概念解析

一、无形资产的分类

（一）财务会计准则委员会关于无形资产的分类

为了给可辨认无形资产的确认提供指南并延长其财务模式的寿命,财务会计准则委员会（Financial Accounting Standards Board，FASB）将无形资产分为五大类。

（1）与市场有关的无形资产,如商标、商号、服务标记、外观设计、报纸刊头、域名和非竞争性合同。

（2）与客户有关的无形资产,如客户名单、订货单、消费合同,以及非契约性的客户关系。

（3）与艺术有关的无形资产,如喜剧、歌剧、芭蕾、图书、杂志、报纸和音乐作品（如乐曲、歌曲、广告词）。

（4）基于合同的无形资产,如许可、使用权合同、服务合同、租赁与特许权、建筑许可、使用权（公用事业用地权、水和空气使用权、砍伐权）和劳动合同。

（5）基于技术的无形资产,如专利、软件、非专利技术、数据库和商业秘密（如食谱、配方）。

（二）经济资产的分类

经济资产下对无形资产的分类如图 2-1 所示。

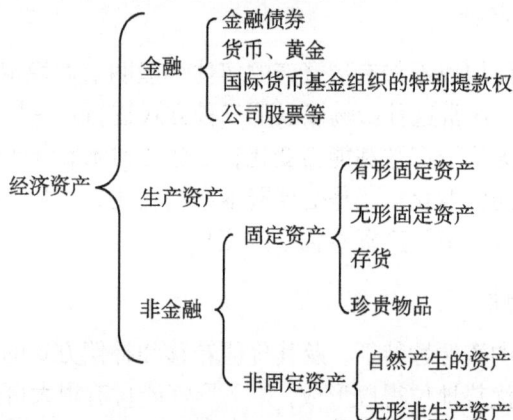

图 2-1　经济资产简要分类图

（三）美国评估公司关于无形资产的分类

美国评估公司的无形资产分类表如表 2-1 所示。

表 2-1　美国评估公司的无形资产分类表

促销型	制造型	金融型
商标、顾客名单、包装、订单、广告资料、特许权、货架空位、许可证、经销网	专利配方、经营秘密、专有技术、图纸、非专利技术、供应合同、新产品开发	配套员工、软件、版权、核心存款、不竞争契约条款、优惠融资、租赁权、雇佣合同、数据库、超额年金计划、解雇率、商誉

（四）国家信息化测评中心关于无形资产的分类

2006 年国家信息化测评中心给出了无形资产的分类，大致分为体现市场竞争力的无形资产、体现智力劳动的无形资产、体现企业内在发展的无形资产和体现人力资源的无形资产这几大类。但是国家信息化测评中心只是给出了极大分类，没有深入讨论这几大方面内在的联系与区别。

（五）《国际评估准则》关于无形资产的分类

国际评估准则委员会在其颁布的《国际评估准则》中将无形资产按其产生来源分为权利类、关系类、组合类无形资产和知识产权。

（1）权利类无形资产是由书面或非书面契约的条款产生的，对契约方具有经济利益，如特许经营权、租赁权和专卖权。

（2）关系类无形资产通常是非契约性的经济资源，在没有契约约束的条件下能短期存在的，对关系方具有巨大价值，如工作人员组合、客户名录，以及与顾客的关系等。

（3）组合类无形资产是指从无形资产总价值中减去可辨认无形资产的价值后所剩余的价值，即不能一一区分的各种因素的综合结果通常称为组合类无形资产，如企业的商誉。

（4）知识产权是无形资产一种专门的类型，通常包括工业产权和版权。工业产权一般包括专利权、商标权和非专利技术等，而版权属于著作权。

（六）中国会计准则规定的无形资产分类

按无形资产是否可辨认分为可辨认无形资产和不可辨认无形资产两类，具体分类如图 2-2 所示。

（七）按是否具有存续期限分类

无形资产按是否具有存续期限分为有存续期限的无形资产和永久无形资产两类。有存续期限的无形资产通常称为 A 类无形资产（type A intangible assets），永久无形资产通常称为 B 类无形资产（type B intangible assets）。

专利类：发明专利权、实用新型专利权、外观

非专利技术（专有技术）类：工业专有技术、

商业贸易专有技术、

管理专有技术

商标权类：独占使用权、禁止权

精神权利：发表权、署名权、修改权和

保护作品完整权

著作权类

财产权利：出版权、表演权、展览权、广播权、

录制唱片权和摄制影片权

可辨认无形资产

无形资产

土地使用权类

特许经营权类

商誉权

不可辨认无形资产

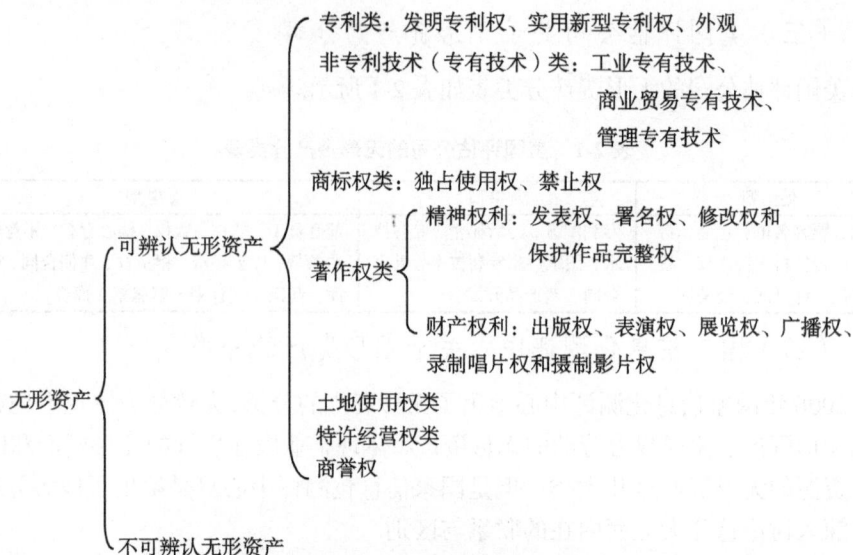

图 2-2　中国会计准则下的无形资产分类

（八）无形资产的扩展分类

（1）丹尼尔·安德里森和勒内·蒂森把无形资产定义为五大类，即资产和企业资源、技能和隐含的知识、共同的价值和标准、技术和外在的知识、基本生产过程和管理过程。

（2）于玉林的分类。于玉林在《无形资产词典》中探讨了无形资产的分类，共有五个分类标志。这是目前比较值得借鉴的分类标准。

第一，按内容性质可分为知识型无形资产（知识、技术等）、权利型无形资产（特许权等）和资源型无形资产（商誉和人力资源等）。可以看出这是从企业运营的视角划分的。

第二，按其来源途径，可以分为外购无形资产（如买家款、相关税费等）、企业自创无形资产（如研究、开发费用和附带费用）、股东投资入股无形资产（商誉、特许权不可作为投资入股；如以专利出资，需持有专利证书）。可以看出这是从企业拥有权视角划分的。

第三，按其能否直接辨认，可以分为可辨认无形资产（如专利权、商标权、著作权、土地使用权等），也可以理解为可确指的无形资产；不可辨认的无形资产（如商誉），也可以理解为不可确指的无形资产。可以看出这是从会计的视角划分的。

第四，按其是否具备确定经济寿命期限，可以分为有期限无形资产（如专利权的期限为 20 年）和无期限无形资产（如商誉、技术秘密等）。

第五，按是否受法律的保护可分为法定无形资产（专利权、商标权等）和非

法定无形资产（非专利技术），可以看出这是从法律的视角划分的。

（3）汤湘希（1997）在《无形资产会计研究》中按无形资产的存在形式或产生条件的分类，根据该书中的分类，总结出图2-3。

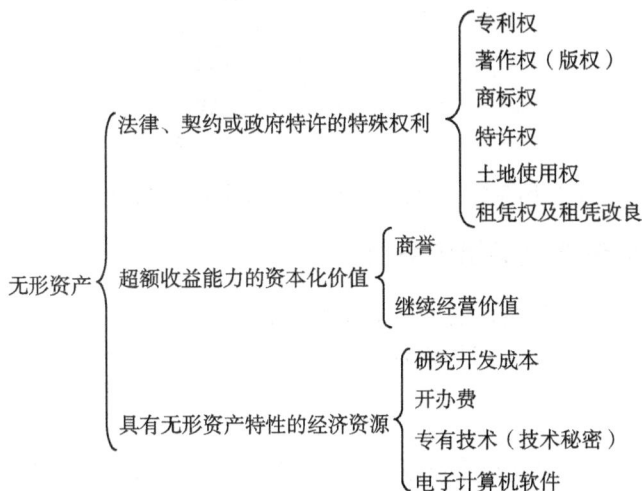

图 2-3 《无形资产会计研究》中对无形资产的分类

随着社会的不断发展，汤湘希（2004）进一步讨论了无形资产与智力资本、人力资源等相关概念，在原有基础上提出将无形资产分为四大类，即包括经典无形资产、边缘无形资产（土地使用权等）、组合无形资产（商誉）和合理无形资产（核心竞争力）。

（4）蒋衍武（2002）将无形资产分为治理型无形资产、人力型无形资产、管理型无形资产和市场型无形资产等。

（5）秦江萍和段兴民（2003）将无形资产归纳为市场型资产、智力成果型资产、应用型资产、方法型资产、基础型资产、商誉和其他无形资产七类。

（6）王广庆（2004）将无形资产分为以下六大类：市场资产，是指能为企业带来潜在利益的无形资产，具体包括企业品牌、营销渠道、特许经营权等；智力资产，如专有技术、专利等；人力资源，包括员工的教育状况、工作能力、职业评估等；使用型资产，如土地使用权等；组织管理型资产，是指企业在组织、协商、管理等方面具有的潜在经济利益，包括管理方法、企业文化等；其他资产等类别。

（7）马晓君（2011）将无形资产分为外部无形资产（网络资本）和内部无形资产两大类，具体分类如图2-4所示。

$$
无形资产
\begin{cases}
外部无形资产 \\
（网络资本）
\begin{cases}
客户关系 \\
供应商 \\
合作伙伴 \\
竞争对手关系
\end{cases} \\
\\
内部无形资产
\begin{cases}
人力资本 \\
组织资本 \\
权利资本 \\
创新资本
\end{cases}
\end{cases}
$$

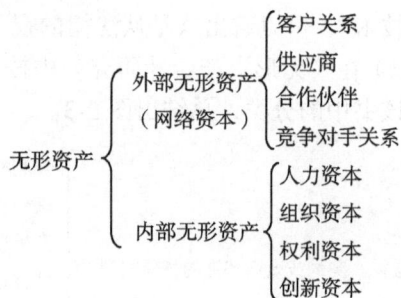

图 2-4　马晓君（2011）对无形资产的分类

二、无形资产相关概念解析

在研究企业的无形资产时，总是会不可避免地提及无形资源与无形资本。只有明确了这几个概念的区别与联系，才能系统地衡量企业无形资产的价值。

（一）无形资产与无形资源

无形资源，顾名思义就是能够为企业创造利润和价值的无实物形态的经济资源，主要包括知识产权、人力资源、关系资源和企业文化等。然而，企业的无形资产则是特指无形资源中的可用于交换、转让或独占的那部分资源，是无形资源中的一部分转化形式。因此，这两者有许多共性，它们的共性主要在于都不具有实物形态。或者虽具有实物形态但在生产经营中不以实物转移或实物消耗为交换手段，同时又都能为企业带来收益。但是两者也存在很大差异，主要表现在以下几个方面。

第一，无形资产具有商品性，而无形资源中的非无形资产类的那部分则不具有商品性。无形资产的商品性是指它不仅具有使用价值，还具有价值。例如，专利就可以以一定的价格转让，但却不可以以一定的价格转让。又如，企业人才资源的一个创意想法，虽然也可以为企业带来收益，但却不能以一定的价格转让。

第二，无形资产具有独占性，如企业的商标权属于该企业独占的无形资产。某些环境资源却不具有独占性，所以环境资源不属于企业的无形资产，但却是企业无形资源的一个组成部分。

第三，无形资产具有相对的稳定性，而无形资源中非无形资产的那部分无形资源则具有瞬时性。例如，取得专制权这种无形资产的企业，可以在法律规定的期限内，对该项专利享有使用权。然而，人才资源这种非无形资产的无形资源对企业的作用却是不稳定的，具有瞬时性。

（二）无形资产与无形资本

要理解无形资产与无形资本，首先它们都是无形的，即不具有实物形态。所以无形资产和无形资本的主要区别与联系主要从资产及资本入手。关于资本的概念，古典经济学家早已给出了经典解释：马克思将资本定义为"能够带来剩余价值的价值"。瑞士经济学家西斯蒙第认为："资本是一种永恒的价值，它可能成倍增长而不会消亡……如果这种价值脱离了将它创造出来的产品，那么不管产品的创造者是谁，它都始终是创造者拥有的一种抽象的、无实体的事物，因为对于创造者而言，这种价值能够以多种形式固定下来。"法国经济学家塞耶认为："从本质上说，资本从来都没有物质的实体和形态，因为它不是产生资本的那种物质，而是那种物质产生的价值，而价值是无形的，没有任何实体特征。"上述论断表明，资本是一种无形的，而且具有能够创造价值增值的价值。只是对拥有资本的人来说，它需要以适当的形式固定和表现出来。那么，作为表现资本价值的适当形式是什么呢？根据马克思经济学观点，货币是资本的最初形式，也是资本的基本存在形态，因而，货币能够作为资本的一种表现形式，但货币只是资本发展过程中多种表现形式之一。随着经济的不断发展，在企业中表现企业资本的除货币外，还有厂房、设备及专利、商誉各种无形资产等。但是，所有这些资产形式也仅仅只是资本的存在和表现形式而已，它们本身并不是资本。正如马克思所说，货币本身不是资本，只有在它能够带来剩余价值时，才能转化为资本。可以说资产是资本的对应物，是资本相对固定的存在方式与表现形式，而资本则是资产的价值化抽象。也就是说，企业任何资产的价值形态都是属于资本的范畴。

总的来说，相对于无形资产，无形资本具有以下特征。

第一，综合性。企业无形资产有若干具体的形态，而无形资本则都是同质的，是以价值形式对无形资产进行的抽象和综合反映。

第二，增值性。企业持有和利用无形资产是为了生产出更优质的产品或提供更优质的服务，一旦将无形资产资本化，其功能就是最大限度地实现价值增值。

第三，权益属性。在财务理论中，资本所有权通常被解释为投资者对企业资产的要求权，包括股权和债权两个方面。以此类推，无形资本所有权即为企业所有者对无形资产的要求权。这里，企业所有者既包括货币资本所有者，也包括人力资本所有者；要求权既包括对无形资产价值运动的监控权，也包括对无形资产价值增值的索取权（高洁等，2013）。

综上所述，不难看出无形资产、无形资源与无形资本的相互区别与联系（图2-5）。无形资产概念侧重于会计学意义，是无形资源的会计化和货币化，也是无形资本的对象化和具体化。会计中将易于货币化计量的可辨认无形资源视作无形资产。无形资本作为财务管理的基本要素，更偏向财务学领域概念。无形资本对无形资源进行价值化抽象，是能够不断产生增值的价值，而且是对无形资产价值的综合与抽象，反映了企业无形资产的增值特性和权益属性。然而，无形资源则是从经济学的角度广义地概括企业运行中的经济要素。所以无形资源比无形资产的概念内涵更宽泛，更强调资源的经济意义。

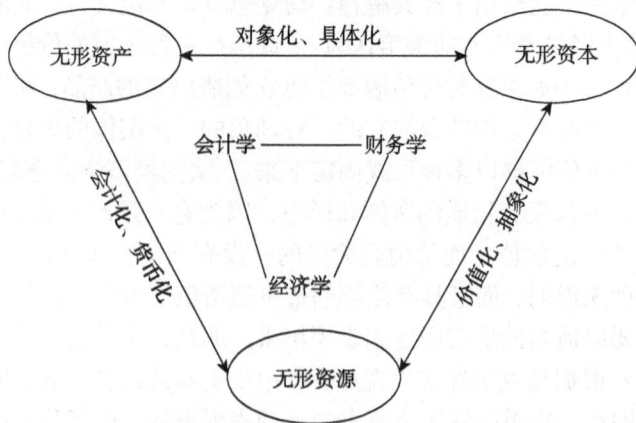

图 2-5 无形资产相关概念的区别与联系图

第三节 有中国特色的无形资产体系构建

一、东方哲学视角下的无形资产定义

在经济全球化的今天，中国文化、东方哲学越来越被国际理论界和科学界意识到是可持续发展的智慧，各个国家的学者与专家们纷纷学习中国传统文化，被忽略了上百年的中国传统文化与东方哲学的智慧将走上世界科学的殿堂，绽放出夺目的光彩。虽然很多国内外学者窥视到此未来科学界发展的方向，但是苦于很难将中国传统文化的理论、哲学和科学方法与现有的理论、科学方法及研究框架相结合，所以此方面的研究论文并不多见，把握住国际前沿脉络与动向，响应中国政府鼓励，弘扬中国传统文化，研究有中国民族特色的理论，笔者尝试把中国传统文化的理论嵌入目前流行的科学分析框架中，未来这一创新的科学价值不容忽视，无形资产必将像中国传统文化在世界的文化舞台上绽放光彩一样，在科学体系的舞台绽放智慧的光彩。

不管分析人力资产、组织资产、研究与开发(research and development, R&D)、客户关系资产等企业创新过程中的主要投入要素的无形资产；抑或是赋予企业某种法定权力或竞争优势的、无实物形态的资产的无形资产（主要包括版权、特许经营权、商誉、租赁权、开办费、专利权和商标权）；还是企业对某些产业资产使用的权利（如专利、商标、贸易称谓、设计或模型等；文学和艺术著作权；知识产权，如专有技术和商业秘密等）。对这些无形资产都不应该仅仅单独考虑其对企业发展的价值，而是应该放在无形资产的大背景下通盘考虑其对企业发展的作用。因为这些无形资产的分立项中相互之间是有紧密联系的，如果仅发挥单独无形资产中某一项的作用，如人力资本，它们必迁入其他无形资产对企业的作用，可谓是牵一发动全身之理。

无形资产的定义：无形资产是企业所拥有的无实物形体的，用于整合和顺化有形资产的资产，无形资产与有形资产共同构成了企业资产的总和，无形资产与有形资产是天地关系，轻清者上浮则为天为无形资产，重浊者下沉凝为地为有形资产，故善攻者动于九天之上乃无形资产高度的战略规划，企业的长久发展依靠于无形资产高度的战略规划，此乃企业核心资产。无形资产与有形资产之间的关系是阴阳，不可分割，对立统一。

关于五种类型的无形资产，它们不仅仅具有经济属性、社会属性，还具有自然属性。中国传统文化在事物自然属性方面的探索走得比较深入，而且中国文化讲究格局，探索事物之间的关系及作用，是对五种类型无形资产属性最好的补充和扩展，五行属性就是事物自然属性中最为常见的属性，如果我们把无形资产作为一个相对独立的事物，它内部分为五种类型，可以赋予无形资产五种类型以相对的自然属性，则创新型无形资产具有金的属性，信用型无形资产具有土的属性，管理型无形资产具有木的属性，人力资源型无形资产具有水的属性，营销型无形资产具有火的属性（表 2-2）。

表2-2　无形资产分类表

营销型无形资产	创新型无形资产	信用型无形资产	管理型无形资产	人力资源型无形资产
商标、客户名单、包装、订单、广告资料、经销网、供应合同、供应商、合作伙伴、货架空位、企业品牌、营销渠道、特许经营权、外观设计	R&D、激励、知识、专有技术、专利、著作权、软件、数据库、优惠融资、税收优惠	信用、商誉、企业素质、管理水平、员工素质	经营秘密、配套员工、企业文化、激励、客户名单、与顾客的关系、消费合同、竞争对手关系、企业家素质、许可证、管理方法、商标、商号、特许权、土地使用权	配套员工、员工的教育状况、工作能力、职业评估、员工素质、企业家素质、经营秘密、著作权

二、需识别的无形资产特性

经济学中的资产具有的三个特征，即效用性、稀缺性和未来收益性。无形资产显然满足经济学中资产的三个特征。除此之外，无形资产还有自己特有的属性，即无形性、创造性、不确定性、权利与能力和相互作用性。

无形性（无实体性），无形资产没有实物形态，这是无形资产最本质的特征。正因为无形资产没有实物形态，所以它存在不可测量性，或者说是无法准确测量性。

创造性是指人们的思维或实践活动具有创新特性。国美前任董事长黄光裕这样定义无形资产和有形资产：无形资产具有创造性，在企业中能够创造财富的资产是无形资产，有形资产发挥的是润滑剂的作用。另外，无形资产中的创新资产包含专有技术，如专利、科研与开发等都是具有创造性特征的。

无形资产具有无形性和创新性，无形性看不见摸不着缺乏确定性，创新性是创造出与原有事物不同的新事物，故也存在不确定性，这种不确定性实则体现了创新的高风险和高投入，同时体现了无形资产的不可控性质。

无形资产具有权利与能力的属性。一个企业的无形资产本身就是权利与能力的再现。例如，企业的专利、商标、贸易称谓、设计或模型等；文学和艺术著作权；知识产权，如专有技术和商业秘密等这些都可以反映一个企业的能力与权力，同时这种性质的无形资产也因为具有了权利而具有了垄断性。

在物理学里，认为两个任意事物都是存在相关性的。例如，在雷雨天气时，电视信号会受到干扰，说明宇宙中各种不同存在及运动是相关联的。因此，任何存在的某种运动，都会对其他存在及其运动产生影响。然而，影响的强弱程度取决于两个相互影响的客体对该种运动的共振程度，如拿破仑的齐步走对桥梁的影响。又如，敲击铜锣对钟声的影响。若客体对某种运动的共振程度可以忽略不计，则称该客体为该种形式运动的孤立体。否则称为相关体。宇宙中不存在真正意义上的孤立体。在经济学中也一样，无形资产内部各要素之间存在相互作用、相互影响的关系，而且这种相互作用和相互影响符合某种固定与可变的关系。

三、无形资产的基本属性

在讨论无形资产的基本属性时，我们有这样一种假设，即假设社会经济规律是自然规律的一部分，社会经济规律属于自然规律，社会经济中所研究的事物属性同时存在社会性和自然性。在这种假设之下，我们用中国传统文化或者说东方哲学中对自然运转规律的认知与对自然界中客观存在多种相关事物相关性的分析来分析无形资产。

（一）本质属性分类法

关于分类，在西方哲学中，是指把研究对象按照感兴趣的属性进行划分，使研究对象更加清晰明了。在东方哲学中，把研究对象按照其本质属性进行划分，从而找出其规律。这些基本属性可以按照全数幻演法则来展开，即太极、两仪、三才、四象、五行、六兽（爻）、七星、八卦、九宫、十天干、十一动静、十二地支和十三太保。东方哲学下的分类是固定的，西方哲学下的分类是具体问题具体分析，两者相辅相成，协调统一。

（二）无形资产的五行属性

1. 五行的含义与起源

目前通行的五行自然观公认的最早文本依据是《尚书·洪范》篇。《尚书·洪范》云："王访于箕子……箕子乃言曰：我闻在昔，鲧堙洪水，汨陈其五行，帝乃震怒……禹乃嗣兴，天乃锡禹洪范九畴，彝伦攸叙……一曰五行：一曰水，二曰火，三曰木，四曰金，五曰土。水曰润下，火曰炎上，木曰曲直，金曰从革，土爰稼穑。润下作咸，炎上作苦，曲直作酸，从革作辛，稼穑作甘。"在这里，"五行"一词获得了通行的"水、火、木、金、土"的含义，同时也给出了金木水火土的属性，其中水有润下的属性，扩展开来水还有水之宜流，不流则塞的属性；火有炎上的属性，扩展开来火之宜广，不广易熄的属性；木有曲中直的属性，扩展开来木之宜长，不长则死的属性；金有从革，金革之气的属性，扩展开来金之宜锐，不锐则钝的属性；土有稼穑的属性，扩展开来有涵养万物的属性。

王经石在《太极图谱解析》中说："'五'是自然界中五种物质、五种能量、五种气场，而'五'相互作用产生运动，称为'行'，五和行合起来就是'五行'。五行生克是代表物质、能量、信息的演化形式，它是朴实的世界观与自然科学。"

2. 五行的相生相克原理

金克木，受制于火，被水所化。

水克火，受制于土，被木所化。

木克土，受制于金，被火所化。

火克金，受制于水，被土所化。

土克水，受制于木，被金所化。

3. 五行合化

甲己化土正中合，

稼穑一带绕梁歌。

乙庚从革化金象，

丙辛润下水成河。

丁壬化木自为林，

戊癸南方火焰多。

天盘合得秀气在，

地盘局里论功德。

中国古人关于五行合化的最本质的意义，旨在揭示自然变化的规律。众所周知，中国古人对天干五行所属早有定义，即甲乙东方木，丙丁南方火，戊己中宫土，庚辛西方金，壬癸北方水。同时，对天干之阴阳所属亦有约定，即甲丙戊庚壬属阳,乙丁己辛癸属阴。我们不妨据此分析一下古人关于五行合化的真实含义。清轻者上浮而为天,重浊者下凝而为地,且以古人的约定,天为阳、地为阴,阳上阴下。据此即可较容易地对五行合化给出较科学的解释。

4. 无形资产的五行属性

无形资产中的创新型资产有金的从革、变革属性,管理型资产有木的曲直属性,人力资源型无形资产有水的流动性属性,营销型无形资产有火的炎上,广阔的属性,信用型无形资产具有土的容养万物的属性。

第四节　无形资产的经济理论基础研究

一、社会主义市场经济理论

社会主义与市场经济的有机结合,是中国特色社会主义的重大理论和实践创新。社会主义市场经济理论相比于资本主义市场经济理论,不仅在理论上更站得住,而且在实践中行得更好,具有强大的生机与活力。

社会主义市场经济理论就是在探讨商品经济和社会主义的关系中建立的,并于 1992 年正式诞生,而马克思主义者对社会主义建设时期商品、市场、经济体制等经济关系的探索早就开始了。马克思和恩格斯在对资本主义研究时发现,在商品经济发展的过程中,商品的生产和交换是资本主义得到快速发展的原因之一,进而形成了对商品经济规律的认识。马克思和恩格斯认为,商品经济阶段经济运行由市场调节,产品经济阶段经济运行由计划调节,私有制(资本主义)与公有制(社会主义)是对立的,所以商品经济与产品经济是对立的,进一步导致市场调节与计划调节是对立的。也就是说马克思认为商品经济和社会主义不会在一个社会制度中出现,两者不能同时共存。恩格斯也曾在《反杜林论》中指出,生产资料一旦被社会所占有,那么商品生产也就失去了存在的依据,同时也意味着产品统治生产者的时代终结。

列宁先是赞同马克思和恩格斯关于市场经济与社会主义从根本上是对立的这一观点。在十月革命胜利前后的一段时期,列宁关于商品经济的观点也吸收了经典的马克思经济理论中的思想,而且试图根据马克思和恩格斯的设想来构建与发展社会主义。这一观点一直到十月革命后,列宁根据苏联的实际情况,设计实施了一个具有临时性的战时共产主义政策,他本来打算废除货币,但在实践的过程中发现无法贯彻实施。到 1919 年,列宁才意识到在走向社会主义这个过程中,"立即消灭货币是不可能的",而且苏联不但做不到废除货币,还要在向社会主义过渡的时期保留货币很长一段时间。列宁用实践否定了他过去的传统认识，恢复了商品货币关系，这就在理论上解决了利用商品、货币来发展市场的问题。但也仅限于经济过渡时期，当苏联在 20 世纪 30 年代中期渡过危机之后，又掀起了取消商品货币和市场机制的浪潮，针对商品货币关系的去留，斯大林继列宁之后提出了新的理论。在《苏联社会主义经济问题》中，斯大林把计划经济提高到规律的高度，甚至神化了计划的优越性。关于商品货币市场经济观，斯大林批判了企图消灭、创造或改造经济规律的错误观点，肯定了社会主义制度下商品生产的必要性，并把社会主义商品生产与资本主义商品生产严格区分开来，并且认为社会主义商品生产是特种商品生产，不会发展为资本主义的生产。这无疑是斯大林在商品经济问题上对马克思主义的一大贡献。但是斯大林的计划经济体制可以说是传统的经典社会主义理论与苏联社会经济实践相结合的一种扭曲的反映，他认为计划与市场是完全对立的，商品生产最终是要被取消的，这就存在严重的局限性。20 世纪 30 年代初，波兰经济学家奥斯卡·兰格与弗里德里希·哈耶克也对计划与市场的关系进行了争论。1936 年兰格发表了《社会主义经济理论》，为计划经济辩护，认为计划经济可以解决资源的合理配置问题，用计划代替市场的功能是可能的，也是可行的。哈耶克却认为计划经济中，经济计划和资源的合理配置在理论上可行，但在实践上是行不通的。

中国的社会主义市场经济理论主要来自于实践，同时也借鉴了国外改革实践的经验和教训。新中国成立后，以毛泽东为代表的中国共产党人在制定从新民主主义向社会主义过渡的总路线、实施社会主义三大改造、正确把握处理各种问题矛盾和利益关系等方面有许多重要的理论与实践的创新，在此基础上迅速建立起社会主义的物质基础，实现了国民经济的快速发展。但随着社会主义初期任务的完成及经济规模的扩大，这种经济体制的弊端便逐渐显露出来。到 20 世纪 50 年代末，毛泽东在总结苏联及中国建设社会主义的失误与教训的基础上，对计划与市场的关系进行了积极的思考和探索，认为中国需要有一个发展商品生产的阶段，并且要肯定社会主义的商品生产和商品交换还有积极作用，同时指出要利用商品生产、商品交换和价值法则为社会主义服务。这些思想为后来形成社会主义市场经济理论提供了理论基础。但由于未能突破把计划经济和市场经济分别看做与社会主义和资本主义紧密联系的制度属性的传统观念，所以未能取得应有的成效。

到了 20 世纪 60~70 年代，全世界范围内引发了一场对社会主义的严重信任危机。在此严峻形势之下，陈云进一步深入研究了社会主义国家计划和市场的关系，更深入地思考商品经济存在的必要性和必然性问题，他把计划经济的主体性和商品经济的调节性统一起来，认为在社会主义改造完成之后，我国社会主义经济应体现为"三个主体和三个补充"的关系。在我国可以发展商品经济，并要更多地发挥商品经济的作用，引进市场机制。70年代末，陈云又明确提出社会主义经济必须包括计划经济（有计划按比例部分）和市场调节（即不作计划，根据市场供求的变化进行生产，即带有"盲目"调节的部分）两部分，第一部分是基本的主要的，第二部分是从属的次要的，但是必需的。

以邓小平为代表的中国共产党人坚持和发展了马克思主义，把马克思的基本原理同中国的实际和时代特征结合起来，依据对社会主义实践经验的科学总结，在社会主义经济体制的改革中，否定了传统的只搞高度集中的计划经济体制的思想，提出了"社会主义也可以搞市场经济"的新理论。以1978年的十一届三中全会为标志，开始从根本上对社会主义计划经济体制进行深刻变革。邓小平一次次地指出社会主义和市场经济之间不存在根本矛盾，认为市场经济只存在于资本主义社会，社会主义不可以搞市场经济的观点是极其不正确的。多年的实践证明在某种意义上，只搞计划经济会束缚生产力的发展。紧接着邓小平对计划和市场的关系问题进行了更为深入的思考，并在十三大中指出，计划和市场都是方法，只要对发展生产力有好处，就可以利用。它为社会主义服务，就是社会主义的；为资本主义服务，就是资本主义的。1992年，邓小平在南方谈话中更加明确地指出："计划多一点还是市场多一点，不是社会主义与资本主义的本质区别。计划经济不等于社会主义，资本主义也有计划；市场经济不等于资本主义，社会主义也有市场。计划和市场都是经济手段。"邓小平这些关于社会主义市场经济的思想，从根本上解决了把社会主义与市场经济对立起来的思想束缚，为社会主义市场经济理论的发展提供了更加坚实的理论基础。

江泽民对如何建立中国的社会主义市场经济体制，继承了邓小平的社会主义市场经济的思想，并在此基础上提出了创造性的观点和看法，进一步发展了中国的社会主义市场经济理论。在中国共产党成立70周年大会上，江泽民指出市场和计划作为配置资源、调节经济的方式与手段，是发展中国经济的一个客观性的前提条件。党的十四大报告中，江泽民指出由于中国原有的旧经济体制已经不适应生产力发展状况的要求，所以必须进行经济体制的改革，并且实践也从侧面证明了，市场化程度较高的地方，经济发展的态势也较好，所以我们要选择符合中国国情并且能经得起实践考验的社会主义市场经济体制。

党的十六大以后，进一步加深了对我国社会主义市场经济规律的探索。从现阶段我国实际情况出发，首次提出了科学发展观，指出经济体制改革中各方面要统筹兼顾。由于经济的全球化，加入世界贸易组织（World Trade Organization，WTO）以后我国经济的国际化程度也越来越高。胡锦涛认为，如果要继续提高我国政府对经济的发展能力，就要继续坚持发展，而且发展是为了更好地服务于人民。在我国经济持续发展的过程中，既要注重发挥市场本身的作用，也要注重提高政府的宏观调控能力，这两者缺一不可。只有这样才有可能更好地发展我国经济。十六届三中全会指出要成立一个具有多层次、全方位的市场体系，这就进一步丰富了市场上的产品种类和进一步优化了市场的结构。十七大也把加强全国市场的统一性作为第一位的关键问题，从而促进市场的多样化发展。

随着我国社会主义市场经济体制改革的日渐深入和步伐日益加快，社会主义市场经济的思想理论日渐成型、成熟且不断丰富发展。

二、新增长理论

新增长理论是西方经济学的一个分支，它全力解决经济科学中一个重要且令人困惑的主题，即增长的根本原因。它的出现标志着新古典经济增长理论向经济发展理论的融合。这一融合的显著特点是，强调经济增长不是外部力量（如外生技术变化），而是经济体系的内部力量（如内生技术变化）作用的产物，重视对知识外溢、人力资本投资、R&D、收益递增、劳动分工和专业化、边干边学、开放经济和垄断化等新问题的研究。从西方经济学角度分析无形资产对经济增长的作用机理及贡献，非新增长理论莫属。

20世纪80年代中期，以罗默和卢卡斯为代表的新经济增长理论将人力资本投资代替了新古典增长中的劳动力，更加关注知识外溢、R&D、创新、内生技术进步和人力资本等无形资产（无形资本）投资所带来的规模报酬递增问题，论证了知识和科技进步是经济增长的促进因素；进一步揭示了经济增长中无形资产的经济贡献。

第一，以资本投资的外部性作为经济驱动因素，内生化经济增长。

将技术进步和生产率的提高当做物质资本与技术投资的副产品，把资本投资的外部性作为经济增长的驱动因素。知识与生产率的增加来自于投资和生产，边干边学或知识是投资的副产品，提高一个厂商的资本存量会导致其知识存量相应增加。知识水平本身作为一个生产要素参与生产过程，由于其公共品性质，作为一个整体，经济具有收益递增的特点。由于阿罗的边干边学概念只适应于单个产业或产业过程，不适应于整个经济；再加上阿罗模型存在两个问题：①存在外部性时，竞争性均衡的存在性；②动态最优过程中，社会最优与目标函数的有限性。罗默对阿罗模型进行扩展，确保竞争均衡，从而建立罗默模型。罗默模型得出均衡增长既不依赖于外生技术进步，也不依赖于人口或劳动力的自然增长率。罗默认为私人边际产品与社会边际产品的比例如式（2-1）所示。

$$\frac{D_1 f(k, Nk)}{D_1 f(k, Nk) + ND_2 f(k, Nk)} = \frac{v}{r+v} \qquad (2\text{-}1)$$

其中，$D_1 f(k, Nk)$ 代表私人边际产品；$ND_2 f(k, Nk)$ 代表社会上所有其他私人边际产品；r 代表整个经济的全部知识存量弹性；v 代表补充知识存量弹性。

第二，以产品创新作为经济驱动因素，内生化经济增长。

技术变化为持续的资本积累提供激励，而资本积累和技术进步又解释了产出的绝大部分。技术进步来源于有意识的行动，这种有意识的行动是对市场刺激做出反应的人们所采取的。罗默假定经济中存在最终产品部门、R&D 部门、中间产品生产部门三个部门，建立水平创新的内生化模型，认为经济增长率如式（2-2）所示。

$$g = \frac{\delta H - \Lambda \rho}{\delta \Lambda + 1}$$　　　　　　（2-2）

其中，g 代表增长率；δ 代表效用函数中跨期替代弹性的倒数；ρ 表示时间折现率；$\Lambda = \dfrac{\partial}{(1 - \partial - \beta)(\partial + \beta)}$；$\partial$、$\beta$ 分别代表人力资本和劳动力的产出弹性。

该增长率公式说明增长率与 H 相关，即存在规模效应（增长率与人力资本成正比）；而这一结论成了后来学者实证检验的焦点。

生产率的提高表现为同种产品质量的提高，而产品质量的提高源于专门的技术研发，与罗默不考虑新知识产生以后对原有知识的负外部性不同的是，后来学者们认为优质产品的出现会使旧产品不断淘汰，创新表现为创造破坏性过程；从而建立一个产品质量阶梯不断提高的内生增长模型。但忽视了厂商从事有成本的模仿活动的刺激，以行业领先者不从事研究创新为假设前提，与事实不符。

第三，以人力资本积累作为经济驱动因素，内生化经济增长。

人力资本是经济增长的重要源泉。人力资本的产生和积累通过设立"生产函数"来内生化人力资本的存量变动，解释经济增长。人力资本最优均衡增长率如式（2-3）所示。

$$g^* = \delta^{-1} \left[\delta - \frac{(1 - \beta)(\rho - \lambda)}{1 - \beta + \lambda} \right]$$　　　　　　（2-3）

其中，g^* 代表最优均衡增长率；δ 代表跨期替代弹性的倒数；ρ 代表时间折现率；λ、β、γ 分别代表人口增长率、整个经济中资本总存量的产出弹性、人力资本的产出弹性。

人力资本最优均衡增长率模型避免了"没有人口增长就没有经济增长的不愉快的结果"，但没有考虑两部门内生增长的动态性质；Mankiw（1992）建立了含有一个标准变量的最终产品总量生产函数，得到每单位有效劳动的人力资本增长速度函数，如式（2-4）所示。

$$h^*(t) = s_h \cdot y(t) - (n + \theta + \eta) \cdot h(t)$$　　　　　　（2-4）

其中，$h^*(t)$ 代表人力资本增长速度；s_h 代表总收入中投资与人力资本的份额；y_t 代表单位人均产出；h_t 代表单位人均人力资本；n、θ、η 分别代表劳动增长率、技术增长率、产品折旧率。

第四，以技术模仿、扩散作为经济驱动因素，内生化经济增长。

在新古典经济学家看来，知识是完全外在于经济体系增长过程的，不存在扩散过程。其实，知识是弥漫在空中的公共产品；是以企业间不付费用方式转移而扩散的。技术扩散是在不确定和有限信息的条件下进行的。一般表现为消费者剩余、生产者剩余及研发的溢出效应。研发的溢出效应是经济增长所关注的重点。虽然国外学者由于对逻辑斯蒂方程的不满，引入了国际技术扩散模型，建立知识不完全代际转移模型，以及提出了技术传导模型，来说明知识在扩散过程中失真的问题。但是，令人遗憾的是，到目前为止，知识扩散模型片面强调知识在国际间的扩散，事实上知识在企业间、产业间、知识生产部门间的扩散更为重要，更具现实意义（左大培和杨春学，2007）。

第五，以创新、企业家精神作为经济增长的驱动因素，内生经济增长。

国外专家熊彼特将经济增长看做对现存经济关系格局的突破，突破力来自企业家的创新。在经济生活中经济发展并非从外部强加于它的，而是从内部自行发生的变化。内生的研发和创新是推动技术进步与经济增长的决定性因素。沿其思路，赛格斯特罗姆、阿格亨和豪伊特分别建立了具有破坏特征的内生增长模型。

除此之外，一些经济学家从其他方面内生化经济。把内生化与经济增长联系起来建立模型。采用"超边际分析"将最终产品生产上的劳动分工内生化建立模型，为经济增长提供一个微观机制。

随着经济的不断发展，经济学家们又对新经济增长理论不断完善和丰富。Gong等（2004）利用时间序列，引入非线性知识生产函数 $\left(\dot{A}/A = u H_A^{\gamma} A^{\phi-1} - \delta_A\right)$，以此来修改罗默模型，验证了修改后的模型并不存在规模效应，并认为政府可以通过财政政策短期影响人均增长率，虽然长期增长率不受影响，但是会影响变量水平。

熊俊（2005）放松了"希克斯中性"、"规模报酬不变"（constant returns to scale，CRS）和"完全竞争的市场结构"，对总生产函数自变量进行调整，扩展了索洛模型。然而，有学者认为垂直型和水平型模型忽略了人力资本积累对净增长的作用，应把这两个因素纳入同一个分析模型之中，并增加一个人力资本生产部门构建新模型；得到的均衡增长率如式（2-5）所示。

$$g = \frac{\delta_2 + \rho}{\delta} \tag{2-5}$$

其中，δ 为跨期替代弹性的倒数；ρ 为时间折现率；δ_2 为人力资本生产部门的生产率。该模型说明经济均衡增长率与人力资本部门生产率成正比，与时间折现率成反比。

有专家在罗默模型的基础上引入了人力资本因素，同时内生化技术进步和人力资本，克服了技术进步是常数这一假设的缺陷。专家认为在平衡路径上，产出、技术的增长都与人力资本的最大积累率有关，而非简单的仅由人口增长率来决定，另外，经济平衡增长率与技术水平的外部性无关。

可见新增长理论对经济增长、发展问题提出了许多深刻独到的见解，各经济学家也从各个角度明确说明了无形资产成为经济增长的驱动因素，推动着经济的发展。但是随着经济发展，新增长理论面临着新的挑战，仅仅从某一方面已经不能全面反映无形资产对经济的促进作用，该理论在其框架结构、分析方法方面还有缺陷。所以本小节尝试分析无形资产中的投资外部性、产品创新、人力资本积累、技术模仿及扩散、创新、企业家精神来整合新经济增长理论，从而从统计测度角度对无形资产关于经济贡献测量的新经济增长理论进行进一步的探索和修正，得出的模型如下：

$$g^* = \left[(\delta\varLambda+1) \cdot (\gamma+v) \right]^{-1} v \left[\delta h^*(t) - (1-\omega)(\rho-\lambda)(1+\delta-\omega) \right]$$

其中，$\varLambda = \partial / (1-\partial-\beta)(\partial+\beta)$；$h^*(t) = s_h \cdot y(t) - (n+g+\delta) \cdot h(t)$；$g^*$ 表示最优均衡增长率；δ 表示效用函数中跨期替代弹性的倒数；γ 表示整个经济的全部知识存量弹性；v 表示补充知识存量弹性；w 表示整个经济中资本总存量的产出弹性；ρ 表示时间折现率；λ 表示人口增长率；∂ 表示人力资本的产出弹性；β 表示劳动力的产出弹性；$h^*(t)$ 表示人力资本增长速度；s_h 表示总收入中投资与人力资本的份额；y_t 表示单位人均产出；h_t 表示单位人均人力资本；n 表示劳动增长率；θ 表示技术变增长率；η 表示折旧率。

第五节　无形资产统计方法评估

中国关于无形资产统计成书的，目前主要是曹景林编著的《无形资产统计》。该书的目的就是介绍无形资产统计的历史、理论基础、统计资料的搜集整理分析方法、具体无形资产的发展状况和资料分析，概括无形资产统计在中国的现状，运用统计方法对中国的无形资产进行分析。其他关于无形资产统计的文献多是零散的期刊论文。在这种艰难情况下，对无形资产进行统计，尤其是对企业无形资产统计的研究不失为值得付出精力与心血的主题，当然，更是一个非常困难的研究主题。

鉴于无形资产在会计确认上的特点，以及在企业价值中的作用，无形资产始终是会计领域的热点之一，国内外学者从不同角度，采用不同方法进行过广泛的研究，早期规范性研究集中于无形资产的确认和计量方法等会计处理方面，试图通过对特定无形资产的分析，找出最佳计量方法，以真实反映企业无形经济资源。企业无形资产投资的状况如何？无形资产对企业的经营活动到底产生了什么影响？企业财务报表所披露的无形资产信息是否具有价值相关性？基于当期费用化倾向的无形资产会计准则是否损害了无形资产信息的价值相关性？围绕上述问题，国内外学者在近几十年来展开了大量的实证研究。

一、无形资产定义、分类、外延与内涵

无形资产一词是由拉丁语 Tangere（意为"可以触摸的"）引申而来。经过国内外诸多学者在理论上的进一步创新与发展，以及美国财务会计准则委员会、英国会计准则委员会、国际会计准则委员会、国际评估准则委员会、联合国国际账户体系、国际评估准则委员等机构从制度层面上的推进，国际社会在无形资产的经营、会计处理、价值评估及统计核算等方面取得了一系列重要研究成果。

国际评估准则关于无形资产分类图如图 2-6 所示。

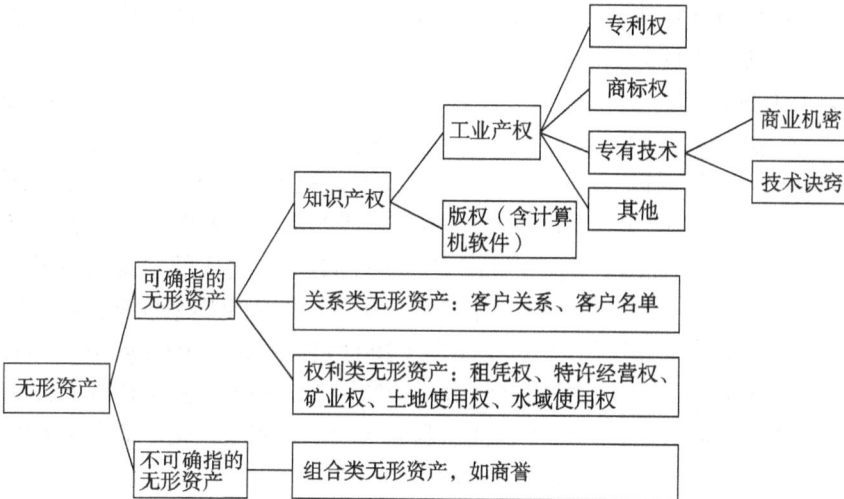

图 2-6　国际评估准则关于无形资产分类图

学者们一般通过列举法、特征描述法和本质描述法阐述无形资产的外延与内涵。本质描述法定义无形资产为，特定企业所具有额外收益能力之表示，无形资产及某类价值之代表，此种价值，依据企业盈利之剩余，将其超过之数，依照相当利率，化为资产的价值是也。这一定义揭示了无形资产能为其主体带来超额收益能力的本质特征。无形资产列举法定义为，无形资产是指专利权、版权、秘密制作法和配方、商誉、商标、专营权及其他类似的资产。特征描述法定义为，无形资产是一种可以取得未来收益的、由发明创造或人力资本产生的非实物形态的价值源泉。

我国对无形资产的研究起步较晚，随着知识经济的到来，我国学者也开始纷纷对无形资产的研究产生兴趣，在探讨无形资产外延不断扩大方面：知识经济导

致无形资产的外延不断扩大，无形资产的范围将扩充到知识资本的范畴，包括市场资产、知识产权资产、人力资源及组织管理资产。汤湘希（1997，2004）讨论了无形资产的本质，在分析了无形资产与智力资产、人力资源等相关概念的基础上，提出将无形资产分为四类，包括经典无形资产、边缘无形资产（土地使用权等）、组合无形资产（商誉）和合理无形资产（核心竞争力）。于玉林（2005）认为，无形资产应该包括专利权、发现权和专有技术等22类。

二、无形资产评估方法评述

所谓无形资产评估，是指以无形资产价值形成理论为基础，考虑影响无形资产价值变动的各种因素，选用适当的评估方法，对企业无形资产在一定时点上的价值进行量化的过程。关于资产评估，最早起源于古典经济学和现代经济学。1940年以前，评估原则和技术、方法相继在各国建立。中国的资产评估工作就是在这样的国际形势下发展起来的。

关于无形资产评估方法和评估模型研究。英国老牌商标评估"Interbrand Group"经多年的理论与实践探索得出一种无形资产评估方法——倍率法，有较多的国外学者在使用该方法。倍率法的公式形式较为简单（无形资产评估价值=无形资产历史加权平均收益×倍率），核心（或者说难点）在于倍率的确定。美国学者马斯·塞蒂提出了一种运筹学方法——AHP法，将人的主观判断用数量化形式表达和处理，是一种综合性和定量的分析方法，主要用来处理一些多因素、多目标、多层次的复杂问题。Pagourtzi 等（2003）在 *Real estate appraisa: a review of valuation methods* 中将评估方法划分为传统与先进两种，其中传统的方法有市场法、成本法、收益法、回归方程法、利润法及承包商法，先进的方法有经验定价法、空间分析法、模糊逻辑法及 ARIMA 模型等。

在国内，关于无形资产评估有很多的学者进行了研究，并取得了实质性进展。高汝熹等（1995）分析了常用资产评估方法对技术资产评估的适用性。魏纪林等（1997）系统地研究了技术估价利润分成法、技术含量估价法和对比计价法等。张训苏（1995）系统地比较了重置成本法、收益法的优点和局限性，并提出了重置成本法与收益现值法相结合的九点设想。万君康和凌丹（1998）提出技术利润分成法和技术定价综合理论模型。陈玉清和宋志华（1998）结合实例，广泛地引入了多种预测模型，并在此基础上推出最优加权组合预测模型，通过实际数据验证模型的合理性和可行性。吕峰（1998）在简单地介绍了传统无形资产评估方法（成本法、市价法、收益法）之后，指出在知识经济时代，传统的方法有很大的局限性，需要根据企业的特征分析，把企业的无形资产分成三部分，即员工能力、内部结构能力和外部结构能力，都用企业发展、效率和稳定性三方面特征来评估上述三种能力，为我们在知识经济背景中认识和分析企业无形资产提供了一种新的思路。陈耀明和钟登华（2004）应用随机时间序列理论与资产评估理论对无形资产评估进行了探讨，并建立了待估无形资产未来净收益的动态预测模型和未来折现率的动态预测模型，为更加科学实用地评估无形资产奠定了基础。庞东和杜婷（2004）以企业的专利权为例分析和探讨了无形资产的实物期权定价模型，以期从一个新期权角度对无形资产评估提出新思路和新方法。郝净（2004）就无形资产评估方法进行了论述，并且系统地比较了成本法、市价法和收益法三种方法，指出在评估方法的选择过程中，应注意因地制宜和因事制宜，不可机械地按某种模式或某种顺序进行选择。但是选择之后既要依据假设和前提条件，保证评估目的。范莉莉和马军（2009）基于企业所有无形资产的整体视角，同时考虑了无形资产之间的相互依赖和匹配问题，在文献检索的基础上列出了七项有代表性的企业无形资产，设计了反映企业整体无形资产价值的三维空间系统，在三个维度上建立七个无形资产价值的评价指标体系，并用模糊评价法对每个无形资产的三个维度进行评价，由此确定各项无形资产在其价值空间中的定位和分布。岳杰（2009）在资产评估技术超额收益法的基础上，运用运筹论的技术方法（AHP）从分析无形资产影响因素层面，建立更加合理的无形资产评估模型，从而使无形资产评估更加准确、合理和简便。吴军和张斌（2009）通过研究指出虽然评估方法主要由评估目的决定，但也应注意与评估条件的匹配。当遇到某项新技术欲转让的情况时，根据评估目的应采用收益现值法，但如果资料不足，无法预测出该项技术未来的获利能力，即收益额无法预测时，只能采用成本法，尽管成本法不用于以资产转让目的的评估。李峰（2011）提出收益法评估无形资产涉及技术型无形资产收益期限、收益额和折现率三个因素，并就技术型无形资产收益期限、收益额的确定问题展开了相关研究。贺业明（2012）则针对小企业的无形资产价值评估做了研究，得出由于小企业无形资产有成本弱对应性、不稳定性和数据缺失性等特点，应以市场法为基础对其价值进行评估。在此基础上引入灰色关联度分析法，解决在资产评估实务中运用市场法进行价值评估时，评估人员根据算术平均数或主观判断来赋予选取参照物权重的缺陷，并且运用综合评价法对知识产权的质量进行打分来求最终价值，克服了长期以来小企业知识产权评估价值偏高的困难。李正伟（2013）指出，目前在无形资产价值评估实际操作中，收益现值法是运用最为普遍的一种方法，被估无形资产价值的多少关键取决于如何确定预期年净收益或收益额、折现率和有效期限三个因素，取决于三个变量因素共同影响的结果。王月（2014）在《刍议收益法评估无形资产》中详细分析了当前我国收益法测度无形资产存在的问题，包括超额收益的测算困难、影响因素众多、折现率的确定问题等，企业还需改进，并指出我国无形资产评估主要采用成本法，但无形资产成本增加并不必然对应价值增加，因此，成本法评估难以如实反映无形资产的市场价值。

（一）无形资产评估的基本假设

无形资产评估的对象是无形资产，从动态的角度看，无形资产的价值无时无刻不在变化之中，如果不做一些基本假设，则根本无法对其价值进行评估和确认。从无形资产评估的目的可知，无形资产要服务于交易，而评估的价值要通过市场上买卖双方作为交易依据而完成。因此，无形资产评估不能脱离市场，并且被评估的无形资产不是一次消耗掉，而应有连续使用和创造收益的功能。目前较为认同的无形资产评估假设，主要有公开市场假设和继续使用假设。

1. 公开市场假设

公开市场假设是指被评估资产可以在市场上自由买卖。按照这一假设推断，凡是对出让和受让方双方都有利的交易资产都可以评估。但无形资产独占性（垄断性）的特性，又为公开市场假设制造了一些麻烦。具有垄断性的无形资产是否需要评估，笔者认为，只要不是以盈利为目的转让，垄断性资产不必进行评估；对于被迫的资产转让，公开市场假设也不再适用，理由如下：垄断资产的转让违背了市场公开、公正、公平的原则，其价值不具有可比性，评估价值也失去了可依据的作用；被迫转让的资产违反了市场自由买卖的规则，所评估的价值不可能对买卖双方都是有利的。

2. 继续使用假设

继续使用假设是指被评估的资产具有使用价值，并且按其使用用途继续使用，不得间断。依据这一假设可以推断，无论是何种资产，只要有合作价值就可以进行评估。

（二）无形资产评估的基本原则

无形资产的特性决定了无形资产评估不但要遵循资产评估共同的原则，即遵循公平性、客观性、合理性、独立性、系统性和替代性原则，而且还要遵循自身的独特原则。

1. 适用性原则

适用性原则是指一项无形资产要发挥出功能所要求的具体条件。评估人员要凭借当时、当地的具体环境，包括自然条件、技术条件、社会条件和经济条件等评估无形资产，要结合这些环境因素考察它的适用性。否则，即使是最先进的无形资产，也不一定能带来很好的经济效益。

2. 先进性原则

先进性原则是指无形资产在技术工艺等方面具有领先的水平。在对技术型无形资产评估时，应该通过相关技术经济指标进行考察，反映评估对象能够对劳动生产率提高的贡献程度。无形资产利用效果指标，主要通过无形资产利润率、超额利润率、无形资产投资回收期和投资报酬率四个指标来反映。

3. 可靠性原则

可靠性原则是指所评估的无形资产技术成熟，在应用中能够发挥出预期的效益。无形资产不可靠，将会给使用者带来重大浪费和损失。因此，在对某些无形资产评估时，应看该项无形资产是否经过运用，其运用的效果如何，以便增强评估的准确性。

4. 安全性原则

安全性原则指无形资产的使用应该安全、稳定、保密。首先要符合国家有关法律规定，合法而无害。其次无形资产涉及的技术秘密、商业秘密等极易扩散，且一经扩散就失去了生命力。所以要求评估人员必须严守秘密，遵守职业道德和行业纪律。

5. 科学性

科学性，是指对无形资产评估的结果要符合客观实际，不能造成评估的任意化和主观化。只有坚持科学的评估程序，制订科学的评估方案，选择科学的评估方法，才能使评估结果趋于真实、可靠、公正和严肃。

（三）无形资产评估的参考因素

无形资产评估是科技体制改革和市场经济发展的需要，是促进科技成果转化、完善知识产权保护制度的重要环节。建立科学的无形资产评估制度，是完善社会主义市场机制的一项基础性工作。科学地对无形资产进行评估，不仅可以真实地反映资产的价值量及其变动，而且有利于资产的合理流动和优化配置，提高资产的营运效益，保障资产的保值和增值，充分利用资源，保护知识产权，维护资产所有者、持有者、发明者和经营者的合法权益，对调动科技人员的积极性具有不可估量的作用。

从目前国内无形资产的评估来看，在评估时考虑的因素可能影响到评估的价值；实际上其评估方法也同样会涉及无形资产的价值和利益。无形资产并非都要评估，当其为一定的目的服务时，无形资产的评估才可以确定。当然，无形资产的评估，无非涉及拍卖、转让、设定担保、使用许可，或者企业兼并、出售、租赁、联营、股份经营时无形资产的作价或折股；涉及中外合资、合作经营企业的无形资产价值评估，企业结算时都涉及这个问题。因此我们可以得出这样的结论：无形资产的评估是无形资产未来获利能力的估算，无形资产评估的核心问题是市场经济问题。但是，并非无形资产的任何一种价格都要评估，这些都由特定的评估目的所决定。在无形资产评估中，特定的评估目的和不同的参考因素，决定着特定的评估对象的价值标准。

（四）无形资产的评估方法

国内外常见的传统无形资产评估方法主要有十一种，分别为市场法、成本法、收益法、要素法、复合成本法、倍率法、AHP法、市场需求法、实物期权法、托宾（Tobin）Q值法和平衡记分卡。此外，适用于大数据时代的智能方法有无形资产监视器（intangible assets monitor，IAM）模型法和导航仪模型法。

1. 市场法

市场法也称现行市价法，是指从现行市场上寻找与所评估的无形资产具有相同或类似功能的无形资产，以它们的交易价格为基础推测所评估的无形资产的价值。此种方法采取的前提是要有足够多的可对比的市场参照物，而且它们与被评估对象之间有较强的相似性。在此前提下，一般评估可选取多个参照物，在量化可比因子后，确定评估定值；也可以建立回归方程，进行回归分析，计算出评估参考值范围。医院无形资产具有垄断性和非标准性，不容易找到可类比的价格，而且许多无形资产，如医院专有技术具有保密性，查询相当困难，故在医院无形资产评估中应用现行市价法较少，只有医院著作权，如摄影、音像制品等由于客体具有独立性，在市场上较常见，运用此法是可行的。

2. 成本法

成本法分为历史成本法和重置成本法。历史成本法是以研究和开发某项无形资产所发生的所有相关成本予以资本化，作为评估无形资产成本的方法。重置成本法是通过测算现实条件下被评估的无形资产全新状态的成本，并在此基础上减去因各种贬值因素导致的价值缩减，重置成本是根据历史成本调整得到的。用成本法计量无形资产的价值固然可靠，但这种方法具有以下缺点：成本法无法揭示无形资产的真正价值，如前所述，文化创意企业无形资产具有独创性和独占性，因此，与实物资产相比，其不可能存在于活跃市场，也不存在替代品，这决定了无形资产如果以成本计量，那么最终提供的信息将缺乏决策相关性。而实物资产则不同，实物资产虽然是以成本来计量的，但由于其往往存在于较为活跃的交易市场，或者比较容易找到替代品，所以其重置成本乃至市场价格相对较为容易取得。

以成本法计量无形资产的价值并不符合资产的本质。资产是能为企业未来带来经济利益的资源，对无实物形态的无形资产而言，这点尤为重要。如果无形资产依然遵循历史成本计量，就会导致其账面价值和市场价值的严重背离，而且无形资产相对于实物资产而言，无形资产的 R&D 成本与其带来的经济利益更不相关。有些无形资产虽然花费的研发费用较低，但能带来超额经济利益；有些无形资产虽然花费巨资，却由于不能满足市场的需求或跟不上技术进步，其价值急剧贬值甚至表现为负价值。

成本法是通过测算现时条件下被评估资产全新状态的重置成本，并考虑其各种贬值后估算资产价值，即根据假想，重新创造资产的所有花费并考虑一定的损耗而评估其价值的方法。在实际运用中，重置成本是根据历史成本调整得到的，适用于成本构成合理、清晰的无形资产。医院无形资产的历史成本具有不完整性、弱对应性及虚拟性等共同特点，如医疗信誉、医院专有技术等无形资产历史成本无从计起，而且成新率、实体性贬值、功能性贬值和经济性贬值等参数也不易测算。所以只有医院自行开发研制的计算机软件，由于成本资料易于得到，其评估适用此法。

3. 收益法

收益法也称收益现值法，是根据资产的未来收益，折合成现值来确定资产评估值的方法。此方法可准确地反映出无形资产的获利能力，具有较好的可靠性和较强的说服力，同时也克服了无形资产历史成本不完整的缺陷。除了经济收入之外，医院无形资产可以带来的收益，还包括医疗水平的提高、医疗技术的改进、医疗知识的推广、医院管理水平的提高、医院医德医风的改进等，以及由此给全社会带来的医疗环境的改善、医疗制度的完善、健康意识的增强等积极因素，这些收益的总体量化值就是医院无形资产的真正价值，而确定这个量值的方法在现阶段以收益现值法最为合理。所以此方法是目前医院无形资产评估的首选。

4. 要素法

要素法也称要素贡献法，是根据经济学中财富创造的要素贡献分析原理，用于分析和估算无形资产收益额的一种方法。此方法可以更好地解释技术型无形资产产生高额利润的原因，也可评估出单一专有技术的价值。但此方法只适用于自创型、独有型、高技术含量型的技术评估。医院属技术密集型行业，可按照资金、技术、人力资源、管理四要素划分，再合理选取医院专有技术，评估出在医院经营收益中各自的贡献权重。然后利用收益现值法计算出医院的未来收益，再乘以医院技术要素的贡献比例（技术密集型行业一般为40%）和评估出的医院专有技术的贡献权重，就得出单个医院专有技术的评估值。

5. 复合成本法

所谓复合成本法，就是在评估一项无形资产时，不仅考虑其历史成本或重置成本，还要考虑其稀缺性及效用大小。用公式表示为

$$无形资产评估价值 = \frac{效用系数}{稀缺系数} \times 劳动量$$

由上面的公式可知，无形资产的价值是由三个因素共同决定的，即效用性、稀缺性和劳动量。效用系数是指无形资产对整体效率提高的比值。稀缺系数是指无形资产在市场中的稀缺度。在医院无形资产中，专有技术、著作权等评估都适用此方法，但效用系数和稀缺系数的确定在现阶段还存在很多争议和不规范之处，所以应用此方法时仍需慎重。

6. 倍率法

倍率法是一种国外应用较多的无形资产评估方法，由英国老牌商标评估机构"Inter brand Group"经多年实践探索得出。其基本公式如下：无形资产评估价值 = 无形资产历史加权平均收益 × 倍率。医院无形资产中医院的冠名权评估适用此方法，但由于国内缺少大量的无形资产转让案例作为支撑，所以应用尚存在难度。

7. AHP 法

AHP 法是美国学者 T.L.Saaty 提出的一种运筹学方法。这是一种综合定性和定量的分析方法，可以将人的主观判断用数量化形式表达和处理，形成相对客观的判断标准，用来处理一些多因素、多目标、多层次的复杂问题。在评估企业无形资产时，常常发现企业的超额收益，这往往是由多种无形资产共同作用产生的，即组合无形资产价值。如何从组合无形资产价值中分离出待评的各种无形资产价值，是无形资产评估中比较困难的问题之一。而 AHP 法是解决这一困难的较好方法。

8. 市场需求法

市场需求法的依据是经济学的均衡价格理论，主要借助市场，由市场需求和供给两种相反的力量共同作用来评估无形资产的价值。从市场角度而言，医院无形资产是一种特殊的商品，在市场上不可能出现两个完全一样的无形资产。这时可以利用均衡价格理论分析医院无形资产的需求变化，由于医院无形资产价值与市场需求成正比，所以只要找出影响需求的因素，如经济周期、政策法规、国际国内环境、竞争情况和经济实力等，然后建立回归方程，确定各需求影响因素的权重，就可以求出评估值。医院无形资产有别于企业无形资产，其价值主要在于社会价值，评估时要将客观数据与主观判断结合。因此，只有根据医院无形资产的特点和评估目的，结合社会氛围、地理环境和市场动态等客观因素，合理选择适合自身评估的方法，才能做到合理区分，有的放矢。

9. 实物期权法

实物期权法由于无形资产的独创性及其价值的不确定性，传统的无形资产评估方法均不能客观地计量无形资产的价值。近年来，实物期权定价模型逐渐被用来估算无形资产的价值。实物期权定价模型首先被用来估算衍生金融工具的价值，由于无形资产与衍生金融工具都没有公开交易的市场确定其价值，且其价值要根据未来事项的发生与否来确定，其价值具有极大的不确定性。因此，可以借鉴实物期权定价方法，对无形资产的价值进行估算。

运用实物期权法计算无形资产的实物期权价值时应遵循以下步骤：首先将无形资产看做一种期权；其次识别出标的资产及其当前价格，以及期权的执行价格；再次分析无形资产的收益变动情况和标的资产的价格变动情况；最后采用适当的实物期权定价模型计算出实物期权价值，实物期权价值一经确定，无形资产的价值就是常规价值和实物期权价值两部分之和。

实物期权法在无形资产评估中的应用克服了传统折现现金流量分析法的缺陷，特别是克服了折现现金流量分析法中确定折现率时的主观性，因而是一种较为客观评价文化创意企业无形资产的评估方法，但由于实物期权计量或估价思想较为关键，应用到无形资产估价中还需要很长的探索。

10. 托宾 Q 值法

托宾 Q 值法是由诺贝尔奖获得者的经济学家詹姆斯·托宾提出。托宾 Q 值法的标准定义是公司金融债券的市场价值除以资产的重置成本。之所以选择托宾 Q 值法有以下原因：一是市场价值在一定程度上不仅反映了企业当前的状况，还能预测未来，可以更好地反映公司绩效；二是由于所考察的是基于股东间代理关系的公司治理绩效（姜梅，2003）。这种方法在某种程度上弥补了市场/账面价值法受到会计政策和股价波动等因素的影响。与市场/账面价值法不同，这种方法将账面价值换成了有形资产的重置价值，因为有形资产重置价值与会计政策没有明显的相关关系，托宾 Q 值法克服了市场/账面价值法的缺陷。当一家公司的托宾 Q 比率大于 1，表示该公司的市场价值大于其资产的账面价值。Rao 等（2004）指出这种超额价值反映的是由无形资产的价值所导致的一种不可测量资源的价值。因此，托宾 Q 值法被定义为虚拟变量，如果托宾 Q 比率大于 1，则 Q 值取 1，也即一个公司拥有较多的无形资产，否则 Q 值为 0。这种方法可以区分一个公司是否具有较多的无形资产（如 $Q=1$ 或 0），并且帮助外界分析、评估是否投资放贷给该公司。在投资方面，当 Q 等于 1 时有投资的激励，因为有价证券可以卖出比潜在价值更高的价格，但是当证券的价值低于资产价值就缺乏投资动机（Lustgarten and Thomadakis，1987；Megna and Klock，1993）。Gleason 和 Klock（2006）的研究指出了广告和研发支出与托宾 Q 密切相关，但与公司规模负相关。

11. 平衡记分卡

Kaplan 和 Norton（1996）对多个美国企业研究后于 1996 年提出平衡记分卡

方法。他们认为以往对企业业绩的评价多是从财务角度，企业需要有一套多维度的评价系统来指导他们的决策，所以他们系统地提出了对企业业绩和未来发展有重要影响的非财务指标评价体系。平衡记分卡从财务、内部流程、客户、学习和发展四个维度把战略转化为行动。平衡记分卡基于平衡模式，无形资产则采用动态模式以增加知识资本的积累。平衡记分卡和无形资产都围绕企业发展战略，都可以整合到绩效管理系统。

12. 导航仪模型

Skandia 导航仪模型共采用 111 项指标来计量公司的财务（18 项）、顾客（20项）、过程（19 项）、创新与发展（32 项）、人力资源（22 项）五大方面的智力资本相关内容，其中绝大部分是非财务计量指标。模型被设计成一座房子的形状，房顶是财务方面，顾客和过程为两面墙，创新与发展是房子的根基，而人力资源则是房子的核心和灵魂，每一个方面对企业财富创造都起着不可替代的作用。财务指标反映企业货币计量部分；顾客指标侧重评价顾客资本所创造的价值；过程评价指标强调企业内技术使用的效率；创新和发展的评价则揭示组织创新能力，计量企业在科研创新和培训上的投资效率；人力资源测评反映企业的人力资本及其价值创造过程。Skandia 导航仪创造了一个新的评估企业市场价值的体系，它特别强调顾客资本在公司价值创造过程中的重要作用，从组织结构和内部过程两个方面揭示影响公司价值形成的各种因素。

13. 无形资产监视器模型

与 Skandia 的"导航仪"相似的还有 Sveiby（1997）提出的无形资产监视器模型。无形资产监视器（intangible assets monitor，IAM）模型将无形资产的内容分为成长、更新和效率、稳定性三方面，并与外部结构、内部结构和员工个人能力三部分交叉选取指标进行测量。与"导航仪"模型相比其更加重视员工能力，即人力资本，同时对工作时间也赋予了极大权重。

（五）中国无形资产评估的现状及完善的思路

我国无形资产的审计评估是伴随着改革开放的进程而产生和发展起来的。20世纪 80 年代末，鉴于当时大连国有资产管理部门率先对产权变动的国有资产中的无形资产进行评估取得的良好效果，国家国有资产管理局对这种做法在全国范围内进行了推广，并出台了相关文件。随着国有企业大规模改制，审计评估行业承担的无形资产项目越来越多，涉及的行业越来越广，技术复杂程度越来越高，为规范无形资产评估行为，2001 年财政部专门下发了《资产评估准则——无形资产》，首次明确了对无形资产的评估内容。经过二十多年的发展，无形资产审计评估现在已经成为我国审计评估行业重要的分支。随着资产评估行业的发展日益细化和我国的资产管理制度不断健全，目前从事无形资产审计与评估的机构主要以持有政府财政部门认证颁发的资产评估机构、持有国家发展与改革委员会审批颁发的资产价格评估机构，以及经中国证券监督管理委员会（以下简称证监会）认证的具有证券业执业资格的机构。在当前新知识经济环境下，无形资产的数量对企业的竞争力至关重要，相比国外发达国家大中型企业无形资产拥有比重常常达到 70%~80%，我国企业拥有的无形资产数量还比较小。目前资产评估行业无形资产评估领域发育不充分，更是导致国内无形资产评估存在种种问题，不仅不利于全面认识企业竞争实力，而且也不利于评估行业自身的发展与完善。

评估对象和内容不明确。对无形资产评估首先要确定无形资产的标的，但是无形资产的非实体性，使得对无形资产标的界定和内容确定成为实践操作中的重点和难点。评估人员在评估过程中对无形资产的认识不足，往往忽略了对无形资产的评估，导致了资产流失。据有关统计研究表明，我国有90%的国有企业在开展对外合资的过程中没有对自身拥有的专利、商标、信誉等无形资产进行评估折价，对国有企业享有的优惠贷款权利、特许经营权也常常被忽视，造成了国有资产不必要的流失。随着新经济时代信息、商业形态的不断创新，企业的客户关系、股权价值、网络域名等新兴无形资产在评估过程中也往往得不到应有的重视而被忽略。此外，片面注重外在形式不注重实质内容导致无形资产的虚评，评估师在评估过程中只看重证书而忽视背后的实际获利能力造成无效的虚评，在现行会计制度下对企业无形资产的研发支出费用化也往往导致无形资产的少报和漏报。

评估方法滞后，评估质量不高。评估方法得当与否决定着评估质量。在国外发达国家中由于产品要素市场发达，无形资产评估方法主要是收益法和市场法。但在我国由于资产市场发育尚不充分，相关资料不齐备，还不具备对无形资产未来收益进行评估的条件；无形资产的单一性和非重复性使无形资产评估缺乏可比性；无形资产常用评估参数指标体系没有建立完善，导致缺乏评估参数，并且无形资产成交案例少，因而国外发达国家采用的收益法和市场法在我国无法运用。我国当前对无形资产的评估主要采用成本法，但是由于无形资产成本的增加并不必然对应无形资产价值的增加，所以采用成本法评估并不一定能如实地反映出无形资产的市场价值。

评估管理机制不健全，评估市场无序化。无形资产评估利润较高，相关政府管理部门纷纷将其纳入各自的管理权限内，争相设立相关评估机构，导致重复管理、"政出多门"，以及评估市场的无序化，评估结论在缺乏竞争的行业环境中容易失真；评估机构缺乏评级，只要具备了评估资格，就可以执业，而评估的专业水平往往良莠不齐，评估机构之间为揽取项目不惜采取的压价、回扣等不正当竞争手段不利于评估机构优胜劣汰；现行的无形资产评估对具体操作程序没有强制性规定，对不同无形资产的分割缺乏指导，为人为因素操作提供了条件，从而为资产流失埋下了隐患。

专业评估机构、高素质的评估从业人员匮乏。由于无形资产涉及的学科范围较广，知识和技术含量较高，要求评估机构和评估人员不仅要具备专业的理论基础，还需要具备丰富的操作经验，需要工作人员具备法律、评估、金融、经济等专业领域的知识背景。但目前我国从事无形资产评估行业的大部分工作人员不具备上述理论背景，缺乏严格的专业培训和资格认证，造成评估过程不规范、评估结论不权威，严重影响评估质量。大而全的评估执业资格缺乏对无形资产评估的细化，专业从事无形资产评估的机构数量奇少，同时，评估报告信息披露不充分导致的低效化，在目前的资产评估实践中，评估报告中的有效信息较少，往往流于形式，评估过程中带有强烈的主观色彩，导致评估结论不科学，评估低效甚至无效。

我国无形资产审计评估领域存在的上述种种顽疾，导致了无形资产评估在社会经济领域得不到承认，不仅影响了人们对无形资产的认识，还阻碍了无形资产产权的正常交易，不利于无形资产评估行业的健康发展，必须进一步加强无形资产评估。

根据评估目的和对象确定无形资产内容。由于无形资产只有在特定评估目的下才成立，所以评估对象只能是与评估目的相关的无形资产，如评估无形资产是为了摊销成本费用，由于评估对象受到相关法规严格规定，只有费用支出的无形资产才能折价进行补偿。随着无形资产的形式日益丰富，在界定评估范围时，应该放眼国际通用标准，拓展无形资产的内容，尽量避免由于无形资产狭隘而引起漏评。同时，评估人员在评估时，应确定无形资产的价值只能是由无形资产未来获利能力中可实现部分的价值。在评估无形资产可能具有的获利能力之外，还必须联系其转化为现实获利能力的条件，将无形资产和有形资产结合起来综合考虑评估。

建立健全规范的评估管理机制。评估行业的规范化、法制化发展是无形资产评估行业健康发展的根本保障。由于我国无形资产评估行业还是一个较为新兴的事物，必须汲取西方发达国家成熟的管理经验和模式。当前急需解决的是为了治理资产评估行业无序的现象，必须建立行业协会对行业实行统一管理和自律，建立无形资产专业评估分支机构，制定统一的执业标准和规范，细化无形资产评估准则和指南，形成完整的资产评估准则体系。

构建无形资产评估信息网络服务体系。为解决评估过程中信息不充分问题，评估行业内部需要建立可靠的信息渠道，如在技术市场收集各种专利、商标的价格信息，在国债、金融市场收集资产收益率等信息，供评估人员分享使用，逐渐形成全国统一的无形资产评估信息网络。

提高评估人员的专业素质，建立专业的评估机构。针对当前评估师只要取得执业资格就可对无形资产进行评估的缺陷，可考虑将资产评估师的执业范围进一步细分到无形资产评估师,规范无形资产评估资格的审查。此外,还应该规范无形资产评估报告的信息披露。由于无形资产评估报告披露不充分,评估报告可依据《资产评估准则——无形资产》的相关原则,充分披露无形资产评估的假设前提、评估方法的选择依据及理由、评估参数等相关信息,方便使用者对评估结果判断。

三、无形资产统计核算方法评述

(一)无形资产统计的经济学分析

国民核算体系中的无形资产分为无形固定资产和无形非生产资产。它们虽然都是非金融资产,但无形固定资产属于生产资产中的固定资产,而无形非生产资产属于非生产资产。无形固定资产是指打算使用一年以上的由矿藏勘探、计算机软件、娱乐、文学或艺术品原件组成的固定资产和其他无形固定资产。无形非生产资产包括专利性实体、租约和其他可转让合同、购买的商誉与其他无形生产资产。

1. 两种方法得到的无形资产价格或价值

大家可能注意到,无形资产的评估价值是很高的。例如,北京名牌事务所公布的海尔品牌的价值是616亿元,美国可口可乐的商标价值更是高达数百亿美元。关于无形资产的价值评估,我国《国有资产评估管理办法》中规定,对无形资产区别下列情况评定其重估价值:①外购的无形资产根据购入成本及该项资产具有的获利能力;②自创或自身拥有的无形资产根据其形成时所耗实际成本及该项资产的获利能力;③自创或自身拥有的为单独计算成本的无形资产根据该资产具有的获利能力。美国《金融世界》采用英国国际商标集团公司制定的一项简化公式来评定商标的价值,其具体做法如下:首先对由商标带来的销售额所需资本进行估计;其次假定一项不受商标注册保护的产品对使用的资本会产生5%的净利润,将这部分投入的资本去掉,扣除税款,剩下的就是与商标有关的净利润;最后把一项根据商标的实力编成的指数加入这些利润。商标的实力界定如下:①领导能力;②稳定性;③市场;④国际情况;⑤趋势;⑥支持;⑦保护。

上述两种方法很有代表性,它们在测定无形资产的价值时都运用了两项基本要素,即成本和获利能力。也就是这两者构成了无形资产的价值或价格。问题在于为什么无形资产的价值这么高?为什么无形资产的价值差距会如此之大?再进一步,人们为什么要评定无形资产的价值?显然,这不是纯粹的会计问题。

2. 无形资产的经济学特性

由于无形资产属于知识经济讨论的范畴,其具有知识经济的特征。例如,知识产品的公共性和私有性并存,即它是公共产品同时也是私有产品;生产过程中投入-产出关系的不确定性,即谁也不能保证投入多少资源就一定产生多少知识和转化为多少经济价值,带来多少收益;知识生产的报酬系统分为非市场机制基础上的报酬系统和市场机制基础上的报酬系统,前者是指优先权报酬、好奇心的满足和政府的基本工资;后者是指通过创造私人产权使其获得超额利润。因此,无形资产的生产过程具有长期性和风险性,交易过程具有复杂性,使用过程具有优先权的营利性。

无形资产具有下列特点。

(1)创造收益的间接性。无形资产未来的获利能力是依附于实物产品的销售,它本身的价值要通过市场销售状况来体现。这可能导致其收益的不确定性,这种不确定性会导致更大的风险。

(2)投入的长期性和未来收益的不对称性。无形资产的培育要花费很长的时间和很高的成本,但是这种高成本未必会获得高收益,所以投入和产出是非对称性的。

(3)以上两点使无形资产评估具有主观性。因为无形资产的培育或形成具有时间长风险大的特点,所以人们通常会在正常的利润之上加一个风险溢价作为补偿。

任何一个企业培育无形资产的目的都是增强企业未来的获利能力,这种获利能力的取得实际上就是垄断带来的利润。经济学中定义的垄断形成是通过技术、产品差别化、品质变异即提高质量和特许权利等来达到的。而无形资产中的商标是高质量的代表,专利性实体就是新技术会形成新产品,商誉是企业地理优势的表现,矿藏勘探会增加人们的信息形成新认识等。经济学认为,商品的价格取决于商品本身的价值和供求关系。无疑,评估无形资产是为了出售和使企业股票价格上升,它是在作为一个商品待价而沽。所以,可以运用经济学中的价格决定分析无形资产的价格问题。

3. 无形资产统计与生产函数

生产函数是指生产中投入与产出之间的关系,一般是指投入与最大产出之间的关系。投入在经济学中是指生产要素,包括土地、劳动、资本和企业家才能。土地就是自然资源,劳动包括劳动力的数量和质量或人力资本,资本是指固定资本形成和存货变动,企业家才能是指企业家的组织能力、创新能力和冒风险的能力。一般表示为 $Q = F, L, K, T, \ldots$。在经济学中,人们采用柯布-道格拉斯生产 $\alpha\beta$ 函数,即 $Q = ALK$。其中,A 为技术水平,L 为劳动,K 为资本。该函数表明,生产过程中要素的投入是缺一不可的,如果任一要素为零,整个经济体系的产出也为零,这是完全符合现代经济的特征的。

从生产函数可以看出,各个要素对经济的影响表达是非常清楚的。这极有利于我们讨论无形资产对经济的影响。但是，生产函数中无形资产在哪里呢？在前面的讨论中，我们知道专利性实体和计算机软件，以及娱乐、文学或艺术品原件属于无形固定资产的分类，在生产函数中就是技术水平。生产函数中技术进步的含义是新技术、新产品、新工艺、新市场和劳动力素质的提高。Solow（1956）认为技术进步对产量有重大影响，并给出了测算技术进步的索洛余值法。但是，索洛余值法测度的技术进步包含的内容较复杂，许多经济学家对此有大量研究。丹尼森将其具体分解为规模经济、知识进步等，杨小凯和张永生（2001）认为用分工经济比规模经济更有说服力，并严格论证了基于分工的贸易、企业、工业化和城市化的过程。

其实，不管是技术进步，还是知识进步，都包含在无形资产中，无形资产中还体现了无法在生产函数中表达的资产的质量、劳动力的质量，以及许多不能识别的对产量有影响的其他因素。而无形资产比技术进步和知识进步更加具体化，项目清楚。故索洛余值可以概括为无形资产余值。在单一要素投入下，投入区域可以无限扩大，因为无形资产不存在边际报酬递减趋势；它们只会引起边际报酬递增。界屋太一（1999）在《知识价值革命》中给出了一个边际报酬递增的图形，张守一（1998）在《知识经济讲座》中认为知识使边际报酬递增。这种报酬递增来源于在其他要素不变的情况下无形资产的不断增加使企业的生产力、垄断力也不断增加。归根到底，无形资产的权力性使其在生产中具有非线性累加性和超级黏合剂的作用。它改变要素之间的配置比例，增大要素的生产率。

真正体现无形资产作用的还是在规模报酬递增上。西方经济学认为，几种生产要素的投入变化会导致规模经济，而规模经济源于规模报酬递增，但是又说两者是不同的，它们受不同的因素决定。杨小凯和张永生（2001）认为，规模经济是一个似是而非的概念，在企业的角度上不如说是分工产生的分工网络经济，即分工会导致企业生产效率的提高。实际上，分工导致无形资产产生，但单纯的分工不会导致企业的产生，协调才会有规模报酬递增。正是因为这样，企业和道德的协调产生规模报酬递增，在企业和道德的协调过程中形成无形资产，如企业家才能、技术等。最终是无形资产产生规模报酬递增，因为它容纳的很多要素有时是无效的要素，将它们组织在一起产生凝聚力，使企业整体效率提高，即 X 效率。主要表现在改变要素使用的比例 K/L，企业扩张的路径和替代弹性。

基于此种认识，我们可以将生产函数的具体形式进行变化，$Q = L^\alpha K^\beta W^\gamma$。其中，$L$ 为劳动时间的投入；K 为资本投入；W 为无形资产投入；α 为劳动产出弹性，即投入一个单位劳动增加的产出；β 为资本产出弹性，即投入一个单位资本后增加的产出；γ 为无形资产产出弹性，即投入一个单位的无形资产增加的产出。对等式两边取对数，由 $\ln Q = \ln L^\alpha K^\beta W^\gamma$ 得，$\ln Q = \alpha \ln L + \beta \ln K + \gamma \ln W$ 两边对

时间 t 求导，化简整理可得 $\dfrac{\Delta Q}{Q}=\alpha\dfrac{\Delta L}{L}+\beta\dfrac{\Delta K}{K}+\gamma\dfrac{\Delta W}{W}$。利用这个公式，就可以将无形资产带来的产业增长率估算出来。

（二）无形资产统计的实证研究

研发支出。研究无形资产价值的许多实证模型都把研发支出作为具有前瞻性来测量。这个价值代表了未来利润的市场预期估值，根据公司的有形资产和无形资产可以返回的资产来进行评估。这一价值在该公司有形和无形资产产生的回报率评估基础上得来的，代表了未来预期利润流的市场估价。因此，任何无形资产的投资都会像有形资产一样增加公司的价值。创新和品牌忠诚度也是一种投资，能够增加公司的无形资产，并且对未来现金流量和无形资产都有可预见的积极作用（Gleason and Klock，2006）。

所有者结构。许多发达国家（如美国、英国和日本）的公司被少数有资本的家族共同管理并控制着财务，这些企业的所有权集中在控股股东手里。我国台湾地区公司的所有权结构与许多发达国家（如美国、英国和日本）是不同的，其股东控制形式是由少数富有家族进行的行政和金融的控制（Morck and Yeung，2003；Khanna and Yafeh，2007）。许多最近的研究表明，控股股东总是对公司持有绝对控制，这导致了他们和少数股东之间的委托—代理问题（Lemmon and Lins，2003）。控股股东由于有重要的选举权可以从公司获得更多的财富，但只需对现金流权承担很小的成本。当最大股东的控制权超过其现金流所有权时公司价值会下降，就会出现壕沟效应（即可能出现大股东为自身利益而牺牲、侵害小股东利益，这也被称为"隧道行为"），这可能会导致无形资产价值的退化。在商业团体，这种壕沟防御效应的情况更为严重（Morck and Yeung，2003）。

公司治理。当公司产生委托—代理问题时（这可以影响一个公司无形资产的价值），公司治理在监管中发挥重要作用（Lins，2003）。由于董事会负责保护股东的利益和避免壕沟效应的监督管理，所以这些监管机制通常都是基于董事会成立的。在很多实证研究中都表明了局外人（独立于董事会）监管的有效性（Oxelheim and Randoy，2003；Xie et al.，2003）。并且，非管理层的大股东或机构股东在代理成本（即控股大股东和其他股东之间的利益冲突）中起着制约作用（Lins，2003）。如果在公司中有不止一个大股东，大股东之间可能会互相监督，因此可以减少代理成本（Wiwattanakantang，2001）。

公司性质。一个公司的无形资产价值会直接或间接地受公司性质的影响。销售增长是一个增加无形资产增长机会的代理，但公司规模与预期增长机会可能是反比关系。销售的增长与增加无形资产的发展机会呈正相关关系，但是公司的规模却很可能与预期的发展机遇呈负相关关系（Gleason and Klock，2006；Fukui and

Ushijima，2007）。Rao（2010）发现有较高增长机会的公司有较低的杠杆率。但是，先前的研究（如 McConnell and Servaes，1990）表明，有较高杠杆率的企业可以享受税收优惠。它们可以扣除利息成本，这就产生了更大的现金流，从而有利于无形资产的增加。由于资本密集度是投资机会的代理，所以也会影响到无形资产。

行业特点。不同行业的不同特点将影响企业无形资产的价值。行业集中程度会影响公司的相对议价能力。当某行业分散、集中度很低时，行业的竞争程度可能更加激烈，公司的议价能力也会降低。因此，Anderson 等（2004）指出更高的集中度可以提供更多的市场力量，这就会导致更高的无形资产价值。在国内也有学者有同样的观点，上市公司所处的行业差别很大，无形资产在行业分布上具有较大的差异性（王化成等，2005），这些都表明不同的行业对无形资产有不同的需求。

跟踪分析与客户的反应。Lang 等（2003）指出，分析师是资本市场信息解读、信息传递的重要媒介，一个公司拥有许多分析师就会有更多的可用信息，公司的信息环境越好，资本成本就会越低。另外，分析师拥有专业领域知识，是财务报告的外部使用者之一，当存在代理成本时，分析师较多就带来更多的审查。因此，通过增加股东控制的现金流来增加无形资产，分析师的作用就非常重要了。一方面，他们从公司财务报告中获取信息，进行分析并形成预测；另一方面，他们把预测传达给投资者，对投资者决策形成重要影响。

1. 基于数据挖掘技术测度无形资产价值的影响因素简述

传统的统计方法也可以测度出影响无形资产价值的关键因素。但是在经济飞速发展的大数据时代，因素越来越多样化，传统方法就存在很大的局限性。我们就需要结合高端的计算机技术，也有很多学者开始考虑相关方面的研究。多数相关研究（Huang et al.，2004；Coussement and van den Poel，2008）都表明了机器学习技术和数据挖掘技术，如神经网络、支持向量机（support vector machine，SVM）等都优于传统方法。数据挖掘任务可以发现更有效的模型，数据中的关系，预测及分类基于有用数据上的模型表现。换句话说，数据挖掘是以从存储在数据库或其他信息库中的大量数据中预测结果和采用复杂方法来寻找隐蔽的模型、关系、异常和结构为总体目标的一个跨学科领域，然后从大型数据集中过滤掉不必要的信息（Han and Kamber，2006）。已有的采用数据挖掘技术建立预测模型的研究中，主要是找出一个最好的预测模型。然而，许多研究表明，使用单一分类技术存在一些局限性。这一研究结果促使现代研究利用多分类器的组合来做更精确的预测，这里多分器组合可以有分类器集成或混合分类器等（West et al.，2005；Tsai and Wu，2008）。在一般情况下，分类器集成是以多分类器的并联组合为基础的，混合分类器是基于串联组合两种不同的机器学习技术。例如，首先运用聚类，其次聚类的结果用于建立分类器（Chauhan et al., 2009; Chandra et al., 2010; Verikas et al., 2010）。

国内跟随国际研究潮流，国内学者对数据挖掘的研究也日益增多，但大都是在人力资源系统中的应用，得出数据挖掘技术是企业管理无形资产的一种新技术，能帮助企业更好地做出决策。考虑到无形资产与人力资源都不具有实物形态，不可直接观测，有可借鉴之处。

2. 剩余收益模型对股票收益预测能力简述

剩余收益模型简称为 EBO 模型，由于该模型在早期并没有明显优于股利折现模型的特点，所以并没有引起学术界应有的热情。该模型最早是基于股利折现（dividend discount，DDM）模型理论。剩余收益模型的一个局限性是它并没有将公司财务报表中报告与公司价值有机的联系起来。在此基础上，公司价值可以用目前会计数字来加以表述，而不仅仅是对未来的预期。

剩余收益模型采纳了折现现金流量模型中货币的时间价值、风险-收益对等原则的优点，同时与传统的方法又有不同，不是从利润分配角度出发，而是从企业的价值创造观点考虑问题。企业的一切生产经营活动都是围绕价值创造进行的，其结果又会在财务报表上得到最终反映，因此更为贴切地反映了企业的真实情况。

由于剩余价值模型有很好的理论基础并且便于实证，所以国内外大量的学者利用各种数据结合剩余价值模型对股票的收益进行实证预测。

3. 无形资产其他模型研究

1）期权定价模型

实物期权法是近年来国内外较为流行的评估上市企业无形资产的新型方法，特别是对于在高度不确定环境中的企业和项目，该方法可为弹性估值提供理论支撑（杨亚西和杨波，2009）。在期权方面的研究中，以布莱克、舒尔斯和默顿构建的布莱克-舒默模型为代表。Black 与 Scholes 提出的 Black-Seholes 期权定价模型（option pricing models，OPM）为

$$C = SN(d_1) - E_e^{-rt}(d_2)$$
$$d_1 = \left[\ln(S/E) + (r + \sigma^2)T\right]/\sigma T$$
$$d_2 = \left[\ln(S/E) + (r - \sigma^2)T\right]/\sigma T$$

其中，C 表示实物期权现价；S 表示标的资产价格；E 表示实物期权执行价格；r 表示没有考虑风险的利率水平；T 表示距离最后期限的时间跨度；σ 表示标的资产投资回报率标准差（以年为计算单位）。

实际的期权定价大大得益于 Cox 和 Ross（1976）创造的能够动态复制提供等价资产组合的风险中性定价方法。由于独立于风险偏好，预期损益可用无风险利率折现，进而在无套利体系中定价。冯宗宪和谈毅（1998）利用动态规划方法分析了企业在两阶段投资规模调整过程中蕴涵的实物期权，进而确定企业现期最优投资规模。何晓洁（2001）考察两阶段投资过程中企业收缩和扩张投资规模的实物期权，使用单随机变量表达投资收益的不确定性。孙先定和黄小原（2002）把实物期权方法用于产业投资规模的优化问题，得到模型的近似解，用于产业规模决策。陈俊丽（2009）指出传统无形资产的评估方法从根本上来说存在一些其本身固有的缺陷，而期权定价方法弥补了传统方法的不足，充分考虑了无形资产的选择期权特性、看涨期权特性、投资的期限性及收益的波动性等特性。用期权方法评估技术类无形资产的价值更为客观可信。

2）组合无形资产的价值分割模型

祝波善和唐元虎（1995）运用 AHP 法对各单项无形资产的超额利润贡献值进行计算，引进自动控制理论中的惯性环节与实际微分环节对无形资产的投入产出特性进行描绘，从而建立惯性实际微分环节模型，作为对无形资产评估方法的改进。这个模型客观地反映了无形资产收益的内部机制，并具有高度量化、可操作性强的特点。王燕等（2009）指出采用 AHP 法对组合无形资产进行价值分割，关键是要确定各单项无形资产对组合无形资产的价值贡献份额，即权重。以某国有企业 Y 多年生产经营的某系列产品为例进行案例分析，得出 AHP 法评估结果经过评估方与委托方确认，双方均认为结果比较客观、合理。

3）模糊综合评判模型

模糊综合评价理论是美国加州大学伯克利分校的自动控制专家查德（Zadeh）教授提出的。李双海等（2003）在研究中指出各个因素之间的相互关联性和因素本身的非确定性，使模糊性问题广泛存在于无形资产评估之中。运用科学的模糊手段加以处理，会使无形资产评估更真实、更准确、更合理。张海珊（2007）针对有形资产和知识资本的特性与内容，确立了评价指标体系，并建立评价资源优势的模糊综合评判模型。

4）威布尔模型

威布尔模型主要用于企业客户价值的评估。朱洪（2002）指出在无形资产评估中预测无形资产的剩余寿命是一个难点和重点，他在介绍了运用生存线法的一般程序和方法的基础上，主张使用威布尔分布拟合无形资产生存数据来预测无形资产剩余寿命。虽然威布尔函数具有能够拟合几乎所有生存数据的能力，但是威布尔函数具有形状参数、尺度参数两个参数，并且表现为指数形式，这两点给模型的参数估计增加了难度。所以朱洪（2002）在对威布尔模型进行参数估计时，进行了变换。彭红（2005）运用客户生命周期理论，分析客户价值的建立机理，在现有研究的基础上提出了一个基于客户生命周期的客户价值模型，并对威布尔寿命分布模型用于确定客户保持率进行了探讨。张丽（2006）讨论了传统的客户关系价值的评估模型，并且运用威布尔分布拟合法和购买决策树的回溯推理算法，构建了移动通信业客户关系价值的直接计算模型和指标权重模型。胡文玉（2009）根据电信运营商的历史数据，运用威布尔分布确定两个参数，即客户保持率和客户生命周期，建立了客户价值的量化模型。熊爱桃（2011）以某电信的码分多址（code division multiple access，CDMA）客户为主要的研究对象，致力于建立 CDMA 客户生命周期价值曲线模型，并应用该模型为决策提供支持。

5）多期代理合约模型

代理理论最初是在 1976 年提出的，简森（Jensen）和美克林（Meckling）开创性的学术研究为该领域的发展打下了良好的基础。多期代理合约模型就是源自代理理论，但是突破了传统法人"短期合约与长期合约有相同效益"的假设，考虑了代理人对企业长期发展收益预期是会发生变化的。有的学者假定，尽管委托人和代理人可以达成一个长期合约，但是他们并不能保证在随后不就合约进行重新谈判，其分析主要集中于防止再谈判长期合约。马晓君（2011）考虑到成长型企业的特点，而传统统计方法没有将时间（或时期）因素纳入考虑中，尝试推荐了一种较为新颖的方法，即多期代理合约模型法。该种方法考虑了时间（包括短期和长期）因素的影响，也考虑了代理人与委托人的信息是否对称及假设条件是否成立等，对成长型企业无形资产统计有所裨益。

4. 其他的实证分析

郝斯切和韦安特通过实证分析得出托宾 Q 值（市场价值/重置成本）与 R&D 强度（R&D 支出、销售收入）的关系显著。巴鲁·列弗在《无形资产——管理、计量和呈报》一书中对企业价值创造与无形资产问题进行了论述，他认为"当今社会财富和经济的增长主要受无形资产（或智力资本）的驱动，有形资产和金融资产（现金、应收账款等）很快就可以变成商品，但一般而言，这些资产至多只能获得平均的投资回报率。与此不同的是，将无形资产与其他类型的资产很好地组合在一起，却可以获得超额利润、竞争优势，甚至有时可以获得暂时性的垄断地位"。

茅宁（2001）提出，在知识经济时代，无形资产成为企业价值创造的主要因素，还进一步分为了无形资产的成本特征和收益特性，指出决策者要实现高效率无形资产管理与投资，不仅要将收益特性带来的好处最大化，还要解决成本特性造成的困难。

Gerpott 等（2008）以国际 29 家上市电信网络者为样本，探究无形资产披露质量，以及会计年报和网络无形资产披露质量之间的联系。结果表明，无形资产披露通常局限于小范围的质性信息，且年报和网络无形资产披露质量之间关系显著密切。

刘德运（2010）在研究中指出其实早在工业经济时代，无形资产就已经作为一种有别于有形资产和货币资产的特殊资产而存在，但是其价值增值能力并不高，并且企业资本与企业的经营结构是其实现获得规模经济的重要砝码。

彭红兵（2012）探讨了我国企业无形资产管理中存在管理意识不强、无形资产流失严重及其利用效率低下等问题，并提出要提高对无形资产的保护和运用水平，以期实现其价值的保值增值。

第三章　无形资产统计方法最新进展及案例应用

第一节　数据挖掘技术与应用——2000~2014年的回顾

从 20 世纪 60 年代开始，数据挖掘技术就成为应用人工智能的一个分支。运用数据挖掘技术可以从计算机中获得大量信息。由于数据库的迅速增长，接下来需要发展利用信息和知识的技术。因此，研究数据挖掘技术现在已至关重要。

本节先回顾一下最近发展起来的几个主要数据挖掘类型，包括泛化、描述、分类、聚类、关联、演变、模式匹配、数据可视化和元规则指导下的挖掘，同时包含了不同类型数据库中挖掘知识的技术，这些数据库类型有关系型、事务型、面向对象型、空间型和动态型，还包括全球信息系统。对潜在的数据挖掘应用和一些研究问题进行展望。

作为数据挖掘技术研究的一部分，本章通过对 2000~2014 年的文章进行综述和分类，调查数据挖掘技术的发展状况，同时也回顾数据挖掘技术的各种应用。这个时期是特别重要的时期，因为在 2000 年，互联网对普通用户开放了，此后信息和通信技术得到了广泛的利用，这对数据挖掘技术领域的发展，以及从在线数据库收集数据方法的发展都发挥了重要作用。

起初数据是储存在数据库中的，数据库只能实现数据的录入、查询和统计等功能。但随着积累的数据越来越多，人们希望对其进行更深的分析，以便更好地利用这些数据，所以产生了数据挖掘技术，它能够探索数据中潜在的关系和规律，并且能根据现有数据预测未来的发展情况。2000~2011 年，数据挖掘还没有得到广泛关注，直到 2012 年，"大数据"时代到来，面对海量数据，显现出了数据挖掘的重要性，人们也开始广泛认识并利用这一技术。

本节的文献调查从 2000 年 1 月开始，截至 2014 年 12 月。2015 年年初，在爱思唯尔斯高帕斯数据库、施普林格数据库、IEEE Xplore 数据库、艾博思科（E.B.Stephens Company，EBSCO）（电子期刊服务）和威利跨科学在线数据库中进行了关键词索引的调查，要求文章摘要中包含"数据挖掘技术"，再经过主题过滤后剩下与"数据挖掘应用"相关的文章。利用这些与数据挖掘技术应用相关的文章，以及这些技术在不同研究和实践领域中的应用，本节将数据挖掘技术分成九类，即神经网络、算法结构、动态预测、系统架构分析、智能代理系统、建模、基于知识的系统、系统优化和信息系统。

一、数据挖掘技术及应用的回顾

1. 数据挖掘神经网络及其应用

传统的神经网络是指生物上的神经元回路，而现代的神经网络是计算机术语，是指由人工神经元或节点组成的人工神经网络。在神经网络中，每个节点（或神经元）代表一种特定的输出函数，每两个节点之间的连接代表一个通过该连接信号的加权值，神经网络在各神经元的共同作用下完成对输入模式的识别与记忆。首先在输入模式时，根据对应的输出结果，各神经元之间的连接权值会随着模式的输入而不断调整变化，分析出该模式的内在规律并产生记忆；其次就可以利用记忆的模式对新数据推算出相应的输出结果。

人工神经网络就像一个黑匣子，看不到内部的函数关系。根据训练样本，神经网络可以自己改变其内部结构，使其模型特性逼近训练样本，这是神经网络的自组织自适应性。

利用神经网络不仅可以进行分类、聚类、预测和模式识别，而且神经网络具有错误率低、对噪声数据有高承受力、自组织自适应性等优点。目前，数据挖掘技术大部分用的还是神经网络，所以神经网络在数据挖掘技术中占有主导地位。

神经网络的一些应用有径向基函数网络、神经分类、贝叶斯可信区间神经网络、基因调控网络、模糊回归神经网络、神经网络、反向传播人工神经网络、前馈神经网络、广义回归神经网络，具体内容如表 3-1 所示。

表 3-1 神经网络及应用表

序号	神经网络应用	作者
1	前馈神经网络	Trafalis 等（2002）
2	径向基函数网络	Srivastava 等（2005）
3	神经分类	Dutta 等（2004）
4	贝叶斯可信区间神经网络	Cesana 等（2007）
5	基因调控网络	Ma 和 Chan（2007）
6	模糊回归神经网络	Aliev 等（2008）

序号	神经网络应用	作者
7	神经网络	Tsai 和 Chen（2008）
8	反向传播人工神经网络	Lin 等（2011）
9	广义回归神经网络	Tu 等（2011）

2. 数据挖掘算法结构及其应用

数据挖掘算法是根据数据创建数据挖掘模型的一组试探法和计算，可以分析数据，处理数据，进行推理，找出趋势。数据挖掘算法大致有以下四种类型。

分类算法，即根据数据集中的其他属性预测一个或多个离散变量；回归算法，根据数据集中的其他属性预测一个或多个连续变量；聚类算法，将数据划分为组，组内具有相似的属性；关联算法，找出数据中不同属性之间的相关性，常见的就是市场菜篮子分析。

由算法执行的一些应用如下：差距统计算法、卡方自动交互检测、模型及算法、贪婪随机自适应搜索法（greedy randomized adaptive search method，GRASP）、联机分析处理、K-均值、聚类算法、决策森林算法、分类回归树、欧氏距离、模糊逻辑、先验算法、遗传算法（genetic algorithm，GA）、SVM。表 3-2 列出了算法结构及其应用表。

表 3-2　算法结构及应用表

序号	算法应用	作者
1	差距统计算法	Huang 和 Lin（2002）
2	卡方自动交互检测	Rygielski 等（2002）
3	模型及算法	Lancashire 等（2005）
4	GRASP	Ribeiro 等（2006）
5	联机分析处理	Singhal 和 Jajodia（2006）
6	K-均值	Adderley 等（2007）
7	聚类算法	Balzano 和 del Sorbo（2007）
8	决策森林算法	Hsia 等（2008）
9	分类回归树	Qiang 等（2008）
10	欧氏距离	Fan 等（2009）
11	模糊逻辑	Jimenez 等（2009）
12	先验算法	Chen 和 Bai（2010）
13	遗传算法	Ahn 等（2011）
14	SVM	Ravisankar 等（2011）

3. 数据挖掘动态预测方法及其应用

预测就是通过研究样本的输入数据与输出数据之间的关联性，建立预测模型，利用该模型对未知输出数据的输入数据进行预测。动态预测就是考虑了时间变动，用现在的数据预测未来的情况。数据挖掘中能够用来预测未来的有神经网络算法、SVM 等。

用到动态预测的应用有车辆故障诊断、网格计算、二进小波、故障恢复预测模型、金融危机预警模型、化学反应预测、实时车辆追踪、异常检测、客户流失预测、临床预测和预测模型。具体内容见表 3-3。

表 3-3　动态预测方法及应用表

序号	动态预测应用	作者
1	车辆故障诊断	Fong 等（2003）
2	网格计算	Sanchez 等（2004）
3	二进小波	Yu 等（2006）
4	故障恢复预测模型	Hwang 等（2008）
5	金融危机预警模型	Chen 和 Du（2009）
6	化学反应预测	Borghini 等（2010）
7	实时车辆追踪	Constantinescu 等（2010）
8	异常检测	Mahesh 等（2010）
9	客户流失预测	Tsai 和 Chen（2010）
10	临床预测	Gregori 等（2011）
11	预测模型	Li 等（2011）

4. 数据挖掘系统架构分析及其应用

系统架构分析使用概念模型定义了一个系统的结构、行为和其他方面。系统架构根据需求，利用已有的技术，如数据挖掘技术，与其他方法一起结合起来，实现构架，做好规划，形成成套完整的系统工具，按步骤完成任务。

系统架构分析的应用有相关分析、语义分析、回归分析、判别分析、关联分析、惩罚判别分析、聚类分析、决策支持系统、消费者行为分析、二元逻辑回归分析、因子分析、M5 模型树、购物篮分析、决策树模型、多特征选择、入侵检测。部分系统架构分析及应用由表 3-4 列出。

表 3-4　系统架构分析及应用表

序号	系统架构分析应用	作者
1	相关分析	Lee 等（2000）
2	语义分析	Sui 和 Meng（2001）
3	判别分析	Adachi 等（2006）
4	关联分析	Al-Hamami 等（2006）
5	惩罚判别分析	Granitto 等（2007）
6	聚类分析	Hoontrakul 和 Sahadev（2008）
7	消费者行为分析	Hsieh 和 Chu（2009）
8	因子分析	Kucuksille 等（2009）

序号	系统架构分析应用	作者
9	M5 模型树	Parhizi 等（2009）
10	购物篮分析	Shahrabi 和 Neyestani（2009）
11	决策树模型	Bae 和 Kim（2011）
12	多特征选择	Chang 等（2011）
13	入侵检测	Thiruvadi 和 Patel（2011）

5. 数据挖掘在智能代理系统的应用

人工智能领域的智能代理系统是一个自主实体，在用户没有明确具体要求的情况下，根据需要，能自动执行用户的委托任务，能够智能和灵活地对工作条件的变化与周围过程的需求进行响应。智能代理还可以通过自学习，或用知识来实现自己的目标，这其中就用到数据挖掘的方法，利用数据挖掘技术对用户的历史行为模式进行分析，找出其中的关联与规则，之后的用户行为模式就可以与已有的规则进行比较，从而进行决策判断。

智能代理系统的应用包括多智能体系统、归纳学习系统、多用户数据库系统、制造智能、智能教学系统、SVM、程序诊断系统、监督和专家系统。具体内容见表 3-5。

表 3-5　智能代理系统及应用表

序号	智能代理系统应用	作者
1	归纳学习系统	Kaichang 等（2000）
2	多智能体系统	Symeonidis 等（2003）
3	多用户数据库系统	Feng 等（2004）
4	制造智能	Hsieh（2007）
5	智能教学系统	C.Chen 和 M.Chen（2009）
6	SVM	Mucherino 等（2009）
7	程序诊断系统	Riquelme 等（2009）
8	监督和专家系统	de Andrade 等（2010）

6. 数据挖掘建模及其应用

建模，在软件工程中使用数据建模技术，通过对正式数据模型的描述创建数据模型的过程。建模技术可以提供分析数据的定量方法，用归纳逻辑编程或算法来表示，获取专家知识。数据挖掘建模就是根据数据的输入和输出关系，以及想要达到的目标，如分类、预测等，利用神经网络等手段，构建一个模型，并根据数据计算出模型中的参数。

建模的应用有成本建模、基于模型的诊断、山火扩散模型、模型输出统计、可扩展标记语言（extensible markup language，XML）文档模型、Cox 比例风险模型、加载损伤模型、相似波形和元学习。具体内容见表 3-6。

表 3-6　建模及应用表

序号	建模应用	作者
1	成本建模	Popovic（2004）
2	基于模型的诊断	Saitta 等（2005）
3	山火扩散模型	Xiao 等（2006）
4	模型输出统计	Besse 等（2007）
5	XML 文档模型	Mei 和 Zhang（2007）
6	Cox 比例风险模型	Pelletier 和 Diderrich（2007）
7	加载损伤模型	Chen 等（2008）
8	相似波形	Vega 等（2008）
9	元学习	Radosavljevic 等（2010）

7. 数据挖掘在基于知识的系统中的应用

基于知识的系统（knowledge based system，KBS）是人工智能工具，它的工作领域狭窄，根据理由提供智能决策。基于知识的系统具有求解问题所需的专门知识和使用专门知识的符号推理能力，它由知识库、推理机和用户界面三部分组成。用户通过用户界面输入数据和问题，推理机则利用知识库中已有的知识对该问题进行分析解答，再把结果返还给用户。

知识库中的知识获取是开发基于知识的系统的重要环节，它是指从专家或其他知识来源汲取知识并将其形式化，编码存入基于知识的系统形成知识库的过程。这个过程中因为数据量巨大，就会存在噪声数据，影响知识获取，这里就可用数据挖掘技术对数据进行预处理，还能发现知识间的关联或规则，拓宽知识获取的深度与广度。

除此之外，在基于知识的系统的其他方面，也有能用到数据挖掘的地方。例如，对用户所提出的问题的诊断过程，相信同样能用数据挖掘技术找出最逼近的解决方案。

基于知识的系统的应用有学习技术、数据库中的知识发现（knowledge discovery，KD）、通信技术、知识测度、知识提取、知识获取、知识管理、知识表达和数字图书馆。这些应用在表3-7 中列出。

表 3-7　基于知识的系统及应用表

序号	基于知识的系统应用	作者
1	学习技术	Chun 和 Park（2006）
2	数据库中的知识发现	Wasan 等（2006）
3	通信技术	Ko 和 Osei-Bryson（2006）
4	知识测度	Shapira 和 Youtie（2006）
5	知识提取	Sugihara（2006）

序号	基于知识的系统应用	作者
6	知识获取	Gajzler（2010）
7	知识管理	Fesharaki 等（2011）
8	知识表达	Hoonakker 等（2011）
9	数字图书馆	Segura 等（2011）

8. 数据挖掘系统优化及其应用

费尔玛和拉格朗日用微积分公式来识别最优，牛顿和高斯用迭代的方式选择最优。系统优化是指从几组可用的选择中选择最好的，以得到要求问题的最优解。数据挖掘中对同一个问题可以建立几个不同的模型，同一模型也会因为用不同的算法而有不同的结果，如神经网络就有好几种类型，都是从最基础的神经网络衍生出来的，它们能做出更好的结果。我们要的就是能最接近期望结果的那个模型。

系统优化的应用包括电神经刺激、峰值检测、操作优化值、逻辑回归、层次分析、多项式回归、生物地理学优化、粒子群优化、离散的粗糙集方法渐近法和并行计算。具体内容见表 3-8。

表 3-8　系统优化及应用表

序号	系统优化应用	作者
1	电神经刺激	Tam 等（2004）
2	峰值检测	Yu 等（2004）
3	操作优化值	Li 等（2007）
4	逻辑回归	Setoguchi 等（2008）
5	层次分析	Shen 和 Chuang（2009）
6	多项式回归	Wi 等（2009）
7	生物地理学优化	Chandrakala 等（2010）
8	粒子群优化	Duran 等（2010）
9	离散的粗糙集方法	Wan 等（2010）
10	渐近法	Assous 和 Chaskalovic（2011）
11	并行计算	Jian 等（2011）

9. 数据挖掘在信息系统中的应用

信息系统是学术领域的成果。它们将商业领域和计算机科学领域连接起来组成一个新的研究领域。信息系统由一系列有相互关系的组件构成，通过对信息的收集、处理、存储及发布为组织决策与控制提供支持。在企业里可以通过对企业拥有的人力、物力、财力、设备和技术等资源的调查了解，建立正确的数据，对这些数据利用数据挖掘技术深入地分析其潜在关联规则和规律，找出异常，加工处理并编制成各种信息资料并及时提供给管理人员，以便进行正确的决策，不断提高企业的管理水平和经济效益。

信息系统的应用有流域特征、交流电现场测量、目的地选择、属性相关性研究、虚假财务报表、案例推理、人体测量数据、经济失衡、维护和工程、监督式学习、顾客维系、客户流失管理、模式发现和客户关系管理，具体内容见表3-9。

表 3-9 信息系统及应用表

序号	信息系统应用	作者
1	流域特征	Hall 等（2002）
2	交流电现场测量	Kang 等（2004）
3	目的地选择	Wong 等（2006）
4	属性相关性研究	Bagui 等（2007）
5	虚假财务报表	Kirkos 等（2007）
6	案例推理	Chun 等（2008）
7	人体测量数据	Lin 等（2008）
8	经济失衡	Andronie（2009）
9	维护和工程	Cruz 等（2009）
10	监督式学习	Oh 等（2009）
11	顾客维系	Ranjan 和 Bhatnagar（2010）
12	客户流失管理	Su 等（2010）
13	模式发现	Tremblay 等（2010）
14	客户关系管理	Wang 等（2010）

二、本节的思考与建议

（一）本节的思考

本节综述表明，数据挖掘技术的应用和发展已经呈现出多样化，这与各个作者的背景、专业知识和感兴趣的领域一致。出于这个原因，一些作者的文献涉及不止一个方法或应用。

一些技术有相似的概念和类型是不可避免的。而不同作者的文章涉及不同的方法和应用，表明这些方法的发展是不同的，与作者的研究兴趣和感兴趣的领域有关。同种方法在不同文章也有所应用，说明数据挖掘技术会向更多专业方向发展。

此外，一些应用为不同方法的运用提供了较大的机会。例如，神经分类、贝叶斯可信区间神经网络、基因调控网络、模糊回归神经网络、分类回归树、先验算法、C5、基于异常的入侵检测系统、聚类、遗传算法、跨行业数据挖掘标准流程（cross-industry standard process for data mining，CRISP-DM）模型、甲亢、弗拉索夫-麦克斯韦方程、化学反应预测、实时车辆追踪、预测、异常检测、客户流失预测、知识测度、知识提取、知识获取、知识管理和知识表达，它们属于不同的方法，但是对常见的问题，它们都可以使用。这些应用是数据挖掘技术发展的重要部分，但许多方法只是被用来解决特定的问题，这暗示着将来数据挖掘技术的发展将更加以问题为中心。

本节涉及的文章来自不同的学科领域，包括计算机科学、工程学、医学、数学、地球与行星科学、生物化学、会计学、社会科学、决策科学、环境科学、农业与生物科学、护理学、材料科学、药物学、毒物学和制药学、化学、医疗卫生、物理学和天文学、经济学、计量经济学、心理学、神经科学、化学工程和兽医学。它们都来自爱思唯尔斯高帕斯数据库、施普林格数据库、IEEE Xplore 数据库、EBSCO（电子期刊服务）和威利跨科学在线数据库。

（二）本节的建议

（1）其他社会科学也能用数据挖掘技术。因为在社会科学中定性的问卷调查与统计方法也是经常用到的研究技术。例如，认知科学、心理学和人类行为学经常使用不同的方法来调查特殊的人类问题。所以将来其他的社会科学或许会用到数据挖掘技术。

（2）方法的综合。数据挖掘技术是各学科间的研究课题，未来它的发展一定会和不同的方法结合起来。这种方法的综合和跨学科的研究能够更深刻地理解问题。

（3）知识库中知识的更新是未来专家系统发展的动力。由于社会和技术原因，知识的更新可以促进或抑制专家系统及其应用的发展。可以看出学习和创新上的落后，是由专家系统对日常问题不变的解决过程、停滞不前的信息来源和对过去经验与知识的依赖造成的，这对个人和组织来说会阻碍系统的改进。

第二节　数据挖掘前沿方法——文本挖掘方法研究的
最新进展

当今金融市场的供求均衡是市场经济的核心。所以，我们要研究金融市场，了解金融市场走势，以形成预测未来市场经济走势的能力。预测能力在金融市场中相当于创造财富或避免经济损失的能力，但市场是极难预测的。

一般预测方法分为技术分析法和基础分析法。所谓技术分析法，就是应用金融市场最简单的供求关系变化规律，寻找、摸索出一套分析市场走势、预测市场未来趋势的金融市场分析方法。而基础分析法则是通过对决定股票内在价值和影响股票价格的宏观经济形势、行业状况、公司经营状况等进行分析，评估股票的投资价值和合理价值，与股票市场价进行比较，相应形成买卖的建议。过去大部分的研究采用的是技术分析法，主要是因为与基础分析法相比，技术分析法的可操作性更强，其对市场的反应比较直接等。而基础分析法所用到的数据主要来自宏观经济数据或者银行、政府定期财务报表这类基础数据资源，这些数据资源具有很大的研究价值，却很少被研究者们所重视；图3-1呈现了基础数据的主要来源有在线社交媒体、新闻、博客和论坛等。

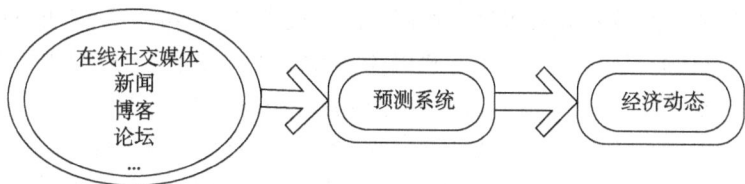

图3-1　在线文本数据用于预测市场动向图

系统评价了那些证明在线文本挖掘可用于市场预测的研究成果；描述了相关基础经济和计算机/信息科学概念；对比了过去研究成果与当今成果间的主要区别；观察还未研究到的领域是否可以对未来工作有帮助。

一、文本挖掘系统的跨学科背景研究

本书利用计算模型和人工智能来确定文本信息和经济动态之间可能存在的关系。为了充分解决该问题至少要涉及三个研究领域，即语言学（理解语言的本质）、机器学习（启用计算模型和模式识别）、行为经济学（建立经济概念），见图3-2，这三个学科的交叉处即为我们要研究的领域，即文本挖掘。

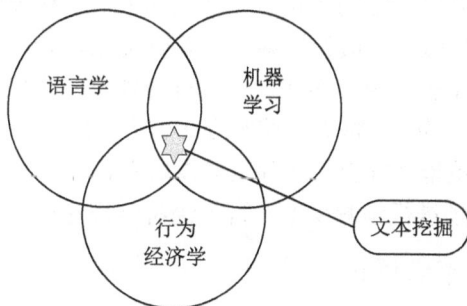

图3-2　语言学、机器学习及行为经济学之间的学科关系图

我们认为以下理论对理解本节的研究问题必不可少。

（一）有效市场假说

有效市场假说（efficient markets hypothesis，EMH）是国际金融市场研究方法的主流理论，许多现代金融投资理论都建立在有效市场假说上，Eugene Fama是有效市场假说的集大成者。有效市场假说认为市场是"信息有效的"，即一个人不能在风险调整的基础上，在投资中被给予有效信息来持续获得非正常报酬。然而，这种纯粹的假说并不是完全正确的，Fama于1970年修正了有效市场假说，他还进一步解释并提出了有效市场的三种形式，即弱式有效市场、半强式有效市场和强式有效市场。在弱式有效市场，市场价格已充分反映所有过去历史的价格信息，股票价格的技术分析将失去作用，任何投资者都不能依靠对历史价格数据的分析获得超额利润；在半强式有效市场，市场价格已经充分反映出所有已公开的有关公司运营的信息，任何投资者都不能依靠对公开信息的分析获得超额利润；在强式有效市场，市场价格已经充分反映所有关于公司运营的信息（包括公司已公开和未公开信息），任何投资者都不能依靠对任何渠道、任何形式的信息的分析获得超额利润。有效市场假说的成立需要具备严格的前提条件，如交易场所必须是完全竞争市场、无信息成本和交易成本等，然而现实中这些条件是不可能完全成立的。

（二）行为经济学

随着全球性金融市场规模的不断壮大，建立在Fama有效市场假说上的许多投资理论已经无法很好地解释金融市场中存在的许多问题了。许多专家开始使用行为经济学的相关理论来分析金融市场，分析投资人的行为。传统经济学的基石是效用函数，经济行为人的决策目标是效用最大化。但是在现实生活中，人们的行为方式不是这样的。行为经济学家认为行为人并不完全按照理性方式行事。行为人在决策中会受到各种偏差的影响，包括认知失调、代表性偏差、过度自信、过度反应、从众、心理账户、损失规避和模糊规避等。基于行为经济学在金融市场上的应用逐渐形成了行为金融学和投资者行为理论，投资者对未来市场的乐观与否将影响到他们的行为。而将文本挖掘方法引入金融市场预测分析的研究中发现：在线新闻、媒体报道和社交网络等也对投资者行为产生影响，会影响市场动向。所以，对金融市场进行预测少不了行为经济学理论的辅助。

（三）适应性市场假说

行为经济学虽然对若干市场异象提出了非常有洞察力的见解，但现阶段还无法提出全面的解释市场的框架。为了协调有效市场假说与行为经济学，Lo（2004）提出了适应性市场假说（adaptive market hypothesis，AMH）。AMH借鉴了达尔文的进化论思想，使用演化、竞争、适应、自然选择等概念来描述金融市场上的交互作用。AMH 将市场环境看做生态环境，将具有相同行为特征的投资者作为物种等。AMH 认为投资者在金融市场上的首要任务不是使自己的效用最大化，而是使自己生存下去，为了生存就需要追求决策的效率，金融市场的许多行为偏差，正是行为人追求满意决策而不是最优决策的体现。AMH 调和了有效市场假说和行为偏差，它认为有效市场假说是市场这一生态系统的极限行为，而行为偏差是特定物种在一定条件下的行为，这种行为可能是持续或非持续的，依赖于特定经济演化路径。AMH 认为市场有效是相对的，风险回报的关系是时变的。

（四）市场具有可预测性

Fama 的有效市场假说认为市场的本质是有效的：一旦某些信息可用，它就能吸收该信息来调整自己，使结果比最初的预测标准更有效，从而让最初的预测标准失效。根据有效市场假说的推论，当市场是弱式有效的，我们无法通过对股票价格的技术分析来预测市场，但通过基本分析还可能预测市场的动向或制定预测标准；当市场是半强式有效的，价格已经充分反映了所有已公开的公司信息，股价将对这些信息迅速做出反应，此时只能依靠一些内幕消息可能会帮助投资者预测市场；当市场是强式有效的，价格已经充分反映了所有已公开和未公开的信息，再利用技术分析、基本分析和内幕消息都很难对市场进行预测。这就意味着市场上可获取的信息越多，给市场预测带来的困难就越大，获取信息付出的代价就越大。

（五）算法交易

算法交易，也称为自动交易、黑盒交易，是利用电子平台，输入涉及算法的交易指令，以执行预先设定好的交易策略。算法中包含许多变量，如时间、价格、交易量，或者在许多情况下，由"计算机"发起指令，而无须人工干预。在进行电子交易的金融市场里，算法交易通过计算机程序来下交易订单，即利用计算机算法决定交易下单的时机、价格乃至最终下单的数量与笔数等。

（六）情感和情绪分析

情感和情绪分析理论是通过专门情感分析处理检测文本中的情绪情感，以达到各种目的。例如，测量市场对新产品质量的接受度；测度顾客对新产品的反馈；估计产品或品牌的流行度；等等。大量研究集中于情感分析或者所谓的"意见挖掘"，这主要基于识别积极和消极词语，并把情绪分为积极和消极两类。当然，分析新闻文本中的情感情绪可以用做市场预测。但是，文本挖掘的情感分析不仅仅基于积极和消极这两维而已，还可以通过其他维度或多维来完成。

二、文本挖掘领域的系统梳理

尽管在文本挖掘领域存在多个系统，却很少有对现有系统详尽的介绍和比较研究。接下来，我们将综合描述过去十年间发展的主要系统。

所有的这些系统都有相同的部分，见图 3-3。在系统的一端输入文本数据，另一端便输出市场预测结果。所有系统都至少有两个数据源，即在线文本数据源和市场数据源。系统通过数据预处理将非结构化数据转化为结构化数据，输入系统中，输出预测结果，系统内部则采用不同的机器学习算法对模型进行训练和评估，这就是文本挖掘的整个过程。

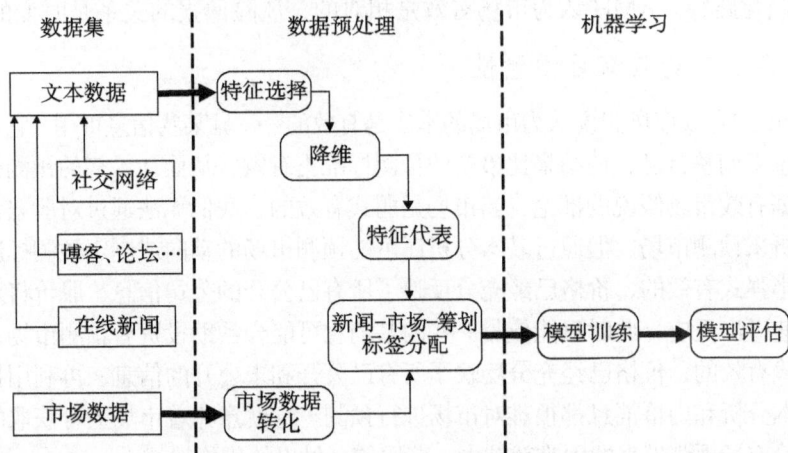

图 3-3　常见的系统组件图

（一）文本数据源

文本数据可以有多种来源和类型，见表 3-10。第一种文本数据来源是主流新闻网站，如华尔街日报、金融时报、路透社、道琼斯股票、彭博社、福布斯和雅虎金融等。新闻的类型是一般新闻或金融新闻，大多数系统使用金融新闻并认为金融新闻含有较少噪声，所提取的内容主要来自新闻正文或标题，只有少数研究人员观测不正式的文本信息资源。第二种文本数据来源是社交网络，如推特和博客，利用推特和博客上的信息来做市场预测和公众情绪分析更具说服力。第三种文本数据来源则是公司年度报告、媒体新闻稿等。

表 3-10　不同系统文本输入的比较表

参考文献	文本类型	文本来源	条目数	是否事先预定时间	是否非结构化
Werner 和 Myrray（2004）	信息检索	雅虎金融、蛮牛、华尔街日报	1 500 000 条	否	是
Mittermayer（2004）	金融新闻	未提及	6 602 条	否	是

参考文献	文本类型	文本来源	条目数	是否事先预定时间	是否非结构化
Das 和 Chen（2007）	信息检索	信息板	145 110 条	否	是
Soni 等（2007）	金融新闻	金融时报情报（金融时报在线服务）	3 493 条	否	是
Zhai 等（2007）	市场部门新闻	澳大利亚金融评论	148 条公司新闻	否	是
Rachlin 等（2007）	金融新闻	福布斯网站、路透社网站	未提及	否	是
Tetlock 等 （2008）	金融新闻	华尔街日报、道琼斯股票	350 000 条	否	是
Mahajan 等（2008）	金融新闻	未提及	700 条新闻标题	否	是
Schumaker 等（2012）	金融新闻	雅虎金融	2 802 条	否	是
Vu 等（2012）	推文	推特	5 001 406 条	否	是
Yu 等（2013）	每日新闻和媒体	博客、论坛、新闻和微博	52 746 条	否	是
Chatrath 等（2014）	宏观经济新闻	彭博社	未提及	是	否

（二）市场数据源

另一种系统输入数据源是金融市场数据和指数。这种数据多用于训练机器学习算法，作为一个独立的变量输入机器学习算法用于预测。在表 3-11 中，我们提供了市场数据的重要细节：股票市场和外汇市场是有区别的。以前的研究主要集中于股票市场预测，或股票指数，或一些特殊公司的股价等。其中，外汇市场预测只占 10%，而其他的包括货币市场、期货市场等金融市场的预测研究更是少之又少。

表 3-11　输入市场数据，实验时间，预测时间表，预测类型表

文献	市场类型	市场指数	预测时间表	周期	预测类型
Werner 和 Myrray（2004）	股票	道琼斯工业指数，道琼斯网站	当日（间隔 15分，1 小时或1 日）	2000 年	类别：买；卖；持有信息
Mittermayer（2004）	股票	股票价格	每日	2002 年 1 月 1 日至2002 年 11 月 31 日	类别：好消息；坏消息，无动作
Das 和 Chen（2007）	股票	摩根史丹利 24 个高科技技术部门	每日	2001 年 7 月和 8 月	总体情绪指数
Soni 等（2007）	股票	11 家石油和汽油公司	每日	1995 年 1 月 1 日至2006 年 5 月 15 日	类别：积极；消极
Zhai 等（2007）	股票	必和必拓集团	每日	2005 年 4 月 1 日至2005 年 5 月 31 日	类别：升；降
Rachlin 等（2007）	股票	美国 NASDAQ 的 5只股票	工作日	2006 年 2 月 7 日至2006 年 5 月 7 日	类别：升；轻微上升

续表

文献	市场类型	市场指数	预测时间表	周期	预测类型
Tetlock 等（2008）	股票	标准普尔 500 公司及其未来现金流	每日	1980~2004 年	阴性回归标准
Mahajan 等（2008）	股票	敏感指数	每日	8 月 5 日至第二年 4 月 8 日	分类
Schumaker 和 Chen（2009）	股票	标准普尔 500 只股票	当日（每 20 分钟）	2005 年 10 月 26 日至 2005 年 11 月 28 日	类别：离散数字
C.J.Huang 等（2010）	股票	台湾证券交易所金融价格	每日	2005 年 6 月至 11 月	只是意义上的赋值
Schumaker 等（2012）	股票	标准普尔 500 只股票	当日（间隔 20 分钟）	2005 年 10 月 26 日至 2005 年 11 月 28 日	回归
Vu 等（2012）	股票	股票价格	每日	2011 年 4 月 1 日至 2011 年 5 月 31 日	类别：升；降
Yu 等（2013）	股票	824 家公司的超额收益和累积超额收益	每日	2011 年 7 月 1 日至 2011 年 9 月 30 日	类别：积极；消极
Chatrath 等（2014）	外汇	汇率	当日（每 5 分钟）	2005 年 1 月至 2010 年 12 月	类别：积极；消极

此外，几乎所有的对市场的预测措施都使用离散值分类，如上升、下降和稳定。很少有研究采用线性回归方法。每个研究的预测时间表都很复杂，衡量新闻发布对市场产生影响的观测时间有秒、天、星期、月等。表 3-11 对比了多个研究的时间表，时间分布有 5 分钟、15 分钟、20 分钟、1 小时、2 小时或 3 小时不等。

（三）数据预处理

一旦输入的数据可用，就必须被处理，然后再输入机器学习算法中。数据预处理阶段为转化非结构文本到结构化格式阶段。在数据挖掘分析过程中，尤其是文本数据挖掘分析过程中，数据预处理阶段对整个结果都有十分重要的影响。数据预处理至少有三个子过程，即特征选择、降维和特征代表。

1. 特征提取技术的比较与评价

特征提取在数据挖掘预处理阶段是很重要的，有许多方法可以用来做文本特征选取。表 3-12 中列举了每个研究从文本中选择的特征类型。最常用的技术是所谓的"语言包"，把文章分解成词语，并找出哪个是特征词。在表 3-12 中，75%的研究都依赖于这种技术，导致顺序词和同现词都被完全忽略了。Schumaker 等（2012）发现了两种更好的技术，即名词短语和命名实体。前者用辞典把名词短语识别出来，再用句法规则在其周围检测名词。后者是有组织地添加一个分类系统的名词或名词短语。Vu 等（2012）通过成功地建立一个基于线性相关条件随机场模型的命名实体识别（named entity recognition，NER）系统来识别一条微博是否包含命名实体。还有一些研究使用 *n*-grams 方法，这种方法是一个关于 *n* 个项目的连续序列，该序列通常从一个给定的文本序列中抽取词语。

表 3-12　特征选择、降维和特征表示类别表

文献	特征选择	降维	特征表示
Werner 和 Myrray（2004）	语言包	最小信息准则（前 100 个词语）	二进制表示
Mittermayer（2004）	语言包	选择 1 000 条	TF-IDF
Das 和 Chen（2007）	语言包	预定义词典	每个分类器有不同离散值
Soni 等（2007）	可视化处理	使用术语提取工具制成的主题词表	可视化坐标系
Zhai 等（2007）	语言包	词汇网络主题词表（移除停止词，标注词性，通过词汇网络得到较高层次的概念）前 30 个概念	二进制表示，TF-IDF
Rachlin 等（2007）	语言包	最有影响力关键词列表（自动提取）	TF，布尔型，软件输出提取
Tetlock 等（2008）	否定词语言包	预定义词典	频率除以总单词量
Mahajan 等（2008）	潜在狄利克雷分布	提取 25 个主题	二元
Schumaker 和 Chen（2009）	语言包，名词短语	每篇文档中最低出现频次	二元
C.J.Huang 等（2010）	联立条件，有序对偶	同义词替换	基于指数上升或下降率加权
Schumaker 等（2012）	基于语气和归向的意见发现	每篇文档中最低出现频次	二元
Vu 等（2012）	每日推特情感工具上积极、消极情绪综述	预定义公司相关词汇，基于线性条件随机场的命名实体	每日消极-积极情绪和看涨-看跌的真实数字
Yu 等（2013）	语言包	未提及	二元
Chatrath 等（2014）	结构化数据	结构化数据	结构化数据

2. 降维方法的比较与评价

拥有有限数量的特征是极为重要的，因为在特征选择过程中极易发生提取过多特征的情况，这会给分类和聚类带来极大困难，并降低大多数学习算法的有效性。我们在表 3-12 中指出了各个研究的降维方法。Zhai 等（2007）通过选择前 30 个有最大权重的概念作为特征。Mittermayer（2004）通过从所有关系中过滤出前 1 000 个概念来作为特征。最通用的方法是通过设置最低出现次数，将未达到最低出现次数的概念剔除。另一个常用的方法是使用某种形式的预定词典将特征与一个类别名称或值进行替换。还有一种降维方法如下：阻拦特征，转换成小写字母，移除标点、数字、网址和停止词。

3. 特征代表技术评价

特征代表是指以一定特征项来代表文档，在文本挖掘时只需对这些特征项进行处理，从而实现对非结构化的文本的处理。确定特征的最小数量之后，每个特征需要用一个数值代表，这样才可以通过机器学习算法处理。这个指定的数值就像一个分数或权重。常用加权方法有信息增益（information gain，IG）、卡方检验（chi-square statistics，CHI）、文档频率（document frequency，DF）、平衡精度（accuracy balanced，Accb）和检索词频率-逆向文档频率（term frequency-inverse document frequency，TF-IDF）。

在 Mahajan（2008）和 Schumaker 等（2012）的研究中采用的技术是布尔型与二进制表示，二进制表示就是用 0 和 1 代表无或有特征。另一个比较常用的技术是 TF-IDF。TF-IDF 值随着一个词在文档中出现次数的增加而成正比增加，但被这个词在语料库出现的频率所抵消，这样可以平衡一些流行语的频繁出现。但源自种类频率的检索词频率-种类识别矩阵（term frequency-classify docurent frequency，TF-CDF）被证明比 TF-IDF 更有效，文本数据经预处理过程转换为矩阵形式后，可进一步对生成的词条矩阵做挖掘分析。在文本挖掘中提升降维技术和为特征赋权技术对文本分类效率有重大影响。

（四）机器学习算法

预处理完成后，文本特征被转化为可用于机器学习算法的数值。机器学习算法在文本挖掘过程中的作用也十分重要，现在文本挖掘领域已经发展出了许多种算法，对诸多算法的比较和评价并非易事，这对未来的研究也大有裨益，所以我们将给出这些算法与其他技术的对比总结。基本上，系统使用输入数据进行训练学习分类，而使用输出数据对市场动向进行分类，如上升、下降和稳定。然而，也有一些研究工作使用回归分析来做市场预测。表 3-13 对一些机器学习算法做了综述。

表 3-13　分类算法和其他机器学习方法表

文献	算法类型	算法说明	训练 vs.测试和抽样容量	是否使用滑动窗口	是否涉及语义学	是否运用了语法学	是否使用新闻和技术数据	使用软件类型
Mittermayer（2004）	SVM 法	SVM-Light	200 vs.6002	无	无	无	无	NewsCATS
Soni 等（2007）	SVM 法	有标准线性核心的 SVM 法	80% vs. 20%	无	有	无	无	LibSVM 包
Zhai 等（2007）	SVM 法	有高斯径向基函数核心的 SVM 法	前 12 个月 vs.其余两个月	无	有	无	有	未提及
Schumaker 和 Chen（2009）	SVM 法	SVM 法	未提及	无	有	有	有	Arizona 文本提取器

文献	算法类型	算法说明	训练 vs.测试和抽样容量	是否使用滑动窗口	是否涉及语义学	是否运用了语法学	是否使用新闻和技术数据	使用软件类型
Schumaker 等（2012）	回归算法	SVR 法	未提及	无	有	无	有	意见发现器
Chatrath 等（2014）	回归算法	逐步多元回归模型	不适用	无	无	无	无	未提及
Tetlock 等（2008）	回归算法	最小二乘回归	未提及	无	有	无	无	哈佛 IV-4 心理学词典
Yu 等（2013）	朴素贝叶斯算法	朴素贝叶斯	未提及	无	有	无	无	开源自然语言工具包
C.J.Huang 等（2010）	判定规则或决策树	加权的关联规则	2005 年 6 月至 2005 年 10 月 vs.2005 年 11 月	无	有	有	无	未提及
Rachlin 等（2007）	判定规则或决策树	C 4.5 决策树	未提及	无	无	无	有	提取器软件包
Vu 等（2012）	判定规则或决策树	C 4.5 决策树	由前一天的特征进行训练	有	有	有	无	CRF++工具包，Firehose，TST，CMU POSTagge，AltaVista
Das 和 Chen（2007）	组合算法	不同分类器的组合算法	1 000 个样本 vs.其余样本容量	无	有	有	无	General Inquirer
Mahajan 等（2008）	组合算法	堆叠分类器	8 月 5 日至 12 月 7 日 vs.1 月 8 日至 4 月 8 日	无	有	无	无	未提及
Werner 和 Myrray（2004）	多算法实验	朴素贝叶斯，SVM	1 000 条信息 vs.其余信息	无	无	无	无	Rainbow 包

1. SVM 算法

SVM 是一个用于监督式学习的非线性二进制分类法，其主要思想是发现一个通过最大边缘把两类区分开来的超平面。这种方法的训练问题可以被看做一个二次规划优化问题。SVM 一个常见的应用是 SVM-Light，它使用优化算法。还有一个常用的应用是 LIBSVM，它使用连续最小最优化算法。SVM 可以通过核心绘图被扩展到非线性分类问题中使用，使用核心绘图技巧会将一般的分类问题转化到一个多维平面上。

2. 回归算法

表 3-13 中列出了回归算法的多种形式。一种是支持向量回归（support vector regression，SVR），它是 SVM 通过变化得到的回归方法。Schumaker 等（2012）

曾在研究中使用 SVR 法。他使用这种方法预测收益，计算预测值与实际观测值的 R^2（相关系数平方）。SVR 法与 SVM 在最优化上是很相似的，但 SVR 法是用来观测收益的。

3. 朴素贝叶斯算法

朴素贝叶斯算法可能是最早的分类算法，但现在很多研究仍会采用这种算法。例如，Werner 和 Myrray（2004）的研究中涉及这种算法。朴素贝叶斯基于贝叶斯定理，之所以被称为朴素贝叶斯，是因为它假设文本的特征之间完全是独立的。这种方法与 K 个最近邻方法[①]、人工神经网络和 SVM 都不同，它是基于假设一个特征值属于特定的分类概率，而其他方法则是在空间上说明文档特征值矩阵。

4. 决策规则和决策树算法

一些研究人员创造了一个基于规则的分类系统，使用一系列由金融专家提供的关键词。这个分类系统通过一定的规则表明了关键词和产出结果之间的关系。Rachlin 等（2007）使用了决策树感应算法，这种算法被发展为不用假设独立性的算法，称为 C 4.5，它产生了一系列趋势预测规则。Vu 等（2012）也应用 C 4.5 决策树与文本二进制分类问题来预测股票价格的涨跌。

5. 组合算法

组合算法是指由许多机器学习算法叠加或组合在一起的一类算法。Das 和 Chen（2007）将多重分类算法与一个表决系统结合起来提取投资者的情绪，即朴素分类、矢量距离分类、基于判别式的分类、形容词副词短语分类、贝叶斯分类。其精度水平类似于广泛应用的贝叶斯分类器，但是误报率较低、情绪精度更高。Mahajan 等（2008）使用基于话题提取原理的潜在狄利克雷分配来识别描绘影响市场的重大事件。

6. 多算法实验对比分析

多算法实验是使用不同的算法进行同样的实验以比较不同算法的优缺点。总的来说，SVM 被广泛使用在文本分类和情感学习方法中。而另一些专家们偏好使用人工神经网络，K-NN 法则较少使用在文本挖掘和市场预测中。一些专家的研究对 SVM 和人工神经网络在文档级别的情感分析中做了比较，结果表明人工神经网络至少比 SVM 的结果要好一些。有一些专家指出 K-NN 法在文本分类和文档分类上也比 SVM 分类表现好一些，正确率更高且更节约时间。为了更好地

---

① K-NN 法，其主要思想如下：如果一个样本在特征空间中的 K 个最相似的，即特征空间中最邻近的样本中的大多数属于某一个类别，则该样本也属于这个类别。

表现各种机器学习算法的使用比较，表 3-13 中还添加了一些额外的属性来对研究工作进行总结。

训练、测试和抽样容量：在表 3-13 中总结了可用信息的两个方面，即用于训练的样本量与用于测试的样本量；大概 70%或 80%的样本量用于训练，30%或 20%的样本量用于测试。

滑动窗口：我们这个综述系统的整体目标是基于过去时间窗口（即训练窗口，使用过去的数据对模型进行训练）的知识获得过程，在未来的时间窗口（即预测窗口，输出预测结果）中预测市场动向。一个系统可以在训练窗口使用训练数据来形成模型，再将模型应用到预测窗口进行预测。训练窗口的长度和位置在时间表中有两种格式，即固定的和滑动的。如果训练窗口是固定的，则系统学习就使用在时间表中某一段固定时间之间的可用数据，如从日期 A 到日期 B 之间收集到的训练数据。如果训练窗口与预测窗口存在明显的时间差，则机器学习算法的知识获取就不一定足够精确，因为在两者之间的距离中还有数据没有用于训练。而滑动窗口的结束端能在预测窗口启动时滑动，如果训练窗口开始于点 A 结束于点 B，并且预测窗口开始于点 C 结束于点 D。在滑动窗口格式下，系统通常确保点 B 总是正好在很接近于点 C 的一边（即滑动窗口能尽量缩小与预测窗口之间的时间差）。这种方法被称为"滑动窗口"，采用滑动窗口可以有效地提高预测的精确度。

语义学和语法学：语义学和语法学经常出现在语言学的研究中。简单地说，语义学处理词语的意义，语法学处理词语的排列顺序和相对定位与分组。在最近的研究工作中二者都很受重视，而且都可以用于文本挖掘系统来做市场预测。

结合新闻和技术数据或信号：将技术数据或信号连同文本特征一起传递给分类算法来作为附加独立变量是有可能的。技术数据的样本可以是给定时间的价格或指数水平。技术信号是技术算法或技术规则（移动平均、相对强势规则、过滤规则和交易区间突破规则）的输出结果。

常用软件：在表 3-13 中，读者可以看到每个研究工作的预处理或机器学习中所用的软件。大多数是有关辞典、分类算法实现、概念提取和词汇组合包，或者情绪价值提供的软件。

（五）综述研究的发现

我们对每一个研究的新发现都进行了评价（表 3-14）。大多数案例的精确度在 50%~70%，我们认为其中 55%以上的评价方法和结果是有研究价值的。然而，大多数研究人员没有检验或者报告他们的实验数据是否平衡使其结果引起疑问。实验数据是否平衡对数据挖掘过程是十分重要的，采用不平衡数据集（即数据集中某个类别的样本数可能会远远少于其他类别）的实验结果的代表性可能会较差一些，我们在表 3-14 中增加了检验是否使用平衡数据这一列。

表 3-14　相关研究的发现，贸易策略和平衡数据表

文献	发现成果	是否提出交易战略	是否使用平衡数据
Werner 和 Myrray（2004）	有证据表明是股票信息帮助预测市场波动，而不是股票收益	无	无
Mittermayer（2004）	与通过随即交易 0 的平均利润相比的平均利润是 11%	有	有
Das 和 Chen（2007）	回归分析的解释力较低	无	未提及
Soni 等（2007）	分类器的准确率：56.2%相比于朴素分类器的 47.5%和 SVM 包的 49.1%	无	有
Zhai 等（2007）	价格 58.8%，直接新闻 62.5%，间接新闻 50.0%，组合新闻 64.7%，价格和新闻 70.1%利润：两月内的利润，价格和新闻是 5.1%，但价格、新闻各自只有这一半的利润	有	未提及
Rachlin 等（2007）	不能提高预测精度的数值分析，加入文本和数值分析后精确度是 82.4%，仅加入文本分析的精度是 80.6%，仅加入数字分析的精度是 83.3%	有	未提及
Tetlock 等（2008）	公司特有新闻报道中，消极词汇与猜测低的公司收益公司股票的价格大致反应了嵌入消极词汇的信息 用消极词汇评估收益和回报的可预测性极大地依赖于基本信息	有	不相关
Schumaker 和 Chen（2009）	定向精确度 57.1%，回报率 2.06%，紧密度 0.042 61	有	未提及
S.C.Huang 等（2010）	预测精度和召回率达到 85.268 9%，各自平均水平为 75.378 2%	有	未提及
Schumaker 等（2012）	客观的文章与基准相比有较差的定向精度；中立的文章与基准相比有较差的交易回报；主观文章与基准相比有 59%的定向精度和 3.30%的交易回报	有	未提及
Vu 等（2012）	与前一天的价格波动相比，基于看涨/看跌和积极/消极特征创建的 4 家公司模型的精确度分别为 82.93%、80.49%、75.61%和 75.00%；在线测试精确度分别为 76.92%、76.92%、69.92%和 84.62%	无	未提及
Yu 等（2013）	社交媒体数量只有总数与风险有显著正相关，但与回报没有显著关系。据显示，交互项与收益轻微负相关，但交互项与风险显著负相关	无	未提及
Chatrath 等（2014）	货币价格对经济有系统反应 在新闻发布的 5 分钟内价格就可以快速反应	无	未提及

三、本节结论

本节主要从三个方面（预处理、机器学习和评价机制）对大多数基于文本挖掘的金融市场预测系统进行了综合性评估和比较。本节完成的工作如下：①整合了不同领域的基于文本挖掘的金融市场预测主题的研究工作；②为金融市场预测的文本挖掘系统进一步改进提供了一个研究框架；③为未来研究提出了方向性和理论性的建议。金融市场预测文本挖掘领域的进步有以下启示。

一是投资银行、金融机构及经纪公司在金融市场上投资和交易可以使用有针对性的文本挖掘的市场趋势分析与预测系统。使用这样的智能系统协助机构进行

更好的财务决策，将会给使用者带来相当大的金融投资回报，避免严重的损失。

二是在当今的全球经济中，对金融市场有更加成熟的见解是非常必要的，正如我们见证了 2008 年金融危机影响了全世界数以百万计的人们的生计。我们必须从金融市场预测文本挖掘领域的研究中找到一个可行的解决方案，通过文本挖掘获得金融市场走势，这会使我们对市场的信心倍增。

三是由于网络上文本信息的数量惊人，几乎包括了所有方面的话题，充分利用这些信息很有必要，所以迅速开发专门的文本挖掘系统将成为研究工作的主要趋势。关注市场预测文本挖掘的研究是一个新兴领域，独立的市场预测文本挖掘研究领域的形成，有别于产品评论情感分析这些研究，这是一个很有意义的研究工作。我们希望帮助其他研究者为这个领域增添新的想法，逐渐开发出金融市场预测战略决策系统。

第三节　文本挖掘中关键环节的数据预处理最新进展：

事务序列模型

当今时代，可用的电子数据数量巨大，但同时也缺少相关知识。大量数据的预测价值是较弱的。如何从大批量的数据中找寻到有价值的信息就成了关键问题，知识发现的概念正是由此而生。我们可以把知识发现理解为一个涉及数据采集、数据预处理、数据转换、数据分析及结果分析的过程，其特点是涉及大范围的变量和数据源。

数据库知识发现（knowledge discovery in datebase，KDD）是知识发现领域中最常用的方法，Fayyad 和 Usama（1996）将其定义为从数据中获取有效的、新颖的、潜在有用的信息。KDD 具有数据库、统计和机器学习的方法论背景，所使用的数据源来自于产品数据库和数据仓库。

在这种情况下，数据是从哪种文本中获得的，哪里就是数据源。其中获得数据（这里的数据是指人们观察客观世界所得到的原始信息，包括最简单的数值、文字及图像等）的过程被称为文本挖掘或者文本知识发现。文本知识发现与数据库知识发现是相似的。它们最大的不同之处在于数据预处理方法本身，也就是如何从使用与分析方法方面来表示文本。文本知识发现与许多科学领域都相关。类似于 KDD，统计方法和机器学习方法也是用于文本知识发现的数据分析工具。然而，文本知识发现通过进行数据预处理，把理论（文本聚类、文本分类及自动文摘方法）与计算机语言学作为其基础。

知识发现领域的最大差异在于 CRISP-DM 的数据预处理阶段。数据预处理是整个知识发现过程中最耗时的阶段。其复杂性取决于所使用的数据源。在分析程序中载入一个具有 M 个变量和 N 个个案的数据文件。数据预处理的关键不仅包括将数据转换成分析准备格式（由分析工具转换成所需要的形式），还包括数据质量本身。

相对地，最简单的数据预处理是将使用的数据用做数据源。简单来说，数据的预处理包括数据的选择、清洗、创建、集成和格式化。数据仓库则没有数据清洗和整合，这在很大程度上简化了数据预处理过程。

在文本中，词干可以是多变的。独立词干的权重根据每个文本案例而定，即每个文本表示一个按词干发生频率划分的权重向量。简单来说，数据预处理包括将文档转换为纯文本，然后进行词干识别。在文本挖掘、内容分析等方面的书中，有更多关于电子文档和数据预处理方法的详细介绍。

这项工作的目的是确定在电子文件中发掘序列模式时需要花费多少时间在数据预处理上。为此，我们进行了文本的数据预处理实证。该实证采用文本表示事务序列模型，并且在完成实证计划的过程中会受文本内容的影响。

本节剩余部分的主要结构如下：①总结在文本挖掘和文本表示的应用领域，以及其他作者解决数据预处理问题的相关研究。②对事务序列模型做概述。③详细介绍文件数据预处理方法。这部分描述在不同层次的数据预处理过程中，应该如何准备文本数据。④提出实证结果的详细概要。⑤对得到的结果进行探讨。

一、相关研究

数据库中电子文件的缺点是充斥着非结构数据。解决办法是创造可以充分代表待分析文件的变量。文本表示是文本预处理的基本步骤。

文本是由字符数组表示的文字序列。大部分文本文件都是用一个向量来表示的。该向量的组成部分数跟字典或者审查文档集合中的词干数量是相等的，这就产生了高维向量和稀疏向量（缺失值）之类的缺点。文档中的每一个词干可以被编码为以下几种：一般频率——字符出现率的简单频率；特殊频率，其中包括二进制频率——发生率的二进制指针；日志频率——对数函数规定了字符发生率的衰减，如考虑到字符的特异性和总发生率的频率后提出的非常有用的变换，即方差稳定性和逆文档频率。

文本表示时，除了最常用的向量空间模型（vector space model，VSM）外，还会使用张量空间模型（tensor space model，TSM）。张量空间模型不同于向量空间模型，采用的是多重线性高阶张量而不是传统的矢量。

另一种文本表示是由 Wang 等（2011）设计的矩阵文本表示。该文档中，行表示不同的特征，列表示衔接段。

基于不同的文本表示作为一个向量的其他方法是 n-grams 模型、自然语言处理、词袋模型（bag-of-words）或分布式词聚类（distributional word clusters）。但所有这些方法都只考虑了文本中的词语出现的频率，却忽略了出现的有意义序列。

很多科学家都认为，移除停止词会错失重要信息或者得到不同含义的文本。本次实证的目的是在尽可能保留文本原始信息的基础上，在短文本中需要移除停止词对序列规则的影响。

二、事务序列模型

文本挖掘类似于 KDD，有时候它可以适应其他领域知识发现的现有方法和程序。在我们的例子中，选择了寻常的短文本代表，并且在 KDD 和万维网（world wide web）挖掘领域中寻找灵感。我们把事物序列模型用于文本表示，从而能够检查已确定属性的文本之间的关系，并且寻找文本中已确定标记的关联。同样，像市场购物篮分析那样，一个事物表示一种购物，或者在网络分析中，它代表使用者在一个时期内访问页面的集合。在我们的案例中，一个事务就是短文本中的一个字符集。

结构和数据特征预先确定了所使用的分析数据模型的具体方法。事务序列模型应用于文本表示中，主要是使用关联规则分析法和序列规则分析法。关联和序列规则分析的差别就在于关联规则分析法不需要分析序列，而序列规则分析法需要，这就意味着没有把表示文本中字符次序的序列变量考虑进来。事物代表了出现在文本中的一组字符集，已鉴定词语（实词或停止词）发生率的次序不纳入考虑范围。

关联序列规则分析法在定量语法分析领域中具有其相应的应用程序。在我们的案例中，主要利用定量语法分析领域的数据来进行文本知识发现中数据预处理方法评价。

检验变量主要为以下几种：①文本识别；②段落识别；③语句识别——段内语句；④事务序列识别——文本中标记识别集合，包含先前的 2 个或 3 个变量；⑤序列——在文本/段落/句子中的词语顺序；⑥实词——跟对象、行动或属性相关的词语；⑦词性——词语分类（名词、动词、形容词、副词、冠词、代词、介词、连词和其他未分类词语）；⑧停止词——很常用但本身缺乏实际意义的词语，常为冠词、介词、副词或连词；⑨Snowball 类型——在实证中使用了 Snowball 项目表，所以本节没有明确定义停止词列表。

三、应用案例研究

本小节旨在说明利用交易/序列模型从文本表示中获取有效数据的必要步骤。尤其，我们专注于序列识别和数据清理（图 3-4）。我们尝试去评估这项先进技术在表示有序模式提取规则的数量与质量上的影响。

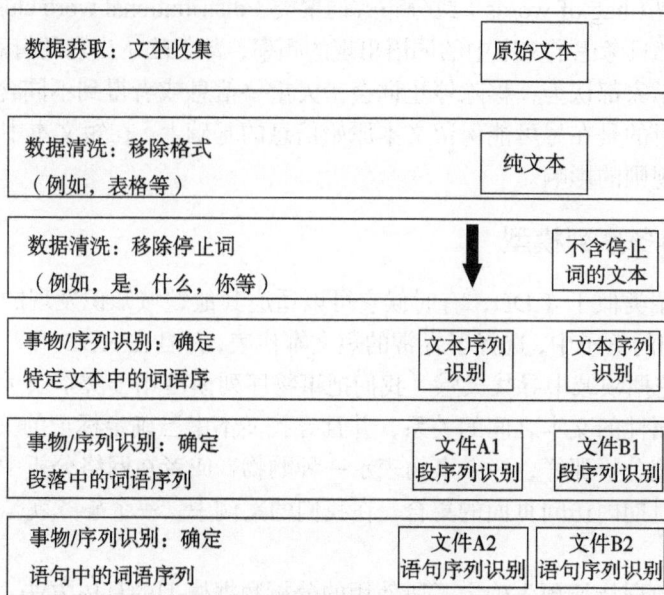

数据获取：文本收集		原始文本
数据清洗：移除格式 （例如，表格等）		纯文本
数据清洗：移除停止词 （例如，是，什么，你等）		不含停止 词的文本
事物/序列识别：确定 特定文本中的词语序	文本序列 识别	文本序列 识别
事物/序列识别：确定 段落中的词语序列	文件A1 段序列识别	文件B1 段序列识别
事物/序列识别：确定 语句中的词语序列	文件A2 语句序列识别	文件B2 语句序列识别

图 3-4 数据预处理方法应用

实证通过以下几步实现。

（1）文本收集。

（2）格式化。

（3）各种水平上的数据预处理（图 3-4）。

第一，段落序列识别。

第二，语句序列识别。

第三，停止词移除和段落序列识别。

第四，停止词移除和语句序列识别。

（4）数据分析-搜索独立文件中的序列模式。

（5）理解输出数据-建立输出结果分析矩阵，定义论证。

（6）比较数据分析结果，从提取的序列模式规则的数量与质量上详细分析不同层次的数据预处理方法效果。

接下来我们将证实以下论证是否成立。

（1）预期移除停止词在提取规则的数量上有重要影响。

（2）预期移除停止词对减少无法解释规则的提取数量有重要影响。

（3）预期移除停止词对提取规则的质量有重要影响。

四、应用案例结果分析

（一）数据解释

我们分析的文本文档包括短文本。在转换成纯文本之后，经过分析，识别了57.41%的实词。基于停止词的 Snowball 表，我们在短文本中鉴别了42.59%的停止词。在最常用的概念词中，名词在最常见的实词中所占比例超过22%，未分类词语（根据美国语法简单规则定义）和动词所占比例超过15%，代词和介词所占比例大致都为10%。其余实词，如连词、冠词和副词，从出现率的方面来说，所占比例少于7%。

根据停止词的 Snowball 表，最常见的停止词（分成若干类）中代词形式（指示代词、疑问词、反身代词、物主形容词或者代名词）所占比例超过 8%，其余形式（重叠介词、连词、副词等）比例则超过17%。大约占7%的冠词也属于最常见的停用词。最常见的（英语文本中最一般的）动词（动词+否定、代词+动词、助词+否定）和助词从出现率的角度来讲所占比例低于5%。

（二）检验文件中提取规则的数量比较

我们可以从频繁序列中得到最小支持度（s），经分析（表3-15）规则（在我们的案例中最小的 s 为0.1）。其中，频繁序列是根据文本（段落/语句）的长度，从已识别序列中得到的。

表 3-15　特定文件发现序列规则发生率统计表

主题	==>	最前端	文件 A1	文件 B1	文件 A2	文件 B2
动词	==>	（定冠词）	1	0	0	0
…		…				
（名词），（形容词）	==>	（动词）	0	1	0	0
…		…				
（形容词）	==>	（名词）	1	1	1	1
派生序列规则总数			59	75	23	22
派生序列规则百分比（Percent 1's）			54.63	69.44	21.3	20.37
Percent 0's			45.37	30.56	78.7	79.63
Cochran Q 检验			Q=79.3260；df=3；P<0.0000			

在含语句序列识别的文件（文件 A2，文件 B2）中，从发现的规则部分方面做语句规则分析，其结果是相对一致的（表 3-15）。从含段落序列识别的文件中提取出来的大部分规则是没有停止词的；具体来说，从文件（文件 B1）中提取的75条规则，占全部发现的规则全部数量的69%。根据 Q 检验的结果（表3-16），零假设，也就是规则发生率并不依赖各个层次的文本挖掘数据预处理，在 0.01 的显著性水平下被拒绝。

表 3-16　检验文件中同质组衍生规则发生率统计表

文件	均值	1	2
文件 B2	0.203 7	****	
文件 A2	0.213 0	****	
文件 A1	0.546 3		****
文件 B1	0.694 4		****
Kendall 一致性系数	0.244 8		

****代表显著性程度

Kendall 一致性系数代表检验文件提取规则数量的一致度。系数值为 0.25（表 3-17），其中，1 是指完全一致，而 0 表示完全不一致。较小的系数证实了 Q 检验的结果。两个包括文件 （文件 A2、文件 B2）的同质组，经多重比较（Tukey HSD 测试）后（表 3-17），从发现规则的平均发生率的方面被识别。在 0.05 的显著性水平下，段落序列识别（文件 A1、B1 文件）的文件与语句序列识别（文件 A2，文件 B2）的文件的发现规则的平均发生率是显著不同的。

表 3-17　X 型规则发生率的交叉表：（a）文件 A1；（b）文件 B1

发生率/类型	文件 A1			文件 B1		
	有效	不重要	无法解释	有效	不重要	无法解释
0	6	9	33	9	15	8
	28.57%	27.27%	62.26%	39.13%	45.45%	15.09%
1	15	24	20	14	18	45
	71.43%	72.73%	37.74%	60.87%	54.55%	84.91%
合计	21	33	53	23	33	53
	100%	100%	100%	100%	100%	100%
皮尔逊卡方检验	12.869 2；df=2；P=0.001 6			10.381 3；df=2；P=0.005 6		
Contingency Coef. C	0.327 7			0.294 9		
Cramér's V	0.346 8			0.308 6		

基于长度（段/句）的序列识别对提取规则的数量有重要影响。当然，我们从更长的序列中获取了大量的频繁序列和规则。相反，移除停止词对提取规则的数量没有显著的影响。

现在，我们再将每种类型的发现规则的比例纳入考虑范围，更加细致地观察序列分析的结果。我们要求关联规则不仅干净而且有效。关联分析产生了三种类型的常见规则，即有效规则、不重要规则和无法解释规则。

在我们的案例中，也会区分同一类型的规则。

使用卡方检验的唯一条件就是期望频数要足够大。如果期望频数小于 5 就会违背设定。在我们的检验中，违反了卡方检验的有效假定。因此我们应该用皮尔逊卡方检验的结果及计算列联系数和函数的图形可视化来证明我们的结果。

列联系数（Coef.C，Cramér's V）表示了两个名义变量的依存度。系数值是大于 0.3 的（表 3-17）。在从数据矩阵文件 A1/文件 B1 中提取的分析规则组中，有效的规则、不重要的规则和无法解释的规则同它们的发生率之间是有中度依存关系的，列联系数也是显著的。

系数值均大于 0.2（表 3-18），其中 1 代表完全依赖，而 0 表示完全独立。在数据矩阵文件 A2/文件 B2 中提取的发现规则组中，有效规则、不重要规则及无法解释规则的发生率之间有很小的依赖性，并且列联系数是不显著的。

表 3-18　X 型规则发生率的交叉表：（a）文件 A2；（b）文件 B2

发生率/类型	文件 A2			文件 B2		
	有效	不重要	无法解释	有效	不重要	无法解释
0	2	5	5	3	8	2
	25.00%	29.41%	50.00%	37.50%	47.06%	20.00%
1	6	12	5	5	9	8
	75.00%	70.59%	50.00%	62.50%	52.94%	80.00%
合计	8	17	10	8	17	10
	100%	100%	100%	100%	100%	100%
皮尔逊卡方检验	1.581 4；df=2；P=0.453 5			1.975 1；df=2；P=0.372 5		
Contingency Coef. C	0.207 9			0.231 1		
Cramér's V	0.212 6			0.237 6		

根据图像可以形象地观察交互频率——文件 A1/文件 B1 的 X 型规则（图 3-5）。这种情况下的曲线也是不可复制的，它们有不同的轨迹，这仅仅证实了分析的结果。

有效规则、不重要规则及无法解释规则所占份额取决于段落序列识别而不是语句序列识别。移除停止词会增大无法解释规则的比例，尤其是在段落识别的情况下，这种影响会更强。另外，它也会减少有效规则和不重要规则所占比例，见图 3-6。

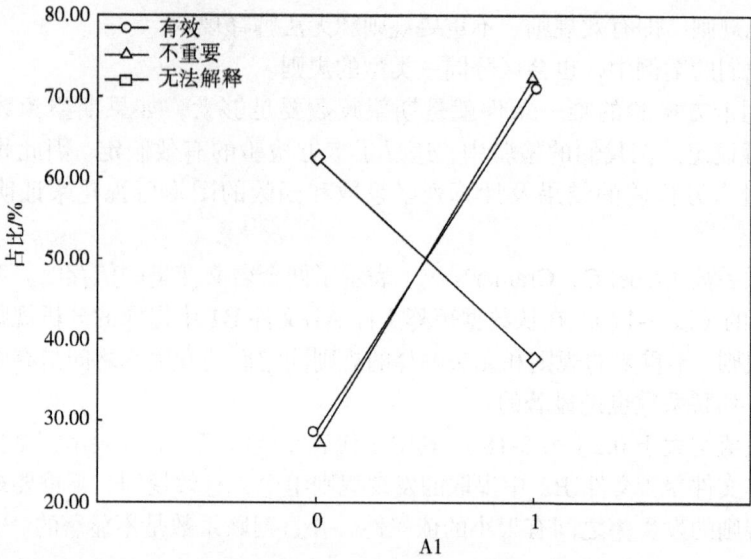

图 3-5　文件 A1X 型规则交互图

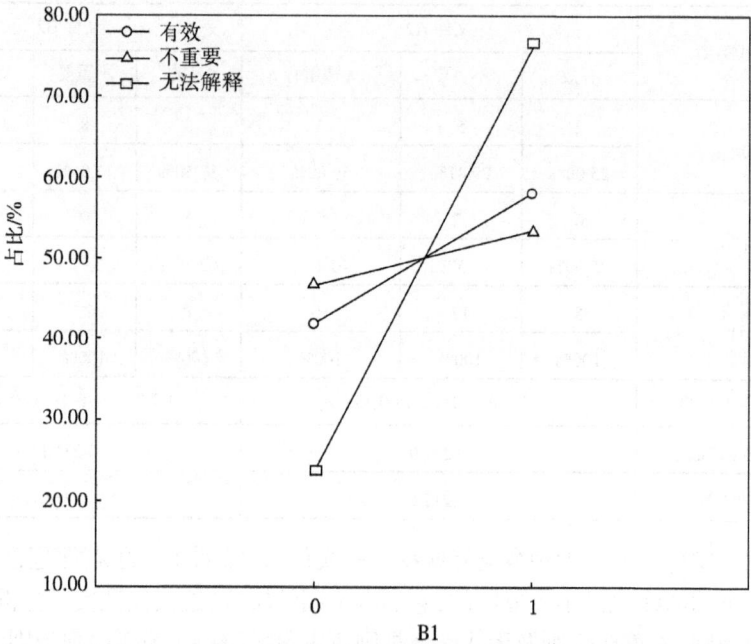

图 3-6　文件 B1X 型规则交互图

（三）检验文件中提取规则的质量比较

序列规则质量可以通过两个指标对其进行评估，即支持度和可信度。序列规则分析的结果显示，不仅在发现规则的数量而且在其质量上均有不同。系数值为

0.5（表3-19），其中1代表完全一致，而0代表完全不一致。

表 3-19　同质组

（a）衍生规则支持

支持度	平均值	1	2
文件 A2	18.137 3	****	
文件 B2	22.323 2	****	
文件 A1	26.779 7	****	
文件 B1	35.762 7		****
Kendall 一致性系数	0.500 0		

（b）衍生规则信任

支持度	平均值	1	2
文件 A2	33.473 2	****	
文件 B2	41.064 1	****	
文件 A1	42.187 3	****	
文件 B1	53.409 0		****
Kendall 一致性系数	0.500 0		

****表示显著性程度

由文件 A2 和文件 B2 组成的单个的同质组（表 3-19）进行多重比较（Tukey HSD 测试），并且从发现规则的平均支持角度识别文件 A1。在 0.05 的置信水平下，可以证实，文件 B2 和其余文件的发现规则的平均支持是有显著差异的。

可以证明，单独的文件中发现规则的信任特征值的质量是有差异的。一致系数的值为 0.5，其中 1 代表完全一致，而 0 代表完全不一致。

对文件 A2 和文件 B2 组成的单个的同质组进行多重比较（Tukey HSD 测试），并且从发现规则的平均信任角度识别文件 A1。在 0.05 的置信水平下，可以证实，文件 B1 和其余文件的发现规则的平均信任是有显著差异的。结果显示支持度与可信度的最大一致是在规则内的，这些规则是从带语句序列识别的文件（文件 A2 与文件 B2）和包括停止词的段落序列识别文件（文件 A1）中发现的。另外，不一致则是在不含停止词的段落序列识别文件（文件 B1）和其余文件中（文件 A2、文件 B2 和文件 A1）。在段落序列识别的情况下，移除停止词对提取规则的质量有很大影响。相反，在语句序列识别的情况下，移除停止词对提取规则的质量没什么显著影响。

五、本节结论

在文本知识发现领域，实证的贡献可以从文本表示和数据预处理方面进行评价。数据预处理是在发掘序列模式的过程中，从电子文档中获取可信数据的方法设计。从文本表示的角度来说，贡献在于事物/序列模型的设计和描述。

第一种假定没有被证明，即移除停止词对提取规则的数量没有明显作用。但是对基于长度（段/句）的序列识别提取规则有重大作用。因此本节从更长的序列中得到大量的频繁序列和规则。

第二种假定也没有被证实，即移除停止词对减少无法解释规则的数量没有明显作用。具体来说，在段落序列识别和语句序列识别的情况下，没有办法证明移除停止词对减少无法解释规则所占份额的影响。相反，移除停止词恰恰增加了无法解释规则。有效规则、不重要规则和无法解释规则所占比例依赖于段落序列识别，而不是语句序列识别。按语句和段落把序列进行分配，移除停止词之后，无法解释规则数增加了。然而在段落序列的情况下，这种比例是显著的。这样，它可能是不相关序列的合并，并且移除停止词会使无法解释规则增加更多。此外，它对减少不重要规则和有效规则比例也有影响。

第三个假定是在一定程度上被证明，即移除停止词可以提高提取规则的质量。只有在段落序列识别的情况下，移除停止词才会对提取规则的质量产生影响。这说明移除停止词在段落序列识别上会对提取规则的质量有重大影响。反之，在语句序列识别的情况下，移除停止词对提取规则的质量则没有什么显著影响。

当使用事务序列模型时，如果特定问题的解决方案不需要其他的序列识别，本节建议使用基于语句的序列识别。当然，在定量语法分析领域解决问题时序列识别方法看起来是最适合的。

但是移除停止词会增加无法解释规则，尤其是在段落序列识别被视为语句序列识别时。另外，停止词移除还会导致有效规则和不重要规则的减少。因此，在进一步研究中，我们将侧重于在知识抽取时，研究各种类型停止词的影响，以及尽可能地减少停止词。

第四节　基于数据挖掘方法无形资产测度的前沿问题研究

一个公司股票的市场价值最终体现了净资产的价值。在工业时代，实物资产是判断一个公司价值的关键因素，如土地、资本和劳动力。然而，在现代经济中，通信技术的发展、电子商务和互联网使这些资源在世界各地迅速流通，导致了知识经济时代的发展。因此，企业成功的重要因素是在创新、扩张和应用知识的能力与效率。创造公司价值的方法已经从传统的实物生产要素转移到无形知识。在这种情况下，公司价值的大部分可能就会反映其无形资产的价值。在评估公司价值时，我们不仅要考虑实物资产，也要重视无形资产的影响。

无形资产是由公司核心能力和知识资源创造出来的企业的动态能力，包括组织结构、员工专业技能、就业向心力、研发创新能力、客户规模、知名品牌及市场份额。许多文献研究了测度无形资产价值的不同类型的重要因素。2006年，Gleason 和 Klock 的研究指出了广告和研发支出与托宾 Q（一种无形资产的委托代理，即企业所有权和经营权分离，所有者保留剩余索取权而将经营权让渡）密切相关（刘敏，2011），但与公司规模成负相关。传统委托代理理论由于以股权分散为前提，忽视了股东的异质性，而随着对股权集中的认识和研究，人们开始关注大股东与小股东或控股股东与中小股东之间的委托代理关系。一些学者就此提出了双重委托代理理论框架，在第一重委托代理关系中，要解决的基本问题是如何使高管人员为股东利益最大化服务，有效降低代理成本，提高企业价值。在第二重委托代理关系中，要解决的基本问题是如何保护中小股东利益，实现全体股东利益最大化。传统的委托代理关系主要发生在股东与经理之间，由于信息不对称、契约不完全和人的有限理性等原因，经理人员往往以个人利益最大化为行动指南，常常会对股东利益造成损害，由此产生的一系列成本称之为广义的代理成本（韩亮亮等，2006）。Wiwattanakantang 研究了控股股东的影响，包括不同类型的控制、参与管理和企业价值的增加，结果发现对托宾 Q 理论并没有显著影响。Fukui 和 Ushijima（2007）也调查了日本最大制造商行业的多元化经营。回归结果表明多元化经营和无形资产之间大致上呈负相关关系。然而，迄今为止的研究为影响无形资产的不同因素提供了混合证据（Wiwattanakantang，2001；Lins，2003）。

探索和评估无形资产，以及其他商业问题的传统方法是基于一些统计方法，如 logistic 回归分析和判别分析。然而，许多商业领域的相关研究（Huang et al.，2004；Burez and van den Poel，2007；Coussement and van den Poel，2008）已经表明了机器学习技术和数据挖掘技术，如神经网络、SVM 等都优于传统方法。数据挖掘可以发现更有效的模型和数据中的关系，预测模型表现。换句话说，数据挖掘是以从存储在数据库或其他信息库中的大量数据中预测结果和采用复杂方法来寻找隐蔽的模型、关系、异常与结构为总体目标的一个跨学科领域，然后从大型数据集中过滤掉不必要的信息（Han and Kamber，2006）。

在文献方面，研究专注于发现影响无形资产不同因素的问题。这就产生了一个重要的研究问题，究竟什么是评估甚至是预测一个公司无形资产更具代表性的因素。因此，本节首先回顾不同领域的相关文献，收集影响无形资产相对重要的因素，包括会计、金融、管理和市场营销。然后，我们采用特征选择的方法从一个给定的数据集中选取重要的特征（或因素）。在数据挖掘中特征选择是获得质量挖掘结果的一个重要步骤，它的目的是从原始数据中过滤掉那些多余的或无关的特征，则剩下的特征对给定的数据集更具代表性和辨别力。在特征选择结束后，这些重要的特征就将被用来建立预测模型。

已有的采用数据挖掘技术建立预测模型的研究中，主要是找出一个最好的预测模型。然而，许多研究表明，使用单一分类技术存在一些局限性。这一研究结果促使现代研究利用多分类器的组合来做更精确的预测，这里多分器组合可以有分类器集成或混合分类器等（West et al.，2005；Tsai and Wu，2008；Nanni and Lumini，2009）。在一般情况下，分类器集成是以多分类器的并联组合为基础的，混合分类器是基于串联组合两种不同的机器学习技术。例如，首先运用聚类，其次将聚类的结果用于建立分类器（Chauhan et al.，2009；Chandra et al.，2010；Verikas et al.，2010）。

文献中表明，在许多领域，这两种方法的预测效果比单一技术好很多。但是，这些多分类器组合却很少相互比较以做出最后的结论。此外，它们没有在预测无形资产领域中被检验。为此，本节的第二个目的是，分别使用单分类器、分类器集成和混合分类器技术来建立无形资产预测模型，然后做比较。

很多基于统计和数据挖掘功能的选择方法被广泛用于许多领域。在本节我们考虑了五个特征选择方法来评估无形资产的预测效果，包括主成分分析（principal component analysis，PCA）、逐步回归（stepwise regression）、决策树、关联规则和遗传算法。

由于对无形资产的监管和信息披露方面的信息比较少，财务报告并不能真实地反映无形资产的价值。2007 年，P. Vergauwen 的研究指出传统财务会计框架的问题使报告缺乏对无形资产价值的认可，并且导致了内部人士和外部人士的信息隔阂。因此，我们希望本节的实证结果不仅能有效评估无形资产的最好特征选择方法，也能提供不同于财务报表的其他信息。帮助投资者和债权人更好地评估投资或贷款的机会，以做出更有效的决策。

换句话说，本节的贡献是双重的。其一，在特征选择领域，本节给出了无形资产评估领域最先进的特征选择算法的应用，这是以前从未被研究过的。其二，在无形资产评估方面，本节尝试使用最先进的特征选择算法来识别影响一个公司价值的至关重要的因素。

一、数据挖掘方法在无形资产统计中的应用案例研究

（一）无形资产的影响因素梳理

在无形资产中，许多实证模型重点测量无形资产的价值。这个价值代表了未来利润的市场预期估值，根据公司的有形资产和无形资产可以返回的资产来进行评估。这一价值是在该公司有形和无形资产产生的回报率评估基础上得来的，代表了未来预期利润流的市场估价。因此，任何无形资产的投资都会像有形资产一样增加公司的价值。创新和品牌忠诚度也是一种投资，能够增加公司

的无形资产，并且对未来现金流量和无形资产都有可预见的积极作用（Gleason and Klock，2006）。

许多发达国家（如美国、英国和日本）的公司被少数有资本的家族共同管理并控制着财务，这些企业的所有权集中在控股股东手里。我国台湾地区公司的所有权结构与许多发达国家（如美国、英国和日本）是不同的，其股东控制形式是由少数富有家族的行政和金融的控制（Morck and Yeung，2003；Khanna and Yafeh，2007）。许多最近的研究表明，控股股东总是对公司持有绝对控制，这导致了他们和少数股东之间的委托代理问题（Lemmon and Lins，2003）。控股股东由于有重要的选举权可以从公司获得更多的财富，但只需对现金流权承担很小的成本。当最大股东的控制权超过其现金流所有权时公司价值会下降，就会出现壕沟效应（即可能出现大股东为自身利益而牺牲、侵害小股东利益，这也被称为"隧道行为"），可能会导致无形资产价值的退化。在商业团体，这种壕沟防御效应的情况更为严重（Morck and Yeung，2003；Silva et al.，2006）。

当公司产生委托代理问题时（这可以影响一个公司无形资产的价值），公司治理在监管中发挥着重要作用（Lins，2003）。由于董事会负责保护股东的利益和避免壕沟效应的监督管理，所以这些监管机制通常都是基于董事会成立的。在很多实证研究中都表明了局外人（独立于董事会）监管的有效性（Oxelheim and Randoy，2003；Xie et al.，2003），并且非管理层的大股东或机构股东在代理成本（即控股大股东和其他股东之间的利益冲突）中起制约作用（Lins，2003）。如果在公司中有不止一个大股东，大股东之间可能会互相监督，因此可以减少代理成本（Wiwattanakantang，2001）。

另外，一个公司的无形资产价值会直接或间接地受公司性质的影响。销售增长是一个增加无形资产增长机会的代理，但公司规模与预期增长机会可能是反比关系。销售的增长与增加无形资产的发展机会呈正相关关系，但是公司的规模却很可能与预期的发展机遇呈负相关关系（Gleason and Klock，2006；Fukui and Ushijima，2007）。Rao 等（2004）发现有较高增长机会的公司有较低的杠杆率。但是，先前McConnell 和 Servaes（1990）的研究表明，有较高杠杆率的企业可以享受税收优惠。它们可以扣除利息成本，这就产生了更大的现金流，从而有利于无形资产的增加。由于资本密集度是投资机会的代理，所以也会影响到无形资产。

除了公司特点，不同行业的不同特点将影响企业无形资产的价值。行业集中程度会影响公司的相对议价能力。当某行业分散、集中度很低时，行业的竞争程度可能更加激烈，公司的议价能力也会降低。因此，Anderson 等（2004）指出更高的集中度可以提供更多的市场力量，这就会导致更高的无形资产价值。另外，Rao 等（2004）等则认为，更高的无形资产价值反映了更好的市场效率，而不是市场权力。集中指数对无形资产价值的影响是负面的。

最后，Lang 等（2003）指出，分析师是资本市场信息解读、信息传递的重要媒介，一个公司拥有许多分析师就会有更多的可用信息，公司的信息环境越好，资本成本就会越低。另外，分析师拥有专业领域知识，是财务报告的外部使用者之一，当代理成本存在时，分析师较多就带来更多的审查。因此，通过增加股东控制的现金流来增加无形资产，分析师的作用就非常重要。一方面，他们从公司财务报告中获取信息，进行分析并形成预测；另一方面，他们把预测传达给投资者，对投资者决策形成重要影响。

表 3-20 列出了 30 个影响无形资产的因素（包括 32 个行业），影响因素可以分为 6 个类别。根据各文献综述发现这些因素来自不同领域，如会计、金融、管理和市场营销。然而，不同领域的问题只是集中于其中的一些影响因素。但为了使我们了解在一般情况下影响无形资产的重要因素，所以并没有一起考虑这些因素。

表 3-20　影响无形资产的的因素

类型	变量	参考文献
无形资产	研发程度	Gleason 和 Klock（2006），Fukui 和 Ushijima（2007），Jo 和 Harjoto（2011），Boujelben 和 Fedhila（2011）
	广告程度	Gleason 和 Klock（2006），Fukui 和 Ushijima（2007），Boujelben 和 Fedhila（2011）
所有权结构	家族企业	Wiwattanakantang（2001），Jo 和 Harjoto（2011）
	国企	Wiwattanakantang（2001）
	外资企业	Wiwattanakantang（2001），Oxelheim 和 Randoy（2003）
	现金流权	Wiwattanakantang（2001），Claessens 等（2002）
	分叉	Claessens 等（2002）
	参与管理者	Wiwattanakantang（2001），Lins（2003）
	非参与管理者	Lins（2003）
	管理所有者	Wiwattanakantang（2001），Lins（2003），Ellili（2011）
	金字塔[1]	Wiwattanakantang（2001），Lins（2003）
	商业团体	Wiwattanakantang（2001）
公司治理	董事会规模	Oxelheim 和 Randoy（2003），Xie 等（2003）
	董事会独立性	Oxelheim 和 Randoy（2003），Xie 等（2003），Jo 和 Harjoto（2011）
	监管董事	Lins（2003），Ellili（2011），Jo 和 Harjoto（2011）
	多元化经营	Wiwattanakantang（2001），Lins（2003）
	海外上市	Oxelheim 和 Randoy（2003），Lang 等（2003）

类型	变量	参考文献
公司特征	销售增长	Wiwattanakantang（2001），Fukui 和 Ushijima（2007）
	规模	Gleason 和 Klock（2006），Fukui 和 Ushijima（2007），Bozec 等（2010），Jo 和 Harjoto（2011）
	杠杆率	Fukui 和 Ushijima（2007），Bozec 等（2010），Ellili（2011），Jo 和 Harjoto（2011）
	资本密集度	Claessens 等（2002），Lins（2003）
	股息	Allayannis 和 Weston（2001）
	盈利能力	Allayannis 和 Weston（2001），Lang 等（2003），Rao 等（2004）
	创建年份	Wiwattanakantang（2001），Rao 等（2004）
	多元化经营	Allayannis 和 Weston（2001），Fukui 和 Ushijima（2007），Jo 和 Harjoto（2011）
	出口	Allayannis 和 Weston（2001）
行业特征	集中度	Anderson 等（2004），Rao 等（2004）
	行业	Oxelheim 和 Randoy（2003），Lang 等（2003）
分析师和消费者	跟踪分析	Lang 等（2003），Jo 和 Harjoto（2011）
	市场份额	Anderson 等（2004），Morgan 和 Rego（2009）

1）金字塔结构是指公司终极控制人通过多层次的中间公司和间接持股方式对目标公司实施控制所采取的一种金字塔式控制权结构，金字塔结构也会影响公司的代理成本

（二）案例应用过程

在特征选择的过程中，我们一共有三个阶段的任务需要完成。第一阶段采用多层感知器神经网络建立基准预测模型。在这个阶段，特征选择没有被考虑。

在第二阶段，我们分别应用文献综述中提到的五种特征选择技术从原始数据集挑选重要特征，它们的结果分别存放于五个不同的数据集中。此外，基于它们交叉或联合的结果，我们也检测了不同的两个或三个特征选择方法组合的性能。根据实验结果，一共有六种特征选择方法的不同组合方式，它们明显地显示了特征选择结果和预测结果的不同。为此，每一个选择不同数量特征的不同数据集可以分别用于处理和检验机器语言程序（machine language program，MLP）模型。

第三个阶段是从预测精度，即第 I、第 II 类错误和特征提取率方面评估这 12 个模型（包括基准模型）的性能。

1. 用托宾 Q 衡量的变量

参考相关文献（Lins，2003；Fukui and Ushijima，2007），本小节采用托宾 Q 度量无形资产。托宾 Q 表示公司的市场价值与有形资产重置成本之间的差异，代表无形资产的价值。托宾 Q 的构成涉及更复杂的问题和选择。托宾 Q 的标准定义是公司金融债券的市场价值除以资产的重置成本（Tobin，1969）。选择托宾 Q 有以下两方面原因：一是市场价值在一定程度上不仅反映了企业当前的状况，还

能预测未来，可以更好地反映公司绩效；二是由于所考察的是基于股东间代理关系的公司治理绩效（姜梅，2003）。然而，由于这两个数据在实际计算中都无法直接获取，所以该定义存在缺陷。本小节采用由 Gleason 和 Klock（2006）提出的修正方法来近似代替托宾 Q 值。有大量的研究表明这是一个很好的近似，如 Dadalt 等（2003）与 Gleason 和 Klock（2006）。修改后的函数表示如下：

$Q=$（普通股的市场价值+优先股的账面价值）/（总资产的账面价值）

当一家公司的托宾 Q 比率大于 1，表示该公司的市场价值大于其资产的账面价值。Rao 等（2004）指出这种超额价值反映的是由无形资产的价值所导致的一种不可测量资源的价值。因此，托宾 Q 被定义为虚拟变量，如果托宾 Q 比率大于 1，则 Q 值取 1，即一个公司拥有较多的无形资产，否则 Q 值为 0。这种方法可以区分一个公司是否具有较多的无形资产（如 $Q=1$ 或 0），并且帮助外界分析、评估是否投资放贷给该公司。在投资方面，当 Q 等于 1 时有投资的激励，因为有价证券可以卖出比潜在价值更高的价格，但是当证券的价值低于资产价值时就缺乏投资动机（Lustgarten and Thomadakis，1987；Megna and Klock，1993）。

根据文献综述，发现了 61 个代表无形资产的变量或特征。表 3-21 列出了这些变量的衡量方法。

表 3-21　影响无形资产变量的度量

类型	变量	度量
研发支出	研发程度	研发支出与总资产之比
	广告程度	广告支出与总资产之比
所有权结构	家族企业	虚拟度量；如果一个公司的控股者是个人或家族
	国企	虚拟度量；如果一个公司的控股者是政府
	外资企业	虚拟度量；如果一个公司的控股者是外资或公司
	现金流权	控股者有现金流权，同时也是管理者
	分叉	控股者投票权减去现金流出权力
	参与管理者	虚拟变量；如果控股者和他的家族是当前管理者
	非参与管理者	如果控股者不参与，则管理变量是 1；否则是 0
	管理所有者	如果控股者不参与，则管理变量是 1；否则是 0
	金字塔	虚拟变量；如果存在金字塔管理者结构或者存在交叉控股
	商业团体	虚拟变量；如果公司属于我国台湾地区最大的商业团体之一，则取值为 1
公司治理	董事会规模	国外管理者的人数
	董事会独立性	独立的外部董事的比例
	监管董事	虚拟变量；如果第二大控股股东的比例大于 5%
	多股控制	虚拟变量；如果公司的控股者是多个
	海外上市	虚拟变量；公司在一个或多个国家上市或交易

续表

类型	变量	度量
公司特征	销售增长	销售增长率
	规模	总资产
	杠杆率	总负债与总资产的比率
	资本密集度	固定资产（如厂房设备）与总资产的比率
	股息	虚拟变量；近几年支付股息，则取 1
	盈利能力	净收入与总资产的比率
	创建年份	自建立起的创建年份
	多元化经营	子公司的数量
	出口率	出口销售占总销售的比例
行业特征	集中度	公司在行业的市场份额的平方和
	行业	虚拟变量；在我国台湾证交所或证券柜台交易市场交易的四位或两位，包括 32 个行业
分析师和消费者	跟踪分析	每个公司分析师的数量
	市场份额	所有公司在相同的四位数行业或两位数行业的总销售额公司份额

2. 特征选择方法

在原始数据集中选择变量的五种特征选择方法是主成分分析法、逐步回归法、决策树、关联规则和遗传算法。五种不同的特征选择方法会分别产生五个不同的数据集。在五组都已选出了关键特征后，本节采用交叉或联合的方法，该方法通过使用从两种或三种特征选择方法选出来的特征进行操作。这将产生重要的特征集。因此，这些拥有不同数量特征的新数据集将分别处理和检验 MLP 模型。

下面分别针对原始数据集的五个特征选择方法的参数设置的五个特性进行描述。表 3-22 显示由这五种特征方法选择的代表特征的参数设置。

表 3-22　选择代表性特性的标准统计表

特性选择方法	特性选择的标准
主成分分析法	特征值大于或等于 1
逐步回归法	如果 F 值小于 0.05，则其中一个变量进入模型的概率较小；如果概率大于 0.1，则从模型中移除 [1]
决策树	建立分类回归树（classification and regression tree，CART），然后修剪掉最不相关的变量
关联规则	支持和信心：从 80% 开始逐渐减少到 10%，直到最终的阈值到达 30% 或没有规则出现信息变量的规则仅限于 5 种，关联规则的数量取决于 100 中的最大值 [2]
遗传算法	人口规模、交叉率、变异率分别是 20、0.6、0.033 [3]

1）Tsai C F, Chen M Y. Variable selection by association rules for customer churn prediction of multimedia on demand. Expert Systems with Applications, 2010, 37: 2006-2015

2）Goh D H, Ang R P. An introduction to association rule mining: an application in counseling and help-seeking behavior of adolescents. Behavior Research Methods, 2009, 39: 259-266

3）Kim K J, Han I. Genetic algorithm approach to feature discretization in artificial neural network for the prediction of stock price index. Expert Systems with Applications, 2000, 19: 125-132

最后，基于 5 种不同的特征选择方法分别产生了五个不同的数据集。选择 5 组不同的关键特征，本节采用由两种特征选择方法交叉选择的复制特征。结果就会产生另外 6 组关键特征。最终，共有 11 个新数据集用于训练和检验多层次感知模型。

3. 预测模型

为了比较特征选择方法的预测效果，从而获得影响无形资产的显著因素。许多研究表明，神经网络拥有非常强大的模型分类和模型识别功能并且被广泛应用于许多商业问题中，所以我们把基于 BP 算法（反向传播学习算法）的多层感知器神经网络作为预测模型。尤其是，BP 神经网络是多层次感知神经网络中应用较多的学习方法。

在设计多层次感知神经网络模型时需要考虑一些问题。多层次感知的结构包括大量必须选择的隐藏的神经元和隐藏层，这会产生过度训练的问题。由于在选择隐藏层时，单隐层网络对任何特定精度的复杂系统建模都是有效的。因此，本节基于只有一个隐藏层来构建多层次感知。为了避免过度训练，获得最佳的多层次感知模型，研究不同的参数设置是很有必要的。因此，本节分别设计了 5 个不同的隐藏节点和学习阶段。隐藏节点的数量是 8、12、16、24 和 32，学习次数是 50、100、200、300 和 500。因此，每个数据集可以构建 25 个模型。对一个给定的数据集，与不同特征选择方法的其他多层次感知模型相比，有特定设置的最优模型提供了最高的预测精度效率。

此外，采用交叉验证的方法避免样本的可变性和偏见的最小化。在这项研究中，采用 10 折交叉验证法。该方法把数据集平均分成 10 份，其中 90%作为训练数据产生模型，剩余的 10%作为测试数据。因此，每一个子集被训练和测试为原来的十倍，同时也可以得到平均预测效果。

4. 方法评估

为了评估多层次感知模型的预测效果，需要检验预测准确性和第Ⅰ/Ⅱ类错误。预测准确率可以由准确预测的数据和给定的测试数据的比率得到。

一方面要考虑出错率。第Ⅰ类错误就是在原假设为真的情况下拒绝原假设的错误。换句话说，这是在观测过程中由于偶然因素接受备择假设的错误。在预测无形资产的价值时，当模型把具有高水平无形资产的公司分到低水平的类型中时就会产生这种错误。与第Ⅰ类错误是相对的，第Ⅱ类错误就是当备择假设为真时却不拒绝原假设的错误。换句话说，这是在没有充分的概率时，接受备择假设失败的错误。也就是说，在预测无形资产时，当模型把具有低水平无形资产的公司分到高水平时就会发生这种错误。此外，方差分析用来分析包括基准模型在内的 12 种多层次感知模型预测效果的显著性。为了比较这些方法从而做出更可靠的结论，本小节只考虑具有较高显著性水平的模型。

另一方面，在比较时也会考虑使用和没有使用特征选择方法的预测模型所花费的训练和检验的数量。这个可以衡量使用不同数量的特征的预测模型的显著性。

此外，ANOVA 分析方法用来分析包括基准模型 MLP 在内的预测方法的预测效果的显著性水平。为了比较这些方法并得出可靠的结论，本节给出的结果均具有较高的显著性水平。另外，本节还比较了在处理和检验分类模型时使用和不使用特征选择方法所需时间的不同。这种测量方法可以体现出不同数量的特征对分类模型效率的影响。

（三）预测模型的应用案例过程

1. 分类模型的开发

本节采用并比较三种不同类型的无形资产分类模型。它们分别是单分类模型、集成分类器模型的两种形式（套袋和升压）及混合分类器模型（如聚类和分类器）。如果运用单一技术创建预测模型，那么我们共有五种不同的技术可以分别使用，它们分别是决策树、多层感知器、朴素贝叶斯分类器、SVM 和 K-近邻。

1）集成分类器

由于集成分类器是多分类器的组合，所以产生了两种不同的组合方式，即串联组合和并联组合。本节所采用的是并联组合，其工作原理依据于不同分类技术的组合（Kim and Han，2000）。为此，运用集成分类器创建预测模型，本小节结合了不同数量的相同分类技术（如决策树、MLP 等），开始时我们结合两个相同的分类器，然后逐渐增加分类器数量直到预测精度不再上升。此外，我们也考虑套袋和升压的结合方法。上文我们开发出了 10 种不同模型的集成分类器。它们是基于 5 种集成分类器的套袋，如决策树、神经网络、朴素贝叶斯、SVM 和 K-近邻，以及基于 5 种集成分类器的升压。

2）混合分类器

一般说来，混合分类器有两种相结合的方法，如以聚类技术相结合的分类器和以分类技术相结合的聚类。在混合模型中，由于分类技术的作用聚类可以很容易地完成孤立点的检测及删减数据的任务，从而可以建立起一个预测模型并提高该模型的性能（Hsieh，2005；Tsai and Chen，2010），这也正是本节的目的。

为此，本节采用一种流行且有效的聚类算法（k-均值）作为混合预测模型的第一个组件，该组件可以在原始数据集中删减和检验那些不具代表性的数据（Kuo et al.，2002；Hsieh，2005）。聚类的数量（k 值）设置为 2~5，以此来检验并获取最佳的聚类结果。特别的，聚类数量低于 2 和大于 5 的公司可以分别被划入高价值和低价值两组，即聚类数量低于 2 和大于 5 的公司基本上是具有高价值和低价值的公司。接下来，聚类结果（如两聚类中数据）分别单独地应用 5 种不同的分类技术。

特别的，我们把创建出来的两种混合分类器进行比较。第一种混合分类器是把 k-均值分别与 5 种单分类器结合起来。这样就产生了 5 种不同的混合分类器构造。第二种混合分类器是把 k-均值分别与 5 种基于套袋的集成分类器和 5 种基于升压的集成分类器结合起来。这样，我们共创建了 10 种基于集成分类器的混合分类器。此外，当建立分类模型时，我们通常应用 10 折交叉验证法来避免样本的可变性和缩减任何的偏置效应。

2. 评价方法

我们应用预测精度、第 I 和第 II 类错误来评价这些分类模型的性能。它们可以通过表 3-23 所示的方法进行计算。

表 3-23　结论矩阵统计表

实际	预测值	
	高水平无形资产公司	低水平无形资产公司
高水平无形资产公司	（a）	II（b）
低水平无形资产公司	I（c）	（d）

预测精度可以通过已准确预测出的数据与给定已测数据的比可得

$$预测精度=（a+d）/（a+b+c+d）\qquad(3-1)$$

另外，在公司的无形资产预测中，第 I 类错误发生在分类模型误把具有较高无形资产的企业划分到具有较低无形资产企业的那一组。与第 I 类错误相反，第 II 类错误发生在模型误把具有较低无形资产的企业划分到具有较高无形资产企业的那一组。

3. 案例数据集

目前，知识经济在发展中国家和新兴市场国家及地区中发展起来，包括我国台湾地区和大陆。我国台湾地区和大陆享有相同的文化，以及庆祝相同的节日，并且很多台湾企业投资了许多大陆民营企业。例如，台湾半导体制造有限公司直接向上海的的台湾积体电路制造股份有限公司（以下简称台积电）投资了 371 000 美元。在 2008 年年底，我国台湾塑胶工业有限公司在大陆的累计投资达到 398 770 美元。因此，本节使用了我国台湾地区的多行业示例公司。但是独特的监管环境不包括公用事业和金融机构。我们希望把我国台湾地区的经济发展作为教训，获得一些商业实践的见解并应用于大陆的例子。

为了增加样本数据的可行性，本节考虑以 12 月 31 日为会计年底的上市公司为例，并从我国台湾经济期刊的数据库中获得数据。控股股东的所有权结构数据从公司治理数据库获得，金融数据则从我国台湾经济期刊的金融数据库获得。在实验的第一和第二阶段中，为了做更准确的分析，收集了 1996~2007 年的大量数据集。

在剔除掉缺失数据之后，最终使用了 1 380 家公司的 9 020 个观测值进行分析。

二、案例实证结果

（一）变量的描述性统计

表 3-24 给出了总体样本变量的描述性统计表。

表 3-24　变量的描述性统计表

变量	均值	标准差	最小值	上四分位数	中位数	下四分位数	最大值
托宾 Q	0.669	0.470	0	0	1	1	1
研发程度	1.974	3.200	0	0	0.818	2.533	39.868
广告程度	0.403	1.215	0	1	0.023	0.265	25.002
家族	0.859	0.348	0	1	1	1	1
国企	0.020	0.141	0	0	0	0	1
外企	0.004	0.065	0	0	0	0	1
现金流权	23.769	16.897	0	10.290	20.335	34.165	97.750
分叉	5.529	9.987	0	0	1.280	5.930	81.360
参与管理	0.738	0.439	0	1	1	1	1
非参与管理	0.262	0.439	0	0	0	1	1
管理者	3.563	5.354	0	0	1.240	5.210	46.350
金字塔	0.963	0.189	0	1	1	1	1
商业团体	0.703	0.457	0	0	1	1	1
董事会规模	7.047	2.863	2	5	7	8	27
董事会独立性	9.367	14.756	0	0	0	22.222	66.666 7
监管董事	0.277	0.447	0	0	0	1	1
多股控制	0.047	0.212	0	0	0	1	1
海外上市	0.044	0.205	0	0	0	0	1
销售增长	15.270	76.790	-197.400	-5.403	7.345	23.845	3 897.660
规模	6.583	0.568	5.018	6.178	6.519	6.903	8.793
杠杆率	40.035	17.245	1.550	27.600	39.620	50.710	307.380
资本密集度	11.203	317.175	-15.377	0.673	2.349	7.329	30 022.685
股息	0.690	0.462	0	0	1	1	1
盈利能力	3.771	11.462	-249.945	0.570	4.452	9.007	58.359
创建年份	22.967	11.758	1	14	21	31	62
多元化经营	3.535	3.553	0	1	3	5	41
出口	59.251	1 026.070	0.000	3.952	41.623	78.362	72 128.073
集中度	1 248.915	1 190.441	310.481	514.859	787.726	1 571.453	9 884.513
跟踪分析	0.649 0	0.899	0	0	0	1	5
市场份额	3.241	7.022	0	0.277	0.925	2.955	99.419

托宾 Q 值表明了三分之二的样本公司持有无形资产。在研究变量中，研发程度的平均值是 1.974，比广告强度的 0.403 高。对于所有权结构变量，大多数样本公司是由家族成员所有的，由于其大多数参与管理的控股控东的 Q 值是 1，所以存在金字塔结构。这与之前文献综述的结果是一致的（La Porta et al.，2002；Morck and Yeung，2003；Silva et al.，2006）。

就公司治理变量方面，由于董事会独立性、监管董事、多元化经营、海外上市是 0，所以大多数公司没有这些监管机构。从股息变量中我们看到，大约 70% 的公司支付股息红利。样本公司的平均创建年份和中位数分别为 23 年和 21 年。多元化经营变量则显示了每个公司平均有 3.535 个子公司。大多数样本公司没有专门的分析师来分析报告和信息。

（二）特征选择过程的实证结果

1. 单一的特征选择方法

表 3-25 显示了单独使用五种特征选择方法的六个多层次感知模型的性能，这几种特征选择方法是决策树、逐步回归、关联规则、主成分分析和没有使用特征选择的基准模型。

表 3-25　单一特征选择方法的表现统计表

方法	选择特性的序号	提取率/%	平均准确率/%	第Ⅰ类错误/%	第Ⅱ类错误/%	训练和测验的平均时间
决策树	7	11.5	74.68	42.91	16.63	6 分钟
逐步回归	36	59.0	74.43	43.99	16.47	1 小时 5 分钟
遗传算法	42	68.9	74.08	45.39	16.31	1 小时 25 分钟
关联规则	6	9.8	73.73	43.26	17.88	5 分钟
主成分分析	17	27.9	73.66	45.09	17.09	18 分钟
基准模型	61	100.0	73.91	45.53	16.48	2 小时 52 分钟
F 值			14.875[*]	3.477[*]	8.786[**]	

*显著性水平高于 95% 的方差分析；**显著性水平高于 99% 的方差分析

在表 3-25 中，6 个预测模型中的三个性能测量值具有显著的不同。尤其是决策树的预测准确性和第Ⅰ类错误结果是最好的。遗传算法在第Ⅱ类错误方面是最好的。

另外，结果表明决策树方法在提供最高的平均准确率时提取出了数量第二少的特征（即第二最低提取率）。换句话说，决策树是一种很好的特征选择方法，该方法不仅可以通过提取具有代表性的变量来提高预测模型的准确度，还可以降低处理和检验的时间（大约 6 分钟）。这种方法不仅高效而且有效。

简而言之，尽管这六种预测模型的预测准确性和错误率结果很相近，它们都是使用较少的特征构建有效的预测模型。但是，考虑到有效性和高效性，决策树优于其他方法。

在方差分析结果中必须要有高水平的显著性差异，我们可以对这些特征选择方法进行排序，如表 3-26 所示。

表 3-26　单一特性选择方法的排行统计表

类型	第 I 类错误	第 II 类错误
平均准确率	决策树	逐步回归
第 I 类错误	决策树	关联规则
第 II 类错误	遗传算法	逐步回归
训练和测验的平均时间	关联规则	决策树

因此，决策树是提供最高准确性和最低第 I 类错误的最优特征选择方法。逐步回归提供了相对较好的预测精度和第 II 类错误。然而，由于它选择了更多的特征（提取率为 58.10%），所以训练和检验的平均时间大于决策树、关联规则与主成分分析。

2. 多元特征选择方法

表 3-27 给出了多种多元特征选择方法的预测效果。分别包括遗传算法和逐步回归的交叉，决策树和主成分分析的联合，关联规则、决策树和主成分分析的联合，关联规则和决策树的联合，关联规则和主成分分析的联合，主成分分析和逐步回归的交叉。在表 3-28 中，包含七种预测模型的显著性差异的三种性能测试，分别是六种多元特征选择方法和基准模型。

表 3-27　多种特性选择方法的表现统计表

方法	选择特性的序号	提取率/%	平均准确率/%	第 I 类错误/%	第 II 类错误/%	训练和测验的平均时间
遗传算法和逐步回归的交叉	26	42.6	75.06	43.08	15.95	38 分钟
决策树和主成分分析的联合	22	36.1	74.75	42.53	16.14	29 分钟
关联规则、决策树和主成分分析的联合	26	42.6	74.45	42.87	16.99	38 分钟
关联规则和决策树的联合	12	19.7	74.34	44.13	16.55	25 分钟
关联规则和主成分分析的联合	21	34.4	73.86	45.55	16.55	25 分钟
主成分分析和逐步回归的交叉	10	16.4	73.53	42.68	18.46	9 分钟
基准模型	61	100.0	73.91	45.53	16.48	2 小时 52 分钟
F 值			23.843**	5.002**	20.154**	

**显著性水平高于 99% 的方差分析

表 3-28　多元特性选择方法的排行统计表

类别	第 I 类错误	第 II 类错误
平均准确率	决策树和逐步回归	逐步回归和主成分分析
第 I 类错误	决策树和主成分分析	主成分分析和逐步分析
第 II 类错误	遗传算法和逐步回归	决策树和主成分分析

尤其是，结果表明遗传算法和逐步回归相联合的方法选择（或提取）了最多的特征，并提供了相对更好的预测精度性能。对于训练和测试预测模型的时间，由于选择的特征数量相近，除了基线模型外，这些模型之间并没有显著差异。此外，表 3-28 显示了多元特征选择方法中排序前两名的方法。需要注意的是，由于这六个方法的执行过程很相似，在此并没有比较测量效率。

从平均准确率来说，遗传算法和逐步回归的交叉在预测精度和第 II 类错误率方面做得最好，决策树和主成分分析的联合次之。因此，遗传算法和逐步回归的交叉是最好的多特征选择方法。

3. 方法比较

基于方差分析，在单一的特征选择方法中，决策树是唯一一个提供了更好的平均准确度的方法，并且明显不同于关联规则、主成分分析、关联规则与主成分分析的联合、主成分分析和逐步回归的交叉及基准模型（显著性水平高于 95%）。而在多元特征选择方法中，决策树和主成分分析的联合提供的结果比关联规则、主成分分析、遗传算法、关联规则和主成分分析的联合，以及主成分分析和逐步回归的交叉提供的结果精确，并且其与其他方法存在显著的不同，其方差分析的结果高于 95% 或 99%。

除了决策树、决策树和主成分分析的联合，以及关联规则、决策树及主成分分析的联合，遗传算法和逐步回归的交叉在预测精度方面做得非常好。总结说来，决策树、决策树和主成分分析的联合，以及遗传算法与逐步回归的交叉是最好的三种特征选择方法，它们可以使预测模型提供很好的预测结果。表 3-29 在有效性和高效性的基准方面比较了这三种特征选择方法。

表 3-29　三种最好的特性选择方法的表现统计表

方法	选择特性的序号	提取率/%	平均准确率/%	第 I 类错误/%	第 II 类错误/%	训练和测验的平均时间
遗传算法和逐步回归的交叉	26	42.6	75.06	43.08	15.95	38 分
决策树和主成分分析的联合	22	36.1	74.75	42.53	16.14	29 分
决策树	7	11.5	74.68	42.91	16.63	6 分
基准模型	61	100.0	73.91	45.53	16.48	2 小时 52 分

此外，表 3-30~表 3-32 分别显示了这三种特征选择方法预测准确性结果和第 Ⅱ 类错误。

表 3-30 最优的特性选择方法的方差分析的平均准确率（p 值）

方法	遗传算法和逐步回归	决策树和主成分分析	决策树	基准模型
遗传算法和主成分分析的交叉		0.962	0.846	0.000
决策树和主成分分析的联合			1.000	0.002
决策树				0.008
基准模型				

表 3-31 最优的第 Ⅰ 类错误的方差分析的平均准确率（p 值）

方法	遗传算法和逐步回归	决策树和主成分分析	决策树	基准模型
遗传算法和主成分分析的交叉		1.000	1.000	0.266
决策树和主成分分析的联合			1.000	0.000
决策树				0.074
基准模型				

表 3-32 最优的第 Ⅱ 类错误的方差分析的平均准确率（p 值）

方法	遗传算法和逐步回归	决策树和主成分分析	决策树	基准模型
遗传算法和主成分分析的交叉		1.000	0.852	0.974
决策树和主成分分析的联合			0.986	1.000
决策树				1.000
基准模型				

虽然这 3 种特征选择方法在性能方面并没有显著的不同，但在预测准确性和第 Ⅰ 类错误方面它们都比高显著水平的基准模型结果要好。这表明这些方法选择的特征可以视为 61 个原始影响因素中最具代表性或最重要的影响因素。表 3-33 列出了这 3 种特征选择方法所提取出的 37 个特征，表中的 1、2 和 3 分别代表遗传算法和逐步回归的交叉、决策树和主成分分析的联合，以及决策树。

表 3-33 影响无形资产的 37 种重要因素

因素	选择方式	因素	选择方式
研发程度	1	纺织工业	1
广告程度	1, 2	电器和电缆行业	1, 2
家族企业	1	纸和纸浆行业	1
现金流权	1, 2	汽车行业	1

续表

因素	选择方式	因素	选择方式
参与管理者	2	建筑材料和建筑行业	1
非参与管理者	2	旅游行业	1
商业团体	1, 2	交易和消费者行业	1
董事会独立性	2, 3	石油、天然气和电力行业	1, 2
监管董事	2	电子部件/组件行业	1
销售增长	1	计算机及外围设备行业	2
规模	1, 2	半导体行业	1, 2, 3
杠杆率	1	电子设备行业	1
资本密集度	2, 3	通信和互联网行业	2
股息	1	光电子行业	1, 2
盈利能力	1, 2, 3	其他电子行业	2
创建年份	1, 2, 3	其他行业	2
出口	1	跟踪分析	2, 3
集中度	2, 3	市场份额	1, 2
水泥行业	1		

4. 关键影响因素的讨论

1）研发支出

Fukui 和 Ushijima（2007）、Lang 等（2003）的研究得出影响无形资产价值的两个变量是研发投资与广告费用，此外它们对未来现金流和市场份额也有间接影响。这些结果都表明在知识经济中，巨大的竞争压力经常会使公司在研发方面支出更多来生产出创新产品，这不仅能满足客户的需求，也会增加客户对企业的好感，以及对品牌的忠诚度。

然而，Shapiro 和 Varian（1999）则认为在信息经济时代，品牌忠诚度和客户基础是价值的主要来源。因此，除了研发支出，客户信誉度、广告支出和品牌忠诚度也是相当重要的因素，也即创新和品牌忠诚度能显著影响无形资产价值，并且占据公司市场价值的很大一部分。与大多数相关研究类似，本节实证结果也表明了研发程度和广告强度与无形资产的代理托宾 Q 相关，可以体现出无形资产的价值。

2）所有权结构

发展中国家的许多企业不同于发达国家的企业，发达国家的企业具有相当分散的所有权，但发展中国家的企业却被少数富裕的家族进行单一共同的管理和财务管理，该公司的所有权集中在这些家族成员的手中。

然而，Claessens 等（2002）指出来自我国台湾地区的样本公司中，大部分公司都存在金字塔结构，大约79.8%的公司表明控股股东及其各自的家族都参与了管理。另外，控股股东是个人或家族成员的公司约占样本公司的 65.6%。这些结果表明，控股股东的委托代理问题在我国台湾地区的许多公司中都存在，并且影响公司的市场价值。

因此，本节发现的 10 个所有权结构变量，只有家族、现金流权、参与管理、非参与管理及商业团体 5 个变量在所有权相对集中的公司是较关键变量，对我国台湾地区公司无形资产和市场价值有重要影响。

3）公司治理

为了减少代理冲突，公司治理机制在实际中起着重要作用。在本节中，我们发现与之前的研究类似（Oxelheim and Randoy，2003；Lins，2003），相对于独立董事会的独立外部董事而言，独立董事和与独立于控股股东的第二大股东是至关重要的监督机构。

然而，Fan 和 Wong（2005）指出由于发展中国家的法律环境较弱，其传统企业的控制系统（如董事会和董事会机构）并不具备强有力的管理功能。因此，在这些国家，外部企业控制系统（如审计人员）在公司治理中发挥着更重要的作用，即传统的企业控制系统在这些新型国家中并不那么重要。实际上，在本节中采用我国台湾地区的数据集，公司治理结构的关键影响因素在全部因素中所占的百分比小于其他五大类（研发支出、所有权结构、公司特征、行业特征、分析师和消费者）。

4）公司特征

显而易见，公司性质会直接或间接地影响公司的市场价值。例如，当公司的销售增长率较高时收入有增长的可能性，这会增加公司的市场份额。营利性的公司提升潜在的具有高现金流的投资者的预期期望，提高公司的市场价值。此外，有实证研究表明，高无形资产与高盈利能力显著相关。因此，在公司的特征变量中，除了多元化经营外，销售增长、规模、杠杆率、股息、盈利能力和创建年份也是影响公司价值的重要特征。

5）行业特征

在行业特征变量方面，行业集中程度和行业变量是影响行业特征的关键因素。研究结果表明，如果一个公司在行业集中程度较高的行业并且无形资产的水平更高时，它的议价能力就更强（Anderson et al.，2004）。

在知识密集行业，知识和创新是比实物资产更重要的主导资源（Tzeng and Goo，2005）。因此，公司市场价值的一大部分是由无形资产决定的。一些实证研究表明，通信行业的市场价值是账面价值的十倍多。但在传统产业，大多数公司的托宾 Q 等于 1 或小于 1。我国台湾地区的高技术产业正在蓬勃发展，电子产业和传统产业在无形资产与市场价值方面的确有很大不同。分析实验结果后，传统产业（如水泥行业、造纸和纸浆行业）的无形资产水平较低，而高科技行业（如半导体行业）却具有较高水平的无形资产。

6）分析师和消费者

与之前的文献类似，我们观察到，如果一个公司有更多的分析师，则公司的信息环境会更好，资本成本也会降低。根据分析师专业领域的知识，公司价值随着最大股东所拥有的现金流所有权而增长（Lang et al.，2003）。

在营销理论中，客户满意度可能会影响一个公司在行业的市场份额和盈利能力，从而影响公司的无形资产和市场价值。Morgan 和 Rego（2009）指出，市场份额与基于公司市场价值的托宾 Q 代理之间成正相关。类似于之前的文献，本节也指出市场份额是影响无形资产的重要变量。

与财务报表不同，根据上述研究我们希望分析师和消费者可以给投资者与债权人提供有用的信息，以此来帮助他们在投资或贷款上做出更明智的决策。

（三）预测模型的实验结果

采用特征选择阶段后，本阶段使用从平均准确率较高的特征选择方法（如遗传算法和逐步回归的交叉）中选出 26 个（包括 13 个行业）重要影响因素来建立无形资产的分类模型。利用 5 种不同的分类技术，我们对 3 种不同类型的预测模型进行比较并找到最佳模型，该最佳模型具有最高的预测精度和最低的第Ⅰ和第Ⅱ类错误。

1. 单分类器

表 3-34 显示了使用五种单分类器的预测模型性能，它们分别是多层感知器、决策树、朴素贝叶斯、SVM、K-近邻及传统逻辑回归和线性辨别分析。

表 3-34　单分类器的预测模型性能统计表

模型	准确性	第Ⅰ类错误	第Ⅱ类错误
多层感知器	75.06%（3）	43.08%（5）	15.95%（2）
决策树	76.33%（2）	35.58%（4）	17.79%（5）
朴素贝叶斯	46.20%（7）	5.13%（1）	77.84%（7）
SVM	72.22%（5）	48.09%（6）	17.75%（4）
K-近邻	78.24%（1）	30.45%（2）	17.47%（3）
传统逻辑回归	74.24%（4）	52.04%（7）	12.79%（1）
线性辨别分析	72.00%（6）	31.12%（3）	25.15%（6）
标准差	10.98	15.58	22.96
t 值	17.01**	5.96**	3.04*

*显著性水平高于 95%的方差分析；**显著性水平高于 99%的方差分析

　　根据表3-34中各项的 t 值，我们看到在5个预测模型中，预测精度、第Ⅰ和第Ⅱ类错误这3个性能测量指标具有显著的不同（如显著性水平分别为99%或95%）。特别的，K-近邻在预测精度方面表现得最好。此外，它还能提供相当低的第Ⅰ和第Ⅱ类错误。这里需注意，一开始我们将 K-近邻的 k 值设置为1，但是当 k 值取2时，我们可以得到最小的错误率。另外，朴素贝叶斯、逻辑回归在第Ⅰ和第Ⅱ类错误方面结果最优。但是，朴素贝叶斯在第Ⅱ类错误方面做得最差，因此它是一个较差的预测模型。

　　简言之，最好的单分类器是 K-近邻，它可以提供最高的预测精度与位列第二的最低第Ⅰ和第Ⅱ类错误。数据挖掘技术在预测精度和第Ⅰ类错误方面做得比传统的统计方法要好。

　　2. 集成分类器

　　表3-35显示了分别由升压和套袋组建的集成分类器的预测模型的性能，表中画线的数据代表本项最佳的结果。

表3-35　分类器的预测效果统计表

模型	准确性	第Ⅰ类错误	第Ⅱ类错误
升压			
多层感知器	77.34%（2）	35.75%（4）	16.20%（3）
决策树	78.89%（1）	33.23%（3）	15.12%（2）
朴素贝叶斯	50.93%（5）	7.95%（1）	69.38%（5）
SVM	73.40%（4）	65.63%（5）	12.29%（1）
K-近邻	76.96%（3）	30.85%（2）	19.18%（4）
标准差	11.69	20.53	24.14
t 值	13.69***	3.77**	2.45*
套袋			
多层感知器	77.16%（3）	41.15%（4）	13.80%（2）
决策树	79.55%（1）	32.46%（3）	14.52%（1）
朴素贝叶斯	48.17%（5）	5.77%（1）	74.58%（5）
SVM	72.24%（4）	47.99%（5）	17.77%（4）
K-近邻	78.48%（2）	30.48%（2）	17.09%（3）
标准差	13.13	16.04	26.35
t 值	12.11**	4.40*	2.34***

*显著性水平高于95%的方差分析；**显著性水平高于99%的方差分析；***显著性水平高于90%的方差分析

　　对于由升压组建的集成分类器，五种预测模型的三个性能测量值存在显著的不同。特别的，决策树集成在预测精度方面表现得最好。同单分类器一样，朴素贝叶斯集成可以提供最低的第Ⅰ类错误。对于第Ⅱ类错误，SVM集成做得比其他方法好。另外，对于套袋组建的集成分类器，五种预测模型的三个性能测量值也存在显著的不同。其中，决策树集成可以提供最高的预测精度和位列第二的最低第Ⅱ类错误。同样的，朴素贝叶斯集成在第Ⅰ类错误方面又做得最好。

同单分类器相比，利用套袋或者升压建立的模型的预测精度平均比单分类器高出 0.24%~3.22%。此外，大部分集成分类器的第Ⅰ和第Ⅱ类错误在普遍降低。这一结论与现有的文献结论一致，即多分类器的方法比单分类技术具有优势（Tsai and Wu，2008；Nanni and Lumini，2009）。根据表 3-35，利用套袋建立的决策树集成可以提供最高的预测精度。对于第Ⅰ类错误，利用套袋建立的朴素贝叶斯集成比其他集成做得都好。另外，利用升压建立的 SVM 集成可以提供最低的第Ⅱ类错误。

3. 混合分类器

为了创建混合分类器，找出 k-均值是第一个步骤。我们发现当 k=3（即 3 个聚类）时，混合分类器可以产生最佳的聚类结果。也就是说，两个聚类主要代表具有较高无形资产的企业和具有较低无形资产的企业。这样的话，第二个步骤是利用包括 7 250 个观测值的两个聚类来处理单分类器。从而，根据以上结果显示，集成分类器的性能要好于单分类器的性能。所以，本节建立了两种混合预测模型，并对它们进行比较，它们是由单分类器组建的混合分类器（如 k-均值和单分类器）和由集成分类器组建的混合分类器（如 k-均值和升压或套袋集成分类器）。

1）混合分类器：k-均值和单分类器

表 3-36 分别显示了 k-均值与五种单分类器结合而成的混合分类器的性能统计表。五种预测模型的三个性能测量值都存在显著的不同。

表 3-36　k-均值与五种单分类器结合而成的混合分类器的性能统计表

模型	准确性	第Ⅰ类错误	第Ⅱ类错误
多层感知器	89.42%（3）	16.25%（3）	9.44%（3）
决策树	90.33%（2）	20.38%（4）	7.52%（2）
朴素贝叶斯	86.94%（5）	4.79%（1）	14.72%（5）
SVM	88.58%（4）	11.88%（2）	11.33%（4）
K-近邻	91.34%（1）	22.77%（5）	5.83%（1）
标准差	1.68	7.16	3.45
t 值	118.71**	4.75**	6.33**

**显著性水平高于 99%的方差分析

结果表明，此类混合分类器可以明显地提高单分类器的性能，包括在预测精度、第 Ⅰ 和第 Ⅱ 类错误方面。特别的，这类混合分类器可以提高大约 86% 的预测精度和降低 20% 的第 Ⅰ 和第 Ⅱ 类错误。需要注意的是，朴素贝叶斯可以提高 46.2%~86.94% 的预测精度。

　　对于预测精度，k-均值和 K-近邻混合分类器做得最好，其次是 k-均值和决策树混合分类器。这两种混合分类器可以提供超过 90% 的预测精度。对于预测错误率，k-均值和朴素贝叶斯混合分类器、k-均值和 K-近邻混合分类器可以分别提供最低的第 Ⅰ 和第 Ⅱ 类错误。当然这也显示出，在创建混合模型的第一步（即定聚类）时可以过滤掉一些不具代表性的数据，这样就不会再影响模型的预测效果。

　　简言之，k-均值和 K-近邻混合分类器可以提供最高的预测精度与最低的第 Ⅱ 类错误。k-均值和决策树混合分类器在预测精度与第 Ⅱ 类错误方面较 k-均值和 K-近邻混合分类器次之。

　　2）混合分类器：k-均值和集成分类器

　　表 3-37 显示了 k-均值和升压或套袋集成分类器的预测效果统计表，其中画线数据代表本项中的最佳值。

表 3-37　k-均值和升压或套袋集成分类器的预测效果统计表

模型	准确性	第 Ⅰ 类错误	第 Ⅱ 类错误
升压			
多层感知器	90.48%（3）	26.82%（5）	6.05%（3）
决策树	91.43%（1）	22.19%（3）	5.83%（1）
朴素贝叶斯	87.21%（5）	<u>4.95%（1）</u>	14.36%（5）
SVM	89.21%（4）	15.51%（2）	9.84%（4）
K-近邻	91.09%（2）	23.93%（4）	5.90%（2）
标准差	1.72	8.70	3.75
t 值	117.00**	4.77**	5.02**
套袋			
多层感知器	90.73%（3）	20.13%（4）	7.09%（3）
决策树	<u>91.60%（1）</u>	18.65%（3）	6.34%（2）
朴素贝叶斯	87.27%（5）	5.12%（1）	14.26%（5）
SVM	88.54%（4）	12.54%（2）	11.25%（4）
K-近邻	91.46%（2）	22.36%（5）	<u>5.76%（1）</u>
标准差	1.92	7.00	3.69
t 值	104.61**	5.05**	5.44**

**显著性水平高于99%的方差分析

　　对于 k-均值和升压集成分类器，五种预测模型的三个性能测量值具有显著的不同。特别的，k-均值和决策树集成在预测精度与第 Ⅱ 类错误方面做得最好。类似

于 k-均值和朴素贝叶斯集成，k-均值和朴素贝叶斯集成可以提供最低的第Ⅰ类错误。另外，对于 k-均值和套袋集成分类器，五种预测模型的三个性能测量值也具有显著的不同。其中，k-均值和决策树集成可以提供最高的预测精度与位列第二的最低第Ⅱ类错误。再者，k-均值和朴素贝叶斯集成在第Ⅰ类错误方面做得最好。

比较这两类混合分类器，除了 k-均值和升压 K-近邻集成与 k-均值和套袋SVM集成，其他 k-均值和套袋或升压集成分类器的预测精度还是比较高的。此外，大多数 k-均值和集成分类器一般只能提供较低的第Ⅰ与第Ⅱ类错误。同单分类器与集成分类器的比较结果相同，k-均值和集成分类器比 k-均值和单分类器的预测效果好。依据表 3-37，k-均值和套袋决策树集成可以提供最高的预测精度。对于第Ⅰ类错误，k-均值和升压朴素贝叶斯集成比其他方法做得好。另外，k-均值和套袋 K-近邻集成可以提高最低的第Ⅱ类错误。

4. 比较与探讨

基于上述结果，决策树是比其他单分类器预测效果好的单分类器。但是，在集成分类器和混合分类器中，决策树和 K-近邻是最好的两种分类器。为此，我们需要进一步在预测精度和第Ⅰ、Ⅱ类错误方面进行比较，从而找到预测无形资产的最佳模型。表 3-38 显示了比较的结果。

表 3-38 最优预测模型的比较统计表　　　　　　　　单位：%

模型		准确性	第Ⅰ类错误	第Ⅱ类错误
单分类器	K-近邻	78.24	30.45	17.47
集成分类器	升压决策树	78.89	33.23	15.12
	套袋决策树	79.55	32.46	14.52
	K-近邻	78.48	30.48	17.09
混合分类器（单分类器）	K-近邻	91.34	22.77	5.83
	决策树	90.33	20.38	7.52
混合分类器（集成分类器）	升压决策树	91.43	22.19	5.83
	套袋决策树	91.60	18.65	6.34
	K-近邻	91.46	22.36	5.76

这一结果表明，集成分类器和两类混合分类器比单分类器的预测效果好。换句话说，集成分类器和混合分类器可以提高单分类器的预测效果，这主要是通过结合多分类器和在第一步删减不具代表性的数据来实现的。

特别的，k-均值和升压或套袋集成分类器比其他方法在预测精度与第Ⅰ及第Ⅱ类错误方面做得好。这一结果表明，利用聚类技术来删减数据可以使后续的分类器表现得更好，这主要是因为后续阶段，分类器可以不用考虑这些数据的预处理阶段，包括单分类器和集成分类器。所以，在预测精度方面位列前三位的都是混合分类器，即 k-均值和升压或套袋集成分类器，尤其是 k-均值和套袋决策树集成是预测无形资产的最好模型。

三、本节结论

由最佳模型（如遗传算法和逐步回归的交叉）选出来的特征可以被认为是影响我国台湾地区企业无形资产和市场价值的重要因素，特征是无形资产项下的 R&D 密度、广告密度，所有权结构项下的家族、现金流权，公司特征中的销售增长、规模、杠杆率、盈利能力、创建年份和出口情况，行业特点项下的 13 个行业，以及分析师和顾客反映项下的市场份额。

本节比较了各种机器学习技术，这是为了能在特征选择过程结束后找出更精确的评估和预测模型。此外除了七种单分类算法，即决策树、人工神经网络、朴素贝叶斯、SVM、K-近邻、逻辑回归和线性辨别分析以外，本节也比较了集成分类器和混合分类器。对单分类技术，本节把以前相关文献中出现的传统方法（如逻辑回归和线性辨别分析）同机器学习技术和数据挖掘技术，如神经网络、SVM 等进行了比较，我们发现这些技术比传统方法要好。再接下来，我们发现在很多领域，集成分类器和混合分类器能提供比单分类技术更好的预测效果。

基于实证结果，在预测精度与第 I 和第 II 类错误方面，混合分类器，即 k-均值和升压或套袋集成分类器比其他方法做得都好，预测效果更好。再者，k-均值和套袋决策树集成是评估企业无形资产价值的最佳模型。作为最佳预测模型，k-均值和套袋决策树集成可以帮助投资者和债权人做出更准确的投资和借款决策。

本节提供了一个新的观点：探索影响无形资产的因素和得出这些因素与实验结果不仅让我们了解了哪些因素和分类模型是可以用来有效的评估无形资产，而且它为外部使用者提供了财务报表所未揭示的信息。这将帮助投资者和债权人对投资及借款行为做出更精确的评估，从而做出更准确的决策。

此外，由于本节侧重于对无形资产和市场价值的评估问题，在未来工作中可以应用于其他领域的问题。例如，金融领域的破产预测、股票价格预测和财务困境预测；审计意见预测、审计师对不确定的决策预测的持续关注和会计/审计领域的诉讼预测；等等。当确定了不同商业领域问题的最优特征选择方法时，由所选择的特征就会衍生出有用的管理含义。

第五节　基于 DEA 交叉评价模型方法无形资产测度的前沿问题研究

R&D 可以说是无形资产中最显性的组成部分，在很多情况下测量无形资产，如果不从无形资产整体角度测量的话，就会先测量无形资产中 R&D 部分，包括 R&D 的总量测度及其效率测度，最近几年国内外出现大量文献研究 R&D 的效率方法，其中 DEA 模型法是常用的测量工具。本节讨论 R&D 效率统计测度方法的最新进展。

一、国内外 R&D 效率评价方法最新进展梳理

（一）国内研究现状

1. R&D 效率评价方法的研究现状

评价 R&D 效率的方法分为参数方法和非参数方法两种。参数方法包括回归分析法、随机边界法等。回归分析法主要针对影响 R&D 效率的指标构建线性回归模型，能够考虑随机误差项的干扰，缺点在于在假设因变量和自变量为线性关系的前提下，仅能考虑一个产出指标，而忽略多个产出指标的效率水平。随机边界方法（stochastic frontier analysis，SFA）不同于非参数方法——DEA 方法之处在于，界定生产边界的限制不同。SFA 界定了成本、利润或生产函数的函数形式，并且允许误差项中包括无效率因素，缺点在于为最佳效率边界先定了函数形式，因而可能导致效率计量出现偏差。

闫冰和冯根福（2005）利用随机前沿函数考察了 1998~2002 年的中国工业 R&D 效率问题。将变量新产品数量作为被解释变量，在构建的无效函数变量中，企业数量、时间及政府 R&D 投入都对工业 R&D 效率没有起到积极作用。

戴魁早（2011）运用 1995~2008 年的数据对我国高技术产业 R&D 效率及其影响因素进行面板单位根和面板协整研究。R&D 投入和研发人员都对 R&D 产出做出显著贡献，但分别表现出规模报酬不变或递减的特征。

肖泽磊等（2012）利用改进基于弱方向性距离（slack-based measure，SBM）函数测算 2000~2010 年我国高新技术产业的 R&D 效率和经济绩效，同时对无效率因素进行分解。此方法的优点在于非径向、非角度的松弛效率测度模型由于能够克服径向 DEA 评估对象效率被高估的缺点，且能够同时测算出投入和产出指标的冗余量。

2. DEA 模型拓展的研究现状

DEA 模型作为一种非参数方法,优势在于不需要任何假设,就能评价具有多个投入和产出指标的决策单元的相对有效性,即判断各个决策单元是否位于可能集的"生产前沿面"上。然而考虑到 DEA 模型在不同层面上的不足之处,关于 DEA 模型的拓展研究也受到学者们的追捧。

郭均鹏和吴育华(2005)改进 DEA 模型,将一种超效率 DEA 模型(SE-DEA)拓展到区间投入产出情形。当给定一定的满意度水平,将 DEA 模型中的区间不等式转化为确定型约束。该模型适用于给定投入产出数据为区间型,使某个决策单元增加其投入仍保持相对有效性,在不同满意度水平上保持超效率值,比传统的 DEA 模型更具区别性。

魏权龄和庞立永(2010)提出一个新的网络模型——链式网络 DEA 模型,可评价各阶段的有效性,若决策单元非整体有效,通过此模型可明确在哪些阶段是无效的。

叶锐等(2012)构建关联共享投入 DEA 模型,基于高技术产业科技成果产出和科技成果转化为生产力两阶段视角,利用我国 29 个地区的面板数据,测算高技术产业系统效率和子系统的纯技术效率。此关联共享投入 DEA 模型优于传统 DEA 模型之处在于,此模型还可得到中间产品的转化信息和初始投入的配置信息。

3. DEA 交叉评价应用的研究现状

传统的 DEA 方法对输入和产出指标的权重分配并不合理,对自己有利的指标赋权大而对对自己不利的指标赋权小甚至为 0,并不能有效区分决策单元的优劣。而 DEA 交叉评价方法能恰当地解决权重问题,用一个决策单元的最佳权重计算其他决策单元的效率值,最后得到各个决策单元的交叉评价值。国内研究已将 DEA 交叉评价模型应用于银行业、服务业和物流业等。

秦青和金明娟(2012)通过建立服务业效率的 DEA 交叉评价模型,对 2009 年中部六省传统服务业与新兴服务业效率的测度和进一步分解的实证结果表明:DEA 交叉评价能够克服传统 DEA 模型的缺陷,得到合理的排序结果;新兴服务业是六省竞争的关键,同时应推动传统服务业的改造,不断提升效率水平。

陈明艺和裴晓东(2013)运用 DEA 交叉评价模型对我国治理环境的政策效率进行评估。结果表明我国环境整体治理效果并不理想,并且中西部地区的治理水平要优于东部地区。进一步分析发现,我国治理环境的财政投入存在冗余现象,治理效率低下。

熊婵等(2014)综合基本 DEA 效率评价模型及改进竞争型 DEA 交叉效率模型,以企业的技术创新、广告投入和品牌价值等若干高科技企业的重要运营指标作为评价指标，对中国不同地区高科技创业企业的运营效率进行评价。中国高科技企业的整体运营效率较低，并且地区间差异较大。

（二）国外研究现状

在国外文献中，对 R&D 效率评估研究的探讨很多，有关于理论深度方面的，还有实际运用方面的，并且质量和数量都在不断的发展提高中。在国外，DEA 方法主要运用在对企业、医疗机构、高校、城市发展等方面的 R&D 绩效评估，且将结论成功反馈到各个部门，在实际运用方面有很好的借鉴之处。很多研究人员在文章中结合理论方法和数据，对实际运用的成果进行了讨论，对 R&D 绩效评估在实际生产中的运用做出了贡献。

1957 年，Farren 首次提出了两种效率评估方法对技术效率（technology efficiency）进行科学测量，一种是 SFA 法，另一种是 DEA 方法。SFA 法是通过计量回归方法来评估生产成本前沿，DEA 方法是利用线性规划来测量技术的效率前沿。Korhonen 等（2001）和 Cherehye（2002）用 DEA 方法，对荷兰大学的 R&D 效率进行了评估，并以学术论文和引用率为指标来计算高校研究的效率水平。

Mara 等（2008）发现，在制造业中，常常要解决一些多标准优化问题，借助 DEA 方法，可以使解决方案有所不同。Huang 和 Wang（2006）采用 DEA 方法来评估不同国家 R&D 活动相对效率的生产框架。从研发资本存量、人力投入、专利数、学术刊物发表等指标入手，分为三个阶段分析，最后得出的结论如下：小于一半的国家 R&D 活动完全有效，并且超过三分之二的国家的科技研发活动处于规模效率（scale efficiency）递增阶段。

Kafouros（2006）通过基于 DEA 的效率研究方法，探讨互联网和 R&D 效率之间的关联，具体研究有理论解释和实证研究，最后得出结论：互联网对提高 R&D 效率起到了积极作用，互联网已经对企业的创新能力影响显著。Feng 等（2004）应用 DEA 工具，对 29 所中国大学的 R&D 管理效率进行评估，此项措施被证明有利于激励高校不断提高 R&D 管理水平。Chen 等（2004）选取 31 家位于我国台湾地区新竹科技园内的计算机及其外围设备高科技公司作为研究样本，运用 DEA 方法对这些高科技企业的研发绩效进行实证评估研究，比较了效率有效的公司之间的差异，以及效率低下企业的低效原因及可能的发展方向。

二、R&D 效率理论基础及模型构建

（一）R&D 效率理论基础

1. 效率的定义及分类

鉴于人的欲望的无限性，就一项经济活动而言，最重要的事情当然就是最好地利用其有限的资源。这使我们不得不面临效率这个关键性的概念。在经济学中

我们这样讲：在不会使其他人境况变坏的前提下，如果一项经济活动不再有可能增进任何人的经济福利，则该项经济活动就被认为是有效率的。

效率通常是指加权意义之下的投入产出之比，也可称为相对有效性。效率作为评价一个决策单元的绩效指标，表示了该决策单元将多个投入转化为多项产出（服务）的一种能力，它重点在于描述投入与产出的关系。一个决策单元的活动具有效率，意味着该决策单元在固定产出的条件下尽可能地减少投入，或者在投入不变的基础上尽可能地增加产出。

一般来说，效率可分为技术效率、配置效率（allocation efficiency）和规模效率。

技术效率反映了决策单元由一个给定的投入集合中获得最大产出的能力，或在既定产出水平下所能压缩投入的最大能力。当该效率值为 1 时，表明该决策单元的技术水平处于最佳状态，是技术有效的；若小于 1，则表明技术无效率。

配置效率反映了决策单元合理规划投入配置，并合理安排对应价格和生产技术的能力。在既定的价格水平下，选择最小的投入成本即可实现配置效率。

规模效率反映了决策单元产出量和投入量的比例。当产出量与投入量成比例增加时，认为该决策单元具有规模效率，若未按比例增加，则不具有规模效率。当规模效率值为 1 时，表明该决策单元规模报酬不变；小于 1 时，表明该决策单元规模报酬递减或递增。

2. 面向投入效率的测量

通过上述对效率的定义所知，在假定投入确定条件下的产出扩张和在假定产出确定条件下的投入压缩是提高资源配置效率（或经济效率）的两个基本途径。如果假定产出是预先确定的，则研究投入变化对经济效率的影响就是面向投入的资源配置效率测度（input-oriented efficiency measurement）。本节选择此种面向投入的效率测量。

这里讨论的效率测量始于 1957 年的法雷尔，他在定义了一个可以简单衡量多个投入的公司效率的理论基础上，于 1967 年提出效率包含两个部分：一个是技术效率，反映了决策单元由一个给定的投入集合中获得最大产出的能力；另一个是配置效率，反映了决策单元合理配置投入，并合理安排对应价格和生产技术的能力。这两种能力的结合可以实现对总体经济效率的测量。

（二）模型构建

1. 规模报酬不变的 DEA 模型

DEA 采用线性规划的方法，构建一个非参数逐段线性的包络面（或前沿面），将数据包络起来。根据包络面就可以计算出效率测度。

设有 I 个决策单元，每个决策单元有 N 个投入、M 个产出指标，对第 i 个决策单元，用列向量 x_i 和 q_i 分别代表它的投入和产出。

每个决策单元的效率值用产出与投入的权重比来表示，即 uq_i/vx_i，其中 u 是一个 $N \times 1$ 的向量，表示产出的权重；u 是一个 $N \times 1$ 的向量，表示投入的权重。

获得的 θ 值就是第 i 个决策单元的效率值，如果值为 1，就说明该点位于前沿面上，即为技术有效企业。

2. 规模报酬可变的 DEA 模型和规模效率

1）规模报酬可变的 DEA 模型

当所有企业都以最优规模运作时，CRS 的假设是合理的。但不完全竞争、政府法规和财政约束等可能会导致企业不能以最优规模运作。很多学者提出对 CRS 的 DEA 模型进行调整来解决规模报酬可变（variable returns to scale，VRS）的情况。当不是所有企业都以最优规模运作时，使用 CRS 的条件会导致技术效率的测度受到规模效率的影响。使用 VRS 的条件，可以在不受这些规模效率的影响下，计算技术效率。

2）规模效率的计算

同时采用 CRS 和 VRS 的 DEA 方法可以对一个决策单元的规模效率进行测量，这需要将 CRS 的 DEA 方法得到的技术效率值分解成两部分，一个是来源于规模无效率，另一个来自"纯"技术无效率（如 VRS 的技术效率）。如果对一个决策单元，CRS 和 VRS 的技术效率值不同，就说明该企业存在规模无效率。

用一个单投入单产出的案例说明规模无效率的计算。在 CRS 下，点 P 面向投入的技术无效率是 PP_c；但是，在 VRS 下，技术无效率只是 PP_V。这两种技术效率测度的差异是 $P_C P_V$，这是由于规模无效率。

这些概念用效率测度的比率表示，即

$$TE_{CRS} = AP_C \div AP$$
$$TE_{VRS} = AP_V \div AP$$
$$SE = AP_C \div AP_V$$

其中，所有的测量值都为 0~1，同时注意到：

$$TE_{CRS} = TE_{VRS} \times SE$$

因为

$$AP_C \div AP = (AP_V \div AP) \times (AP_C \div AP_V)$$

因此，CRS 的技术效率测度被分解成"纯"技术效率和规模效率。本节研究所用模型即为 VRS 的 DEA 模型。

3. DEA 交叉评价模型

上述 DEA 模型在利用线性规划求解的过程中，由于对输入和输出指标采用极端和不合理的权重分配，对有利于自己的输入和输出指标赋权很大，不利的赋权很小甚至为 0，所以不能有效区分各决策单元的优劣。所以引入 DEA 交叉评价模型，用一个决策单元的最佳权重去计算其他决策单元的效率值。其基本思想为，用每一个决策单元求解的最佳权重 $\omega_i^* = \begin{bmatrix} u_i^* \\ v_i^* \end{bmatrix}$ 去计算其他决策单元的效率值，得到的交叉评价如下：

$$E_{ik} = \frac{q_k u_i^*}{x_k v_i^*}$$

E_{ik} 越大对第 k 个决策单元越有利，对第 i 个决策单元越不利。

但是，考虑到在线性规划模型求解过程中每个决策单元的最优解 u_i^* 和 v_i^* 都不唯一，为此可采用对抗型交叉评价（aggressive cross-evaluation）模型。此模型的本质是保证每一个决策单元在尽可能提高自身权重的同时，贬低其他决策单元的权重。所以，采用 $\max q_j u$ 为第一目标，以 $\min \dfrac{q_j u}{x_j v}$ 为第二目标，建立对抗型交叉评价模型，最后得到交叉评价矩阵：

$$E = \begin{pmatrix} E_{11} & \cdots & E_{1I} \\ \vdots & & \vdots \\ E_{I1} & \cdots & E_{II} \end{pmatrix}$$

其中，主对角线元素为自我评价效率值；非主对角线元素为交叉评价效率值。将 E 的每列平均值作为衡量各个决策单元是否具有效率的一项指标，该均值越大，表明该决策单元越优。

三、DEA 交叉评价模型测度 R&D 效率的优势分析

由国内外文献综述可知，一般来讲，测度 R&D 效率的方法有两种，分别为参数分析方法和非参数分析方法。参数分析方法需在一定的假设前提下，构建生产函数，并考虑误差项，对回归方程各变量的参数进行估计，得到最终线性模型。而非参数分析方法无须任何假设，也不需要构建回归方程，只需以线性规划方法求得各决策单元的相对效率值，从而达到测度 R&D 效率的目的。本节采用的 DEA 交叉评价模型就是非参数分析方法。

采用 DEA 交叉评价模型测度 R&D 效率具有以下优势。

（1）有利于权重的确定。针对 R&D 活动多投入多产出的特点，计算效率时投入与产出的权重就变得难以确定。因此在一个决策单元所利用的各种投入及产出的相对权重无法确定的情况下，DEA 方法就具有对此情况进行评估测度的优势。通过解线性规划模型得到每一个决策单元的最佳权重，作为自身的效率评价值；然后用每一个决策单元的最佳权重计算其他决策单元的效率值，得到交叉评

价值，最后将所得到的交叉评价效率值求均值作为每个决策单元最终的效率值。因此，一个决策单元的有效性，是相对其他决策单元来讲的，并非绝对的。

（2）对于多个投入多个产出的 R&D 活动，采用参数分析方法显得有些难以操作。而 DEA 方法本身就是评价多产出多投入的非参数分析方法。

（3）目前还没有可用的方法来确定 R&D 投入与产出之间的明确关系，而 DEA 方法可以在不需要任何假定的前提下评价 R&D 投入产出效率。

（4）相比于其他的效率评估方法，DEA 方法允许评估对象根据自己的优点来选择最优的权重，利用各决策单位（decision making unit，DMU）的投入和产出情况，非参数分析方法构造了 DMU 的生产前沿函数。因此从某种意义上来讲，评估结果相比于其他的评价方法更具有说服力。应用 DEA 方法可以用现实中绩效表现最好的 R&D 单元作为标杆，然后用这些绩效最好的 R&D 单元的凸组合构造一个线性的生产前沿面，判断其他决策单元是否位于生产前沿面上。

第六节　中国特色的国家信用评级体系前沿及展望①

一、信用乃是无形资产中必不可少的一环

在前文的无形资产分类中，商誉也被划分为无形资产的一种，而商誉是针对企业而言的较小的概念，我们可以将无形资产中的这个小概念扩展到国家信用的层面上，同样也适用于无形资产的理论。因此我们认为研究国家信用对无形资产的统计与评估具有重大意义。

马克思认为，信用具有两重性：一方面，它把资本主义生产的动力——用剥削别人劳动的办法来发财致富，发展成为最纯粹、最巨大的赌博欺诈制度，并且使剥削社会财富的少数人的人数越来越少；另一方面，它又是转换到一种新生产方式的过渡形式。马克思对信用的评价表示信用可以作为一种帮助人们获取财富的有利工具，这种获取财富的方式是建立在剥削他人的基础上的，但充分利用信用这一工具同时也是社会生产方式进步的表现。我国著名的信用管理研究专家吴晶妹（2002）也指出"信用是市场经济运行的前提与基础，市场经济的重要特征是资源配置，资源配置则主要通过市场机制的作用来实现，而市场机制的核心是

① 本节内容由马晓君副教授与东北财经大学统计学硕士魏晓雪合作研究写成，在研究过程中受到国家社会科学基金重大项目"我国全面参加全球国际比较项目(ICP)的理论与实践问题研究"（13&ZD171），国家社会科学基金"基于数据挖掘的无形资产测度方法最新进展及实证研究"（13CTJ005），国家社会科学基金"非贸易品国际比较方法研究"（14BTJ001），2014 年辽宁省社会科学规划基金一般项目"基于投入产出的对外贸易隐含虚拟资源的研究"（L14BTJ003）的资助，在此鸣谢！

建立在信用基础上的等价交换"，我们可以从中总结出，当今的市场经济已经成为"信用经济"，拥有良好的信用就拥有了创造财富的工具。

信用这个概念早在人类开始进行简单的易货交易时就已产生，但过去的人们并不知道怎样来精确地确定一个人的信用，也不知道怎样用十分简单明了的方式来让所有人都可以获取信用信息。真正对个人、企业或国家的"信用量"进行精确度量并用符号表示信用级别，还是近代一百年来才发展起来的。信用等级评价就是对个人、企业、银行、国家等的债务支付能力和支付意愿进行评价，简单地说，信用等级就代表着它们"信用量"，拥有较高的信用等级就表示能够获得更多的债务，而能获得更多的债务就等于再生产的扩大和财富的累积。最早的信用等级评价机构出现在美国，其中最著名的信用等级评价机构是穆迪公司（以下简称穆迪）、标准普尔公司（以下简称标普）和惠誉国际（以下简称惠誉），它们不仅垄断了美国的资信评价行业，甚至还将其业务扩展到了全球各国各地区，成为信用等级评价行业的三大巨头，在它们的巨大影响力下，其他新兴的信用等级评价机构很难再发展壮大。信用评级现在已经成了进入国际金融市场的通行证，信用等级的高低深刻地影响着企业或国家的金融走势，较高的评级能够给企业或国家发行债券带来极大的便利，同时评级机构自身也能从中获取极大报酬，但较低的评级则有可能使企业或国家面临经济上的困境，信用评级在资源配置过程中有十分重要的话语权。那些信用等级评价工作发展较晚的国家，在国际市场上几乎没有话语权。毫不夸张地说，信用评级机构掌握着全球金融动向的"大动脉"。

如今我们早已进入新经济时代，新经济就是基于知识经济的全球化经济，是无形资产占据重要地位的经济，也是高利润与高风险并存的经济，新经济的产生与发展，给社会经济运行方式与经营活动的内容带来了很大的改变。在这样的经济模式下，信用能够带来巨大的利益，许多企业和国家都争先恐后地想要获得更高的信用等级；但是，对信用管理的失当也同样给全世界各个国家带来了沉痛的教训。例如，2008年的次贷危机，其表面上看是因刺激抵押贷款机构破产、投资基金被迫关闭、股市剧烈震荡引起的风暴，但实际上是评级机构没有尽到其责任，没有及时调整企业与银行的信用等级，也没有及时警示政府和大众，而引发的一次"信用危机"。不仅如此，西方的信用等级评价机构在近百年的发展中早已经充分暴露出不少弊端：①国家对信用评级机构的监管过于宽松，评级机构可能会进行不正当的交易，给予某个企业或国家不恰当的信用等级。如今评级机构的收费方式为债券发行人付费的形式，这不免让人担忧发行人为了获取较高的信用等级而与评级公司进行非法交易，而不知情的投资者则可能因此遭受严重的损失。②评级机构大多起源于美国，它们在对国家信用评级时，很有可能放宽对本土国家的要求，为本土国家牟取更大的利益。多年来美国的信用等级一直保持着最高等级，美国的债务规模已经远远超过那些被评级机构定位为行将破产的国家，但作为世界最大的债务国却拥有比世界最大的债权国还要高的信用等级，这种现象实在不合乎常理。③评级机构在开展其他国家的业务之时，很少对其评级体系进行改进以适应当地的经济环境等，其固有的评级方法可能并不合乎别国国情而导致信用评级不准确。不同的区域、市场、文化背景与社会习惯决定了不同的信用交易方式与规则，形成了不同的信用价值观，信用定价机制与内容就应不同，但是现在极少有评级机构能做到这一点。欧盟同样接受美国三大评级机构的信用评级，也受到牵连爆发了严重的债务危机，而美国的评级机构却更加落井下石，连连下调希腊等债务国的信用等级，加重了欧洲债务危机程度，扩大了债务危机范围，并且在一些国家脱离了债务危机之后，它们也没有及时上调那些国家的信用等级，严重影响了欧盟对希腊等国的救助计划。为了建立欧盟与美国之间的公平竞争环境，欧洲议会和欧盟理事会于 2010 年通过了《信用评级机构监管法规》，旨在加强对信用评级机构的监管，不仅如此，欧盟国家还考虑要联合建立欧洲自己的信用等级评价机构。④评级机构并不承担其评级所产生后果的法律责任，这就容易造成评级机构的"任性"。评级机构的责任与收益是不匹配的：作为社会服务机构，它们不承担社会责任，作为法人经营性机构，它们不承担法律责任。信用等级评价机构可以接触到许多企业、国家的机密资料，它们可能会出于使自身利益最大化或使本国利益最大化的考虑，而对企业或国家的信用等级进行调整，并做出不准确的等级评价，而产生的不良后果它们并不负法律责任，这种坐收"渔人之利"的行为实在容易让人对信用等级评价机构失去信任。当然，作为发展了百年的信用等级评价体系也有许多可取之处，在本节中，我们还会继续对西方信用等级评价体系进行探讨。

中国也在 20 世纪引入了西方的信用等级评价体系，一大批学者也对信用评级进行了研究，对西方信用评级体系进行了改进和创新，同时也出现了一些本土的信用等级评价机构，并且其业务水平并不输给国际上的信用评级机构，如大公国际、中诚国际和联合资信等。但令人担忧的是，诸如中诚国际等许多本土评级机构都有外资参与的问题，其中中诚国际 49% 的控股权掌握在穆迪手中，只有大公国际还坚持着民族品牌国际化发展。我们必须要有针对性地进行思考，那些有外资参与的评级机构的评价方法是否吸取了国外评级机构的优点和经验，是否有同样的弊端？而像大公国际这样的民族品牌公司是否又有比国外信用评级机构更适用于我国企业的评级框架，是否能给出更准确、公正的评级？如今，习近平总书记提出的"一带一路"战略不仅是对历史的呼应与回归，还是为了同沿途国家一起把握发展机遇，丝绸之路经济带与 21 世纪海上丝绸之路就像两只有力的翅膀，即将带动沿途区域经济的再度腾飞。而由中国主导筹建的亚洲基础设施投资银行（Asian Infrastructure Investment Bank，AIIB，以下简称亚投行）已有近50 个国家申请加入，并且范围涉及亚洲、欧洲、南美洲、非洲、大洋洲五个大洲。

亚投行将会进一步加强经济区域合作化并提高区域经济抗风险能力，最重要的是，中国的经济话语权将大大增强。"一带一路"政策和亚投行的成立将加快全球资本的流动速度，使人民币境外流通进一步扩大，人民币必将更加国际化，并最终成为世界货币，因此，再继续采用西方信用评级体系对中国进行评级都是落后的、不公平的！欧洲债务危机中惨遭连续降级的欧盟国家是我们的前车之鉴，想要在国际上与其他国家进行良好的公平竞争，建立有本土特色的信用等级评价体系已经刻不容缓，并且我们还要不断完善该体系，使其最终成为全球化的信用评级体系。因此，我们必须要以西方信用评级体系为"镜"，来正中国信用评级体系之"衣冠"，吸取西方信用评级体系的精华，摒弃其糟粕，升华为具有中国特色的信用等级评价体系。

二、信用等级评价前沿文献综述

早期债券市场中的买卖双方间存在严重的信息不对称问题，而信用评级机构可以对获得的企业资料进行处理和分析，给出一个简洁直观的企业信用等级，这样可以帮助减弱不对称信息带来的影响，减少投资人盲目预测而导致的巨大损失。Katz（1974）对美国公司债券市场进行了研究，发现债券的市场价格变动滞后于债券评级级别的变动，这表明投资者没有预测到信用级别的变动，即级别的变动包含了一些投资者未知的私有信息；张维（2014）在对中小企业融资问题的研究中也发现信用评估中的信息不对称是主要原因，并提出在硬信息和软信息的框架下，把信息技术（information technology，IT）要素加入信用评级中，可以解决信息不对称问题；信用评级不仅能够解决信息不对称问题，而且信用等级本身也暗含了许多有价值的信息，Steiner 和 Heinke（2001）在对国际债券市场中信用级别的信息含量进行检验的过程中，将级别信息划分为级别下调、负面展望，以及级别上调、正面展望等不同的类别，他们的研究发现在级别变动之前 100 个交易日 13 种债券价格有显著的变化，表明投资者已经对级别的调整做出了预期，同时发现在级别宣告之后，债券价格仍然对级别下调、负面展望做出反应，而对级别上调和正面展望没有反应，表明了级别上调和正面展望信息对投资者的增量信息较少，而级别下调和负面展望则包含了一定的隐含信息；国内专家的研究也有类似的发现，胡臻（2011）利用中国最大的三家信用评级机构对 2007~2009 年发布的评级公告分别建立正面和负面的事件研究模型，通过考察事件发生前后债券价格反应，发现中国信用评级对证券市场具有显著的信息引导价值。

信用评级固然能解决信息不对称的问题，还有大量文献对信用创造价值财富、调节经济，以及对企业间经济活动作用进行了研究。《信用的理论》一书中解释了银行不仅是发行货币和从事货币借贷行为的机构，而且是企业信用的创造者和生产者；Thomton（1999）研究了企业信用与经济增长和经济危机之间的关系，他认为扩张企业信用可以促进经济增长，紧缩信用可以导致经济萎缩，但是过分扩张信用会带来经济危机，他的企业信用理论直到现在仍然为许多专家所推崇；国外专家的这些研究似乎证明了信用创造价值财富的作用，但他们对信用与货币之间关系的解释并不合理，这是因为西方经济学中把货币等同于财富，而钟永圣（2011）在《中国经典经济学》中则提出德本财末，德财相应的观点，通俗来说就算财富的本质是道德伦理，而信用是最能代表道德的，信用比货币更能代表财富。吴晶妹（2002）也提出信用是商品交换的前提与基础，是市场经济的核心，是金融活动形成和发展的基础；因此，并不是银行创造了企业的信用，信用是在交易过程中自然而然形成的，企业信用高自然能够促进经济增长。随着计算机科学和信息技术的发展，一些西方学者将企业信用评级系统与企业金融系统、企业信息技术系统等构成一个复杂的系统进行研究，Anthony（1990）把企业信用分为先现代企业信用机制和现代企业信用机制，Arrow 和 Frank（1999）认为企业信用是企业内和企业间经济活动的润滑剂，企业的任何经济行为都离不开信用元素，信用也是企业之间合作的基础；张维（2014）指出互联网信息技术的发展为解决信息不对称问题提供了新思路，他把信息技术要素加入信用评价中，构建了新型评价指标体系，采用模糊综合评价方法建立信用模型，并验证了模型的有效性；这方面的研究值得我国学者投入更多的关注。如今，我们已经进入"大数据"时代，如何将数据挖掘技术与信用评级技术相结合应当成为当前研究的重点，丁振辉（2014）针对大数据对信用评级的辅助作用做了研究，并得出结论：①数据挖掘方法可以有效帮助实现企业层面信用评级；②大数据可以防范企业财务数据造假；③大数据有助于推动评级结果动态演进；④大数据有助于降低评级成本并提高效率。

在信用评级过程中，采用不同的方法或使用不同的指标体系将可能得出不同的信用等级，并且对不同的行业、产业而言，所采用的评级指标应当有不同的侧重点，以体现各行业、各产业的特点为基本原则。Treacy 和 Carey（2000）通过整理分析美国排名前 50 名银行的内部评级体系，将不同评级指标体系与内部评级的有效性关系进行了量化，并以实际数据推导出在不同情况下各种评级指标体系及方法的准确性，反映出当时已有的各种评级体系在面对不同实际情况时的优缺点。Grunert 等（2005）通过分析德国 4 家主要银行的信用档案数据，证实结合采用财务和非财务指标，较之单独采用二者之一，能更准确地预测未来的违约事件。贾元华等（2002）运用系统理论方法，对信用等级评价进行了探讨，指出企业评级的内容应该包括企业素质评价、资金信用评价、财务效益评价和发展前景评价这 4 个基本方面，他们还发现德尔菲法与 AHP 法的结合使用能更好地确定指标的权重。

虽然信用评级体系已经更加完善，但是对信用评级机构的监管仍然存在一定的问题。厉以宁（2005）提出中国应当加强对信用评级业的培育与监管。柳永明（2007）对美国全国认定的评级组织（nationally recognized statistical rating organization，NRSRO）制度的产生、改进和争议进行了研究，他认为信用评级机构在揭示风险方面具有不可替代的作用，在吸取美国 NRSRO 经验的基础上，中国信用评级监管应当有所行动：确立独立统一的监管机构；完善信用评级机构的认可制度；加快立法程序，规范信用评级市场秩序。聂飞舟（2011）分析了多德法案前美国信用评级机构监管演变，以及多德法案后信用评级机构监管的最新发展及动向，并认为中国也应当建立统一的信用评级监管体制，加强立法，提高信用评级机构的法律责任，强调信用评级的内部控制，减少信用评级对监管的依赖性。鄂志寰和周景彤（2012）提出社会对美国信用评级机构的批评与质疑源自监管的"逆向回潮"，并对美国信用评级监管的每个阶段进行了总结，指出美国信用评级的问题——市场高度垄断；评级活动存在严重的"顺周期"现象；信用评级公司存在利益冲突。陈亚芸（2013）则通过欧债危机的案例指出了欧盟对信用评级监管态度的转变。2004~2009 年，欧盟认为无须对信用评级机构的监管进行立法，而 2009 年债务危机爆发之后，则专门立法对信用评级机构进行监管，欧盟机构也积极思考和改革目前由美国主导国际信用评级的现状，希望建立自己独立公正的国际主权信用评级机构，保障自身的稳定和安全。

中国需要建立具有中国特色的信用等级评价体系，并且建立的评级机构要在国际上获取话语权。杨胜刚和成程（2011）以 1986~2009 年 120 个国家的宏观经济数据和三大评级机构的主权信用评级结果为研究对象，运用面板数据的多元回归模型和有序 Probit 概率模型研究中国的主权信用评级是否被低估的问题，通过对三大评级机构的定量分析模型进行模拟与验证发现，中国的主权信用评级在 20 世纪 90 年代和 2001~2002 年的确被低估，这说明了三大评级机构的评级并没有真实反映中国经济实力，甚至可能带着对中国的偏见进行信用评级。李宝虹等（2013）通过分析制度环境导致独立性缺损、温室培养难以形成公信力、经济利益的黏连度诱发职业道德风险等，揭示中国信用评级机构取得国际话语权的现实阻碍，并提出解决问题的思路如下：改善制度环境条件；强化独立性的职业本位；提高职业道德修养；从而有可能锁定道德风险；逐步培养公信力；构建信用评级机构健康发展的有效机制。冯琦（2013）指出信用评级业是控制资本市场走向的制高点，掌握债券发行交易的定价权与信用评级产业安全，是维护国家金融安全的重要力量；国际评级机构通过参与越来越多的中国国内重大债务融资评级，进入中国经济腹地和敏感性行业，主导中国金融市场定价权的方式渗控金融主权，美国评级机构通过对资本市场的控制，就可以直接影响中国的宏观经济，甚至扰乱中国的经济秩序，构建纯粹本土的信用等级评价机构可以有效降低这方面的风险。潘旭涛（2015）在报道中提到，中国评级机构密集发布了大国评级项目，并联合多国成立世界信用评级集团，以打破三大评级机构的垄断，并且中国本土的大公国际连续发布大国评级项目并得到认可，同时还展望了未来新的世界评级体系；邱仰林（2013）指出体现美国世界观与价值观的国家信用评级标准，是国际信用评级不公正、不合理、不科学的根源，是信用评级改革的关键所在；诸多学者也对未来中国特色信用评级体系的发展进行了展望：邹薇（2002）提出从传统信用文化约束、企业信用市场约束、法律环境约束及网络技术约束方面来促进中国信用评级的发展。崔茂中和杨鑫（2009）认为信用评级是证券发行主体、评级机构、债权人、投资者和监管部门等利益主体达成的契约组织，信用评级要兼顾各方利益并使其整体利益最大化。

通过对文献的总结与回顾，我们对信用评级的演变有了初步认识。信用评级最初是为了解决债券市场的信息不对称而产生并广泛应用，当我们无法得知企业背后的秘密时，可以透过信用等级来获取信息，帮助投资者做出正确判断。随着信用等级影响力的不断扩散，人们更加重视信用及其背后的机遇。美国著名的科学家和发明家本杰明·富兰克林曾说过"切记，信用就是金钱"，可见，信用影响力之广，然而，在西方经济学的价值观下，西方学者对信用的本质的认识上有所偏颇，他们过多地关注于货币，而没有注意到真正创造财富的正是信用，我们希望通过本节的分析，能使读者对信用有一个正确的理解。信用评级的发展使其评级体系也更加丰富，不同专家学者致力于评级方法与指标的研究，并有所突破，在当今互联网极度发达便利的时代，每时每刻都会有大量的交易信息产生，我们应当着眼于"大数据"的优势，巧妙利用数据挖掘方法作为传统评级方法的辅助，构建出更便利更准确的信用评级系统。我们还发现美国目前对信用评级机构的立法监管有所不足，对信用评级机构的责任追究上也十分宽松，这很容易导致不公平公正的评级出现，目前中国对信用评级行业的监管也存在同样的问题，我们将在后文的分析中，提出可行的建议。许多国内专家学者在对国际评级行业现状和当前中国信用评级行业进行分析后，都一致认为：为了提高中国本土评级机构在国际上的话语权，我们必须建设中国民族品牌的信用评级体系，本节也将在这方面进行研究。

三、信用等级评价体系的产生与发展

信用，就是人与人之间、商品交易之间形成的可以相互信任的社会关系。当人类出现以物易物的行为时，信用便产生了。从伦理的角度来说，中国人自古以来就认为"人无信则不立"、"信则立，不信则废"、"言而无信，不知其可"、"一言九鼎"、"商道信为首"及"国有诚信必兴，家有诚信必和，人有诚信必贤"……由此可见，无论是小到个人、经商还是大到国家的角度，信用都是中华民族最宝贵的品质。信用对个人、企业，甚至国家来说都是极其重要的，缺失了信用，我们的社会不可能像今天这般和谐美好、如沐春风，而将会是欺诈横行，罪行遍地；

并且在西方文化中人们也认为是相互之间的信任维持着我们的社会关系，信任是人类走向文明的起点。从经济的角度来说，经济学家们认为信用是一种借贷关系，企业"借"到的钱或者货物代表着这个企业的信用额度，企业之所以能"预支"到这些钱或者货物，并在一定期限内进行使用和再生产，就是因为该企业具有相当等级的信用；马克思也认为企业信用是借贷关系中的一种信任，他认为企业信用是一种特殊的价值运动形式。从货币的角度来说，西方的金融学家们认为信用就是金钱，甚至认为信用可以创造金钱，人们通过良好的信用预支到资金和货物，进行生产、创造活动，新的价值便在此过程中产生了，因此，信用等级的提升与货币增加的效果是一样的，信用可以成为企业的一项重要资本。

自信用概念产生以来，人们就不断地对其进行研究，进而形成了一套完整的信用学理论。在系统的信用等级评价体系出现之前的数百年甚至数千年来，人们一直主观模糊地判断个人、企业或国家的信用情况，这样的信用管理方式容易受到诸多因素的影响，客观性较低，往往会出现许多判断偏差，使信用市场出现混乱，一些不良个人或企业可以钻信用评价的漏洞来获得非法收益，而本着道德操守的人们和有着诚信经营传统的企业则可能遭受严重的损失，这些现象的持续将会使整个社会经济运行停滞甚至倒退。所以，信用评价的产生早已是顺应历史发展潮流的产物。

信用按照其受信对象可以分为公共信用、企业信用和消费者信用。公共信用又被称为国家信用，指的是一个国家政府的举债能力，一个国家各级政府的运行，以及国家为其国民提供的各种服务，都需要大量的资金来维持，当政府的财政出现赤字时，便可以通过发行信用工具的形式来筹资，一个政府的信用等级越高，代表这个政府的偿债能力和偿债意愿越高，更多的人会愿意购买该政府发行的信用工具。而企业信用则是一个企业法人对另一个企业法人所授予的信用，本质上其实是卖方企业法人对买方企业法人的货币借贷。对企业法人间的借贷关系就是产品的信用销售。企业信用还包括金融机构、商业银行和其他机构对企业借贷产生的信用。消费者信用是消费者以未来偿付的承诺为条件的交易关系，这种消费者信用其实已经有相当长的历史了，在本节中，我们主要讨论国家信用和企业信用，对消费者信用不多做叙述。

信用具有很重要的职能和作用。信用的职能如下：流通职能，信用可以使货币、金融工具和信用产品之间进行有效的转化和流动；分配职能，信用使社会生产过程中社会资本的分配与再分配得以顺利进行；由于信用职能的广泛性令信用可以在社会方方面面发挥关键性的作用。信用可以优化资源配置，使资金流向收益最大的项目，让借方和贷方都得到相应的回报；信用还可以加速资金的周转，节约资金流通的费用；信用可以调整和刺激消费，扩大消费者的需求，带动社会生产的发展；信用还能够有效促进国际贸易的发展。信用通过它特殊的职能和广泛的作用正在时时刻刻地影响全世界的经济形势。

　　信用等级评价又可以被称为信用评估，是指由独立的社会中介机构，通过对企业、债券发行者和金融机构等市场参与主体的信用记录、经营水平、财务状况与所处外部环境等因素进行分析研究之后，就其信用能力（主要是偿还债务的能力及其可偿债程度）所做的综合评价，并且用简单明了的符号表达出来，以满足社会需要的市场行为。在一个多世纪的时间里，信用等级评价体系蓬勃发展，各种不同的评级标准层出不穷，出现了诸如穆迪、标普和惠誉等评级公司，它们拥有各自的评价标准，也有各自所侧重的方面，但其评级理论是基于西方经济学、金融学和信息经济学等学科的，其评级方法也是比较具有科学性和可信度的。我国也早已引入西方的信用等级评价体系，虽然诸多学者对其进行改进，但是在我国社会主义市场经济背景下检验这些信用评级体系，仍然出现了若干问题，这些问题大多被忽略，即使问题被发现，许多专家学者们也很少指出其背后深层次的症结所在，也很少有可操作的建议供评级机构参考，在本节中，我们试图对我国信用评级体系进行"望闻问切"，诊断其症结。

　　信用评级起源于美国，而美国的信用评级源于债券市场的发展。约翰·穆迪最先从运营、管理和财务三方面对美国铁路债券的投资价值与风险进行分析，对信用评级进行了开创性研究，并创建了世界上第一家评级公司——穆迪评级公司。后来，随着金融市场的发展壮大，投资方式增多，社会对信用评级需求不断增加，信用评级所涉及的领域也不断扩张，评级对象也更加多元化，市场上出现了其他信用评级公司。然而真正让人们认识到对国家和企业信用进行等级评价的重要性与指导性的则是 1929 年的经济大萧条，这时，信用评级作为帮助政府和投资者做出正确决策的工具的意义更加明显。1933 年美国初步确立了评级制度，并明确表示，所有的发债主体都要经过信用等级评价才能发行债券。然而，1967年之前，金融市场对评级业务的需求量很少。宾州中央铁路公司的破产给投资者敲了一记警钟，投资者对信用评级服务的需求大大提升。之后美国债券的发行量一直稳定增长。1975 年，美国证券交易委员会（Scurities and Exchange Commission，SEC）定义了"全国认可的统计评级机构（NRSRO）"。首批获得 NRSRO 资质的评级机构仅有三家，即穆迪、标普和惠誉。在此后的 25 年间仅有 4 家新评级机构称为 NRSRO，但随后也逐渐被三大"巨头"兼并。2006 年美国国会意识到 SEC的规定对信用评级机构的准入和竞争构成阻碍，专门制定了《信用评级机构改革法案》（credit rating agency reform act，CRARA），要求美国 SEC 停止为新评级机构的设立规定门槛。2007 年 6 月，SEC 发布《信用评级机构改革法案》6 项配套规则，一个月后，次贷危机爆发，金融市场总统工作小组发布声明，将次贷产品的"信用评级机构的评估缺陷"视为全球金融市场混乱的一个"主要的可能原因"。然而 2008 年的次贷危机实质上却是信用危机带来的严重后果，这更是给各国政府带来了更大的警示：建立良好的信用等级评价标准迫不及待，并且对信用评级市场的监管也一刻不能放松。

而欧洲的债券市场直到 1981 年才开始迅猛发展。欧洲的信用评级业起步较晚，但发展速度并不慢，在短短的十几年内就形成了相当的规模，许多评级公司在世界上也享有一定的声誉。表 3-39 列出了许多世界知名的信用等级评价机构。其中，最具权威性和代表性的信用评级机构是穆迪、标普和惠誉。这三家机构已经得到美国 SEC 的许可，并成为国家认可的统计评级机构。它们的信用评级体系可以代表西方最成功、最成熟的信用评价体系，几乎垄断了 90% 的信用评级市场，对世界经济发展有深刻的影响，尽管欧洲和日本也曾发展自己独立的评级机构，但难以与美国的信用评级机构相抗衡。

表 3-39　全球影响力较大的信用评级机构一览表

评级机构名称	成立时间	市场定位	长期评级代号	短期评级代号
穆迪投资者服务公司	1909	全球	Aaa-C	P-1-NP
标普	1922	全球	AAA-D	A-1-D
Fitch IBCA（惠誉）	1913	全球	AAA-D	F-1-D
澳大利亚（标准普尔）	1981	本地	AAA-C	A.1-C.1
加拿大债券评级	1972	本地	A++-D	A-1-A-4
弗吉尼亚债券评级	1976	本地	AAA-C	R-1-U
印度信用评级公司	1981	本地	AAA-D	P-1-P-5
日本信用评级社	1976	本地	AAA-D	J-1-J-5
国际银行信用分析（UK）	1979	银行	A-E	
达夫菲利普斯	1932	银行	1-17	DF-1-DF-3

穆迪自 1909 年之后开展了对债券的评级项目，经过近百年的发展，它已成为历史最长、规模最大、权威性最强的评级机构。标普是普尔出版公司与标准统计公司合并成立的一所对股票、债券进行信用评级的综合性公司。惠誉也是世界上领头的几家评级巨头之一，它是继穆迪和标普之后第二大信用评级机构。我们对这几家信用评级机构的评级特点、基本原则和评级主要指标进行了比较分析，结果见表3-40。穆迪的主要评级指标包括部门指标、收益分析指标、现金流量指标和资产负债分析指标四项。其中，部门指标又包括了各部门销量及销售额、部门毛利率、部门资产规模等指标，这些指标能够体现出一个部门的运营能力和运营状况，对一个企业整体来说，每个部门的情况最能反映企业真实状况；收益分析指标包括利息保障倍数、资产、应收账款和存货周转率等指标，这些指标能测度企业的盈利能力

和稳定性,稳定的收益能够反映出企业良好的管理素质,使企业具有较高的财务灵活能力;现金流量指标包括经营性现金流量/总负债、留存现金流量/总负债、自由现金流量/总负债等指标,这些现金流量指标能评估企业偿债能力和企业运营现金对债务的保证程度;资产负债分析指标主要包括负债结构、资产负债率、资本化总额等指标,通过对企业资产负债的分析,可以帮助了解企业管理层的理财能力和管理策略的运用,为预测企业未来的运营状况提供了基础。标普的评级指标则是从经营风险指标和财务风险指标两方面出发的,其中经营风险指标主要包括行业特征、竞争地位和管理指标,这三项指标主要从定性的角度衡量企业的经营状况,其中行业的发展状况与一个企业的运营紧密相关,企业的竞争地位能够衡量企业未来的市场竞争能力,竞争能力即可转化为盈利能力,而企业的管理水平则代表企业管理层素质的高低和企业战略的实行,这与企业的长期持续发展息息相关。而惠誉的评级指标则明确地区分为定量指标和定性指标两类,其中定量指标主要包括现金流量、盈利计量和收益比率等指标,这些指标可以反映企业的偿债能力、资产结构和财务灵活度等企业发展的重要方面,可以有效观测企业的当前运营状况及未来的发展状况;而定性指标主要包括行业风险、经营环境、市场定位和管理等指标,这些指标则可以反映出企业的市场定位,行业发展状况,企业管理层的工作素质、能力和执行决策的判断力等条件。三大评级机构的评级特点、基本原则、评比主要指标对比表见表 3-40 所示。因此,三家评级机构的评级侧重点都有所不同,穆迪侧重于定性分析,标普侧重于定量分析,而惠誉则注重定量指标与定性指标的结合分析,对同一个国家或同一个企业分别采用这三种标准可能会得出不同的信用等级,这样我们在参考它们的评级结果时可能会产生疑惑,不同的评级结果将会对一个国家或企业产生极其重大的影响。

表 3-40 三大信用评级公司评级特点、基本原则、评级主要指标对比表

评级机构	评级特点	评级基本原则	评级主要指标
穆迪	评级对象主要为债务性融资证券;主权评级最具影响力;更趋于定性分析	定性和定量结合,强调定性分析;侧重于评级对象未来偿债能力的长期性因素分析;注重现金流量的分析和预测;强调全球评级的一致性和可比性;考虑当地会计实际情况	部门指标、收益分析指标、现金流量指标和资产负债分析指标等
标普	评级服务涉及各个金融领域;金融机构评级和证券评级占有相当的市场份额;更趋于定量分析	定性和定量结合,强调定量分析;把分析工作分成几类并提供分析框架,该框架考虑了所有显著因素;信用等级是经营风险与财务风险的平衡;对不同行业构建不同的信用分析框架;各评价因素不是相互独立的;强调全球评级的一致性和可比性	行业特征、竞争地位、管理、财务特征、财务政策、收益性、现金流保护、资本结构和财务灵活性等

续表

评级机构	评级特点	评级基本原则	评级主要指标
惠誉	业务范围广，涉及市场的方方面面；侧重于结构融资评级标准；在企业评级市场上占有优势份额	着重考察企业及时还债能力以及企业间还债能力的对比；定性与定量结合；企业的表现需要和同类公司进行对比；强调对企业财务数据的分析和对未来的预测；考察公司应对变化着的运营环境的应变能力；注重对财务灵活性的考察	现金流量、盈利和现金流量、财务灵活性、资本结构、覆盖比率、杠杆比率、盈利计量、收益比率、行业风险、经营环境、市场定位、公司管理、会计

　　同时，我们也对这三大信用评级机构的长期和短期评级代号的含义进行了解释和比较，结果见表 3-41 和表 3-42。表 3-41 中，评级机构的长期评级代号一般采用 AAA-D 级的评级符号体系，并将 BBB 级以上的信用级别规定为投资级，其他信用级别为投机级；表 3-42 中列出了三家信用评级机构短期评级代号表。其实，每一家机构相应等级代号的含义是相差不大的，并且为了表示每一个等级的强度，还可以在各等级的后面适当添加"+"或"−"来表示具体信用等级的强度，如 AA+就是比 AAA 略低一级的代号，表 3-41 是三大信用评级机构长期评级代号对照表。虽然三家评级机构的信用等级代号略有不同，但每一等级所代表的等级品质是相似的，这一点可以使它们的评级结果有一定的互相参考性。除了采用信用等级代号来表示企业或国家信用之外，评级机构还有作为辅助的评级展望和信用观察，评级展望就是对发行人中期评级潜在方向的看法。展望的制定和改变并不代表信用等级的调整。评级展望包括"正面"、"负面"、"稳定"和"待定"四类。"正面"的评级展望就表示信用等级将有上升的趋势；"负面"的评级展望就表示信用等级将有下降的趋势；"稳定"的评级展望就表示信用等级在一段时间内将不会有变动；"待定"的评级展望就表示信用等级的上升或者下降将有待于进一步的决定。信用观察则突出了短期或者长期评级的潜在趋势，着重考虑那些使评级置于分析人员监督之下的重大事件和短期变化趋势等，主要有企业兼并、资本结构调整、股东大会投票、政府管制和预期的业务发展状况等。当发生了以上重大事件或者出现了与预期的信用评级走势相偏离的情况时，信用评级将进入信用观察阶段，需要进一步对该评级进行重新考察，但这不表示其信用等级一定会发生改变。

表 3-41　三大信用评级机构长期评级代号对照表

	穆迪	标普	惠誉	含义	说明
长期评级符号	Aaa	AAA	AAA	最高级	最高级品质，本息具有最大保障
	Aa	AA	AA	高级	高级品质，对本息的保障略差于 AAA 级
	A	A	A	中高级	中上品质，对本息的保障适当，但不如前两级

	穆迪	标普	惠誉	含义	说明
长期评级符号	Bbb	BBB	BBB	中级	中级品质,目前对本息的保障适当,但未来经济情况有变时可能不足以保障本息安全
	Bb	BB	BB	中低级	中下品质,具有一定的投机性,本息的保障与中级相同
	B	B	B	差,半投机性	具有投机性,缺乏投资性,未来本息缺少适当的保障
	Ccc	CCC	CCC	差,明显具有投机性	不具有投资性,尚能支付利息,但缺少保障,未来经济情况不佳时,债息可能停止
	Cc	CC	CC	显著不佳、明显投机性	比 CCC 级稍差一些,支付利息的保障也更差
	C	C	C	高度投机性	信誉不良,本息可能已经违约停付,专指无力支付本息的受益公司的债券
			DDD		品质差,易发生倒债
			DD		品质差,不履行债务,资产价值低
			D		品质差,无明显价值,前途无望

表 3-42 三大信用评级机构短期评级代号表

公司名称	短期评级代号	等级含义
穆迪	P-1	短期债务偿还能力最强
	P-2	短期债务偿还能力较强
	P-3	短期债务偿还能力尚可
	NP	不在任何评级类别之列
标普	A-1	短期债务偿还能力较强
	A-2	短期债务偿还能力令人满意
	A-3	目前尚有足够能力偿还债务
	C	目前有可能违约,发债人需依靠较好的商业、金融或经济条件才有能力偿还债务
	R	由于其财务状况,目前正在受监察
	SD/D	当债务到期而发债人未能按期偿还债务
惠誉	F-1	短期偿付债务的能力最高
	F-2	短期偿付债务的能力令人满意
	F-3	短期偿付债务的能力尚可,但近期负面的变化可能会使其降到非投资级
	B	短期偿付债务的能力有限,而且容易受近期经济金融条件的负面影响
	C	较高的违约风险,违约的可能性存在,偿还债务的能力完全依靠于一个持续有利的商业经济环境
	D	表示该实体或国家主权已经对其所有的金融债务违约

在亚洲国家,信用评级机构的建立是为了使资本市场健康发展;在亚洲的许多国家,信用评级机构一般由银行发起设立,信用评级业务主要包括信用评级、征信业务和咨询业务等;但是亚洲国家普遍同国际上的大公司进行各种合作,或者允许这些公司在国内设立分支机构,或者引进它们的技术,进行战略合作或者组建合资

公司；但由于信用评级信息的敏感性，国外公司在合资企业中所占的股份通常并不高。我国企业信用评价技术和方法的研究开始于 20 世纪 80 年代末，是传统的计划经济向市场经济过渡过程中的产物。虽然起步较晚，但是在这短短的时间内我国的信用评级行业已经取得了长足发展，当前的信用评级行业已经颇具规模，1992 年中诚国际成立、1994 年大公国际成立，到 1997 年已经有九家信用评级机构具备在全国范围内进行信用评级的执业资格，并且现行债券管理条例也要求企业债券在审批之前要进行信用评级。经过十余年的发展，全国各地不断出现新兴信用评级机构，但以中诚国际、联合资信和大公国际等为代表的一些评级机构已经初步奠定了信用评级业的领先地位，表现出了较好的发展前期。但是，不可避免地，我国也同样出现了信用评级机构与外资合作的现象，并且许多企业的外资参与程度已经达到十分严重的程度，这背后存在的问题不得不引起我们的重视。

四、当今信用等级评价体系诟病

（一）理论基础——西方经济学难以解释东方世界经济

1. 西方经济学理论建立在西方世界基础之上

当前信用评级体系仍建立在西方经济学理论之上，西方经济学理论是从西方世界的生活方式、生活水平、态度、制度和文化中抽象出来的，它们用于分析西方世界可能更有意义。西方经济学中的"稀缺性"假设、"利己主义"假设和"理性人"假设，都是自私自利、趋利避害满足自身欲望的角度，与中国传统文化中的互利共生、资源共享和崇尚自然背道而驰。随着互联网与大数据技术的不断发展，世界各国联系更加紧密，实现资源共享的需求更加强烈，西方经济学中的"利己"思维显然不适应资源共享和利益共享的模式。而东方文化中共享、利他的"超前"思想似乎更适合当今全球化经济。

2. 西方经济学价值观难以兼容东方世界价值观

西方经济学的缺点逐渐暴露出来，其表现在于：基于"利己主义"假设的偏见；对竞争理念的错误解释；对财富来源认识的模糊；市场和政府本质认识的对立性；把宏观和微观的割裂；个体和整体利益的矛盾。西方经济学旗帜鲜明地为资本主义制度辩护，赤裸裸地宣扬个人主义世界观，由此形成了西方经济学基本价值取向和政策主张：崇尚私有制而反对公有制，崇尚自由市场而反对政府调节，崇尚资本主权而反对劳动主权。显然，这样的价值取向和政策主张与东方传统文化格格不入，又怎么可能对东方国家经济做出正确解释呢？

3. 关于信用的解释东西方文化有不同见地

中国人讲究他利，讲究以德生财，信用是根植于中国人骨子里的信仰，是我们必须遵守的道德规范，而不是挣得不义之财的工具，而西方经济学是基于自利的出发点上，把信用作为牟取利益的工具，这是东西方文化关于信用的最大差别。由于东方国家普遍与西方国家经济、文化和政治结构不同，我们可以联想到西方经济学同样难以解释其他东方国家的经济、文化和政治现象。因此，基于西方经济学价值观的信用等级评价体系并不能很好地反映东方世界经济状况的本质。不妨大胆假设一下，与西方经济学基于假设的理论不同，是否可以构建出基于实践的"东方经济学"，这种"东方经济学"与西方经济学相互补充，能给信用最符合当今互通互联互惠时代潮流做出本质解释，以此作为信用评级新体系的理论基础。

（二）西方信用评级体系存在诸多问题

西方信用等级评价体系在近百年的发展中早已经充分暴露出不少缺点。

1. 监管存在不足，评级业缺乏他律及自律

如今评级机构的收费方式为债券发行人付费模式，这种模式使发行人与评级机构间有了利益牵绊，这不免让人担忧发行人为了获取较高的信用等级而与评级公司进行非法交易，而不知情的投资者则可能因此遭受严重损失；同时评级机构的独立性难以保证，评级机构的公信力也会受到严重影响。评级业只存在准入机制，却没有合理完整的准出机制。这使不遵守行业道德和标准的评级公司即使做出不合理的评级，也没有相应的法律条款来进行惩罚，评级公司没有了后顾之忧，就容易滋长恶意评级。因此欧盟也仅能指责本次欧债危机的助推手——"三大"，却无法取消"三大"对欧洲国家的评级资格。

2. 评级结果受政治因素的影响

多年来美国的信用等级一直保持着最高等级，美国的债务规模已经远远超过那些被评级机构定位为行将破产的国家，但作为世界最大的债务国却拥有比世界最大的债权国还要高的信用等级，这种现象实在不合乎常理。2003 年 3 月美国发动伊拉克战争之际，由于德国的反对，德国众多企业就被接连降级。2009 年 12 月，穆迪、标普和惠誉同时下调希腊主权评级，导致欧债危机正式爆发，即便在欧盟着力采取措施治理财政和促进经济增长的同时，三大评级机构仍采取见风使舵的策略，一味地迅速下调债务国的信用评级，幅度之大，速度之快完全缺失理智和审慎，既缺乏经得起推敲的风险控制模型，又缺乏审慎评级的主观意愿，几乎阻断了高负债国在资本市场的融资生路；美国正是利用三大评级机构制造欧债危机，打击欧元地位，从而巩固美元的国际基础储备货币地位。2015 年 1 月，在俄罗斯遭受经济制裁之后，西方三大评级机构竞相唱衰俄罗斯。如此种种，我们不禁怀疑三大评级机构早已沦为美国制霸国际金融市场的工具。

3. 评级体系未设置可变指标体系

当今全球化时代，经济和文化的不断融合使区域间价值观也在不断趋同，但在评级时仍需关注关键的不同之处，采取和而不同的综合评价指标体系。同属于西方世界的欧盟接受美国"三大"信用评级，却惨遭落井下石，牵连爆发严重的债务危机，"三大"连连下调希腊等债务国的信用等级，加重了欧洲债务危机的程度，扩大了债务危机的范围，一些国家脱离了债务危机之后，它们也未及时上调其信用等级，严重影响了欧盟对希腊等国的救助计划。为建立欧盟与美国之间公平竞争的环境，欧洲议会和欧盟理事会于 2010 年全面施行《信用评级机构监管法规》，旨在加强对信用评级机构的监管，不仅如此，欧盟国家还考虑联合建立欧洲自己的信用评级机构。

4. 评级机构并不承担其评级后果的法律责任

以往评级机构的责任与收益是不匹配的，作为社会服务机构，它们不承担社会责任，作为法人经营性机构，它们不承担法律责任。这种坐收"渔翁之利"的行为实在容易让人对信用等级评价机构失去信任。既有美国法律体系中对评级机构法律责任的规定是一片空白，许多法律甚至明确地将评级机构排除在责任追究之外。2006 年 9 月美国总统布什签署的《信用评级机构改革法案》在评级机构诉讼责任的承担上不仅没有进步，相反"固化"了评级机构的特权。这显然是为评级机构"大展身手"开了绿灯，并且以公司层面而不是国际组织机构层面发布信用评级，作为国际间信用等级比较的标准，其权威度及可信度早就令人生疑，因此我们不可盲目迷信所谓的国际著名信用等级评价机构的评级。

（三）中国信用评级机构逐渐在国际上发声

体现美国世界观与价值观的国家信用评级标准，是国际信用评级不公正、不合理、不科学的根源，是信用评级改革的关键所在。在近几年的各类报道里，三大评级机构的后面，往往跟随的是"垄断"、"堕落"和"阴谋"等字眼，与三大评级机构"堕落"相反的是，发展中国家，尤其是中国评级机构正逐渐崛起，在国际社会上的话语权不断增强。当前中国本土评级机构——大公国际正密集发布大国评级（表 3-43），并联合多国成立世界信用评级集团，以期打破三大评级机构的垄断。大公国际的董事长关建中反复强调："让中国信用评级机构在国际上发声。"大公国际在这条路上付出很多努力，也在一步步实现目标。在亚投行已成立的大背景下，亚投行组织成员国共同参与新型信用评级体系的构建，不仅是要让中国在信用评级领域发声，也要让诸多受制于陈旧评级体系的国家同样发出自己的声音。

表 3-43　大公国际发布的国家或地区信用等级表（按时间顺序选取部分国家或地区）

国家或地区	中国澳门	乌克兰	希腊	蒙古	冰岛	瑞士	澳大利亚
本币级别/展望	AA+/稳定	CC/负面	CC/负面	B+/稳定	BB+/稳定	AAA/稳定	AAA/稳定
外币级别/展望	AA+/稳定	CC/负面	CC/负面	B+/稳定	BB+/稳定	AAA/稳定	AAA/稳定
评级时间	2015 年 7 月	2015 年 7 月	2015 年 7 月	2015 年 6 月	2015 年 5 月	2015 年 4 月	2015 年 4 月
国家或地区	法国	韩国	葡萄牙	荷兰	俄罗斯	新加坡	印度
本币级别/展望	A/稳定	AA-/稳定	BB/稳定	AA+/稳定	A/稳定	AAA/稳定	BBB/负面
外币级别/展望	A/稳定	AA-/稳定	BB/稳定	AA+/稳定	A/稳定	AAA/稳定	BBB/负面
评级时间	2015 年 2 月	2015 年 2 月	2015 年 2 月	2015 年 1 月	2015 年 1 月	2014 年 12 月	2014 年 12 月
国家或地区	美国	英国	日本	马来西亚	泰国	越南	中国大陆
本币级别/展望	A-/稳定	A+/稳定	A/负面	A+/稳定	BBB/负面	B+/稳定	AA+/稳定
外币级别/展望	A-/稳定	A+/稳定	A+/负面	A+/稳定	BBB/负面	B+/稳定	AAA/稳定
评级时间	2014 年 12 月	2014 年 11 月	2014 年 8 月	2014 年 6 月	2014 年 5 月	2014 年 5 月	2014 年 3 月

五、发展中国特色信用评级体系的必要性及展望

（一）亚投行的成立为中国特色信用评级体系提供了舞台

截至 2015 年 10 月，共有 53 个国家正式签署《亚洲基础设施投资银行协定》，各方商定于 2015 年年底之前，经合法数量的国家批准后，亚投行正式成立。亚投行是区域性多边开发金融机构，重点支持基础设施建设，旨在促进亚洲区域建设互联互通化和经济一体化进程，加强中国及其他亚洲国家与地区的合作。亚投行的理念十分符合多边主义的开放性、平等性、民主性、透明性、非强制性和合作性的特点。世界银行行长称中国牵头建立全新的多边机构有利于推动多边主义发展，并欢迎亚投行成为世界发展的"主要参与力量"之一。亚投行可充分展现各参与国的软实力，通过释放一种"亲、诚、惠、容"的温和经济外交策略去平衡与周边国家在领土争端和海洋资源纠纷中体现出的硬实力，从而实现既定的"睦邻、安邻、富邻"的外交精神理念。与世界银行救助贫困的宗旨不同，亚投行旨在改善亚洲基础设施建设状况，开拓互惠互利外交视角下各国投资融资活动，故需开展国家信用评级项目。

2015 年 10 月，美国、日本、澳大利亚等 12 个国家已成功达成"跨太平洋战略经济伙伴协定"（trans-pacific partnership agreement，TPP），其经济规模占全球经济的 40%，又一多边贸易组织诞生表明当前全球化程度进一步加深。国家间投资、贸易和竞争都需要中立机构对国家政治经济现状划分等级，以实现公平贸易、合理竞争。亚投行牵头开展信用评级项目便可为其他多边组织提供服务，以促进各组织内成员国经济增长、政局稳定和睦邻友好。

1. 规避投资风险，国家信用评级必不可少

亚投行未来面临的主要风险在于投资效益难以保障。在亚洲，虽然因基础设施短缺而制约经济发展的国家有很多，但诸多投资需求国的国内政局极度不稳定，存在严重的政治、文化和宗教冲突，它们是世界上最无法保障投资者利益的国家。此前中国在这些国家多有投资，特别是基础设施投资，如泰国大米换高铁项目、柬埔寨水利项目、斯里兰卡港口项目近年来都遭到叫停，中资企业损失严重。而亚投行是国际金融平台，旨在为各成员国规避海外投资风险，形成一个良好的多边机制。因此，由亚投行开展国家信用评级项目，可以有效获取各成员国及投资需求国的信用状况，对投资项目进行资源优化配置和管理，实现参与各方利益的最大化。

2. 亚投行是中国获得国际话语权的绝佳机遇

评级话语权关乎国家经济命脉。在国际资本市场上，因为没有与中国经济实力相匹配的评级话语权，中国在国际金融市场的利益严重受损，作为美国最大的债权国，中国的信用等级居然比世界最大的债务国（美国）的信用等级还要低。中国评级行业起步晚，发展慢，加之当前国内评级公司外资参与问题严重影响中国评级业在国际发声，中国想要获得相应话语权仍面临极大挑战。当前中国评级业正面临关键转折点，亚投行的成立既是提高中国国际话语权的机遇，又是建立信用评级新秩序的挑战。如今获得评级话语权就意味着掌握了世界信用资源分配，各经济主体都渴望构建新型世界信用评级体系，因此亚投行开展信用评级项目是中国评级发声的关键一步。只有先"破"当今评级业乱象，再"立"信用评级新秩序，这一"破"一"立"将使中国在国际信用评级领域发出铿锵有力的声音。

3. 当今信用评级体系饱受责备

2001 年 12 月，安然因财务造假倒闭，但在倒闭前五天，三大评级公司才将其债券从投资级降到垃圾级，严重的滞后导致无数投资者陷入债务漩涡当中。2007 年 8 月美国全面爆发次贷危机，表面上看是因刺激抵押贷款机构破产、投资基金被迫关闭和股市剧烈震荡引起的风暴，但实际上是评级机构没有尽到其责任，未及时调整企业与银行信用等级以警示政府和大众，而引发的一次"信用危机"。欧债危机也是如此，2012 年 7 月，穆迪将意大利评级由 A3 下调至 Baa2 且评级前景为负面。对此，欧盟愤怒指责穆迪下调意大利主权信用评级，下调时机不当且别有用心。目前，欧盟已经通过加强监管信用评级机构的新措施，要求评级机构增加评级方法和程序的透明度，同时考虑成立欧洲自己的信用评级机构，但目前仍未完成该项目。

世界银行成立于布雷顿森林体系之下，总部设于美国，其历届最高领导人均

为美国人，若倡议由世界银行开展此国家信用评级项目，则无非是又多了一个如"三大"的评级机构。而借亚投行成立的契机建立国家信用评级新体系，则是评级业的新开端，可以有效打破当今评级业之乱象。2015年1月，在俄罗斯遭受经济制裁之后，穆迪、标普和惠誉接连唱衰俄罗斯及俄罗斯企业。只有本土评级公司大公国际给出俄罗斯应有的评级，说明我国评级公司正尝试在国际评级市场上发声，这可以成为亚投行成立国家信用评级项目奠定良好的基础。近年来大公国际发布的国家信用等级表如表3-43所示。

（二）中国特色信用评级体系展望

亚洲具有庞大的人口、广阔的市场、丰裕的资源和无限可能的发展空间，但在很多地区仍存在不完善不均衡的基础设施建设。未来十年，亚洲基础设施建设需要8万亿~10万亿美元的投资规模，而现实情况则是庞大的基础设施建设需求与实际的现有资金和资源配置及运用能力之间的不匹配。这种不匹配呼吁新的国际组织机构的出现来改善亚洲基建现状，在此背景下，我国领导人提出筹建亚投行。亚投行的成立必然会提高亚洲地区基础设施投资融资需求，进而提高对国家信用评级需求。信用是当今经济新常态下优化资源配置的最佳方式之一，亚投行牵头成立新型国家信用评级机构能够对亚洲地区的资源进行更有效的分配，亚投行为新型国家信用评级体系的出现提供了绝佳机遇。笔者就未来亚投行开展的信用评级项目进行了展望。

1. 研究、应用相结合，夯实新秩序下信用评级理论基础

亚投行可以设立信用评级研究机构，机构成员由各领域专家构成，负责解决两方面问题：一是前文提到的文化和价值观的兼容问题。亚投行的成员多达57个国家，不同国家、区域间的文化和价值观千差万别，西方经济学的价值观难以包容全部，若构想出"东方经济学"框架，与西方经济学价值观基础相互补充，将有效解决东西方国家间经济、政治和文化差异问题。得益于快速发展的网络和大数据技术，国家间联系更加紧密，各国文化也开始相互融合趋同，如何在差异中寻找到价值观的共同点，给亚投行开展信用评级项目奠定扎实的理论基础将是值得研究的课题。二是解决在评级中可能会遇到的各种技术上的问题，包括解决评级过程中遇到的标准、方法和步骤问题；对信用评级采用的方法和技术进行评估；利用亚投行能获取到的信用数据进行相关研究，并应用到亚投行信用评级体系中，促进信用评级技术发展进步。

2. 先委托，后独立，逐步形成信用评级新体系

形成新型信用评级体系无法一蹴而就。亚投行成立之初数据来源不全面，评级经验不健全，因此可以考虑先委托第三方机构为亚投行开展信用评级工作。为

选择最优评级机构，亚投行应成立信用评级专家小组对评级机构进行审核，本节提出三种方案：①竞标制，各成员国本土信用评级机构经过严格资格审核后可参与竞标。最终决出一家评级机构；②合作制，专家投票选出若干评级机构，同时进行评级工作，对各机构评级结果进行加权平均得出最终信用等级；③区域制，为体现区域特色，从成员国所在的五大洲内各选取一家评级机构，负责该大洲内成员国评级工作。委托第三方机构进行评级工作的同时，亚投行的信用评级研究机构可深入第三方机构调查、实践，变换评级指标体系和评级模型进行评级模拟试验，对比与第三方评级结果的差异，不断完善自身评级指标体系与评级模型，最终形成独立的信用评级新体系。此时，亚投行便可开展独立的国家信用评级项目，取代由公司对国家评级的形式。

3. 呼吁信用评级去政治化，实现信用评级的多边主义

评级结果本来只是投资的参考资料，但随着主权国家与评级机构之间利益的纠葛加深，目前评级市场呈现出主权评级政治化倾向严重的现象，利益天平倾向于受益国家，这严重违背了当前国家间平等协商、相互尊重的宗旨。而亚投行有实力打破此僵局，亚投行是具有多边性质的区域间组织，并即将在亚洲甚至世界经济发展过程中发挥重大作用，其开设的国家信用评级项目将具有多边主义性质。给予各成员国充分的尊重与平等，及时与成员国协调沟通，反对国家对信用评级的政治干涉与影响，反对私人组织对评级结果的干预。信用评级将各成员国联系起来，促进不同成员国之间的良性互动与合作，共同实现利益最大化。这将改变以往信用评级机构的政治化倾向，真正实现信用评级的去政治化与中立化，让评级结果真实反应一国投资能力和偿债能力。

4. 加强国家软实力的测度，增添可变指标体系

国际上流行的国家信用评级，主要是对一个国家国内生产总值（GDP）增长趋势、对外贸易、国际收支情况、外汇储备、外债总量及结构、财政收支和政策实施等反映国家硬实力的指标进行分析。这些硬实力因素固然能很好地反映一国经济状况，但在经济、文化、政治全球化的今天，仅靠硬实力判断一国国力已有失偏颇。近年来，国家文化实力、国家形象、国家外交政策等反映国家软实力的概念也纳入综合国力的影响因素之中。因此，亚投行国家信用评级体系也应当顺应时代潮流，将软实力的测度纳入体系中，通过在评级体系中增添一系列软实力指标，不同国家的经济、文化和政治特色不同，该指标体系的具体设置也随之改变，以最大限度地反映各国各地区的软实力与特色，既保证评级结果具有可比性，又使评级结果具有区域代表性。

5. 摒弃评级腐败的根源——发行人付费模式

发行人付费是指由发行债券的国家、公司和企业等向评级机构缴付评级费用的模式，这种模式无须投资者承担评级费用，降低了投资成本，但更易滋生评级腐败。亚投行开展国家信用评级项目，是摒弃发行人付费模式的良好机遇，并为探索新型评级付费方式提供实践平台，避免暗箱操作与贿赂行为。亚投行可采取第三方收费模式，即由亚投行从成员国缴纳的会费中代为扣除评级费用，避免了发行人与评级机构直接进行金钱交易。新模式将遵循开放、包容、透明、负责和公平的原则，确保评级资费公开化透明化，这是信用评级项目高效运行的有力保障，也是各成员国合理利益的有力保障。

6. 实行"最严"区域监管新方案

造成当前评级业乱象的原因不仅是评级机构的不自律，还有监管的不到位，开展国家信用评级项目势必要对当前监管方案进行改革。首先，明确亚投行委托评级机构的法律责任，让评级机构对每一次评级都负责到底；其次，设置准出机制，若发现有舞弊现象，立即责令退出亚投行信用评级项目；再次，加强评级机构自身信用建设，若采用多家评级公司参与项目，则让其进行互评，实现自律及互相监督；最后，评级公司定期公布数据来源、指标体系和评级模型等，实现评级公开化。新监管方案宏观上做到统筹兼顾、区域协调，微观上对评级方法、模型、数据严格监控。新方案将真正为评级业带来改良之风，实现评级的透明化、公开化、公平化。

第四章　国家无形资产统计前沿问题研究及对中国的启示

第一节　无形资产在 SNA2008 的修订及对中国国民经济核算的影响和展望

一、无形资产核算修订的重要性意义

（一）从经济发展规律及走势上，可以看出无形资产的重要意义

现代经济越来越具备创新经济、知识经济和无形经济的特征，知识的转播、R&D 活动、人力资本等概念普及，冲击了传统的资本概念，仅仅依据实物投资和实物资本已经无法解释许多国家的经济发展，为此国民经济核算需要扩展资本和投资概念，正视教育培训、研究开发和设计规划等在知识经济过程中所积累起来的资本存量（高敏雪，2009）。

知识的转播、技术创新、R&D 活动及人力资本等概念的出现和普及，冲击了传统的资本概念，仅仅用实物投资和实物资本已经无法解释欧美发达国家的经济发展。

资本是决定经济生产的重要因素，工业化过程的一个突出特征就是资本密集型产业取代劳动密集型产业成为经济生产的主体，此处的资本主要是实物资本。但是，随着科学技术的进步，实物生产的劳动生产率大大提高，与传统经济相比，现代经济越来越具备创新经济、知识经济和无形经济的特征。在此背景下，经济增长逐渐摆脱对传统实物资本的依赖，仅仅考虑传统实物资本积累，在一定程度上已经无法解释一个国家所获得的经济增长业绩，以及一个企业所获得的经营成

长业绩。发达国家目前就面临这样的情况。

为解释这些现象背后的动力，已经出现了一些相互具有交叉性的新概念，这些概念从不同角度扩展了传统投资和资本的范畴。例如，经济现代教育和职业训练的高层次劳动力被认为具有较高的人力资本，可以以人力资本弥补实物资本对经济增长解释力的不足，因此人力资本形成过程中的支出就具有了投资的性质；R&D 活动是科学技术不断进步的基础，如果我们认可科学技术是生产力，是与传统资本、劳动并列的生产要素，那么就应该将 R&D 活动视为实现科学技术进步的投资；不仅是实物技术的发明能够带动经济增长和生产率提高，而且产品设计、市场开发和管理模式等方面的创新同样会对经济产生重要的促进作用。一个经济体系在这方面的积累构成了其拥有的无形资产，为此花费的支出相当于是对无形资产的投资。

所有这一切，都可以归结为在信息技术支持下的知识传播和运用的结果，由此我们可以用知识经济这个词语概括现代经济的特征。在一定意义上说，不同经济体之间的差异可以用知识经济程度不同来解释。但是，传统国民经济核算所计量的资本和投资主要限于实物资本与实物投资，各种用于教育培训、研究开发和设计规划等促进知识经济创新活动的投入都不属于投资行为，而要作为消费支出来核算，更无法核算在知识经济过程中所积累起来的资本存量。例如，要建立一个晶片加工厂，只有建厂房、买机器的成本才构成投资，记录为账面的资本价值，为使该加工厂正常运转所进行的深入培训计划、所复制的一套管理模式和相关信息，其中的花费则不属于投资，不记录为资本价值。借用哈佛大学国际开发中心主任卡多·豪斯曼的说法，这些资本是作为"暗物质"存在的，没有在经济核算中得到体现，但却在促进经济发展中发挥重要作用（高敏雪，2006）。

（二）从联合国对 SNA1993 修订中可以看出无形资产核算在当今知识型经济时代的重要意义

1993 年国民经济核算体系（以下简称 1993 年 SNA）是由联合国统计委员会组织编制的，是继 1953 年 SNA 和 1968 年 SNA 之后的第三个版本，该版本发布于 1993 年 7 月。自 1993 年 SNA 发布和执行以来，世界各国经济社会发生了巨大的变化，相应地，国民经济核算也出现了许多新情况和新问题。例如，如何确定具有全球化经济特点的机构单位和交易活动；如何核算金融市场创新后的金融服务；如何计量社会财富、政府和公共部门的债务与赤字；如何估价无形资产；等等。

为了使国民经济核算适应新形势新情况，1999 年 3 月联合国统计委员会在第 30 届统计大会上提出了 1993 年 SNA 修订计划，在 2003 年第 34 届统计大会上正式提出了修订 1993 年 SNA 建议，在 2004 年第 35 届统计大会上确定了《1993

年 SNA 修订一版》的发布时间为 2008 年。

联合国统计委员会在第 34 届大会讨论通过的 1993 年 SNA 修订问题共计 44 个，主要集中在无形资产、金融服务、金融工具和国际收支等方面，其中涉及无形资产的修改问题为 11 个，具体问题如下。

（1）回购协议（repurchase agreement）。

（2）雇主养老金计划（employer retirement pension schemes）。

（3）雇员股票期权（employee stock option）。

（4）呆坏账、贷款和存款的估价（valuation of non-performing loans，loans and deposits）。

（5）非寿险服务（non-life insurance services）。

（6）金融服务，中央银行产出的分配（financial services，allocation of the output of central banks）。

（7）持有收益税（taxes on holding gains）。

（8）高通胀条件下利息的处理（interest under high inflation）。

（9）R&D。目前 SNA 没有将 R&D 的产出作为资本形成。那么是否应对 SNA 进行修正?是否以类似于处理地质勘探的方式处理 R&D 支出？如果要将 Frascati 手册中包括的所有 R&D 都作为资产并按 Frascati 手册搜集数据，将会遇到一些实际困难，如怎样获得恰当的缩减指数和服务期限。

（10）专利权（patented entities）。在 1993 年 SNA 中，专利权被作为非生产无形资产来处理。然而，专利使用费却记录为服务产出，如同出租固定资产得到的租金一样。这一处理方法与其他的非生产资产（如土地）的处理方法不同。研发费用和由此得到的原创物是联系在一起还是分别进行资本化？原创物应该如何估价？用何种类型的价格指数来缩减专利服务的产出？

（11）原创物与复制品（originals and copies）。如何记录原版产品与复制品上的支出？是把原版产品与复制品区别开来,把两者都作为对新产品的支出？还是把原版产品看做大量复制品之和？如果是后者,那么对复制品的支出就部分（或是绝大部分）地反映了对一种现有物品的销售？复制品的交易该如何记录？

（12）数据库（databases）。1993 年 SNA 建议大型数据库要资本化。那么 SNA 应就数据的规模和可销售性及资本化数据库的特性给出具体明确的定义。

（13）其他无形固定资产（other intangible fixed assets）。其他无形固定资产是指新的信息和专业化知识。1993 年 SNA 在第十三章的附件中提到了这些没有再分类的其他项目。那么其他无形固定资产究竟应当包含哪些内容？

（14）所有权转让成本（cost of ownership transfer）。

（15）资本服务成本:生产账户（cost of capital services：production account）。

（16）政府资产（government assets）。

（17）矿藏勘探（mineral exploration）。矿藏勘探的支出在分类中被作为固定资本形成总额处理。原理是矿藏勘探建立了一个有关储量的存量信息，这些储量可以在未来的生产活动中作为投入来使用。问题是这些信息是被视作单独的存量还是与经济开采储量视为一体？当发现的资源存量和开采出的存量都被作为资本处理时，是否存在重复计算？

（18）常住居民和非常住居民之间非生产资源的使用权问题（right to use/exploit non-produced resources between residents and non-residents）。

（19）军事支出（military expenditures）。

（20）土地（land）。

（21）资产的承包租赁（contracts and leases of assets）。SNA 中已经规定了如何处理有形资产的承包租赁。但是如何处理无形非生产资产的承包租赁还没有明确规定。无形非生产资产包括赌场、出租车许可证，外贸执照和排放许可证等可交易政府租约；非政府可交易合同（购买还未生产的资产的权利、作家、足球运动员和表演者的合同等）；分包给第三方的可交易租约/合同/执照；特许经营权和商誉等。是不是应该以及在什么条件下，关于非生产资产的租赁/许可证/合同可以视为资产的销售或出租。是遵照国际国民核算工作组（Intersecretariat Working Group on National Accounts，ISWGNA）就移动电话执照给出的标准，还是再做进一步的探讨？一个法律合同在签署之后，是否应该作为非生产资产来看待？当租赁与合同的价值与折现付款钱数不等时，如何处理租约或合同市场价格的变化？如果进行记录的话，是该作为金融衍生工具还是非生产资产来处理？融资租赁的概念是否需要进行扩展，将那些租期没有包括全部使用年限的资产也包括在内。

（22）商誉及其他非生产资产（goodwill and other non-produced assets）。1993年 SNA 中只记录了购买的商誉，并且将法人企业和非法人企业购买的商誉区别处理。那么商誉是应当只在购买后予以识别，还是应当在产生时就予以识别？是否应当对法人企业和非法人企业购买的商誉同样处理？在资产负债表中是否应当反映品牌、商标、经销权等？

（23）磨损和折旧（obsolescence and depreciation）。

（24）建设-拥有-经营-转让（BOOT）模式[build-own-operate-transfer（BOOT）schemes]。

（25）单位（units）：①辅助单位（ancillary units）；②机构单位（institutional units）。

（26）培育资产（cultivated assets）。

（27）资产的分类和术语（classification and terminology on assets）。

资产的分类是否应同其他问题，如租赁和执照许可等的处理一致起来？是否应不再区分有形资产和无形资产？

（28）分期摊销有形和无形非生产资产（amoritization of tangible and intangible non-produced assets）。在 ISWGNA 关于移动电话执照的最后报告中，有一个关于分期摊销有形和无形非生产资产的简要讨论。对于各种非生产资产，如合同、租约、商誉及其他，还要进一步地仔细论述推敲吗？

（29）非生产无形资产的资产界定（assets boundary for non-produced intangible assets）。包括政府未来收益证券化在内的金融工具是否是无形非生产资产？

（30）经济资产的界定（definition of economic assets）。

（31）水的估价（valuation of water）。

（32）非正规部门（informal sector）。

（33）非法及地下活动（illegal and underground activities）。

（34）超级红利、资本注入和再投资收益［政府与国有企业的交易（收益与筹资）］{super dividend, capital injections and reinvested earnings［government transactions with public corporations（earnings and funding）］}。

（35）税收收入、不可征集税和税收信用（税务记录）［tax revenue, uncollectible taxes, and tax credits（recording of taxes）］。

（36）私人/公共/政府部门的划分（部门边界问题）［private/public/government sectors delineation（sectorization boundaries）］。

（37）担保活化（或有资产）与推定债务［activation of guarantees（contingent assets）and constructive obligations］。

（38）交易概念（transaction concept）：①经济所有权改变［change of economic ownership］；②资产、负债与个体常住性变动的影响（移民迁移）［assets, liabilities and personal effects of individuals changing residence（migrant transfers）］③权责发生制在欠账债务中的应用（application of accrual principles to debt in arrears）。

（39）常住性（residence）：①国民经济的含义（meaning of national economy）；②主要经济利益中心（作为用语）［predominant center of economic interest（as term）］；③非固定工和没有或基本没有工作场所的实体等概念需要澄清（clarification of non-permanent workers and entities with little or no physical presence）。

（40）国外加工货物（goods sent abroad for processing）。

（41）商贸服务（merchanting）。

（42）互助基金、保险公司和养老基金的未分配利润（retained earnings of mutual funds, insurance companies, and pension funds）。

（43）利息及相关问题（interest and related issues）：①与指数挂钩的债务工具的处理（treatment of index linked debt instruments）；②折让利率下的利息

（interest at concessional rates）；③对证券放款和黄金贷款的应付费用（fees payable on securities lending and gold loans）。

（44）金融资产分类（financial assets classification）。

二、无形资产核算修订的内容以及与 SNA1993 的比较

本节通过对SNA1993与SNA2008的反复对比研究，得出如表4-1所示的内容。

表 4-1　SNA1993 和 SNA2008 无形资产范围对比表

SNA1993	SNA 2008
生产非金融资产（AN.1）	生产非金融资产（AN.1）
固定资产（AN.11）	固定资产（AN.11）
有形固定资产（AN.111）	住宅（AN.111）
住房（AN.1111）	其他建筑和构筑物（AN.112）
其他房屋和建筑物	非住宅建筑（AN.1121）
机器和设备	其他构筑物（AN.1122）
培育资产	土地改良（AN.1123）
	机器和设备（AN.113）
	运输设备（AN.1131）
	信息通信技术（information communications technology，ICT）
	设备（AN.1132）
	其他机器和设备（AN.1133）
	武器系统（AN.114）
	培育性生物资源（AN.115）
	重复提供产品的动物资源（AN.1151）
	重复提供产品的林木、庄稼和植物资源（AN.1152）
	非生产资产所有权转移费用（AN.116）
	知识产权产品（AN.117）
	R&D（AN.1171）
无形固定资产（AN.112）	矿藏勘探和评估（AN.1172）
矿藏勘探	计算机软件和数据库（AN.1173）
计算机软件	计算机软件（AN.11731）
娱乐、文学或艺术原件	数据库（AN.11732）
其他无形固定资产	娱乐、文学或艺术原作（AN.1174）
	其他知识产权产品（AN.1175）
存货（AN.12）	存货（AN.12）
材料和用品	材料和用品
在制品	在制品
培育资产在制品	培育性生物资源在制品
其他在制品	其他在制品
制成品	制成品
转售货物	军事存货
	供转售的货物

SNA1993	SNA2008
珍贵物品（AN.13）	贵重物品
贵金属和宝石	贵金属和宝石
古董和其他艺术品	古董和其他艺术品
其他珍贵物品	其他贵重物品
非生产非金融资产（AN.2）	非生产非金融资产（AN.2）
有形非生产资产（AN.21）	自然资源（AN.21）
土地	土地
地下资产	矿物和能源资源
非培育生物资源	非培育性生物资源
水资源	水资源
	其他自然资源
	无线电频谱
	其他
无形非生产资产（AN.22）	合约、租约和许可（AN.22）
专利性实体	可交易的经营租赁（AN.221）
租约或其他可转让合约	自然资源使用许可（AN.222）
购买的商誉	从事特定活动的许可（AN.223）
其他无形非生产资产	货物和服务的未来排他性权利（AN.224）
	商誉和营销资产（AN.23）

三、SNA2008 对 SNA1993 的调整的影响

经济总量的调整。以 GDP 为例，SNA1993 这次修订可能会从以下几个方面导致 GDP 总量的调整：①将自有资产的回报按机会成本虚拟，将导致 GDP 增大。②将 R&D 从中间消耗中转入固定资本形成总额，将导致 GDP 发生等量的改变。

（一）GDP 的作用以及在知识经济时代，R&D 资本化能更科学而准确地核算 GDP

第一，GDP 是反映国民经济发展变化情况的重要工具。具体体现为以下几点：GDP 增长率是描述经济增长的指标；GDP 是描述经济规模最重要的宏观经济指标；人均 GDP 是描述人均经济发展水平的重要指标；GDP 是描述经济结构的重要指标，许多重要而基础的经济结构，如产业结构、消费需求和地区经济结构等，研究与试验发展（其实与 R&D 是同一个指标，指标定义相同简写为 R&D，以下简称 R&D）经费支出占 GDP 的比重，也反映了经济中的创新结构，这些都是通过 GDP 来描述的；GDP 是描述价格总水平变化的重要指标。

第二，制定经济发展战略和经济政策的重要依据。首先，GDP 是制定国家经济发展战略和规划目标的重要工具。例如，"十二五"规划关于经济社会发展的主要经济指标有 24 个，其中直接与 GDP 有关的指标有 6 个，包括 1 个经济发展指标，两个经济结构指标，3 个资源环境指标。1 个经济发展指标为 GDP，"十二

五"时期年均增长 7%，从 2010 年的 39.8 万亿元，增加到 2015 年的 55.8 万亿元；两个经济结构指标具体如下：一个是服务业增加值比重，"十二五"时期提高 4 百分点，从 2010 年的 43%提高到 2015 年的 47%。另一个是 R&D 经费支出占 GDP 的比重，"十二五"时期增加 0.45 百分点，从 2010 年的 1.75%增加到 2015 年的 2.2%；3 个资源环境指标具体如下：第一个是单位工业增加值用水量，"十二五"时期降低 30%；第二个是单位 GDP 能源消耗降低 16%；第三个是单位 GDP 二氧化碳排放降低 17%，这三个指标都是约束性指标。其次，GDP 是制定宏观经济政策的重要依据。我国的宏观经济政策与经济增长和价格总水平变动存在十分密切的关系。

第三，GDP 还是检验宏观经济政策科学性和有效性的重要手段以及对外交往的重要指标。一个国家承担国际义务的轻重，享受优惠待遇的多少，以及在国际社会发挥作用的大小与这个国家的 GDP 都有密切的联系。虽然 GDP 不再是检验一个地区地方政府绩效的唯一指标，但仍然是最重要的指标。

在知识经济时代，我国传统的 GDP 核算没有考虑"无形"的资本对经济增长的贡献，仅仅考虑了实物资本，即固定资产对经济增长的贡献率，导致了 GDP 核算存在一定的粗糙性，为了适应时代的特色——创新与科技进步是该时代经济发展的主要动力，所以我国 GDP 核算在反映传统经济增长率的同时更能反映出这一时代"无形"增长因素带来的经济增长，"无形"资产便提到了 GDP 核算的日程上来，正如上文所说，参照先进国家的经验，引入 R&D 这一资本形成的概念到 GDP 核算中可以提高 GDP 核算的科学性。GDP 核算的科学性不仅仅保证了我国经济增长测度的科学性，也会进一步保证我国经济规模测量的科学性，以及人均 GDP 这一国际比较常用的基本指标的科学性。更为重要的是 GDP 指标是国家经济发展战略及经济政策制定的基础指标，GDP 反映时代特色的科学性将为国家制定经济发展战略和经济政策提供更为科学的依据，同时也为我国进行国际交往的尺度与角色提供适应时代特色的科学依据，正所谓随缘不变。

美国就曾经因为忽略了知识经济时代的特点，保持传统 GDP 核算直接导致对经济周期的错误诊断，甚至造成宏观决策的失误。原因是现有的 GDP 没有包括日益增加的无形投资支出，在美国经济衰退时，它会低估衰退的严重性；在经济过热时，它又会在一定程度上掩盖经济散发的过热信号。GDP 这种对经济周期波动程度的低估很大程度上使它失去了为政府经济决策提供高质量信息的作用。在考虑了无形投资主要是 R&D 之后，2001 年美国的经济衰退远比官方公布的数字严重得多，2006 年的经济复苏也比官方数字描述的乐观。根据官方的数字，2001 年美国的衰退期私人部门的产量甚至增加了 0.4%，但到 2003 年时美国私人企业共失去了 300 万个工作机会。因为在经济衰退时，通常企业会削减 R&D、广告和培训等方面的支出，解雇这方面的职员，但不会直接影响到 GDP，因为现行的

GDP 统计并不包括这些无形投资。由此案例我们可以看出无形投资，主要是 R&D 支出包括在 GDP 中不仅可以更好地描述经济形势，更可以提高对国家宏观经济的预测能力，这对国家制定科学的经济发展战略和经济政策，以及提高宏观调控水平十分重要。

另外，如果将 R&D 费用化，就是将 R&D 活动生产的所有产出按照消耗的中间投入处理，这样 R&D 活动在一个国家或地区进行得越广泛和深入，GDP 的总值反而越小，虽然 GDP 不再是检验一个地区地方政府绩效的唯一指标，但是仍然是最重要的指标，这种对 R&D 活动做减项处理的方法会削弱地方政府进行该地区科学技术创新的动力。

那么 R&D 如何从费用化到资本化，操作的难点在哪里？我们可以关注国际权威组织联合国与 OECD 等组织联合制定的国民经济核算关于"R&D"支出处理的变化和讨论。

（二）R&D 资本化的国际组织规定的关键性进程

R&D 在国际组织规定的关键性进程是 SNA1993 从理念上肯定了 R&D 的资本形成性，但是处理上仍然按照相反方向中间消耗处理，SNA2008 提出 R&D 不管在处理上有何难度都应该把 R&D 按照资本形成处理，保证了 GDP 核算及国民经济核算的关键问题核算的科学性。

1. SNA1993 对 R&D 的相关定义、估价和费用化等处理

SNA1993 没有给出 R&D 的明确定义，只给出一些粗略的描述："市场生产者进行的研究和开发是为了发现或开发新产品，包括改进现有产品的形式或质量，或者发现或开发新的或更有效的生产工艺而进行的活动。"……"从事研究与开发的目的在于提高效率或生产率，或在将来获得其他收益，所以它们自然是一种投资型活动，而不是消耗型活动。"在这里我们看到在 SNA1993 中肯定了 R&D 是投资型活动，这相对于 SNA1968 而言在观念上，以及对 R&D 支出是投资活动给予了肯定。

R&D 估价处理分为以下三种情况：第一种情况，R&D 不是一种辅助活动，应当为此单独设立一个基层单位。市场生产者为了自身利益从事的 R&D 原则上应按它们如被商业性转包，估计将收取基本价格进行估价。但在实践中，很可能不得不按其生产总成本估价。第二种情况，对于专门的商业性研究室或研究所进行的 R&D。应采用通常的方法，按销售、定金、佣金、服务费等收入进行估价。第三种情况，由政府部门、大学及非盈利研究所等非市场生产者所从事的 R&D 是非市场生产，应按实际发生的总成本估价。R&D 的活动与教学不同，在《国际标准产业分类》中它们被单独分为一类。原则上，在大学或其他高等教育机构内所从事的两种活动应当明确区分开来，但是在实践中将两者区分开来相当困

难，因为同一职员可能同时从事两种活动。在某些情形下，由于在教学研究之间存在相互作用，甚至在概念上将两者区分开来都非易事。

R&D 在 SNA1993 中虽然是一种资本形成的投资活动，但仍然作为费用处理。其理由如下："为了将这些活动划为投资型活动，就必须有把它们与别的活动区分开来的明确标准，就必须能对这些活动生产的资产货物进行识别和分类，就必须能对这些资产的价值做出有经济意义的估价，还必须知道它们的折旧率。实践中，上述要求很难全部满足。因此，依照惯例，研究和开发活动生产的所有产出按照消耗的中间投入处理，即使其中的一些活动可能带来未来效益。"正是因为操作上存在的难度，R&D 在 GDP 核算中作为加项的资本形成的科学性就被忽略了，反而作为 GDP 核算的减项中间消耗处理，这种处理方法虽然可以理解，因为其操作上的困难，不得不舍去科学性，但是一旦操作上有一些可行性，我们应该考虑 R&D 资本化的科学性。经过 15 年的科学技术发展，以及社会现代化、信息化发展，更加之国际上各个国家统计核算的不断探索与求真，R&D 在 SNA2008 中正式被作为资本形成提出来了，而此项修改可以说是 SNA2008 相对于 SNA1998 的最重要修改之一。国际核算和统计终于在科学性与可操作性方面有了突破。

2. SNA2008 对 R&D 的相关定义、估价和资本化等处理

SNA2008 给出了 R&D 的明确定义：R&D（试验性）支出是指为了增加知识储备（包括有关人类、文化和社会的知识）并利用这种知识储备开发新的应用，系统性地从事创造性工作而支出的价值。简而言之，"发现新知识并应用新知识"。R&D 的价值应该按照它未来预期可提供的经济利益来决定。政府获得 R&D 成果用来提供公共服务的情形也包括在内。原则上，不向其所有者提供经济利益的 R&D 不形成固定资产，而应视作中间消耗。否则，按照惯例，只能以其费用之和对 R&D 进行估价，其中包括未成功 R&D 的费用。

R&D 应该作为资本形成的一部分。要实现这种处理方式，有几个问题需要讨论，包括 R&D 测算推导方法、价格指数和使用寿命。需要在方法论和实际操作方面提供指导，由此可以形成一些有用的方法，使测算结果能达到恰当的可信度水平。如果我国国家统计局想实现 R&D 作为资本形成处理的话，需要做的工作还很多。

SNA2008 中固定资产边界得到了进一步扩展，将 R&D 的产出包括在内，这符合关于资产的一般定义。R&D 涵盖了创新过程的一部分，但不是全部。它没有包括由企业生产部门和工程部门所做的很多支出。这些部门也可能负责识别潜在的新产品，将其提交给 R&D 部门从而使 R&D 部门开发其背后的科学知识。此外，企业在新产品上市之前也可能发生其他的支出，其中包括为确定对新产品的需求进行的市场调研，以及为了推销该产品而发生的销售支出。但是这些 R&D

不容易与其他活动区分开来。操作的可能性太弱,故暂时不予与区分,记作 R&D。SNA2008 中对 SNA1993 中提出 R&D 核算费用化的难处在于 R&D 活动与其他活动不容易区分开来,故费用化,这种一刀切的方法给予了细化,把那些能够与其他活动区分开来的独立的 R&D 活动记为资本形成,不容易区分的创新活动,暂不记为 R&D。

四、对中国关于无形资产核算内容修订的借鉴作用

(一)完善中国的国民经济核算中关于无形资产核算的内容

根据我国的国情和未来十年的战略目标来完善国民经济核算,未来我国在宏观经济中的决策体现在以下几方面:①大力提倡文化产业;②重视技术创新与研发;③关注能源环境;④关注民族企业的核心竞争力。

按照我国宏观经济政策的倾斜程度与 SNA2008 的修订内容,国民经济核算未来的修订应该考虑以下几方面内容。

(1)加入娱乐、文学或艺术原作(AN.1174)(此项对应第一项宏观政策)(而 SNA2008 在此处的操作给出了详细的说明)。

(2)加入 R&D(AN.1171)及计算机软件和数据库(AN.1173)(计算机软件(AN.11731)、数据库(AN.11732))(此项对应第二项宏观政策),此项在会计的改革中也已经资本化了,数据比较好获取,在折旧方面已经开始使用永续折旧的方法。

(3)矿藏勘探和评估(AN.1172),合同、租约和许可(AN.22),可交易的经营租赁(AN.221),自然资源使用许可(AN.222)(此项对应第三项)。

(4)增加商誉与营销资产(AN.23)(此项对应第四项宏观政策),而且操作上具有可行性,因为企业会计已经把商誉作为单独的一块内容来核算。

(二)R&D 资本化使 R&D 经费支出占 GDP 的比重更为科学合理

我国"十一五规划"中 R&D 经费支出占 GDP 比重是 22 项主要指标之一。除"服务业增加值比重"、"服务业就业比重"和"R&D 经费支出占 GDP 比重"外,基本完成规划目标。R&D 经费支出占 GDP 比重的规划目标从 2005 年的 1.3% 提高到 2010 年的 2%,5 年提高 0.7 百分点。初步核算,2010 年研发支出占 GDP 比重为 1.75%,与规划目标相差 0.25 百分点。

我国"十二五规划"中经济社会发展主要指标有 24 个,R&D 经费支出占 GDP 比重的目标为从 2010 年的 1.75% 增加到 2015 年的 2.2%。

R&D 资本化有利于解释 R&D 经费支出占 GDP 比重指标的意义。

R&D 资本化就会体现在 GDP 的计算中,R&D 作为 GDP 其中一部分加项的构成,探讨 R&D 活动在 GDP 中的比重这一结构性问题,才显得有意义。否则,如

果将 R&D 支出作为中间消耗处理，我们计算出的 R&D 占 GDP 的比重就应该是一个逆指标，即指标值越大，说明反映的经济效益越不好。这与 R&D 支出占 GDP 比重作为正指标处理，即我国"十二五规划"中 R&D 经费支出占 GDP 比重的目标从 2010 年的 1.75%增加到 2015 年的 2.2%，是不合乎逻辑的。

尽可能核算 R&D 支出，扩大其核算范围逼近我国 R&D 的真实范围，提升该指标的科学性。

第二节　美国 GDP 中无形资产相关项目新核算方法的影响分析以及对中国的启示

《2008 年国民账户体系》（以下简称 SNA2008），是由联合国、欧盟委员会、世界银行、国际货币基金组织、OECD 牵头制定的国民经济统计标准，是对 SNA1993 版本的修订，涉及诸多统计方法和数据来源的变化，但将技术、知识、智慧和创新能力等无形生产资产资本化，无疑是其最大特色。2013 年 7 月 31 日，美国商务部经济分析局以 SNA2008 为依据，正式调整 GDP 的统计方式，并以此重新修订自 1929 年以来的美国宏观经济数据。本节以美国 GDP 新核算方法为研究对象，在对其修订内容做简单介绍的基础上，分析此次修订对美国经济产生的影响，简单介绍世界其他国家包括中国修订本国 GDP 核算方法的态度和进程，并探讨对中国 GDP 核算改革和完善的启示。

一、美国 GDP 新核算方法的内容及影响分析

（一）美国 GDP 新核算方法的内容

在联合国等国际组织制定 SNA2008 后，美国以此为依据率先修订了 GDP 的核算方法，修订的内容包括以下几点：一是将 R&D 支出列入固定资产投资；二是将娱乐、文学及艺术原创支出列入固定资产投资，所涉及的细分项目包括电影、长期电视节目、图书和录音等；三是将房屋交易时的多项税费列入固定资产投资；四是将养老金计划赤字列入固定资产投资。

美国调整 GDP 的核算方法沿袭了 SNA2008 的最大特色，即无形生产资产资本化。例如，美国一家公司研究一种新产品、电影公司制作一部新影片、歌星创作一支新单曲的支出，都将被视为固定投资，就像一家工厂购买了一台机器设备。而在以前这些知识产权的投入是作为中间消耗的，未被直接统计到 GDP 中。在修订的内容中，对 GDP 变化影响最大的当属是 R&D 支出，包括企业、政府和非

营利机构的各种研发费用。例如，苹果公司研发 iPad 的费用属于 R&D 支出，新的 GDP 核算方法下，这个费用由中间消耗计入了固定投资。

（二）美国 GDP 新核算方法的影响分析

1. 对 GDP 总量的影响：GDP 总量增加

美国按照 GDP 新的核算方法修订了 1929~2013 年第一季度的全部经济数据，按修订后的口径，美国 GDP 总量增加。表 4-2 列举了新核算方法下 2002~2012 年美国 GDP 的增加值（当年价）。

表 4-2 新核算方法下 2002~2012 年美国 GDP 的增加值（当年价）单位：亿美元

年份	2002	2003	2004	2005	2006	2007	2008	2009	2010	2011	2012
GDP 增加值	3 857	4 006	4 335	4 653	4 805	4 880	4 854	4 599	5 034	5 120	5 260

美国 GDP 增加的主要原因是无形生产资产的资本化，其中，R&D 支出资本化的贡献最大，其次是娱乐、文学及艺术原创支出资本化，而房屋交易时的多项税费及养老金计划赤字资本化的影响较小且相对稳定。新的核算方法下，2012 年美国 GDP 总量增加了 3.6%，即 5 598 亿美元（相当于比利时的 GDP），其中无形生产资产资本化贡献了 90%。以 2012 年为例，将无形生产资产资本化后，美国 GDP 的增加值见表 4-3。

表 4-3 各个项目资本化后美国 GDP 的增加值（当年价）

资本化的项目	GDP 增加值/亿美元	占 GDP 总量的比例/%
R&D 支出资本化	3 967	2.44
娱乐等艺术原创资本化	743	0.46
房屋交易税费资本化	423	0.26
养老金计划赤字资本化	126	0.08
总计	5 259	3.24

美国采用新的核算方法后其 GDP 总量增加，说明美国的经济在不断增长中。新的核算方法使数据变得更好看，更高的 GDP 数据显示了美国经济的发达，也为美国与世界其他国家的经济比较中挣足了面子。

2. 对 GDP 增长率的影响：GDP 增长率变动不大

新的核算方法对 GDP 增长率的影响不是很大，且修订前后 GDP 增长率之差也有正有负。表 4-4 列出了核算方法修订前后 2002~2012 年 GDP 增长率的变动情况。

表 4-4　核算方法修订前后 2002~2012 GDP 增长率的变动情况　　　单位：%

年份	修订后的 GDP 增长率	修订前的 GDP 增长率	GDP 增长率变动
2002	1.8	1.8	0.0
2003	2.8	2.5	0.3
2004	3.8	3.5	0.3
2005	3.4	3.1	0.3
2006	2.7	2.7	0.0
2007	1.8	1.9	−0.1
2008	−0.3	−0.3	0.0
2009	−2.8	−3.1	0.3
2010	2.5	2.4	0.1
2011	1.8	1.8	0.0
2012	2.8	2.2	0.6

由表 4-4 可做出核算方法修订前后 GDP 增长率的折线图，见图 4-1。

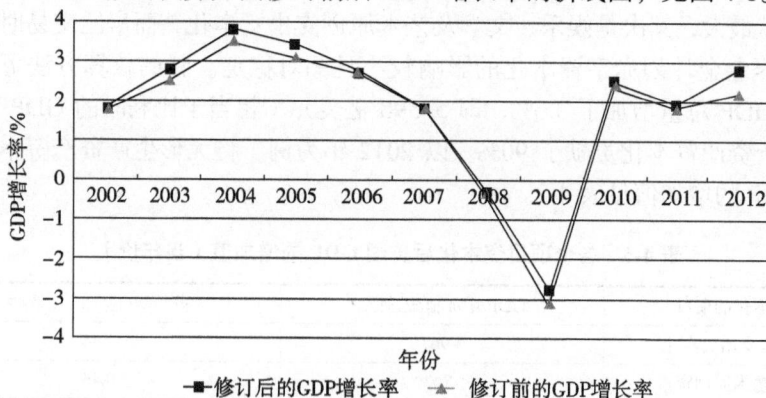

图 4-1　核算方法修订前后 GDP 增长率的折线图

3. 缓和了金融危机下美国经济衰退的严重局面，刺激了投资者的信心

2008 年的全球金融危机使美国的经济遭遇了重创，失业率一直居高不下，美国民众的投资信心也大大降低，且美国政府在 2009 年采取的恢复性政策也没有收到好的效果。

然而，修正数据下，2008 年全球金融危机下的美国经济衰退与之前相比变得不是那么严重，美国经济衰退时期的 GDP 下跌比率有所降低，其中，2008 年第三季度的 GDP 下跌由 3.7%修正为 2.0%，且第四季度的 GDP 下跌由 8.9%修正为 8.3%，美国的失业率也相应降低。修正后的乐观数据缓解了美国居民受金融危机影响的恐慌情绪，在一定程度上刺激了投资者的信心，提振了市场情绪。

4. 美国 GDP 新核算方法饱受争议

一些学者对美国修订 GDP 核算方法持肯定观点，认为其是知识经济发展的内在要求，是对 SNA2008 的响应，引领了世界的潮流。然而有的学者对美国此次 GDP 的修订提出了疑问，认为此次调整"正值美国经济发展遇阻的关键时期"，有 "GDP 灌水" 和 "粉饰经济增长" 的嫌疑。

笔者认为，GDP 核算的范围和内容总是会随着经济社会的发展而不断与时俱进的，只有根据社会发展的需要，不断地修订和调整 GDP 的核算方法，才能真实地反映出各个国家 GDP 的真实情况。在联合国等国际组织制定 SNA2008 后，美国积极做出响应，以此为依据率先调整了 GDP 的核算方法，这有利于提高其在国民经济核算中的话语权。最主要的是，美国作为发达的经济体，而且有良好的统计核算基础。然而，从笔者上面的介绍可以看出，修正后的经济数据确实较以前变得更加好看，这不得不让人深思美国是否存在 "GDP 灌水" 和 "粉饰经济增长" 的嫌疑。

（三）警惕美国 GDP 新核算方法的陷阱

1. 混淆 R&D 与创新的概念，而盲目加大 R&D 投入

表面上看，R&D 与创新是相似的，都是为了得到新的东西，其实不然，这两者的本质是不同的。R&D 是指为了增加知识的总量，以及运用这些知识去创造新的应用，所进行的系统的、创造性的活动。R&D 支出即为创造新的应用所投入的各种费用，这属于"投入"的范畴。而创新强调的是新产品的产出，属于"产出"的范畴。

对于前几年政府部门用"投入替代法"估计产出，蒋萍（2011）曾提出："对错误概念进行精确的核算，还是对正确概念进行粗线条的估算，很多国家已经选择了后者。"即对于产出的估算，用投入替代产出违背了"产出"的性质，而应该用粗糙的产出估算产出。这里所说的 R&D 与创新也是如此，R&D 是投入，创新是产出，加大 R&D 的投入不一定能够增加新产品产出。若将 R&D 误认为创新，为增加新产品产出而不断地加大 R&D 投入，就会造成资源的巨大浪费，长时间这样必然会导致资源的短缺，使国家蒙受巨大损失。

2. 为使 GDP 增加而盲目加大 R&D 投入，而忽略 R&D 投入效率

美国是一个特别注重效率的国家，这从近几年美国大量地去世界各国挖掘人才就可以看出。其想方设法把人才留下，这样大大降低了国家培育人才的费用，从而大大提高了人才的利用效率。虽然美国的 R&D 投入非常大，但其新产品的产出也特别大，即 R&D 的转化率非常高，可见美国走的是重效率的节约型 R&D 道路。

美国 GDP 新的核算方法中，R&D 投入由中间消耗计入固定投资，这必然会使 GDP 增加。这从表面上看，要使国家的 GDP 增加，可以加大 R&D 投入。若中国只看到这个表面现象，为增加 GDP 而不断地加大 R&D 投入，就会造成不必要的损失。

3. GDP 虚高，加大中国在国际上承担的责任

现行的国际经济是以市场为导向的，各个国家自由竞争，实力越大，从中获益就越多，承担的责任就越大。当今国际社会，"中国责任论"的呼声很高。西方国家认为，中国的 GDP 总量很大，理应承担一个发达国家承担的责任。中国认为，中国人口众多，人均 GDP 比较低，应只承担一个"发展中国家"的责任。中国并不是想逃避责任，而是一旦承担了超高的责任，就不是付出一次的问题，而是长期地履行其国际义务，这样会给中国带来沉重的负担。

这次美国首先调整 GDP 的核算方法，中国若是盲目效仿，就会加大对 R&D 的投入而忽视自身的 R&D 效率，不但使中国的 GDP 总量增加，人均 GDP 也会增加，中国将被推到发达国家的行列，坐实西方国家的"中国责任论"。结果是，中国在国际中承担的责任加大，不得不分出更多的优秀资源，这样就会抑制中国的发展。

二、世界其他国家修订本国 GDP 核算方法的进程

美国对 GDP 核算方法的调整以 SNA2008 为依据，因此，各个国家要调整 GDP 的核算方法，首先应该接受 SNA2008。而且，许多国家已经明确表示要接受 SNA2008，意味着有意对本国的 GDP 核算方法进行修订。

（一）部分国家以 SNA2008 为参照，积极部署本国 GDP 核算方法的修订

世界许多国家都已经明确表示要接受 SNA2008，但是调整 GDP 的核算方法，涉及国际可比性的问题，由于各国国情的差异，每个国家最终接受 SNA2008 的进度不一，所以每个国家对调整本国 GDP 核算方法的进度也不一。

澳大利亚属于行动比较快的国家，在 2009 年一步到位，全面接受了 SNA2008 标准。2012 年加拿大也已经核算了 GDP 等受 SNA2008 显著影响的指标，随后又分步转换其余项目的核算。欧盟参考 SNA2008，于 2013 年 6 月正式提出了适合自身的欧洲国民经济账户体系（ESA2010），且其明确表示将于 2014 年 9 月正式启用该体系。韩国于 2014 年提出了新标准。日本也提出将于 2016 年正式采用新标准，且日本内阁府估算，新标准下，日本的名义 GDP 将增加 3%左右，金额约为 15 兆日元。

以 SNA2008 为参照，在美国率先调整 GDP 统计方式并修订其经济数据的引

导下，相信各个国家已经开始探索适合自身的 GDP 新核算方法，以提高其在国际经济核算领域的话语权。

（二）中国的相关研究工作目前尚处于初步阶段

我国的香港特别行政区起步较早，从 2012 年 9 月开始采用了新的统计标准 SNA2008，且特区政府统计处的报告显示，按照新标准计算，本地的 GDP 在近年上调约 2%。

中国大陆的相关研究工作正处于初步阶段。SNA1993 制定并公开发布 9 年后，中国于 2002 年正式以此为参照，修订了各项经济指标的核算方法，且目前仍按照其核算 GDP 等重要经济指标。对于 SNA2008 的相关研究工作，目前，我们已经制定了修订《中国国民经济核算体系（2002）》的初步计划和初步框架。按照工作计划，已于 2014 年下半年提出初稿，并征求有关部门和专家的意见，进行论证和修改，形成最终文本，并按程序对外公布。采用新的核算方法计算出来的 GDP 等重要指标数据，以及这些指标修订后的历史数据，拟于第三次全国经济普查之后按程序对外发布。

三、美国采用 GDP 新的核算方法对中国的启示

（一）明确 R&D 与创新的不同，注重 R&D 的投入效率，承担大国国际责任

中国应该认清 R&D 与创新的本质，不要盲目加大 R&D 的投入，而应提高 R&D 的投入效率，确保投入得到最好的回报，坚持走重效率的节约型 R&D 的道路。美国 GDP 新的核算方法虽然是在 SNA2008 大环境下，但是其必定是以自己的国情为基础。因此，中国应根据自己的实际情况制定 R&D 的投入策略，增加投入产出比，提高 R&D 的转化率。

近几年，中国在世界上迅速崛起，整体实力不断增强，国人拥有自豪感也是不可避免的。但是，我们应该认清中国人口众多、人均指标较低的现状，坚持自己是发展中国家的身份定位，拒绝西方国家的"中国责任论"。承担自己应该承担的国际责任，拒绝承担较高的国际责任，可以在力所能及的范围内承担高于一般发展中国家的特殊责任，这正是中国作为一个"负责任的大国"的题中之意。

（二）借鉴发达经济体的经验，探索适合自身的 GDP 核算方法

美国采用的 GDP 新的核算方法是在 SNA2008 框架之内，且体现了世界经济和社会发展的主流理念与实践。中国是该实践的主体，随着 GDP 新的核算方法逐渐地被世界其他国家接受，中国不可能去拒绝，否则就会与世界各国脱轨。然而，像美国这样的发达国家，其统计基础比较好，从其开始把研发纳入 GDP 核

算到最终采用新体系，大致经历了 15 年。对于中国这样的发展中国家，统计基础比较薄弱，对新的 GDP 核算方法的探索可能会存在一定的难度。

中国目前的相关研究工作正处于初步阶段，因此在以 SNA2008 为参考探索适合自身的 GDP 核算方法时，可积极借鉴发达经济体的经验。现阶段，中国要采取的措施如下：一是正确认识无形生产资产资本化的必要性，这与中国倡导的"科教兴国"战略相吻合，是符合世界发展潮流的；二是正确看待本国的统计基础，积极借鉴发达经济体的经验；三是积极开展与 GDP 核算调整相关的理论与方法研究，中国在完善 GDP 核算框架的过程中，应以 SNA2008 为依据，从而加强国际可比性。

（三）更新 R&D 强度指标

R&D 强度指标是我国"十二五规划"中经济社会发展 24 项主要指标之一，R&D 强度为 R&D 支出占 GDP 的比重，笔者认为这个指标存在不合理性。第一，目前我国的 GDP 核算把 R&D 作为中间消耗的费用处理，即作为 GDP 的减项，以 GDP 的减项与 GDP 的比值作为指标，显得不够科学。第二，这个指标是一个总量指标，要完成这个指标，就需要加大 R&D 的投入而忽略效率，这就会造成 R&D 的效率降低，这与我们党"十八大三中全会"中强调的"重效率"有偏差。我们或许可以将 R&D 强度的总量指标改为效率指标，即 R&D 效率为新产品产出占 GDP 的比重，这样会变得比较合理。然而，对于新产品产出数据获得的工作量比较大，需要政府组织相关工作，对数据进行统计整合。

综上所述，中国应该以 SNA2008 为依据，基于本国国情和实际需要，适当地借鉴发达经济体的经验，以美国新的 GDP 核算方法为参考，积极探索适合中国的新 GDP 核算方法。

第三节　无形资产中 R&D 投资国际比较及对中国的启示

2013 年 7 月 31 日，美国商务部经济分析局依据 SNA2008 正式调整 GDP 核算方式。无形资产资本化，是本次调整中最重要的统计概念变动。本次修订后，固定资产投资分类的最大变化就是在原有的三大类别（住宅投资、建筑投资、设备与软件投资）基础上，增加知识产权投资大类，其下包括软件、研发投资、娱乐与文艺创作三个子类。

虽然 SNA1993 已经指出 R&D 是具有价值的投资型活动而不是消费活动，但在实践中很难将 R&D 活动从具有相似特征的活动中区分出来，并且 R&D 资产的价值和折旧率也很难进行准确估计，因此 SNA1993 把 R&D 产出按照中间消耗来处理。

随着 R&D 投资活动重要性的加强，R&D 投入经费成为衡量一个国家或地区科技竞争力的重要指标，大多数国家在制定本国科技发展目标及规划时都把这一指标作为重要参量。因此 SNA2008 决定扩大边界，将 R&D 支出作为"资本形成"项纳入国民账户，将 R&D 产出作为固定资产项下"知识产权产品"而列入资产负债表中。SNA2008 文本中阐述[①]："R&D 的价值应该按照它未来预期可提供的经济利益来决定，原则上不向所有者提供经济收益的 R&D 不形成固定资产，而应作为中间消耗处理。"由此可以看出，能为投入者未来带来收益的 R&D 支出才能形成资本，因此 R&D 资本化是有条件的资本化。

从生产法看，GDP=总产出–中间消耗。在新的核算 R&D 方法中，R&D 投入不再作为中间消耗被减掉，而是作为资本形成被加入总产出。美国提出此改革后，世界许多国家都明确了采用 SNA2008 的行动。

R&D 与创新。OECD 统一了 R&D 口径，指出："研究与试验发展是指为了增加知识储量而在系统的基础上进行的创造性工作，包括有关人类、文化和社会的知识，以及利用这些知识储备来设计新的应用。"[②]

技术创新活动是指所有关于科学、技术、组织、金融和商业性进程，包括对新知识的投资。事实上，这些技术创新活动旨在促进产品和工艺的技术创新与提高。R&D 只是这些技术创新活动中的一种，且可以在创新过程的不同阶段实施。R&D 不仅可以作为发明思想的源泉，并且也可以作为解决问题的手段，在创新过程中的任何阶段，都可以进行 R&D。

一、中美 R&D 投入规模及强度的直观比较

R&D 活动是科技活动的核心，是技术创新的源头和必要环节。美国较高的科技水平为其经济长期以来保持持续稳定的发展提供了动力，而这与其对 R&D 投入的高度重视是分不开的。

（一）中美 R&D 投入规模的比较

长期以来，美国 R&D 投入经费的规模一直远远超越我国，如表 4-5 所示。但我国 R&D 投入增长速度一直保持在较高的水平，1996~2009 年我国 R&D 投入年平均增长率为 23.04%，而美国在此期间的年平均增长率仅为 5.56%。

---

① 引自联合国：国民经济核算体系 2008. 中国国家统计局国民经济核算司，中国人民大学国民经济核算研究所译. 北京：中国统计出版社，2008.

② 引自科技部发展计划司，中国科技指标研究会.弗拉斯卡蒂丛书——研究与发展调查手册.第 5 版.北京:新华出版社，2000.

表 4-5　中美 R&D 投入及 R&D 投入增长率

年份	R&D 投入/亿美元		R&D 投入增长率/%		专利申请数量/件	
	中国	美国	中国	美国	中国	美国
1996	46.54	1 884.60	—	—	61 382	236 692
1997	57.48	2 130.18	23.52	13.03	82 289	262 787
1998	61.51	2 269.49	7.00	6.54	52 348	294 706
1999	75.35	2 438.57	22.50	7.45	51 906	295 895
2000	97.19	2 665.94	28.99	9.32	—	—
2001	111.69	2 656.03	14.92	−0.37	181 256	381 737
2002	136.00	2 632.84	21.76	−0.87	128 671	342 441
2003	160.12	2 721.97	17.74	3.39	130 384	356 943
2004	195.68	2 791.89	22.21	2.57	173 327	390 733
2005	297.91	3 254.15	52.24	16.56	210 501	425 966
2006	377.42	3 467.09	26.69	6.54	245 161	456 154
2007	503.96	3 712.88	33.53	7.09	—	—
2008	666.23	4 034.02	32.20	8.65	314 573	456 106
2009	848.52	4 020.44	27.36	−0.34	391 177	490 048
2010	1 043.77	4 088.53	23.01	1.69	—	—
2011	1 346.60	4 181.04	29.01	2.26	—	—

据表 4-5 及图 4-2 所示，美国 R&D 投入在 2001 年、2002 年、2009 年增长缓慢，而中国在 2005 年 R&D 投入增长率达到百分之五十以上，可见中国已经开始大力发展 R&D 活动，加大对其经费的投入力度。然而，从专利申请数量来看，1996~1999 年，美国的专利申请数量一直领先中国四五倍之多，随着中国 R&D 能力的增强，中国自 2001 年专利申请数量开始大幅增长，但与美国相比仍存在一定差距。专利申请数量可以表示为 R&D 投入的产出，在一定程度上衡量 R&D 产出效率。可见，虽然中国 R&D 投入与产出都有了显著的提高，并保持了强劲的增长势头，但其效率仍然较低，这也是导致创新能力较低的重要原因。

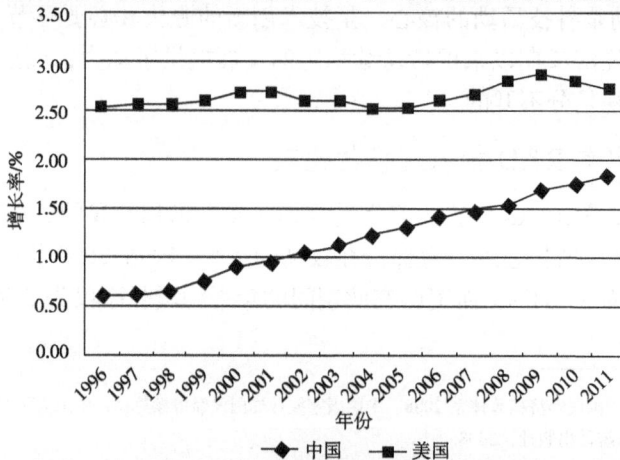

图 4-2　中美 R&D 投入增长率

（二）中美 R&D 投入强度比较

一般来说，在对 R&D 投入进行国际比较时，通常采用的是投入强度（R&D 投入占 GDP 的比重）指标，即 R&D 投入强度=R&D 投入总额/GDP。本节搜集了中国与美国 1996~2009 年 R&D 投入强度数据，制作图 4-3。

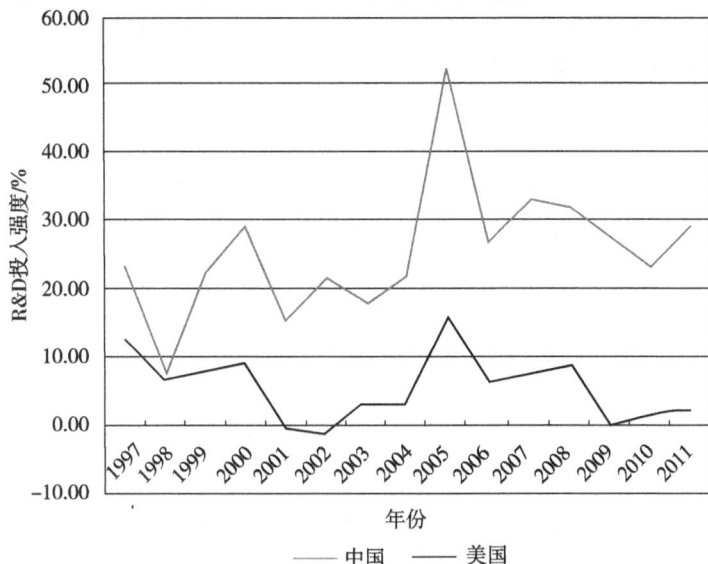

图 4-3 中美 R&D 投入强度对比

从图 4-3 中，我们可以得到结论，中美两国的 R&D 投入强度存在非常显著的差异，美国在 R&D 投入强度上一直遥遥领先于中国。但与此同时我们也看到，中国该指标呈现上涨趋势，但波动幅度较大；而美国却在 2002~2004 年增长缓慢，随即又继续上涨。一般认为，R&D 经费投入强度不到 1% 的国家是缺乏创新能力的，说明该国的 R&D 活动仍处于初级阶段；在 1% 到 2% 之间，则说明该国的 R&D 活动正处于中级阶段；大于 2% 的，则说明这个国家创新能力比较强。美国的 R&D 投入强度一直在 2%~3% 波动，这正说明了历届联邦政府和企业对科技 R&D 的重视，创新能力一直呈现高水平。自 2000 年以来，美国的 R&D 投入强度出现了明显的下降趋势，这主要是美国经济发展速度趋缓的结果。

由上面的分析可以得出这样的结论：中国 R&D 投入增长较快，说明中国已经意识到研发的重要性。中国政府近年来实施了科教兴国战略，十分重视高新技术的发展，逐步加强研发经费的投入；同时，目前中国有 9 类 37 项税收优惠政策用以企业 R&D 投入的激励，其中，直接优惠占到其中的 70.67%，主要采取的是减免税方式。但在提高 R&D 投入产出效率上目前没有积极政策的提出，中国应当在保持 R&D 投入强度稳步增长的前提下，逐步提高 R&D 投入产出效率。

二、中美 R&D 投入现状深度剖析

（一）美国 R&D 投入现状分析

1. 美国 R&D 投入强度时间序列分析

美国的 R&D 投入强度一直保持世界领先水平。其 R&D 投入强度变化情况大致可以分为以下六个阶段（图 4-4）。

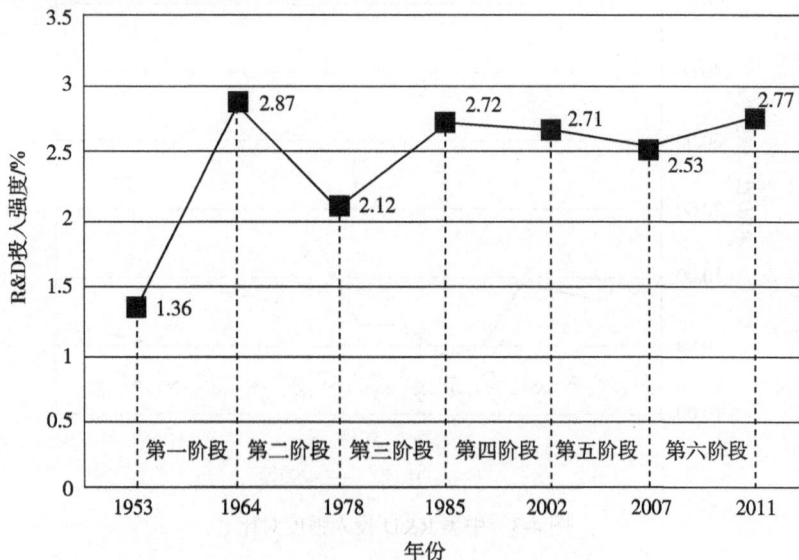

图 4-4　美国 R&D 投入强度阶段变化情况

第一阶段（1953~1964 年）：这一阶段 R&D 投入强度呈现大幅度增长的态势，从 1953 年的 1.36%上升到 1964 年的最高点 2.87%，这与美国先后建立了国家科学基金会（National Science Foundation，NSF）、国家航空航天局（National Aeronautics and Space Administration，NASA）等国家机构是分不开的，这类机构的建立带动了 R&D 活动的投入。

第二阶段（1964~1978 年）：这一阶段 R&D 投入强度呈现下滑的态势，从 1964 年的 2.87%下降到 1978 年的 2.12%，主要是 20 世纪 60 年代末 70 年代初发生的经济危机极大地冲击了美国经济，使联邦政府不得不对 R&D 投入进行大量的削减。

第三阶段（1978~1985 年）：这一阶 R&D 投入强度呈现好转态势，从 1978 年的 2.12%上升到 1985 年的 2.72%，其主要原因是在"星球大战"计划的影响下，联邦政府开始重视 R&D 活动，不断加大 R&D 投入强度，并鼓励民间科学技术的研发活动。

第四阶段（1985~2002 年）：这一阶段 R&D 投入强度出现了小幅下滑的局面，

1985~1991 年美国经济发展放缓，R&D 投入强度出现小幅下降，到 2002 年的 2.71%比 1985 年的 2.72%降低了 0.01%。

第五阶段（2003~2007 年）：这一阶段受到 2003 年伊拉克战争的影响，使得此后数年美国经济增速趋缓，也使联邦政府的研发经费由 2003 年的 2.63%下降到 2007 年的 2.53%。

第六阶段（2007~2011 年）：这一阶段 R&D 投入强度呈现回升的趋势，在经历了经济危机的沉重打击后，联邦政府加大了对 R&D 经费的投入，促进经济的回温，到 2011 年达到近五十年来的最高点（2.77%）。

美国 R&D 投入相对于 GDP 增长的不断波动，表面上看是由美国科技政策的不断调整造成的，但实质上是科技发展规律和经济发展规律共同作用的结果。一方面，第二次世界大战后科学技术的发展进入大科学时代，科技进步越来越依赖于经济实力的支撑。另一方面，随着资本和劳动等生产要素投入的边际报酬递减，以及自然资源的日趋枯竭，经济增长走向了依赖于科技进步的轨道。研发活动成为经济增长的主要来源之一，研发投入已成为取得经济竞争力的必然选择。同时，提高研发活动效率也已成为美国在经济发展中的重点。

2. 美国高 R&D 产出效率的现状剖析

在发展初期，美国作为世界资源消耗大国，被称为"车轮上的国家"。在经历资源破坏和环境污染所带来的一系列灾难及能源危机给经济造成的重创后，美国开始在节约能源和合理利用资源方面采取了一些举措，并取得显著成效。开源节流使美国逐步改变其资源使用方式，走上了资源节约型社会发展之路。如今，美国更加重视增加有效率的 R&D 投入，继续引领世界创新的潮流。

现如今，在 R&D 投入强度上，日本坐世界头把交椅，但世界头号科技强国却是美国。因为，美国准确把握了高新技术产业的发展方向，提高了 R&D 的产出效率。日本政府很早就提出从"技术立国"到"科技立国"。但日本在科研投入和产出方面，主攻基本金属、机械设备、交通运输设备和工业机器人等领域，其投入是美国的 2~3 倍。而在以信息技术产业、新材料、生化工程和航空航天为代表的高新技术与知识经济方面，日本的科技投入不到美国的一半。但美国在决定未来经济竞争力的主流高新技术方面投入了巨额 R&D 经费。不同的选择，导致不同的 R&D 产出效率。目前，在世界领先的 50 项高新技术中，美国占了 40 项，日本仅有 1 项。众所周知，美国是当今世界科技、经济最发达的国家，其科技发展的经验教训被广泛分析借鉴。这不但是由于美国的科学技术在世界范围内处于领先地位，也因为同其他国家相比，美国的国家创新系统最为完备，其科学事业的发展更全面，更具代表性。美国重视本国国民教育和对别国优秀人才的引进，拥有世界上最具创新能力的丰富人才资源。2006 年轰动世界科技界的大事件是，当年的诺贝尔自然科学奖全部由美国科学家包揽。这在诺贝尔的颁奖史上是绝无仅有的。

（二）中国 R&D 投入现状分析

1. 中国 R&D 投入强度时间序列分析

与世界许多发达国家相比，我国 R&D 的发动期较晚，一般认为是在 20 世纪 80 年代中后期。图 4-5 为我国 R&D 投入强度的变化情况。

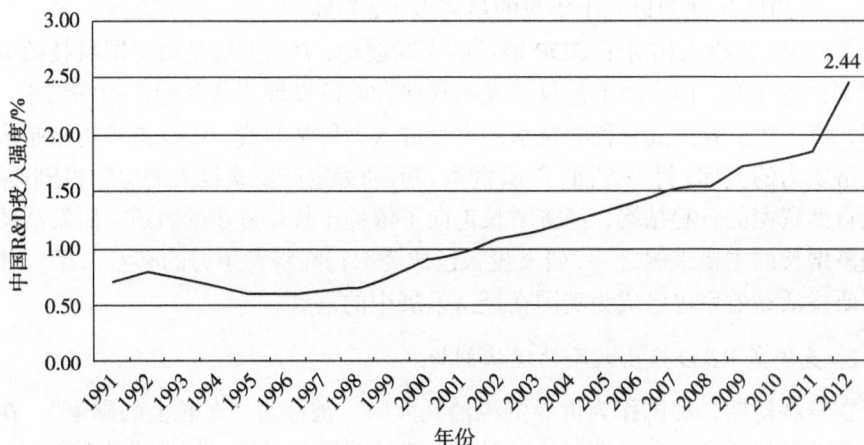

图 4-5　我国 R&D 投入强度的变化情况

由图 4-5 显示的 R&D 投入强度来看，1991~1999 年呈现不稳定趋势：1992~1996 年呈下降趋势，从 1992 年的 0.8%下降到 1996 年的 0.6%，1999 年以后有了大幅度的提高，说明中国 R&D 的投入还不稳定，没有形成合理稳固有效的 R&D 经费投入机制，从而 R&D 投入强度也就表现出不稳定性。2011 年 R&D 投入强度达到 1.84%。这种增长趋势的形成，一方面是以中国经济实力的增强为条件，另一方面中国已经开始重视 R&D 活动，充分认识到 R&D 对技术进步与经济增长的深远意义。值得注意的是，2012 年的 R&D 投入强度攻克了 2%的大关，达到了 2.44%，这意味着中国的创新能力又向前迈进了一大步，取得了突破性的进展。

2. 中国 R&D 产出效率较低的现状剖析

中国企业研发成果转化率较低。世界上许多发达国家 R&D 资金来源主要以企业投入为主，政府财政支出为辅，R&D 投入充分反映了市场经济的运行规律。然而中国企业 R&D 对政府的依存度较大，R&D 能力薄弱，技术创新意识差和科学技术竞争力发展主体缺位，导致研发与生产脱节，科研成果转化困难，这是影响中国企业科学技术国际竞争力的重要问题。正是这种不合理的现象，导致企业的科技资源少、自身科技实力弱，需要科研成果时经常要花高价从国外引进一些并不先进的技术及成果。而 R&D 机构和高等院校则将大量的科研力量投入有利于评奖和评职称的项目中，科研成果转化率低。

中国 R&D 产出情况较差。在论文产出方面，中国论文总体质量较低。根据科学引文索引（science citation index，SCI）数据库统计，2000~2010 年，中国平均每篇论文被引用 5.87 次，而世界平均值为 10.57 次；在该时期发表科技论文累计超过 20 万篇的 14 个国家中，中国排第 12 位。1998~2008 年，中国所有学科的 SCI 论文被引用次数均低于世界平均水平。在专利产出方面，虽然专利授权总量增长较快，但国内发明专利比例偏低，实用新型和外观设计专利比例偏高（表 4-6）。2010 年中国专利授权总量为 81.5 万件，其中国内专利授权量为 74.1 万件，国外专利授权量为 7.4 万件。但国内专利授权中，发明专利授权只有 8.0 万件，仅占 10.8%，与国外专利授权中发明专利授权占比 74.3%形成鲜明反差。国内发明专利授权在三类专利授权中比重偏低的状况多年来没有发生改变，2010 年甚至较 2008 年和 2009 年下降了 2%。

表 4-6　2010 年我国授权专利结构统计表　　　　　　单位：万件

全国专利授权总量 81.5=发明专利授权 13.5+外观设计、实用新型专利授权 68.0			
国内专利授权 74.1		国外专利授权 7.4	
发明专利授权 8.0	其他两类 66.1	发明专利授权 5.5	其他两类 1.9

三、美国将 R&D 投入资本化给中国带来的启示

一直以来，中国都提出向创新驱动型国家转型，尽管这些年，创新投入呈现稳步增长态势，并且统计数据显示，2012 年中国 R&D 突破 1 万亿元，与 2009年相比接近翻番，占 GDP 比重为 1.97%，然而，投入并不能完全衡量新产品的产出，有效率的投入才能实现新产品的开发。中国创新能力仍明显低于 OECD 国家，企业远未成为技术创新主体，创新不足仍是中国经济发展的"软肋"，以"钢筋水泥"占大头的 GDP 价值构成已经凸现出发展模式的不可持续。

（一）提高中国 R&D 投入产出效率

1. 增加对高校的 R&D 投入

研究机构和高等学校作为研究创新的主体，主要承担基础研究的责任，是实现 R&D 投入高效率的重要环节。而通过图 4-6 可知，2011 年我国 R&D 投入主要集中在企业部门，对研究机构和高等学校的投入相对较少，对高等学校的 R&D投入仅占 7.9%。

■ 企业　■ 研究机构　■ 高等学校　■ 其他

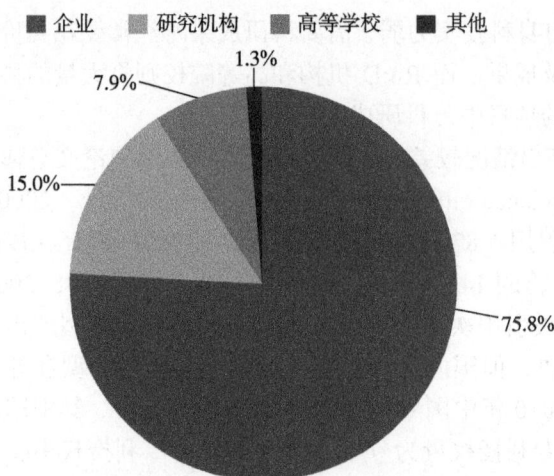

图 4-6　2011 年 R&D 投入各执行部门所占比例

事实上，我国政府已经意识到了加强基础研究对经济发展的重要性。例如，根据《国家中长期科学和技术发展规划纲要》，加强基础研究是提高我国原始性创新能力和积累智力资本的重要途径，是跻身世界科技强国的必要条件，是建设创新型国家的根本动力和源泉。

我国政府今后对 R&D 经费的支出应该进一步向高等院校倾斜，为高等院校的基础研究奠定有力基础。

2. 提高企业 R&D 产出成果转化率

由图 4-6 可知，我国对企业的 R&D 投入高达 75.8%，同时企业作为试验发展的主要环节，对提高我国 R&D 投入产出效率不容忽视。所以，企业应增强科技创新的意识，充分利用 R&D 投入经费，加快科研成果的转化率。同时，高等院校也要积极主动地加强和企业的联系，在尽可能获取企业经费支持的同时，能够同企业形成技术联盟，以促进科技成果向现实生产力的转化。

3. 注重人才的引进

近年来，美国每年留出 29 万个名额专门用于从国外引进高科技人才。著名学者、高级人才和专业技术人才优先入境，不受国籍、资历和年龄的限制。这种做法实际上已经把世界各国培养的人才当做美国人才队伍的储备力量，被喻为"借脑工程"。美国《1990 年移民法》首次推出杰出人才第一等级移民（employment-based first preference immigration）签证，其申请对象是那些在科学、艺术、教育、商业或体育方面具有特殊才能，其杰出表现和成就得到国内与国际认可并被广泛报道记载的外籍人士。这一举措不但节省了科研人员的基础教育经费，而且通过众多引进的高素质科研人员，在一定程度上调高了 R&D 的投入效率。

对比美国，我国虽然也在不断推出人才引进政策，但是，真正在全社会形成对个人价值的普遍认同仍需假以时日。为了有效率地利用 R&D 投入，发挥科研人员的能动力，应进一步深化人才观念，促进人才发挥积极性和能动性。

（二）合理调整 R&D 投入结构

中国近十年的 R&D 投入增速是世界瞩目的，中国 R&D 总量取得的成果在世界舞台也是十分夺目的。在此背景下，我们除了努力提高 R&D 投入效率外，更应该思考如何合理配置稀缺的 R&D 资源。在总量一定的情况下，只有通过调整 R&D 投入的结构才能最大化其效果。

1. R&D 三类活动的关系

根据研究类型的不同，R&D 活动包括基础研究、应用研究和试验发展。不同类型的 R&D 活动对知识生产和经济增长的影响差别很大。基础研究是为了认识现象并获取关于现象和事实的基本原理的知识；应用研究在获得知识的过程中具有特定的应用目的，主要是为在实践中有目的地利用自然界的规律开辟各种可能的途径，为解决实际问题提供科学依据。试验发展则是开辟新的应用，即为获得新材料、新产品、新工艺、新系统和新服务，以及对上述各项做实质性的改进。基础研究和应用研究主要是扩大科学技术知识。试验发展并不增加科学技术知识，而是利用或综合已有知识创造新的应用。

而在基础研究、应用研究和试验发展三类 R&D 活动中，基础研究具有比较特殊的性质并占有非常重要的地位。首先，基础研究具有长期性、探索性和不可预见性等特点，由此导致其经费投入大部分来自政府。其次，技术的突破越来越依赖于科学的发展，基础研究成为高技术发展的源头，是 R&D 活动的先导。而试验发展仅仅是对基础研究、应用研究及实际经验的结合和实际运用，试验发展的过程是在已知知识的基础上创造新的应用，其过程中不会增加新的科学技术知识及理论模型知识。

2. 中国 R&D 投入结构的国际比较

本节利用部分国家 R&D 投入三种类型所占的比例数据，制成图 4-7。

由图 4-7 可以看出，世界主要发达国家对基础研究投入的份额都在 20% 左右，2008 年意大利的数据显示该份额已经高达 26.7%。这说明，主要发达国家已经意识到基础研究是技术进步和经济发展的先锋，在一定程度上代表了一个国家的创新能力，更能带动 R&D 投入产出效率的提高。一个国家若没有原创性的基础研究，基础知识全部依靠外国，它的技术和工业的进步将是缓慢的，它在世界贸易中的竞争地位将是虚弱的，它也很难吸收和消化外来的新知识与新技术，从而在全球角逐中失利。

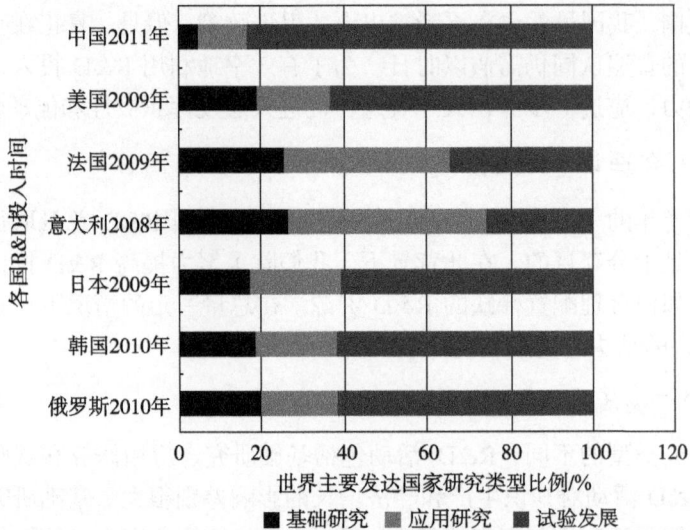

图 4-7　部分国家 R&D 投入三种类型所占比例

　　而我国 R&D 强度在不断提高的同时，基础研究强度却一直徘徊在 5%左右，而试验发展支出比重高，表明我国原始创新能力较弱。这不仅与我国科技发展的总体规模和企业迅速增长的试验发展活动不相适应，而且远不能满足我国加强原始创新和建设创新型国家的要求。基础研究对国家科技发展后劲来说至关重要，我国政府应该继续加大对基础研究投入的力度，改变投入过少的局面。

　　3. 中国应合理调整 R&D 投入结构

　　一个国家科学技术发展到后期的动力主要是对基础研究的重视程度，因为，一个国家科学技术实力真正得以提高的最直接表现便是基础研究的不断进步。因此，我国应该合理的安排 R&D 经费投入在基础研究和应用研究及试验开发三者之间的配置结构，并且要不断地提升基础研究经费支出占 R&D 经费支出的比重。如果我国的基础研究经费支出占 R&D 经费支出的比重能够提高到 12%左右（此水平为发达国家较低的水平），对 R&D 的结构优化有十分重大的意义。

　　在现阶段我国 R&D 投入的快速增长期，特别是在我国企业 R&D 投入增长很快而对基础研究投入很少的情况下，政府 R&D 投入应该充分发挥调节 R&D 支出结构的作用，加大财政科技拨款中基础研究经费所占的比例，提高对基础研究、前沿高技术研究、社会公益性研究和科技基础条件建设的支持力度，从而平衡基础研究与研究发展之间的协调关系，保证整个研发体系的健康、持续、稳定发展，以提高我国 R&D 投入产出效率，成功应对美国将 R&D 投入资本化带来的挑战。

第四节　R&D 核算新方法对中国的影响的探讨

SNA2008 由联合国等各组织联合发布，以美国、欧盟为首的经济发达国家制定实施。国家统计局正在对 SNA2008 进行研究，并将逐步按照 SNA2008 的要求对我国 GDP 核算制度方法进行修订。SNA2008 作为对 SNA1993 版本的修订，在内容上涉及诸多核算项目、统计方法和数据来源上的变化，但将技术、知识、智慧和创新能力等无形生产资产资本化。而作为发展中国家的中国在根据 SNA2008 对 GDP 核算方法进行修订时，GDP 数据是否较好地反映中国的实际状况？本节结合中国经济现状，选取 SNA2008 中具有代表性的 R&D 指标，通过对 R&D 指标进行分析探讨，简要阐述 R&D 核算项目对 GDP 数据的影响，并借助中美两国的对比，来反映 SNA2008 中相关核算项及核算方法的改变对反映中国经济状况的合理与否。

一、R&D 核算方法的修订使 GDP 数据增大

GDP 作为衡量国家经济总量、反映国家经济发展状况和经济增长的重要指标，使 GDP 备受世界各国关注。SNA2008 对 R&D 核算项做了由核算费用到资本化的处理，会对 GDP 产生什么样的影响？以下通过 GDP 的三种核算方法简单说明 R&D 资本化对 GDP 产生的影响。

（一）采用生产法计算 GDP 时，R&D 资本化对 GDP 产生的影响

GDP 采用生产法核算公式如下：

$$GDP = 总产出 - 中间消耗 \tag{4-1}$$

在 SNA1993 中 R&D 被作为生产中产生的费用，即被记为中间消耗，在 GDP 核算中做减项处理，而 SNA2008 中 R&D 被作为固定资产投资纳入 GDP 核算，由式（4-1）可以看出，R&D 资本化将使 GDP 核算数据增大。

（二）采用分配法计算 GDP 时，R&D 资本化对 GDP 产生的影响

GDP 采用分配法核算公式如下：

$$GDP = 劳动者报酬 + 企业盈余 + 固定资产折旧 + 生产税净额 \tag{4-2}$$

在 GDP 采用分配法核算中，SNA2008 对 R&D 数据做了由费用项到固定资产形成的处理，固定资产的增加将导致固定资产折旧的增加。由式（4-2）可以看出，固定资产折旧数据增大，从而导致 GDP 的增大。

（三）采用支出法计算 GDP 时，R&D 资本化对 GDP 产生的影响

GDP 采用支出法核算公式如下：

$$GDP = 总消费 + 总投资 + 净出口 \qquad (4\text{-}3)$$

SNA2008 对 R&D 数据做了由费用项到总投资项的处理，由式（4-3）可知总投资的增大，无疑会导致 GDP 的增大。由以上 GDP 的三种核算方法可以看出：无论采取何种核算方法，R&D 资本化必定会导致 GDP 的增大（魏和清，2012）。

二、R&D 核算直接采取 SNA2008 标准则不能较好地反映本国创新能力及经济状况

（一）用 R&D 强度指标反映国家创新能力存在一定的不合理性

不积跬步无以至千里，国家创新能力的强弱源于在知识和科学技术等方面的积累。R&D 投入是因，创新能力是果，R&D 投入是创新能力得以提升的的成本，创新能力是 R&D 投入的产出，科技创新能力的提升源于 R&D 的投入，国家的科技创新水平与该国的经济状况密切相关。创新能力又反作用于 R&D，即不同创新水平下的 R&D 效率不同。观察世界先进国家创新能力的形成过程，就能发现：在创新能力低下的阶段，一般伴随着大量的 R&D 资金投入，此阶段 R&D 效用低下，也就是说能对经济发展产生积极影响的 R&D 投入较少。而随着创新能力的不断提高，相当的 R&D 投入会带来相对高效的经济效益，促进经济的发展（笔者在此定义 R&D 效用指标如下：为了促进经济增长、提高竞争力或满足公众需求等，企业和政府等相关部门的 R&D 有效支出占 R&D 总支出的比重。

公式表达如下：$R\&D 效用 = \dfrac{R\&D 的有效支出}{R\&D 总支出}$，R&D 有效支出是指 R&D 支出对经济发展起实际贡献的 R&D 部分。R&D 效用指标能够反映出 R&D 的利用率，更有效地反映出国家的创新能力和科技水平）。

R&D 活动是科学技术不断进步的基础，如果我们认可科学技术是生产力，是与传统资本和劳动并列的生产要素，那么就应该将 R&D 活动视为实现科学技术进步的投资，所以 R&D 支出相当于是对无形资本的投资，即无形资本形成（马晓君，2013）。由 R&D 投资所带来的创新成果，可能会对将来某阶段的经济发展产生巨大影响，但鉴于指标选择的可行性等问题，目前国际上比较认可的是用

R&D 强度（$R\&D 强度 = \dfrac{某时期 R\&D 投入}{该时期 GDP}$）指标来反映国家的创新能力，但各国所处的研发水平和研发人员的配置等方面的不同，使 R&D 强度指标在反映国家创新能力方面存在不合理。

以中美两国每万居民的居民专利申请量为例，该指标能从人员角度来反映国家的研发能力，大致能实现国家间创新能力及研发水平的比较。中美两国每万居民的居民专利申请量数据见表 4-7。结合图 4-8 中美两国 R&D 强度可知：中国作为后

起之秀，在科技创新能力方面得到了较快提升，中国的研发能力呈增长趋势，但这得益于中国强大的 R&D 投入作为支撑，图 4-8 显示中国的 R&D 强度相比美国呈强劲上升趋势。尽管美国的每百万居民的居民专利申请量增长幅度低于中国，但图 4-8 可以看到美国的每百万居民的居民专利申请量明显优于中国，表明美国创新能力优于中国，这得益于美国较高的科技创新水平及高素质的人才配置。

表 4-7　中美两国每百万居民的居民专利申请量数据对比

年份	居民专利申请量/件		人口总量/人		居民专利申请量/（件/万人）	
	中国	美国	中国	美国	中国	美国
1999	15 626	149 251	1 252 735 000	279 040 000	1 247	53 487
2000	25 346	164 795	1 262 645 000	282 162 411	2 007	58 404
2001	30 038	177 513	1 271 850 000	284 968 955	2 362	62 292
2002	39 806	184 245	1 280 400 000	287 625 193	3 109	64 057
2003	56 769	188 941	1 288 400 000	290 107 933	4 406	65 128
2004	65 786	189 536	1 296 075 000	292 805 298	5 076	64 731
2005	93 485	207 867	1 303 720 000	295 516 599	7 171	70 340
2006	122 318	221 784	1 311 020 000	298 379 912	9 330	74 329
2007	153 060	241 347	1 317 885 000	301 231 207	11 614	80 120
2008	194 579	231 588	1 324 655 000	304 093 966	14 689	76 157
2009	229 096	224 912	1 331 260 000	306 771 529	17 209	73 316
2010	293 066	241 977	1 337 705 000	309 326 225	21 908	78 227
2011	415 829	247 750	1 344 130 000	311 287 816	30 937	79 589
2012	531 313	268 787	1 350 695 000	313 673 685	38 632	85 635

资料来源：世界银行网站

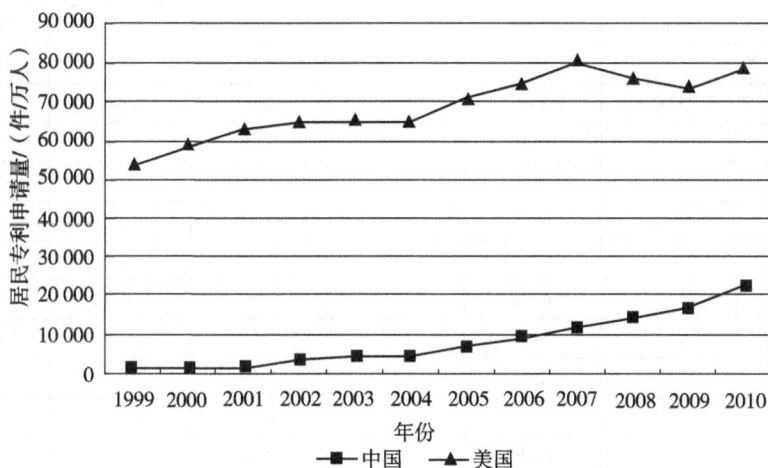

图 4-8　中美两国专利申请量对比图

由图 4-8 可知，在各国所处的研发水平、研发人员的配置等方面基本相同的前提下，用 R&D 强度来反映国家的创新水平和比较国际间的创新能力，国家的 R&D 强度越大则该国的创新能力越强。但通常状况，对于进行不同的国家创新能力比较时，由于各国的 R&D 水平不同，研发人员配置也存在较大的差别，在 R&D 资本化过程中就会出现不同程度做无用功的情况，用 R&D 强度来反映国家的创新能力也就存在不合理性。

（二）R&D 核算新标准在反映国家经济真实水平及创新能力的不足之处

1. 中国的 R&D 投入增长较快但创新能力低下

从英国的第一次工业革命开始，科技对经济发展就体现出巨大的影响力，随着工业化进程的不断深入，科技已逐步成为经济发展的决定性力量。进入当代社会，国家的经济发展水平越来越体现在科技创新能力水平上。中国在科技研发方面起步较晚，为了提高科技创新能力，R&D 投入快速增长。中国 R&D 的投入状况数据如表 4-8 所示（由于国际对 R&D 效用研究缺乏一套科学的理论体系，以及在操作方面存在的复杂性，这里采用 GDP 与 R&D 强度指标）。

表 4-8　中美两国 GDP、R&D 强度及 R&D 投入数据统计表

年份	GDP/（万亿美元）		R&D 强度/%		R&D 投入/（亿美元）	
	中国	美国	中国	美国	中国	美国
1993	0.44	6.58				
1994	0.56	6.99				
1995	0.73	7.34				
1996	0.86	7.75	0.57	2.55	49.02	1 976.25
1997	0.95	8.26	0.64	2.58	60.80	2 131.08
1998	1.02	8.74	0.65	2.60	66.30	2 272.40
1999	1.08	9.30	0.76	2.46	82.08	2 287.80
2000	1.20	9.90	0.90	2.71	108.00	2 682.90
2001	1.32	10.23	0.95	2.72	125.40	2 782.56
2002	1.45	10.59	1.07	2.62	155.15	2 774.58
2003	1.64	11.09	1.13	2.61	185.32	2 894.49
2004	1.98	11.8	1.23	2.55	243.54	3 009.00
2005	2.26	12.56	1.32	2.59	298.32	3 253.04
2006	2.71	13.31	1.39	2.64	376.69	3 513.84
2007	3.94	13.96	1.40	2.70	551.60	3 769.20

年份	GDP/（万亿美元）		R&D 强度/%		R&D 投入/（亿美元）	
	中国	美国	中国	美国	中国	美国
2008	4.52	14.22	1.47	2.84	664.44	4 038.48
2009	4.99	13.86	1.70	2.90	848.30	4 019.40
2010	5.93	14.45	1.76	2.83	1 043.68	4 089.35
2011	7.32	15.09	1.84	2.77	1 346.88	4 179.93
2012	8.36	15.68	1.98	2.79	1 655.28	4 374.72

资料来源：世界银行网站

2013 年我国共投入 R&D 经费 11 846.6 亿元，占 GDP 比重为 2.08%。

2014 年，我国全社会 R&D 投入近似达到 13 400 亿元，其中企业支出占 76%以上；R&D 占 GDP 的比重近似可达 2.1%；全时研发人员总量近似达到 380 万人，位居世界第一。

由图 4-9 和图 4-10 中美两国 GDP 趋势及 R&D 强度趋势（图 4-9 显示的是 R&D 核算未调整前 GDP 的数据）对比可以看出：美国的 GDP 增长及 R&D 强度增长均呈放缓趋势，R&D 投入趋于平稳状态，可推知 R&D 资本化对美国 GDP 不会产生显著影响。中国相对于美国，由于中国现代的经济发展起步较晚，GDP 数据较小，但 GDP 增长趋势及 R&D 强度均呈现出快速增长趋势。中国正在逐步加大 R&D 投资，逐步增加的 R&D 投资会对中国的 GDP 产生较为显著影响。值得注意的是，在对比中美 R&D 相关指标当前数据的同时，要注意到中国当前处在工业化第二阶段，如果以当前的中国 R&D 强度状况与美国当前 R&D 强度相比，在反映两国创新能力方面就存在一定的不合理性。

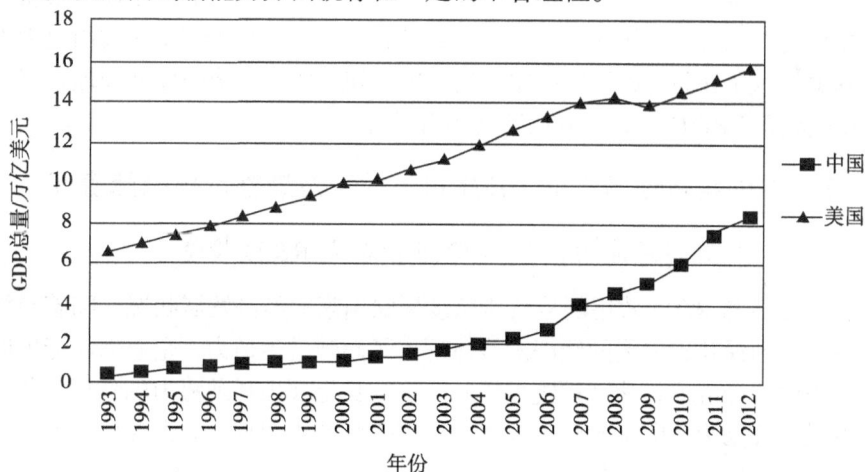

图 4-9　中美两国 GDP 数据比较图

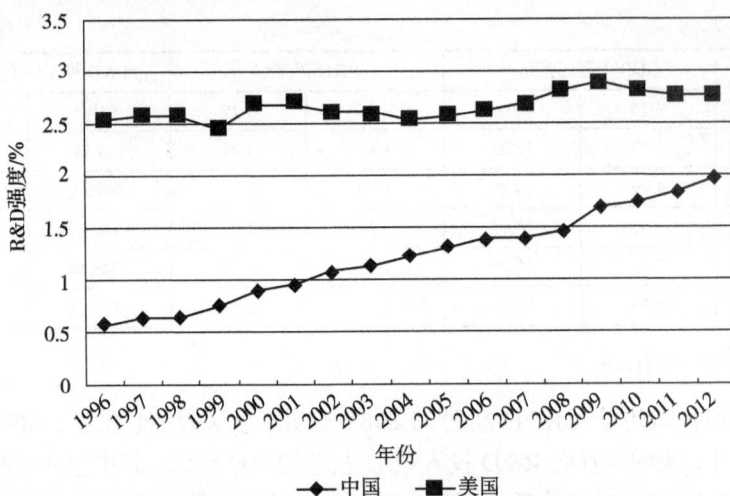

图 4-10　中美两国 R&D 强度数据比较图

2. 中国工业化起步较晚、水平较低，R&D 数据与当下世界先进国家不具有可比性

陈实和章文娟在《中国 R&D 投入强度国际比较与分析》中指出：中国目前处在工业化的第二阶段，而美国在 1953~1964 年为工业化的第二个阶段。相对于世界各发达国家工业化的第二阶段，中国工业化第二阶段的企业 R&D 投入已经超过当前美国的企业 R&D 投入比重的最高点，可见在企业 R&D 投入方面，中国的 R&D 投入已经相当之高。在统计分析中，只有具有可比性的对象进行比较时，比较结果才具有意义。由于中美两国目前所处的工业化阶段不同（美国目前处在经济发达阶段），则以当前阶段下进行中美 R&D 投入比较，比较结果将无意义。中国与美国等发达国家所处的工业化阶段不同，各国的 R&D 效用也大不相同，这就导致了在将 R&D 资本化的过程中，如果各国按统一标准处理，将会导致 GDP 核算在 R&D 核算项方面存在不合理性。

三、中国科技创新下的 R&D 投入状况及理性承担国际责任

（一）中国创新能力的提升伴随着较大 R&D 投资

科技创新和 R&D 效用能从科研角度反映国家的经济发展状况。随着经济体制改革的不断深化，中国的经济发展体现出了超强的生命力，企业创新能力明显提升，中国的经济增长速度领跑世界，经济增长呈现出强劲势力的背后，科技创新无疑是重要动力。中国政府一直强调科技创新的重要性，大力支持和推动企业的创新活动。但中国创新能力的提升是以巨大的 R&D 投入为代价的。

由图 4-11 可以看出，相对于美国 R&D 投入的波动增长，中国 R&D 投入呈

快速稳定的增长趋势，尤其最近几年 R&D 投入增长尤为迅速。2011 年中国 R&D 投入较 1996 年 R&D 投入增长了 27.5 倍，美国增加 2.1 倍，对 R&D 投入的不断增加增强了中国的创新能力。但中国由于处在工业化第二阶段，与处在经济发达阶段的美国相比，在 R&D 投入数据上存在差距。但与发达国家工业化第二阶段时期相比，中国的 R&D 已经高于美国等发达国家。

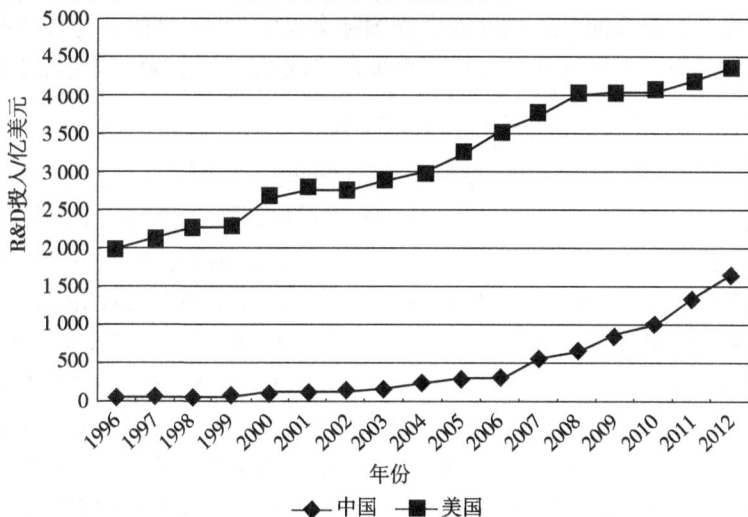

图 4-11　中美 R&D 投入数据比较图

（二）R&D 资本化会使中国承担更多的国际社会责任

1. SNA2008 核算体系导致 GDP 数据增大，中国会被要求承担更多的国际社会责任

中国粗放的 R&D 投资模式，使 SNA2008 对 R&D 等众多核算项的修改，会导致更大的 GDP 基数，会给世界各国一种中国经济急速膨胀壮大的假象。"大国崛起"一词伴随着中国经济总量和综合国力的快速提升而被冠名，引起世界各国的广泛关注。"大国崛起"后的中国，以其快速的经济增长引起了发达国家的不安，随之而来的是"中国威胁论"。面对"大国崛起"后的中国，发达国家高呼中国已步入发达国家的行列，企图通过"大国责任"，用发达国家的标准来抑制中国经济的过快发展。R&D 资本化相对美国似乎是积极的，美国 GDP 总量虽远远领先于世界各国，但经济增长已呈现出缓慢增长的趋势，R&D 资本化使 GDP 增大，使美国营造一种经济发展状况良好的假象，以提升本国民众的消费信心同时提速经济发展，并维护世界领袖地位。但对中国自身发展良好的态势而言，中国快速增长的 R&D 投资使 GDP 数据明显增大。2010 年中国的 GDP 超过日本成为世界第二大经济体，随之而来的便是更大的国际社会责任，执行更严格的国际生产标准。

中国一贯主张和平共处原则，积极承担国际社会责任以促进世界和谐。但随着中国经济体的不断壮大，国际地位得以不断提升，使发达国家的经济利益遭到威胁，领袖地位受到挑战，中国被要求承担与实际状况不相符的国际责任，以加重中国的经济发展负担，企图制约中国经济过快发展。近些年来，中国已用具体的实际措施积极参与国际活动，主动承担更多的社会责任，包括环境、社会救助和维护世界和平等方面。在 G20 峰会等国际会议中，在经济生产与环境的保护等越来越多的方面，中国被要求要执行更加严格的标准，这与中国实际不相符。

2. 中国"大国形象"背后的"小国现状"

中国在以"大国形象"出现在国际舞台的同时，更要注意自己的"小国现状"。中国的"小国现状"主要体现在人均 GDP 及人均国民收入低下、经济生产效率低下、能源利用率低下及依靠科技带动的产业较少等方面。2010 年中国 GDP 数据超过日本成为世界第二大经济体，但人均 GDP 低下，2012 年中国人均 GDP 仅为 6 188.19 美元，国际排名 84 名低于排名 75 名的南非为 7 507.67 美元，美国为 5.00 万美元，日本为 4.67 万美元（资料来源：全球宏观经济数据、新浪财经）。按 1995 年前后的标准，人均 GDP 在 8 000 美元以上（按名义汇率计算），以及有着一定程度的社会发展水平，就可基本定义为发达国家，从人均 GDP 角度来看，中国目前的人均 GDP 数据仍未达到 1995 年发达国家的 GDP 人均标准。由此可以看出，发达国家所称谓的中国已经处于中等发达国家水平之列的观点是站不住脚的。

中国在经济总量飞速提升的同时，要注意粗放的 R&D 投资模式并未带来明显的资源利用率的提升，中国经济依旧面临资源配置效率不高的问题。在中国粗放式的经济增长方式下，现有发展模式面临经济发展的持续性问题。2004~2010年中、日、美及印度四国的 GDP 单位能源消耗（2005 年不变价购买力平价美元/千克石油当量）情况如图 4-12 所示。

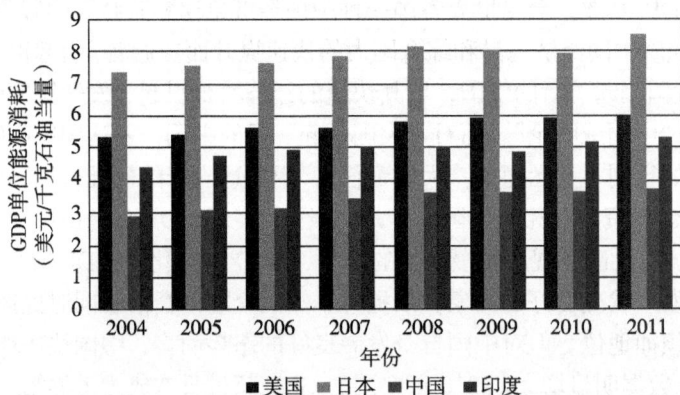

图 4-12　中、日、美、印四国能源统计数据对比图

由图 4-12 可以看出中国的经济增长模式是资源耗费型，能源利用率不及印度，远远低于美国和日本。中国的经济增长依赖于大量的能源投入，而这种以廉价资源损害环境为代价的增长，将不利于中国经济的长久发展。由以上几方面可以看到中国"大国形象"背后的"小国现状"。

四、R&D 资本化数据应给予调整以反映实际创新及经济状况

（一）R&D 投入数据调整的必要性

SNA2008 虽体现了与时俱进的特点，但在 R&D 资本化处理方面仍存在缺陷。R&D 资本化意在反映国家的科技创新水平，并由此带来经济的发展，由于没有有效可行的指标来反映国家科技创新的真实水平，而采用 R&D 投入及 R&D 投资强度来反映国家的科研能力，但不同国家的 R&D 效用存在较大的差别，使 GDP 核算存在一定的不合理性。为了体现国民经济核算的合理性原则，可以对 SNA2008 中指出的对 R&D 有条件的资本化，合理区分有效 R&D，并结合 R&D 强度和 R&D 效用指标构建 R&D 指标体系，通过 R&D 指标体系来调整 R&D 数据，实现 R&D 核算的合理性。

（二）可借助构建 R&D 指标体系来实现对 R&D 资本化数据的调整

SNA2008 指出：R&D 的价值应该按照它未来预期可提供的经济利益来决定，原则上不向所有者提供经济收益的 R&D 不形成固定资产，而应作为中间消耗处理。由此可见，一项 R&D 活动最终形成的是费用还是资本，关键在于 R&D 活动的性质，凡是能为研究者未来带来经济收益的 R&D 才能形成资本。考虑到各国的经济状况不同，中国在进行 GDP 核算时，应结合中国经济的实际情况实现中国经济背景下的 R&D 资本化，实现 R&D 有条件的资本化计入 GDP，确保 R&D 数据处理的合理性，反映本国的真实经济状况。

最后，本节尝试给出对 R&D 资本化数据调整的大致思路。通过对 R&D 项的分类，将 R&D 投入结合 R&D 强度和 R&D 效用指标实现对 R&D 投入数据的调整，具体如下。

（1）对 R&D 活动分类。采取国际通用的分类方法，将 R&D 活动分为基础研究、应用研究和试验发展三种类型。

（2）在 R&D 的三种类型基础上再进行细致分类，区分出对经济发展有直接或间接影响的 R&D 投入。对于对经济产生直接影响与间接影响的 R&D 投入分别赋予各自的权重（可以根据对促进经济增长的贡献大小给予赋值），并通过加权平均方法计算出大致的 R&D 投入。

（3）由于各国的研发水平处在不同的阶段，各国的创新能力也差别较大，可以通过借鉴各国（主要是发达国家）在不同工业化阶段 R&D 投入的历史数据，

以及对应阶段所具备的创新能力，大致计算出不同工业化阶段 R&D 强度值和对应阶段的 R&D 效用的平均值。

（4）通过对比中国与发达国家的 R&D 投入和 R&D 强度水平，由调整后的 R＆D投入＝R＆D投入×R＆D效用计算得出最终 R&D 数据。若中国与发达国家对应阶段的 R&D 投入和 R&D 强度平均水平大致相当，则用加权平均方法计算出大致的 R&D 投入乘以 R&D 效用（用发达国家历史数据计算出在该工业化阶段的 R&D 效用），得出调整后的最终 R&D 投入数据。若中国与发达国家 R&D 投入与 R&D 强度有所偏离，则结合中国实际来调整 R&D 数据，使中国所处工业化阶段的 R&D 指标相关数据符合发达国家对应工业化阶段的基本状况，再用加权平均方法计算出大致的 R&D 投入乘以 R&D 效用（用发达国家历史数据计算出在该工业化阶段的 R&D 效用），得出调整后的最终 R&D 投入。

用调整后的 R&D 投入=R&D 投入×R&D 效用计算最终 R&D 数据的困难之处在于：①有关对经济产生直接和间接影响的 R&D 的界定；②构建一套完整科学的 R&D 指标体系的可行性需进一步探讨。另外，在通过 R&D 效用指标来调整 R&D 数据时，其方法及合理性有待进一步论证研究。

SNA2008 对一些 GDP 核算项做了修订，作为具有代表性的 R&D 指标的修改会导致 GDP 数据的增大，若不加修改直接采用 SNA2008 核算方法，则不能较真实地反映国家的经济状况及创新能力。各国所处的工业化阶段及创新水平不同，所以用现行的 R&D 投入及 R&D 强度指标反映国家的创新能力存在一定的缺陷，不调整 R&D 资本化最终会导致中国承担不切实际的国际责任。笔者认为可以通过结合中国实际状况，建立 R&D 指标体系来完善 R&D 指标核算，以如实反映中国真实经济状况及创新水平。

第五章 无形资产前沿统计方法实证研究

第一节 基于数据挖掘的中国央企信用型无形资产评价标准实证研究[①]

近年来，受国内经济环境增速放缓的影响，国内固定投资减少，钢铁产品供大于求的矛盾突出。钢铁贸易是一个资金需求密集，资金占压大，金融风险高的行业。因此如何判断客户的信用状况，确定客户的准入资质条件，以及预警客户的信用分类已经成为大部分以"代理"模式[②]为主的钢铁贸易公司生存发展的决定性因素。钢铁贸易一般每单金额巨大，钢铁贸易公司需为下游客户企业垫付货款，下游企业在规定的时间内还清贸易公司为其垫付的货款，否则该企业垫付的货款将被严重占压，从而影响其他的交易，甚至有可能成为坏账。能否及时缴清货款，赎回商品与下游客户自身的规模大小、经营状况和守信程度等有密切关系，因此，建立科学合理的客户信用风险管理规则对钢铁贸易公司的可持续发展来说尤为重要和迫在眉睫。

在贷款受限、竞争激烈的市场环境中，如何判断客户的信用状况，确定客户的准入资质条件，以及预警客户的信用分类已经成为大部分业务以"代理"模式为主的钢铁贸易公司生存发展的决定性因素。

---

① 本节内容发表在《管理世界》，2015年第3期，题目为《基于数据挖掘的新标准客户信用风险管理规则的构建》，且本实证研究为中国航空技术国际控股有限公司委托研究项目。

② 这里的"代理"模式是指钢铁贸易企业先接受委托人的订货，根据价格波动情况要求委托人支付一定比例的保证金，然后企业以自己的名义向上游企业订货并支付货款，在确认收到委托人全部货款后再放货给委托人的一种经营模式。目前我国钢铁贸易公司均是以"代理"模式为主的贸易公司。

一、信用风险评估研究现状

最早的信用风险评估是从传统的专家系统分析开始的，这类方法主要是基于专家的主观经验，对融资申请人的信用水平做出评判，其中，典型的专家系统法有"5C"要素分析法、"5W"要素分析法及骆驼评估体系等。

为了克服专家系统分析缺乏一致性和客观性等缺点，大量的统计方法被应用到信用风险评估领域。Altman（1968）依据多元判别分析的思想，对美国破产与非破产公司进行了判别分析，提出了著名的 Z 评分模型，其后研究出了第二代模型——ZETA 信用风险模型，此模型被广泛应用于西方金融机构，获取了不小的成效。未瑞和罗国亮（2007）运用聚类分析与 AHP 法相结合的方法，采用 5 个变量对 10 个客户的信用水平进行了量化。

随着现代信息技术的飞速发展以及各类数据的不断海量积累，信用风险评估的研究方法中引入了全新的数据挖掘技术，并且取得了十分显著的成效。Martinelli 等（1999）利用神经网络和决策树两种方法分别对同一数据集进行了破产预测效果的对比研究。dr Tan（2011）则发现，数据挖掘方法比 Probit 模型更具事前预测信用风险的优势。姚奕和叶中行（2004）利用数据挖掘中的 SVM 技术建立了客户信用风险评估系统。徐晓霞和李金林（2006）对含有 9 项指标的 81 家贷款企业运用数据挖掘技术中的决策树法进行信用评估，克服了 SVM 要求数据分布均匀的限制，预测准确率进一步提高，达到 88.89%。

从信用风险评估的研究现状可以看到，随着计算机技术和统计方法等的迅猛发展，在欧美发达国家，构建具有人工智能和海量数据处理的数据挖掘信用风险评估模型获得了蓬勃发展；国内相关研究及应用也开始受到广泛关注。总的来说，信用风险的评估方法发展呈现出从定性分析到定量模型、从简单分类到复杂判别、从传统方法到具有人工智能特色的数据挖掘方法发展的特点。

二、中航国际钢铁贸易公司客户信用现状分析

中航国际钢铁贸易公司是资金实力较为雄厚的中型钢铁贸易企业，是钢铁产业链中连接上下游企业的重要一环。中航国际钢铁贸易公司的主要业务经营模式为"代理"模式，即中航国际钢铁贸易公司接受委托人订货后，要求委托人支付保证金，而后以自己的名义向钢厂订货，再确认收到委托人的货款时放货给委托人。

2011 年以来，钢铁贸易行业进入低迷时期。钢价的迅速下滑使钢铁贸易企业的利润大幅收窄。另外，银行缩小对钢铁贸易企业的贷款，以及下游企业拖欠货款，使钢铁贸易企业资金链断裂。因此，如何打通资金链成为钢铁贸易公司迫切需要解决的问题。钢铁贸易企业为客户"垫款"购买货物，且贸易金额巨大。如果客户不在规定的时间（一般为两个月）内还款，钢铁贸易企业垫付的货款将无

法回笼,从而影响企业进行其他交易。因此,对钢铁贸易企业的客户信用进行评价,选择有良好还款信用的优质客户是非常必要的。

(一)钢铁贸易行业总体情况分析

1.钢铁贸易行业经营模式特点

钢铁贸易行业的经营模式主要分为统购分销和代理两种。统购分销是指钢铁贸易企业向上游订货后分销给下游企业。钢铁贸易企业通过集中向上游企业订货获取优惠价格,然后向下游分销。分销网点主要集中在沿海沿江的大中型城市。代理模式是指钢铁贸易公司在采购前已找好了销售下家,并签订了销售合同,签订了销售价格。由于钢铁产品性能、规格、品种、服务和企业信誉等信息透明度较高,促销手段的效果并不明显。因此,钢铁贸易企业开始着重参与物流、仓储、物业、加工及信息增值服务等领域,以增加产品的附加值,吸引客户。

2.钢铁贸易行业客户特点

钢铁贸易行业的客户数量众多,结构和成分复杂,涉及社会结构的方方面面,如政府、国有企业、二级分销商、外资企业及私营加工业主等。在众多结构复杂的客户中,分辨出信用等级高的客户对钢铁贸易企业十分重要。

(二)中航国际钢铁贸易公司客户信用管理现状

1.中航国际钢铁贸易公司营运特点

中航国际钢铁贸易公司是资金实力较为雄厚的中型钢铁贸易企业,是钢铁产业链中连接上下游企业的重要一环。中航国际钢铁贸易公司的主要业务经营模式是"代理"模式。也就是说,中航国际钢铁贸易公司接受委托人订货后,要求委托人支付保证金,再以自己的名义向钢厂订货,确认收到委托人货款时再放货给委托人。另外,钢铁贸易公司通过收取下游预付保证金、部分或者全额货款,严控钢厂货到付款,或者发多少货付多少款的方式,一方面控制货款流向,另一方面牢牢控制货权。

虽然钢铁贸易公司牢牢抓住货权,但钢铁贸易公司为客户垫款和赊销,使应收账款迅速增加。如果客户不按合同规定日期赎货,长期超期甚至放弃提货,使钢铁贸易公司应收账款周期被无限拉长,资金周转不足,给企业的正常生产经营活动造成影响,制约企业的正常经营和发展。钢铁贸易公司在交易过程中,允许部分订单欠款发货。在 2012 年的交易过程中,有 10%的订单欠款发货。欠款发货的企业主要是有多次合作的企业,包括中航国际内部企业。欠款发货的形式对企业的风险程度更高,更容易钱货两失。

应收账款造成的坏账风险要求钢铁贸易公司对客户的信用有准确的评价。对不同信用等级的委托人，制定不同的销售策略。

2. 中航国际钢铁贸易公司客户特点

中航国际钢铁贸易公司的客户地区分布较为集中。90%的客户集中在江浙沪地区，6%的客户位于河北，4%的客户分布在山东、山西及安徽。江浙沪地区是钢铁贸易企业的集中地，而且客户多为贸易型企业。

钢铁贸易公司的客户多为民营企业，国企和外资企业仅占 8%左右。其中国企的客户中有一部分为中航国际内部企业。在三类企业中，国企的风险是最小的。

中航国际钢铁贸易公司作为中型钢铁贸易企业，其客户多为中小型贸易商及大中型的生产商。其中，贸易商占6%以上，生产商占4%。相比于生产商而言，贸易商的风险更大。由于贸易商没有可抵押物，钢铁贸易公司的损失产生时，无法获得补偿。

3. 中航钢铁贸易公司客户信用管理现状

钢铁贸易公司在客户的选择、管理和监控方面做了很多的工作。在钢铁贸易公司的业务流程中，业务部、经营管理部对客户进行选择。经营管理部、贸易管理部和财务管理部对重大合同进行跟踪与监控。

钢铁贸易公司对客户情况设定标准，根据标准筛选客户。客户标准是根据公司业务人员及财务人员的经验设定。贸易管理部每周每月对重大项目、重大合同进行跟踪，并根据跟踪情况做出进一步的安排。财务部通过预收账款和预付账款监控客户的异常情况。

首先，中航国际钢铁贸易公司对其客户的选择标准在执行过程当中不够严格。由于钢铁产品的高通用性，在服务水平相当时，客户容易根据价格变化改变供应商，所以钢铁贸易公司在交易过程中往往处于被动地位。中航国际钢铁贸易公司要给予客户足够优惠以吸引客户，提高业务量。为了在整个市场大环境下更多的销售产品，公司会相对放松选择客户的标准。

其次，公司在客户信用管理方面相对滞后，客户资料不够完善。中航国际钢铁贸易公司在选择客户时，虽然提前对客户的基本情况进行调查，但未形成统一的书面资料、未形成客户的资料数据库；在定量资料方面，仅有客户预收账款、应收账款及合作时的基本信息；在定性资料方面，2013 年公司才开始建立客户信用额度档案，对客户的基本情况进行调查。

再次，公司对违约客户的资料整理不够重视。中航国际钢铁贸易公司主要搜集合作次数较多、信誉较好的已合作客户信息，对超期违约的客户则不予以记录。然而，超期违约客户的存在恰恰是应收账款风险形成的主要原因。

最后，公司对客户信用分析不足。公司在选择客户时更多的是依靠经验，根据经验设定的标准对客户进行有条件的选择。经验是必要的，但这些经验还是不够准确的。

三、基于数据挖掘的新标准客户信用风险管理规则的构建

（一）数据挖掘及决策树算法的基本思想

从技术的角度讲，数据挖掘就是从大量的、不完全的、有噪声的、模糊的和随机的实际应用数据中，提取隐含在其中的、人们事先不知道的、但又是潜在有用的信息和知识的过程。数据挖掘有很多不同的术语名称，除了常用的"数据挖掘"称呼外，还有如下若干种称呼，如"知识抽取"、"信息发现"、"知识发现"和"智能数据分析"等。

从实务应用的角度讲，数据挖掘技术就是运用分类、预测、聚类、关联规则、序列型样、时间序列及统计方法等从庞大且纷杂的数据中，找出隐藏、未知但对企业经营有帮助的信息，为企业管理、预测发展趋势和决策提供有力的数据支撑，近年来受到各行业相当广泛的关注。例如，银行业应用数据挖掘技术发掘潜在有资金需求的中小企业客户，首先侦测其信用风险，其次进行信贷营销。医疗业应用数据挖掘技术侦测病患患心脏病的概率及患糖尿病的可能性。零售业应用数据挖掘技术预测促销活动的成效及每日的销售量，并评估客户对产品的喜好。电信业应用数据挖掘技术预测客户流失的概率，以及何种措施最能将客户挽留。保险业则应用数据挖掘技术评估车贷客户理赔的可能性，以此作为其赔付保费高低的依据。

自 20 世纪 80 年代开始，各大企业所依赖的数据分析工具开始无法有效地为决策者的决策支持提供所需要的相关知识，从而形成了一种独特的现象，即"丰富的数据，贫乏的知识"，为有效解决这一问题，数据挖掘技术逐步发展起来。数据挖掘就是从大量的、不完全的、有噪声的、模糊的和随机的实际应用数据中，提取隐含在其中的、人们事先不知道的，但又是潜在有用的信息和知识的过程。数据挖掘的研究涉及机器学习、统计学、人工智能和可视化等多个领域。

数据挖掘中决策树算法是用于处理分类挖掘的一种方法，它利用树的结构将基础数据进行分类，代表的是对象属性与对象值之间的一种映射关系。一棵决策树中的一个节点就代表某一个条件下的一个数据集。当构建决策树时，可以根据节点字段的不同取值建立树的各个分支，在每一个分支子集中再建立下层节点和分支，就这样循环往复，从而形成一棵决策树。最后，通过对决策树进行修剪处理，可以将决策树的分类结果转化为实用的规则，以达到实现数据规则可视化的目的。一般说来，决策树算法所需的数据准备往往是简单或者不必要的，而且决策树算法能够同时处理数据型和常规型属性变量，在相对较短的时间内对大量数据做出可行且效果良好的结果。决策树算法的另一个显著特点是其可理解性。从根结点到叶节点的每一条路径含义都是易于理解的，这使该模型的使用者不需要了解很多的背景知识，只要通过推导出的逻辑表达式，以及进行相应解释后，就

有能力去理解一棵决策树所要表达的含义。

数据挖掘中的神经网络算法是模拟人类的形象直觉思维，在生物神经网络研究的基础上，根据生物神经元和神经网络的特点，通过简化、归纳和提炼总结出来的一种并行处理的分类回归算法。该算法是由大量的简单基本元件——神经元相互连接而形成的自适应非线性模型。其中，每个神经元的结构和功能比较简单，但大量神经元组合形成的模型却非常复杂。由于神经网络算法的构成原理模拟人脑系统，所以该算法不是按数学程序一步一步进行运算，而是自身适应环境、总结规律，以及完成某种分类模型的建立，其利用这种非线性映射和并行处理的基本原理来表达输入和输出的关联知识。一般说来，神经网络算法具有很好的泛化能力，即其对一些有噪声的样本或没有训练过的样本，具有很好的预测能力。此外，当所需解决的问题很复杂、模型未知、变量信息也很少时，建立精确的数学模型是很困难的，神经网络算法不需要对问题进行透彻的了解，但又能达到输入与输出的映射关系，大大降低了模型的设计难度。

数据挖掘中的关联分析是寻找数据之间的联系和规律，发现它们之间关联关系的方法。关联分析可以分为关联规则和时序分析。关联规则即在当前数据间的各个特征中寻找内在的联系。时序分析即在历史数据中寻找具有时间上相关的数据间的规律性。数据挖掘的关联分析方法就是要找出数据库中隐藏的关联规则或关联网，从而得到零散数据所能反映出来的内在规律。关联分析的挖掘过程主要包含两个阶段：第一阶段必须先从资料集合中找出所有的高频项目组；第二阶段再由这些高频项目组中产生关联规律。一般说来，由于数据库中的数据量非常庞大，数据间的关联函数有时并不知道，即使知道也可能是不确定的，所以关联分析能简化此种数学上复杂的分析，从而获得有用信息。

数据挖掘中的遗传算法是一种借鉴生物界的进化规律（适者生存，优胜劣汰的遗传机制）演化而来的随机化搜索算法，是由美国的 J.Holland 教授于 1975 年首先提出的。遗传算法的基本原理是根据数据适应度的大小，选择部分后代、淘汰部分后代，从而保持种群的大小是一个常数。在选择和淘汰数据时，适应度高的数据被选中的概率高，这样经过若干代的选择之后，算法收敛的数据，很可能就是问题的最优解或次优解。遗传算法的主要特点是其可以直接对结构对象进行操作，具有内在的隐并行性和较好的全局寻优能力，能自动获取和指导优化的搜索范围，自适应地调整搜索方向，不需要确定的规则。

（二）模型构建的前提

1. 建立客户信用评价体系的前提假设

公司建立或使用客户信用评价体系应基于以下两个必要的前提假设。

（1）对历史客户来说，其未来（至少是短期）的信用情况总是与最近一段时间内的信用情况相仿。

（2）对新客户来说，公司根据历史客户中的成功合作者和失败合作者的相关基本情况与还款能力（即财务能力），来分析即将合作的客户是与成功合作者的状况更相近还是与失败合作者的状况更相似。也就是说使用这种缺少历史合作信息的判断程序就能评判出客户的好坏。

2. 客户分类的定义

"好"客户就是公司愿意与其合作，为其提供钢材贸易融资的商业伙伴。公司预期这些客户能够按时还款。"坏"客户则是公司预期这些客户不能按期还款，从而不愿意为其提供融资服务的商业合作者。这里，对历史客户的"好""坏"评判，我们给出统一的标准。由于中航国际钢铁贸易公司是钢材交易的中间贸易商，所以公司的资金利用效率和资金周转速度是公司业绩提高的首要保证。为此，可以根据客户的还款超期天数来区分客户的"好""坏"。首先，按期还款的客户视为"好"客户。其次，由于钢材贸易的每单交易金额都相对较大，所以客户还款的超期天数在 30 天以内也可将其视为"好"客户。最后，还款超期天数等于或大于 30 天的客户，其将存在相当高的不还款概率，对该公司将造成资金的周转问题，因此将其视为"坏"客户。

3. 建立客户信用风险评价的指标体系

我们对可获取的、对客户信用有影响的各变量进行分析探索，选择对客户信用有较大影响的关键变量。客户信用风险评价指标体系见表 5-1。

表 5-1　客户信用风险评价指标体系表

指标分类		字段名称	类型	取值	说明
客户基本指标	公司规模	在职人工数	连续	（1，∞）	数值越大，公司规模越大，信用风险越小
		年销售收入	连续	（1，∞）	同上
		总资产	连续	（1，∞）	同上
	成立年数		连续	（0，∞）	数值越大，公司资历越深，信用风险越小
客户财务指标	偿债能力	资产负债率	连续	（0，1）	长期偿债能力指标，数值越小，为其提供融资越安全
		现金比率	连续	（0，∞）	短期偿债能力指标，数值越大，为其提供融资越安全
	经营能力	应收账款周转天数	连续	（0，∞）	数值越小，应收账款收现期越短，还款能力越强
		存货周转天数	连续	（0，∞）	数值越小，存货变现平均时间越短，还款能力越强
	盈利能力	销售净利率	连续	（0，1）	数值越大，盈利能力越强，还款能力越强

续表

指标分类		字段名称	类型	取值	说明
合作信用指标	历史合作状况	合作次数	连续	（0，∞）	数值越大，客户信用风险相对越小
		平均每单金额	连续	（1，∞）	同上
		超期一月及以上次数比	连续	（0，1）	数值越大，客户信用越差
	本次合作状况	订单金额	连续	（1，∞）	
		担保方式	离散	A11，A12，A13	A1：定金；A2：抵押，覆盖贸易融资全额；A3：抵押，不完全覆盖贸易融资额
		支付方式	离散	A21，A22	A21：网银现汇；A22：承兑付款

由表 5-1 可知，关注客户信用风险问题的主要方面为客户的基本信息、还款能力及还款意愿。其中，还款能力和还款意愿为保证客户不违约的前提条件，而不同客户的基本信息也可以在这两点当中给予反映，是客户违约与否的影响因素。

（三）决策树模型的构建

1. 决策树的生成理论

决策树归纳方法中，使用信息增益方法来确定生成每个结点时所应采用的属性变量。为此，选择具有最高信息增益的变量作为当前结点的分割属性，以便使其对之后所需划分的样本子集进行继续分类时，所需要的信息量最小，从而确保所产生的决策树最为简单。

设样本集合包含 n 条样本数据。首先，n 条样本数据要被随机分为包含 70% 的训练样本集合和 30% 的测试样本集合。这里分组的目的是为后续模型的评价做准备。

接下来，利用包含 70% 的训练样本集合建立决策树模型。训练样本集合中的目标变量分为"好"客户和"坏"客户两类，假设其中"好"客户的样本个数为 a 个，"坏"客户的样本个数为 b 个。

第一步，计算目标变量的信息熵。根据信息熵公式：

$$I(s_1, s_2) = -\sum_{i=1}^{2} p_i \times \log_2(p_i) \tag{5-1}$$

可得

$$（"好"客户，"坏"客户）= -\frac{a}{0.7n}\log_2\frac{a}{0.7n} - \frac{b}{0.7n}\log_2\frac{b}{0.7n}$$

变量的信息熵计算值越小，说明该变量越偏向其某一属性，即利用该变量来划分决策树效果越好。反之，若某一变量的信息熵偏高，则说明该变量的各个属性所包含的样本个数差不多，则划分决策树的效果降低。

第二步，选取某一影响变量，计算其信息熵。设该影响变量包含三个不同属

性 s_1、s_2 和 s_3，个数分别为 k_1、k_2 和 k_3。其中，属性 s_1 中包含 s_{11} 个"好"客户和 s_{12} 个"坏"客户。则属性 s_1 的信息熵计算公式如下：

$$I(s_{11},\ s_{22}) = -\frac{s_{11}}{k_1}\log_2\frac{s_{11}}{k_1} - \frac{s_{12}}{k_1}\log_2\frac{s_{12}}{k_1} \qquad (5\text{-}2)$$

仿照属性 s_1，影响变量的属性 s_2 及 s_3 分别依次计算。由属性信息熵计算影响变量属性得分，即

$$E(\text{影响变量}) = \frac{k_1}{n}I(s_{11},\ s_{12}) + \frac{k_2}{n}I(s_{21},\ s_{22}) + \frac{k_3}{n}I(s_{31},\ s_{32}) \qquad (5\text{-}3)$$

第三步，计算影响变量的信息增益。

$$\text{影响变量的信息增益} = I(s_1,\ s_2) - E(\text{影响变量}) \qquad (5\text{-}4)$$

信息增益值表示用这一影响变量来划分训练样本集合所降低的信息量。类似地，可以计算出其他各影响变量的信息增益。依据计算结果，挑选出信息增益最大的影响变量，以它的不同属性分别产生相应的分支。针对被划分的样本子集，重复以上步骤。由此便可生成一棵决策树。

2. 模型的分析与评估

根据决策树模型对训练样本和测试样本的分类预测结果可得表 5-2 和表 5-3。

表 5-2　训练样本的分类预测结果表

预测	实际	
	"好"客户	"坏"客户
"好"客户	n_1	n_3
"坏"客户	n_2	n_4

表 5-3　测试样本的分类预测结果表

预测	实际	
	"好"客户	"坏"客户
"好"客户	m_1	m_3
"坏"客户	m_2	m_4

根据表 5-2 和表 5-3，计算评价模型好坏的相应指标。

1）评估模型的精确度

评估模型的精确度主要由模型的总错误率来反映，包括训练样本错误率和测试样本错误率。

$$\text{训练样本错误率} = (n_2 + n_3) \div (n_1 + n_2 + n_3 + n_4) \qquad (5\text{-}5)$$

$$\text{测试样本错误率} = (m_2 + m_3) \div (m_1 + m_2 + m_3 + m_4) \qquad (5\text{-}6)$$

错误率越高，模型的精确度越低；反之，总错误率越低，模型的精确度越高。

2）评估模型的稳定性

模型的稳定性由训练样本和测试样本最终预测结果的差距来反映。训练样本和测试样本的错误率相差越大，说明模型的稳定性越差；反之，训练样本和测试样本的错误率相差越小，则模型越稳定，即证明用该模型在新的数据集合上会产生同样的分类和预测效果。

3）模型风险与收益的考评

模型的风险用 A 类错误率来衡量。

$$A 类错误率 = n_3 / (n_1 + n_3) \qquad (5\text{-}7)$$

表示将一个坏客户误判为好客户的概率。该值越大，则公司风险成本越高；该值越小，则公司风险成本越低。

模型的经济损失用 B 类错误率来衡量。

$$B 类错误率 = n_2 / (n_1 + n_2) \qquad (5\text{-}8)$$

表示将一个好客户误判为坏客户的概率。该值越大，说明公司将失去的有利合作伙伴越多，从而损失的合作机会越多，导致公司业务流失，蒙受经济损失。因此该概率越小，模型越好，公司应用数据挖掘技术进行客户信用预测越受益。

综上所述，模型的 A 类错误率和 B 类错误率越小，模型越好，公司应用模型所带来的经济效益越好。此外，还可以利用由两个指标构成的综合指标来考察模型的风险收益，综合指标 F 的计算公式如下：

$$F = \frac{2 \times (1 - P(A)) \times (1 - P(B))}{(1 - P(A)) + (1 - P(B))} \qquad (5\text{-}9)$$

该综合指标的取值为 0~1，当模型的预测结果与真实结果完全相同时，该指标取值为 1；当模型的预测结果与真实结果完全不相同时，该指标取值为 0。所以模型的 F 指标取值越接近 1，模型的预测效果越好，公司越能通过模型辨别"好""坏"客户。通常情况下，F 值达到 0.3 及以上，该模型就是非常值得应用的好模型。

四、中航国际钢铁贸易公司新标准客户信用风险管理规则的实证分析

（一）数据准备

本节在中航国际钢铁贸易公司的配合下收集了其所有已交易完成的历史合作的客户信息。对于历史合作客户，公司未曾记录其基本状况和财务状况，所以只能选取包含合作信用指标的已合作客户信用数据。对选择重要影响变量时，利用数据挖掘软件 Clementine 提供的特征属性选择节点，把现有的各合作变量与客户信用风险的相关性进行分析，得出的结果如表 5-4 所示：超期一月及以

上次数比（超期一月次数比总合作次数）是影响客户信用风险最重要的指标，其相关系数达到 0.987。接下来依次为平均每单金额、订单金额、支付方式和合作次数。

表 5-4　影响变量与客户信用的相关系数表

影响变量	类型	相关系数
超期一月及以上次数比	连续	0.987
平均每单金额	连续	0.882
订单金额	连续	0.845
支付方式	离散	0.720
合作次数	连续	0.622

鉴于以上相关性的分析，可以选取每条信息反映历史合作状况和本次合作状况的合作次数、平均每单金额、超期一月及以上次数比、订单金额与支付方式共五个变量来建立客户的信用评价模型。运用 Clementine 提供的选择节点，将数据信息采用分层抽样的抽取方法随机分为训练样本和测试样本。其中，训练样本和测试样本包括"好"客户信息和"坏"客户信息。

（二）决策树模型的构建

利用 Clementine 中的决策树 C 5.0，按照前述决策树生成理论，系统自动构建决策树，构建结果如图 5-1 所示。

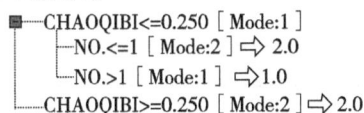

```
■──CHAOQIBI<=0.250 [Mode:1]
  ├──NO.<=1 [Mode:2] ⇨ 2.0
  └──NO.>1 [Mode:1] ⇨ 1.0
└──CHAOQIBI>=0.250 [Mode:2] ⇨ 2.0
```

图 5-1　决策树结果图

以上决策树的意义如下：当某个历史客户的超期一月及以上次数比大于 0.25 时，该客户被模型预测为"坏"客户。当某个历史客户的超期一月及以上次数比小于或等于 0.25 时，模型分两种情况讨论该客户的"好""坏"。当公司与其合作次数小于等于 1 时，决策树模型评其为"坏"客户，当公司与其合作次数大于 1 时，模型预测其为"好"客户。

（三）模型的评价

通过软件提供的分析节点，得到此决策树模型对训练样本和测试样本进行分类预测的结果如表 5-5~表 5-8 所示。

表 5-5 训练样本的分类预测结果表

类别	个数	百分比/%
预测正确	13	92.86
预测错误	1	7.14
总数	14	

表 5-6 训练样本的分类预测结果表

实际	预测	
	1.0	2.0
1.0	7	1
2.0	0	6

表 5-7 测试样本的分类预测结果表

类别	个数	百分比/%
预测正确	6	100
预测错误	0	0
总数	6	

表 5-8 测试样本的分类预测结果表

实际	预测	
	1.0	2.0
1.0	4	0
2.0	0	2

从决策树 C 5.0 的预测结果来看，训练样本的错误率为 7.14%，测试样本的错误率为 0。由于模型具有较低的错误率，所以该模型的准确度很好。从训练样本和测试样本的预测结果错误率差距来看，7.14%的错误率差距不算很大，所以可认为该模型较稳定，也就是说，该模型在测试样本上产生了与训练样本一致的分类和预测结果。此外，训练样本和测试样本的 A 类错误率都为 0，即该模型没有将任何一个坏客户误判为好客户，说明公司应用数据挖掘模型做出的交易决策没有任何的成本风险。该模型的训练样本和测试样本的 B 类错误率分别为 1/8 和 0，说明模型将好客户误判为坏客户的概率较小，从而公司很少流失与有信用客户合作的机会。最后，我们从综合指标 F 的取值对模型的风险收益进行评估。

$$F = \frac{2 \times (1-0) \times \left(1 - \frac{1}{8}\right)}{(1-0) + \left(1 - \frac{1}{8}\right)} \approx 0.933 \qquad (5-10)$$

该模型的 F 值为 0.933，接近于 1。

综上所述，该模型无论是从精确度、稳定性，还是风险收益来看，都是非常值得实际应用的模型。因此，应用该数据挖掘模型来评判客户信用的"好""坏"，能有效降低中航国际钢铁贸易公司的合作风险。

五、结论及政策建议

（一）结论

中航国际钢铁贸易公司有建立客户信用评价体系的必要性。钢铁贸易公司资金密集型的特点要求其在规定时间内回笼应收账款。中航国际钢铁贸易公司进行的是大宗商品贸易，贸易金额巨大，更应该加强客户信用管理，选择与优质企业合作以减少应收账款及坏账。客户信用评价体系的建立不仅可以避免客户违约带来的风险，还可以分辨优质客户使公司得以留住好的客户资源。

中航国际钢铁贸易公司对客户历史数据不够重视。中航国际钢铁贸易公司没有对客户资源进行系统整理。虽然对客户资源十分重视，但对客户资源的选择仅凭业务人员的经验，对客户选择标准的执行也因为公司间关系等的需要而有所放松。在客户资料搜集时，仅搜集优质客户和老客户的资料。

历史合作次数及违约次数是影响客户信用的重要因素。合作次数和违约次数占合作次数的比例是影响客户超期违约的重要因素。由于数据的可获得性，本节仅根据合作信息做出模型。超期一月及以上占合作次数的比例以 0.25 为界做出分类，合作次数以 1 为界分为"好""坏"客户。

应用数据挖掘技术进行客户信用评价是准确、实用的。将建立的模型应用于测试样本，精确度、稳定性及风险收益比较好，是值得实际应用的模型。利用数据挖掘技术进行建模，能准确地分析出具有风险的客户特点，便于公司进行预防。

（二）政策建议

树立风险意识，有针对性地选择客户。建立客户信用评价体系是为了避免客户风险。只有直接接触客户的人员有风险意识，建立客户数据库的工作才能继续下去。同时也需要其他部门尤其是服务与客户的部门（如贸管部、财务部）团队合作。

完善客户资料，建立客户数据库。建立客户数据库是对客户信用评价的有效保证。客户资料是贸易公司最重要的资料，因此公司更应当将历史客户资料整理起来，建立历史客户资料数据库。客户历史数据搜集时，不仅要搜集合作比较好的客户数据，还要搜集违约的客户数据，以便进行对比，从而找到优质客户和坏客户的特征。

分析客户交易行为，建立客户信用评价体系。对客户进行信用评价时，应统筹定性指标和定量指标，不能仅仅将数量、金额或者利润中的某一个单一指标作为依据。综合考虑客户的基本情况、财务状况及合作信息等指标，最终评估出客户信用。

第二节　基于数据挖掘的中国上市公司信用型无形资产

风险评估实证研究

近年来，受日趋激烈的市场竞争与金融危机"余震"的影响，作为国民经济重要支撑的上市公司频繁出现信用危机。上市公司信用风险的存在不仅关系其自身的经营稳健及安全，更影响到众多投资者、银行和相关利益者的切身利益，甚至影响整个国家经济的平稳运行和可持续发展。如何准确识别、有效防范上市公司的信用风险已经成为广大利益相关者的首要任务，诸多专家学者也致力于上市公司信用风险评估模型的研究。

不同行业之间的经营运作结构存在异质性，对全部上市公司建立信用风险评估模型，不仅在建模上会出现很大困难，而且模型的精确度和稳定性也很难保证。因此，上市公司的信用风险评估应该区分企业的行业类别，从而运用不同行业的评估模型进行信用风险评估。目前，制造业是发展程度最为完善的行业之一，也是融资需求最为旺盛的行业。如何更准确地构建针对制造业上市公司特点的信用风险评估体系，如何给相关利益者提供合理的政策建议，如何降低投资风险提高投资者利益成为亟待解决的难题。故本节选取制造业上市公司作为代表，进行信用风险评估建模。

随着信息时代的到来，基于人工智能的数据挖掘技术在金融领域，特别是在信用风险评估领域受到了广泛的关注，国内外掀起了对基于数据挖掘技术的信用风险评估方法的研究热潮。数据挖掘是一个利用各类方法，从海量繁杂的数据中发掘潜在的对决策有用信息和模式的过程，其依托蓬勃发展的数据库技术，具备处理和分析大量数据的能力，弱化了对数据本身限制的特点，使其很容易突破传统金融分析的苛刻条件，在处理信用风险评估的问题上具有得天独厚的优势。

数据挖掘算法中较为常用的是决策树算法与人工神经网络。通常决策树算法多被用于分类与预测，而本节则转换了新视角，利用决策树针对单变量分析的特点，将其用于筛选影响上市公司信用的指标；为 BP 神经网络的构建提供良好的数据基础，人工神经网络的一大特点如下：它是一个黑盒子系统，在实际操作时我们并不需要了解算法的内容和过程，该模型能自动输出最终结果。这种将数据挖掘技术与当今信用风险评估方法相结合形成的新型评估模型,既遵循了信用风险评估的传统方法,又能充分挖掘上市公司不断产生的信用数据背后的信息。

一、文献评述

(一)国外文献评述

最早的信用风险评估是从传统的专家系统分析开始的,即专家凭借主观经验对融资申请人的信用水平做出评判,其中典型的专家系统法有"5C"要素分析法、"5W"要素分析法及骆驼评估体系等。20世纪90年代,随着现代信息技术的飞速发展,以及各类数据的不断积累,信用风险评估的研究方法中引入全新的数据挖掘技术,并且取得了十分显著的成效。Martinelli等(1999)利用神经网络和决策树两种方法分别对同一数据集进行了破产预测效果的对比研究。Kim等(2009)分别运用多种数据挖掘分类技术对经济危机的预测进行了比较分析,发现基于人工神经网络的预测模型分类结果优于其他的数据挖掘方法。dr Tan(2011)则发现人工神经网络比Probit模型更具有事前预测信用风险的优势。

(二)国内文献评述

李萌(2005)把信用风险界定为不良贷款率,利用Logit模型判断商业银行信贷客户的违约概率,并搭配主成分分析法和t检验对模型展开了实证分析。未瑞和罗国亮(2007)运用聚类分析与AHP法相结合的方法,其结果较为准确。胡胜和朱新蓉(2011)运用Logit模型综合评价了我国上市公司的信用风险,实证发现此模型犯第一类错误的概率高达30%,故商业银行在运用Logit模型时要十分谨慎。姚奕和叶中行(2004)利用数据挖掘中的SVM技术对包含9个评估指标的986条银行客户信息建立了客户信用风险评估系统,并通过实证分析证明了这种基于全局收敛的SVM的信用风险评估系统具备较强的可行性。徐晓霞和李金林(2006)对含有9项指标的81家贷款企业运用数据挖掘技术中的决策树法进行信用评估,克服了SVM要求数据分布均匀的限制,预测准确率进一步提高。翟万里(2013)将改进过的BP神经网络应用于对商业银行企业客户的信用风险评估当中,得到了较为准确的预测结果,然而其研究样本包含制造业、交通和商贸等多个领域,而各个领域的上市公司数据缺乏同构性,数据口径不同,因此没有区分行业的样本使该信用风险评估模型在实践应用中受到较大挑战。

从信用风险评估的研究现状可以看到,随着计算机技术、统计方法等的迅猛发展,构建具有人工智能、海量数据处理的数据挖掘信用风险评估模型也获得了蓬勃发展。总的来说,在信用风险评估的漫长发展历史中,信用风险的评估方法已经逐渐汲取了各领域最先进的研究成果,呈现出从定性分析到定性定量结合分析、从简单分类到复杂判别、从传统方法到具有人工智能特色的数据挖掘方法发展的特点。

二、决策树与人工神经网络综合模型的建立

信用风险评估是一个复杂的非线性系统，大多数处理线性结构的理论及模型都难以吻合其客观规律。数据挖掘技术的引入，不仅弱化了信用风险评估对数据质量的要求，还有效克服了数据结构非线性化的特点，使该模型很容易挖掘出上市公司背后的信用风险信息。因此，在处理上市公司信用评估问题时，数据挖掘技术具有得天独厚的优势。当前较为流行的数据挖掘分类预测算法包括决策树、人工神经网络、SVM 和贝叶斯网络等。在上述众多的分类预测算法中，决策树和人工神经网络在处理信用风险的评估问题上，有其突出的适用性。

（一）决策树和 BP 神经网络模型在风险评估上的优势分析

1. 决策树模型在风险评估上的优势分析

决策树最早源于人工智能的机器学习技术，它是一种逼近离散函数值的方法，是数据挖掘算法中典型的分类挖掘方法。将决策树算法用于筛选上市公司信用评价指标的过程如下：决策树采用非参数估计的方法对每一个评价指标的信息增益率进行计算，进而自动选择对正确分类提供信息量最大的影响变量，确定生成每个结点时所应采用的评价指标。

决策树算法不仅可以生成划分企业信用水平的规则，还能筛选出对信用分类有重要贡献的指标，防止预先选定指标引起的主观经验的干扰。该算法不要求投资者、银行等必须深入理解信用评估问题的本质，以及所包含的影响因素及其相互之间的关系等，而是把与经验判断的所有相关指标全部纳入样本的影响变量，通过决策树的单变量分析，找到对信用水平起重要作用的指标。

决策树具有相当的灵活性，其可以利用任意类型的指标来进行树点的分割。其中，影响变量的类型可以是连续指标、离散指标，甚至是两者的组合，这就可以从定性和定量两个方面对上市公司进行信用评估。

2. BP 神经网络模型在风险评估上的优势分析

BP 神经网络是人工神经网络的核心算法之一，是目前使用最广泛的人工神经网络模型之一。它的学习规则是使用最快下降法，通过反向传播不断调整网络的权值和阈值，能以足够小的精度逼近任意分类数据，特别适合描述内容繁杂、内部结构凌乱的信用风险客观规律，以及现实非线性的信用风险评估数据处理。

对外界给予的样本信息，BP 神经网络可以调动网络的全部元素，利用计算机强大的迭代计算功能，自动学习并挖掘归纳影响变量与目标变量之间合理的映射关系，具有良好的自学能力和自适应能力。也就是说，该算法复杂的计算原理与过程

是无须被理解的，我们可以直接看到信用评价指标对应的信用状况分类结果。

由于 BP 神经网络采用全局逼近非线性函数的方法，其具有良好的泛化能力，学习后的网络对相似情况上市公司的信用分类处理具有较小的误差，可以被投资者和银行等放心运用。

本节结合决策树单变量分析和 BP 神经网络综合变量分析的特点，转换研究视角，变换决策树分类预测的功能，应用决策树筛选对信用分类有重要贡献的指标，而后采用 BP 神经网络对上市公司信用的水平进行分类和预测，实现对上市公司信用水平的精确划分，从而构建出一个适合我国制造业上市公司的信用风险评估模型。

（二）基于决策树与 BP 神经网络的综合模型构建

1. 决策树的指标选取

决策树的构建是一个从上至下、分而治之的归结过程，基于信息论原理对大量样本的特征进行解析和总结，采用信息增益的方法选择形成每个节点时所应采取的影响变量。因此，当前节点的评价指标应为具有最高信息增益率的影响变量，从而使后续分类所需要的信息量最小。这样一方面可以确保产生的决策树最为简单；另一方面可以筛选出对目标变量最具影响力的指标。

下面以目标变量 Y 共有 k 个类别的样本集合为例，具体阐述决策树 C 5.0 算法的原理。设样本集合包含 n 条样本数据。

第一步，计算目标变量 Y 的信息熵。根据信息熵公式可得

$$\text{Ent}(Y) = -\sum_{i=1}^{k} p_i \times \log_2 (P_i) \qquad （5\text{-}11）$$

其中，k 为数据集中的类别个数；p_i 为数据集中属于类别 i 的样本个数比例。此处变量的信息熵计算值越小，说明该变量越偏向其某一属性，即利用该变量来划分决策树的效果越好。反之，若某一变量的信息熵偏高，则说明该变量的各个属性所包含的样本个数差不多，则划分决策树的效果降低。

第二步，选取某一影响变量 X，计算其信息熵。设该影响变量 X 包含三个不同的属性，即 d_1、d_2 和 d_3，个数分别为 h_1、h_2 和 h_3。其中，属性 d_1 中包含 d_{11} 个目标变量为 s_1 的样本和 d_{12} 个目标变量为 s_2 的样本。则属性 d_1 的信息熵计算公式如式（5-11）所示，有

$$\text{Ent}(d_1) = -\frac{d_{11}}{h_1} \log_2 \frac{d_{11}}{h_1} - \frac{d_{12}}{h_1} \log_2 \frac{d_{12}}{h_1} \qquad （5\text{-}12）$$

仿照属性 d_1，影响变量 X 的属性 d_2 及 d_3 可以分别依次计算。需要说明的是，若影响变量 X 为连续型变量，则决策树 C 5.0 首先利用 MDLP 算法自动完成变量的分箱处理，其次采用上述方法，计算信息熵。由影响变量 X 的各属性信息熵计

算其条件熵如下：

$$\mathrm{Ent}\big(Y\big|X\big) = \frac{h_1}{n}\mathrm{Ent}(d_1) + \frac{h_2}{n}\mathrm{Ent}(d_2) + \frac{h_3}{n}\mathrm{Ent}(d_3) \qquad （5\text{-}13）$$

第三步，计算影响变量 X 的信息增益。

$$\mathrm{Gains}(Y,X) = \mathrm{Ent}(Y) - \mathrm{Ent}\big(Y\big|X\big) \qquad （5\text{-}14）$$

该值表示用影响变量 X 来划分样本集合所能降低的信息量。

第四步，计算影响变量 X 的信息增益率。

$$\mathrm{Gains}R\big(Y,\ X\big) = \mathrm{Gains}\big(Y,\ X\big)\big/\mathrm{Ent}\big(X\big) \qquad （5\text{-}15）$$

信息增益率的计算是为了防止属性值多的影响变量比属性值少的影响变量更容易成为当前最佳的分组变量，从而导致生成的决策树有很多的划分分支，降低决策树的适用性。

类似可以计算出各影响变量的信息增益率，挑选具有最大信息增益率的影响变量作为当前的分组变量，以它的不同属性分别产生相应的分支。接下来针对每个新的分支（即被划分的样本子集），重复以上划分过程，循环往复，直至分组不再有意义。此外，为了保证生成的决策树更具有一般性，决策树 C 5.0 采用后修剪的方法对生成的决策树进行修剪。其利用统计学置信区间的估计方法直接估计预测误差，并依据"减少-误差"法判断叶节点是否需要修剪。

2. BP 神经网络的分类预测

BP 神经网络是由一个输入层、一个或多个隐层和一个输出层构成的层级结构式的前馈式神经网络，如图 5-2 所示。该网络的每一层均由若干神经元组成，相邻层之间的神经元是单向全连接的，即上层中的每个神经元都全连接于下层中的每个神经元，而同层内神经元没有任何连接。

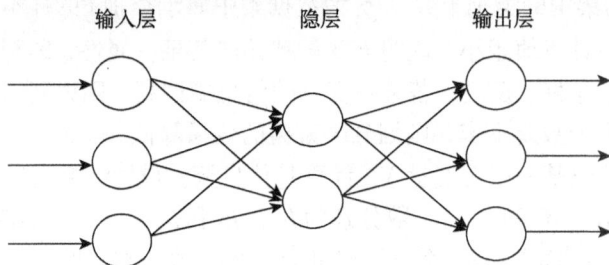

图 5-2　三层 BP 神经网络结构图

BP 神经网络算法由信息的正向传播和误差的反向传播两个阶段组成。在信息的正向传播过程中，样本信息自输入层开始，由上至下经过每一隐层神经元计算处理，最终被传送到输出层，得到预测结果。在此期间，所有神经元之间的关联性，即整个网络的连接权值都保持不变。在样本期望输出值与预测值之间的预测误差计算出以后，便可进入误差的反向传播过程，即将输出层的预测误差反向逐层传播到上层神经元中，逐层调整网络权值。在此期间，所有的网络权值均得到调整。随着正向传播与反向传播不停的交换运算，算法输出的预测值逐渐向样本的期望值逼近，在满足迭代的终止条件时，该算法的各层连接权值得到确定，从而就形成了对样本信息的非线性分类规则。

三、数据来源、指标体系选择与样本选取

本节将上市公司中发展程度最完善，对国民经济具有重要支柱性作用的制造业上市公司作为分析对象，利用训练模型提前将未来要投资的公司划分为能够按期还款的信用"好"公司和违约的信用"坏"公司，进行事前风险预警。对制造业上市公司信用"好""坏"的划分，笔者认为若公司经营连续处于亏损状态，则其财务状况出现异常，连年亏损的经营状况使该公司存在相当大的还款违约概率，投资者应当慎重考虑对其投资决策，因此将这类公司视为违约样本，作为信用"坏"的上市公司。反之，经营处于盈利状态的制造业上市公司作为履约样本，划归为信用"好"的一类。

（一）数据来源

本节依据证监会划分的行业类别，从 2 000 多个制造业上市公司中以 2014 年第一季度与第二季度净利润连续为负作为标准，共提取出了 190 个信用"坏"的上市公司。由于余下的公司数量较多，按照同行业、同时间的原则，以 1 : 2 的配比准则随机选取了 380 家信用"好"的公司作为匹配样本。本节利用 2013 年年末的公司数据，建立评估模型，预测制造业上市公司 2014 年是否会处于亏损状态，即通过对制造业上市公司历史数据的特征研究，寻求信用风险的评估方案。本节所有的样本数据均来自投资理财软件大智慧及国泰安研究服务中心。

（二）信用风险评估指标体系的选择

上市公司的信用水平受众多影响因素的相互作用、共同决定。为了对这些影响因素进行量化评估、提高信用风险评估模型的精确度，笔者在对上市公司的特点和其信用风险的主要影响因素有了清晰认识之后，依据构建指标体系原则，有针对性地入选对信用风险评估影响较大的指标，忽略对信用风险评估贡献不大的指标，建立一个相互依存、相互制约，以及能有效反映上市公司信用风险状况的综合指标群。

上市公司信用风险的主要影响因素为公司素质、公司信誉、发展能力、偿债能力、营运能力、盈利能力和现金流量能力七个方面，本节据此构建了对上市公司信用水平进行描述的指标体系，如表 5-9 所示。需要说明的是，由于本节采用决策树算法对信用评价指标进行重要性筛选，所以在搭建信用风险评估指标体系

的总体框架时，不采用多元统计分析等方法进行指标剔除。

表 5-9　信用风险评估指标体系表

评价项目（一级指标）	评价因素（二级指标）	评价指标（三级指标）	类型
信用风险评估指标体系	公司素质	管理素质	离散
		员工素质	离散
		技术素质	离散
	公司信誉	贷款履约情况	离散
		租金税金缴纳情况	离散
	发展能力	所在地区经济环境	离散
		所处行业状况	离散
		总资产增长率	连续
		销售总收入增长率	连续
		净利润增长率	连续
信用风险评估指标体系	偿债能力	速动比率	连续
		资产负债率	连续
		已获利息倍数	连续
	营运能力	流动资产周转率	连续
		总资产周转率	连续
	盈利能力	销售净利率	连续
		总资产净利率	连续
		权益净利率	连续
	现金流量能力	现金流量债务比	连续
		现金流量净利润比	连续
		现金流量主营业务比	连续

（三）样本选取

对制造业上市公司信用评价指标的选取，本应将上文构建的指标体系全部纳入。但由于没有专业评估专家对企业进行定性分析，同时考虑到财务数据均经过会计师事务所的审核，即定量指标数据真实可靠，所以选取定量财务指标作为信用评价的指标，暂不讨论定性指标。

四、实证过程与结果分析

（一）实证过程

1. 决策树的指标选取

为了排除对制造业上市公司信用评估影响较小或不相关的指标，提高信用分类模型的计算效率，本小节首先采用决策树算法建立一棵多叉分类树。建立该多叉分类树的宗旨并非用于信用水平的最终评判，而是利用决策树算法面向单变量分析的特点，从众多的评价指标当中，找出对信用分类有重要贡献的指标，从而为后续建模提供良好的数据环境。应用数据挖掘软件 Clementine 12.0 提供的决策树 C 5.0 节点，按照前述决策树的生成原理，系统自动构建的决策树结果图如图 5-3 所示。

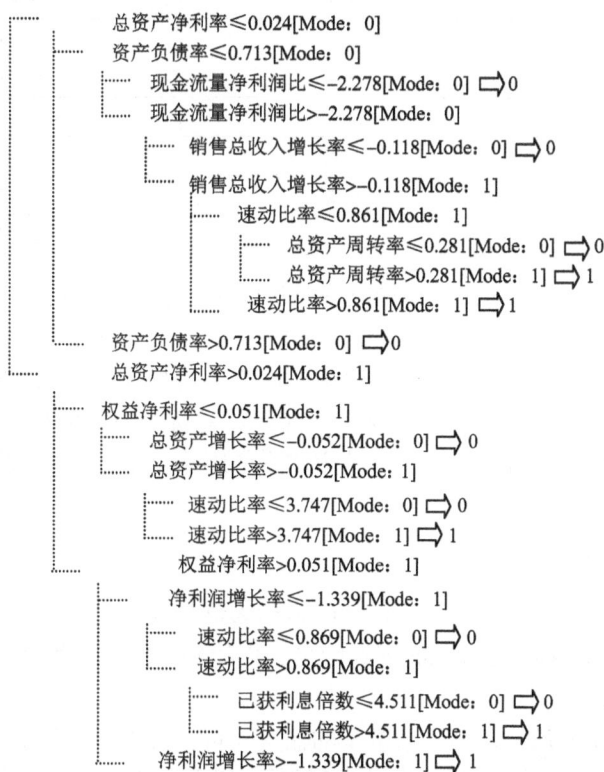

图 5-3 决策树结果图

图 5-3 显示，通过对每一评价指标的测算，决策树最终挖掘选取了总资产净利率、资产负债率、速动比率、权益净利率、现金流量净利润比、销售总收入增长率、总资产增长率、净利润增长率、总资产周转率及已获利息倍数十个指标进行构建，说明对制造业上市公司来说，企业的盈利能力、偿债能力、现金流量能力、发展能力和营运能力对公司信用水平的高低起决定性作用。因此，在对制造业上市公司进行信用评估时，应着重对体现上述五个方面的十项指标进行考察。此外，该软件对进入决策树的评价指标计算了重要性得分，结果如表 5-10 所示。

表 5-10 评价指标的重要性得分表

评价指标	类型	重要性得分
总资产净利率 X_{62}	连续	0.581
资产负债率 X_{42}	连续	0.125
速动比率 X_{41}	连续	0.121
权益净利率 X_{63}	连续	0.048
现金流量净利润比 X_{72}	连续	0.033
销售总收入增长率 X_{34}	连续	0.024
总资产增长率 X_{33}	连续	0.023
净利润增长率 X_{35}	连续	0.022
总资产周转率 X_{52}	连续	0.017
已获利息倍数 X_{43}	连续	0.007

表 5-10 显示，首先，总资产净利率是影响制造业上市公司信用水平的最关键指标，其对信用分类的重要贡献达到 0.581。其次，对公司信用分类具有重要影响的指标依次为资产负债率、速动比率、权益净利率、现金流量净利润比、销售总收入增长率、总资产增长率、净利润增长率、总资产周转率及已获利息倍数。其余未进入决策树的评价指标对公司信用水平的影响很小，没有计算其重要性得分，被拒绝纳入后续模型中。

2. BP 神经网络分类预测

基于决策树对评估指标筛选所得到的指标为输入神经元，兼顾多个变量对信用水平分类的共同影响，建立 BP 神经网络，以达到最佳的预测效果。

1）数据准备

数据的归一化处理。作为网络模型的输入变量，总资产净利率等 10 个财务指标具有不同的计算方法和取值范围，这种输入变量的差别数量级会直接关联到网络权值的取值、加法器的结果，甚至是最终分类预测的效果。为了提高该模型的灵敏性和预测准确性，在神经网络训练之前，对输入变量数据的归一化处理是数据准备阶段的首要任务之一。

BP 神经网络中，输入变量的取值一般为[0，1]。常用的归一化处理方法有极差法和对数转换法等。本小节采用极差法如下：

$$x_i' = \frac{x_i - x_{\min}}{x_{\max} - x_{\min}} \tag{5-16}$$

其中，x_i 为某一输入变量的原始数据；$x_{\max}$ 和 $x_{\min}$ 分别为最大值和最小值；x_i' 为变换后的数据。

经过式（5-16）计算的各财务指标成为无量纲化的数据，这不仅满足了建模需求，同时也没有丢失数据的原有特征。

样本子集的划分。为了对所建模型的性能进行评价，笔者将已有总样本随机划分为两个样本子集：一个子集用于训练神经网络，即训练样本；另一个子集用于检验训练后神经网络的精确度和稳定性等，即测试样本。如果模型在测试样本上仍有较好的预测表现，就表示所建信用风险评估模型能够有效地反映制造业上市公司信用水平的内在规律，可用于对制造业上市公司的信用预测。

将570条样本数据采用分层抽样的抽取方法随机分为包含399条信息的训练样本和包含171条信息的测试样本。其中，训练样本包括266条"好"公司信息，133条"坏"公司信息；测试样本包括114条"好"公司信息，57条"坏"公司信息。

2）模型参数设定

每层节点数。输入层节点的个数由输入变量的个数决定，共选定了10个财务指标，即输入层共有10个节点。对于隐节点的数目，目前尚没有具体的确定规则。通常，隐节点太少，网络收集知识的能力越小，分类预测的准确度越低；隐节点数目太多，则增加网络的计算量，且可能导致过度拟合的问题。本小节采用试验法，选用不同的隐节点数建立网络，最终确定使测试样本预测正确率最高时对应的隐节点数。输出层节点数为1（输出值为0时，属于信用"坏"公司；输出值为1时，属于信用"好"公司）。

激活函数。隐层和输出层的激活函数均为（0，1）型sigmoid函数。

其他参数设定。初始网络权值及偏差为软件随机赋值，学习率为随着模型在训练的过程中自动调整，冲量项取经验值为0.9。

（二）实证结果分析

1. 模型的训练及预测

经过数据处理、模型设定等准备工作之后，利用软件提供的Neural Net节点，运用399条训练样本自动对网络进行构建。通过对9个不同的隐节点数分别训练网络，以确定最佳的网络结构，保证模型的预测正确率。经过多次实验，不同隐节点数的训练结果如表5-11所示。

表5-11　不同隐节点数的训练结果表　　　　　　单位：%

隐层节点数	训练样本判正率	测试样本判正率
7	85.21	75.44
8	85.46	80.12
9	87.22	78.95
10	88.97	79.53
11	86.47	81.29

隐层节点数	训练样本判正率	测试样本判正率
12	86.72	80.70
13	86.22	80.70
20	89.47	70.76
30	90.23	69.59

表 5-11 显示，当隐节点数为 11 时，尽管训练样本的判断正确率并不是最高的，但其在测试样本上却产生了 81.29%的最高判断正确率。由于所建立的信用风险评估模型重在对制造业上市公司信用水平的预测，而非对现有样本的绝对拟合，所以本节选择使测试样本判断正确率最高的隐节点数，构建 10-11-1 的三层 BP 神经网络模型。

利用软件提供的 Analysis 节点，得到训练完成的 10-11-1 的三层 BP 神经网络模型对 399 条训练样本的拟合结果和对 171 条测试样本的分类预测结果，如表 5-12 所示。

表 5-12　训练样本的拟合结果表

类别	训练样本		测试样本	
	个数/个	百分比/%	个数/个	百分比/%
预测正确	345	86.47	139	81.29
预测错误	54	13.53	32	18.71
总数	399	100.00	171	100.00

表 5-12 显示，该模型对训练样本的拟合正确数为 345 个，错误数为 54 个，模型拟合总正确率为 86.47%，错误率为 13.53%，是较为乐观的拟合结果，与此同时，此模型对测试样本的预测正确数为 139 个，错误数为 32 个，预测正确率为 81.29%，错误率为 18.71%。

2. 综合模型性能评估

对上述利用决策树与 BP 神经网络综合构建的信用风险评估模型的各项性能进行评估，主要可以从以下几个方面给予衡量，即模型预测精度、模型稳定性、模型风险与损失。

模型的风险可以用 A 类错误率来衡量，即把一个信用"坏"公司错判为信用"好"公司的概率。该值越大，则投资者越有可能投资信用"坏"公司，款项难回收，风险成本越高。模型的经济损失用 B 类错误率来衡量，即把一个"好"公司错判为信用"坏"公司的概率。该值越大，说明投资者将失去的有利投资机会越多，业务流失，从而蒙受经济损失。模型的 A 类错误率和 B 类错误率越小，模型的实际应用价值越高。

下面，利用由两个指标构成的综合指标来考察模型的风险损失，综合指标 F 如下：

$$F = \frac{2 \times [1-P(A)] \times [1-P(B)]}{[1-P(A)]+[1-P(B)]} \qquad （5-17）$$

该综合指标的取值为[0，1]，当模型的预测结果与真实结果完全相同时，该指标取值为 1；当模型的预测结果与真实结果完全不相同时，该指标取值为 0。所以模型的 F 指标取值越接近于 1，模型的预测效果越好。通常情况下，模型的 F 指标能达到 0.3 及以上，则该模型就是预测相对精准的模型，是值得实际应用的。经计算，模型的 A 类错误率和 B 类错误率分别为 14.66%和 13.16%，综合指标 F=0.86，远远大于给定标准 0.3，说明该模型的应用风险和经济损失均较小。

3. 综合模型性能对比分析

为进一步验证基于决策树和 BP 神经网络的综合信用风险评估模型的有效性，现利用原始的样本数据分别对具有代表性的传统信用风险信评估方法——Z 评分模型、数据挖掘技术中的决策树和 BP 神经网络进行单独建模，通过对各模型测试样本的预测结果对比分析，从横向和纵向的角度说明本小节建立的联合模型的实用性（建模过程省略）。

（1）利用 Z 评分模型对测试样本进行分类预测，仅有 39.18%的预测正确率，与联合模型的预测精度相差甚远，是预测能力偏低的模型。此外，该模型还存在无法判断区间，使投资者无法确定自己的决策。

（2）决策树对测试样本预测正确率为 81.87%，比联合模型的预测正确率高出 0.58%。但经过测算，该模型的 B 类错误率为 21.93%，远远高于联合模型的 B 类错误率，这将使投资者失去较多信用状况良好的制造业上市公司投资机会，造成不必要的经济效益流失。

（3）BP 神经网络对测试样本预测正确率为 76.61%，低于联合模型的预测精度，说明不经过决策树重要指标提取的全指标建模影响 BP 神经网络对制造业上市公司信用水平的分类预测效果。

综上所述，在对制造业上市公司进行信用风险评估时，利用基于决策树和 BP 神经网络的信用风险评估模型是有效与可行的。

五、本节结论

（1）本节构建的模型对训练样本的拟合总正确率为 86.47%，对测试样本的预测总正确率为 81.29%，是较为乐观的拟合结果，通过对模型性能的检验，得出该模型较为稳定，并且应用风险和经济损失均较小。通过与 Z 评分模型和采用单一数据挖掘算法构建的信用风险模型相比较，联合模型有更优的预测表现。

（2）通常决策树算法被用于分类和预测，笔者则将其用于筛选评价指标，并且发现其在筛选指标方面也有较为良好的性能，这是对数据挖掘方法应用的新视角。决策树算法筛选出的重要指标，为接下来的 BP 神经网络的建立提供了良好的数据基础，两种算法也能进行很好的连接，保证了建模过程的流畅进行。

（3）将决策树单变量分析的特点与 BP 神经网络综合变量分析的特点相结合，构建信用风险评估数据挖掘联合模型，是把不同数据挖掘技术结合并应用到信用风险评估领域的新思路，具有一定的研究价值。

第三节　基于意见挖掘的中国电子商务营销型无形资产实证研究①

电子商务已经成为世界各国重点发展的新兴产业，已经成为拉动中国经济发展新的增长点，而中国电子商务发展潜力乃世界之最，"十二五"规划中提出把电子商务列为国家战略性新兴产业，并逐渐形成一个生态链，涵盖购物、支付、物流和保险等多个领域。随着国家战略"海陆空丝绸之路"的建设，中国电子商务在国际贸易中展现出良好的发展前景和广阔的拓展空间。据中国互联网络信息中心（China Internet Network Information Center，CNNIC）第 32 次互联网报告统计，截止到 2014 年 5 月，中国的网商数量已超过 8 300 万家。越来越多电商平台的出现使网购产品的同质化严重，电商竞争激烈，电商网站已经不能单纯依靠产品本身来吸引用户，而是需要优化用户体验，即让用户在售前咨询、快递和售后退换货等方面获得更好的体验。很多购物网站设置用户评论区，意在了解已购物消费者对产品及此次购物过程中各个方面的满意状况，从而加以改进，用户评论区是客户与厂家及商家的重要沟通平台。

在很多电商平台上，由于产品的购买量巨大，一种产品可能有数以万计的用户评论。加之网购评论是用户对购物体验的直接表达，多为口语化形式，在同一条评论中有可能同时出现满意或不满的情感，情感表达复杂，并且噪声多。但仍需要找寻顾客购物体验的意见，即对消费者最终购买决策有影响的评论，有的放矢地改进产品及服务，从而强有力地增加电商竞争力。意见挖掘是在数据挖掘和

① 本节内容已投稿于《系统科学与数学》杂志，并且进入终审阶段，同时本节内容得到了河南物流中心的认可，电商分析思路及政策建议得到了采纳。

文本挖掘的基础上添加人工智能，使其对人们的主观性观点和情感有很好的识别能力。因此，从用户评论中提取意见信息可以采用意见挖掘的方法。

一、文献回顾

在互联网时代，数据库中存储的数据不仅数量巨大，而且很多数据都是非结构化的。在人们所表达的有效信息中，85%的信息存在于非结构化数据中。用户评论就是非结构化数据中的一种，不仅属于文本信息，而且口语化较为严重。为了获得用户评论中的意见信息，理解用户评论中的语义，需采用意见信息挖掘。根据 Kim 和 Hovy（2004）对意见的定义：意见由主题、持有者、陈述和情感四个元素组成。这四个元素之间存在内在的联系，即意见的持有者针对某主题发表了具有情感的意见陈述。意见挖掘的过程就是要在自然语言文本中自动确定这些元素以及它们之间的关系。

目前，国内外学者已经开始对意见挖掘进行研究，虽然研究出一些意见挖掘模型方法和应用系统，但是该领域的研究还有一些尚无法解决的问题，如文本中隐式主题的识别，细粒度主题和情感关系的识别，以及意见挖掘方法的精度不够理想等。Ohana 和 Tierney（2009）利用 SVM 算法，以 Senti-WordNet 为意见词特征集，进行了电影评论的意见挖掘。Zhen 等（2014）通过特定域语料库和独立域语料库之间的意见特征统计差异来定义互联网评论的意见特征。这种差异是利用域相关性（domain correlation，DR）来衡量的。首先通过定义一套句法依赖规则从评论域主体中提取到意见特征列表。其次对于每个提取到的特征，分别在特定域语料库和独立域语料库中计算其本质域相关性（internal domain correlation，IDR）与外部域相关性（external domain correlation，EDR）得分。若待处理特征不同于一般属性（即 EDR 得分小于一个阈值），而处于特定领域（即 IDR 得分大于另一个阈值），则定义该特征为意见特征。此阈值分割方法即为域相关性标准。实证结果显示，利用 IEDR 方法来确定意见特征是优于其他方法的。Dave 等（2003）研发的 Review Seer 系统是世界上第一个情感分析工具，同时也是第一个可以区别给定产品评论褒贬性的系统。Liu 等（2005）所开发的 Opinion Observer 系统可以处理网上客户产品评价，统计所涉及的不同产品特征的优缺点，并通过可视化方式比较若干种产品特征的综合质量。

李实等（2009）提出了改进关联规则算法，利用在互联网上获得的手机、书籍等产品的评价语料，实现了针对中文产品评论的意见挖掘。张鹏（2010）采用 Tdf/idf 公式判定"的"字前后概念上下位关系对特征的相关层次关系做了分析，而且给出了基于网络的程序管理指令（program management instruction，PMI）统计计算方法来判断词汇之间的关系，另外还利用 Bootstrapping 算法和关联规则算法对比分析了特征词的抽取效果。罗芳（2011）构建了增量迭代模型来进行产品命名实体识别，并且利用情感向量空间模型解决文本粗粒度情感分析过程中出现的数据稀疏问题。徐达（2014）在基于时间窗口模型和文本特征提取技术的理论基础上，建立了意见挖掘的网络评论动态模型，完成了对用户评论文本的分类，识别用户在不同时间内对不同产品属性的关注情况，并且可以动态更新意见挖掘结果。姚天昉等（2006）开发针对汉语汽车论坛的意见挖掘系统可以挖掘各大论坛用户对各种汽车品牌不同性能指标的评论和意见，并判断这些意见的褒贬性及强度。在意见挖掘系统的研发方面，国内起步比较晚，并且尚不够成熟，所以较为完善的系统比较稀少。

国外学者采用条件随机场模型对意见信息挖掘的研究较早。Breck 等（2007）采用条件随机场模型对评价词进行识别。Zhang 等（2009）结合词语特征和领域词典知识，采用条件随机场模型抽取语料中的评价对象。Jakob 和 Gurevych（2010）将评价对象抽取问题构建成序列标注问题，进而使用条件随机场模型进行训练，获得了比 Zhang 方法更佳的抽取效果，表明了基于序列标注的模型在领域适应的评价对象抽取任务中抽取效果较好。Kim（2013）和 Deufemia 等（2014）分别采用了条件随机场的优化模型对文本中具有特定含义的实体进行识别与分类，取得了较好的效果。一些国内学者也采用条件随机场模型对意见信息挖掘进行了相关研究。王根和赵军（2007）提出了基于多重冗余标记的条件随机场模型，利用它进行句子情感分析，并通过实验验证了该方法对于解决序列分级任务更加有效。张莉等（2011）在条件随机场模型中采用词、词性和句法结构特征抽取评价对象。郑敏洁等（2012）除了选取词、词性作为特征外，还选取了最近名词、句法依赖关系和句子倾向性作为特征训练随机场模型，通过对比试验结果表明加入上述特征的模型更加有效。翟东海等（2014）通过计算文本中的相关性概率值，通过反复迭代对敏感话题进行识别。

条件随机场模型是意见挖掘的一种信息抽取方法，在语料标注中耗费大量精力，但是与其他意见信息抽取方法相比，标注的准确率较高，泛化能力较好。通过对以上文献的总结，基于条件随机场模型进行意见信息抽取时，大多采用了词特征和词性特征。由于在文本中不仅包含意见评价句，也可能包含客观句。客观句中虽然涉及评价对象，但没有评论者主观的意见表达及情感，所以客观句应排除在意见信息抽取的范围之外。因此本小节在词特征、词性特征和依存句法特征的基础上添加了"是否评价句"特征，对中国电子商务平台中的产品评论进行意见信息抽取，将意见信息分为"好评"、"中评"和"差评"，进行可视化分析，并对电商平台改善用户体验和增强用户黏性提出了对策与建议。

二、意见信息挖掘理论模型构建

（一）条件随机场模型相关理论

条件随机场是在 2001 年由 Lafferty 等提出的一种判别式概率无向图学习模型，是在最大熵模型的基础上构建的，解决了判别式模型中难以避免的标记偏置问题。最早是针对序列数据进行分析。目前已经成功应用于自然语言处理、网络智能和生物信息学等领域。

条件随机场模型是一种用于标注和切分有序数据的统计模型。当需要标记的序列一定时，条件随机场模型可以对整个标记序列的联合概率进行计算。设无向图 $G=<V, E>$ 中每个节点对应一个随机变量 Y_v，当在条件 X 下，随机变量 Y_v 的条件概率分布服从式（5-18）时则称 (X, Y) 为一个条件随机场。

$$p\left(Y_v\middle|X, Y_w, w \neq v\right) = p\left(Y_v\middle|X, Y_w, w \sim v\right) \tag{5-18}$$

基于条件随机场理论，在给定观察序列 x 的情况下，标注序列 y 的条件概率可表示为

$$p\{y|x, \lambda\} = \frac{1}{Z(x)}\exp\left\{\sum_j \lambda_i \sum_j f_i\left(y_{i-1}, y_i, x, i\right)\right\} = \frac{1}{Z(x)}\exp\left\{\sum_j \lambda_i F_j\left(y, x\right)\right\} \tag{5-19}$$

其中，$Z(x)$ 为归一化因子，可表示为

$$Z(x) = \sum_k \exp\left(\sum_k \lambda_k F_k\left(y, x\right)\right) \tag{5-20}$$

$f_i\left(y_{i-1}, y_i, x, i\right)$ 为给定的任意特征函数，参数 λ_j 表示每个特征函数 f_j 的权重，可以从训练数据集中进行估计。

条件随机场利用极大似然估计法实现参数的估计，计算出每个特征的权值。

假定在训练数据集 $D = \{x_i, y_i\}$（其中，$i = 1, 2, \cdots, n$），各样本相互独立，$\tilde{p}(x, y)$ 为训练样本中 (x, y) 的经验概率，利用极大似然法，对于条件模型 $p\left[y|x, \Theta\right]$，训练数据 D 的似然函数形式为

$$L(\Theta) = \sum_{x, y} P(x, y)\ln P\left(y|x, \Theta\right) \tag{5-21}$$

取对数后得

$$L(\Theta) = \prod_{x=y} p\left(y|x, \Theta\right)^{\tilde{p}(x, y)}$$

在条件随机场模型中做对数最大似然参数估计是为了从相互独立的训练数据集中，估计参数 $\lambda = \left(\lambda_1, \lambda_2, \cdots, \lambda_n\right)$ 的最大似然值，根据式（5-21），条件随机

场模型的对数似然函数可表示为

$$L(\lambda) = \sum_{x=y} \tilde{p}(x,\ y) \sum_{i=1}^{n} \left(\sum_{j} \lambda_j f_j (y_{i-1}, y_i, x, i) \right) - \sum_{x} \tilde{p}(x) \ln Z(x) \tag{5-22}$$

$$= \sum_{x=y} \tilde{p}(x,\ y) \sum_{i=1}^{n} \lambda f - \sum_{x} \tilde{p}(x) \ln Z(x)$$

对式（5-22）相应的参数求一阶偏导，如式（5-23）所示：

$$\frac{\partial L(\lambda)}{\lambda_j} = \sum_{x,y} \tilde{p}(x,\ y) \sum_{t=1}^{n} f_j (y_{i-1}, y_i, x) - \sum_{x,y} \tilde{p}(x) p(y|x, \lambda) \sum_{t=1}^{n} f_j (y_{i-1}, y_i, x)$$

$$= E_{\tilde{P}(x,y)} \left[f_i (x,\ y) \right] - \sum_{k} E_{\tilde{P}(y|x^{(k)}, \lambda)} \left[f_j \left(x^{(k)}, y \right) \right]$$

$$\tag{5-23}$$

直接令式（5-23）为零求得参数，但这样计算达不到期望值。因此，为了获得更加准确的条件随机场极大似然参数 λ，通常使用迭代缩放算法。比较常见的有广义迭代扩展（generalized iterative scaling，GIS）算法、改进迭代扩展（improved iterative scaling，IIS）算法等，本节采用 L-BLGS 算法进行参数估计。L-BFGS 算法是一种充分利用以前的梯度和修改值来近似曲率值的一阶方法，可以避免准确的 Hessian 矩阵的逆矩阵的计算。

（二）意见信息挖掘理论模型构建

1. 模型预处理

预处理把以句子为单位的文本数据划分成可识别的短语、词组，主要包括分词、词性标注和依存句法分析三个部分。

分词是将汉字串划分为可以理解的、符合实际语言情境的词或短语的过程，它是信息自动检索、文本过滤和文本发现等很多领域的关键步骤与必要前提。与英文相比，中文词组之间没有明显的分隔符号，因此，分词较为困难。句子的分词不同，所表达的含义也不同。若计算机可以自动识别句子的语义进行分词，就可以算是一次成功的分词。常用的分词方法有三种，即基于字符串匹配、基于理解和基于统计的分词方法。常用的分词工具包括哈尔滨工业大学社会计算与信息检索研究中心研发的语言云（language technology platform，LTP），中国科学院计算所的开源项目汉语分词系统、庖丁解牛分词等。

词性标准是词语在句子中的成分。根据在句子中所承担的成分，词语会有不同的词性。但在一个特定情景的上下文中，一个词语的词性只能有一个最为合适的属性。词性标注就是将这个最合适的词性标记出来，它是自然语言处理中的关键问题。词性标注主要有两种方法，即基于统计方法与基于规则方法。目前使用最为广泛的是基于统计方法。

依存句法分析可以反映句子成分间的语义修饰关系，而且不受句子成分物理位置的影响。在汉语中，句子成分之间依存与被依存、支配与被支配的关系是普遍存在的。句法分析作为语义分析的基础，已经被专家学者们应用在检索系统、问答系统和信息抽取等领域。目前，句法分析根据句法体系的不同可分为两种，即短语结构句法和依存句法。相比短语结构句法，依存句法更符合人的语言习惯，并且层次和节点少，形式更加简洁。在中文句法分析中，依存句法分析更准确。

2. 条件随机场模型过程

1）意见信息标注

在产品评论中，评价对象和评价词有可能由一个词或者多个词组成，本小节采用分词标注模型中的标注模型对网购评论进行标注。根据标注规则，评价对象的首词标注为 B-T，评价对象除首词外的所有单词标注为 I-T；评价词一般由多个词组成，为了区分特征对象，评价词语的首词标注为 B-O，评价词除开始单词外的所有单词标注为 I-O；除评价对象和评价词外的其他词标注为 OFF（表 5-13）。

表 5-13　意见信息的标注规则表

标注符号	含义
B-T	评价对象的首词
I-T	评价对象除首词外的所有单词
B-O	评价词语的首词
I-O	评价词除开始单词外的所有单词
OFF	除评价对象和评价词外的其他词

2）传统特征

条件随机场模型中特征选择的好坏关系到信息抽取的准确性和运行效率。一般常用于训练的特征有词特征、词性特征和依存句法关系。

词特征是评价句经过分词处理后的词语，包括词本身和上下文的词语。在当前词 m_0 前后 n 个词的句子 $\{m_{-n}, m_{-(n-1)}, \cdots, m_0, \cdots, m_{n-1}, m_n\}$ 中，当考虑的上下文词语越多时，评价句中产生的信息就越丰富。当然，n 太大时可能出现过拟合现象并且影响整个程序的运行。

词性特征是指词在句子中所扮演的角色。一般情况下，评价对象是名词或名词短语，评价词是形容词或副词。另外，词性特征是根据句子语法特征分类，既不会受到文本相关领域的影响，也在一定程度上消除多义词歧义。因此词性特征对识别意见信息有一定作用。

依存句法关系是指句子中词语之间的依存关系。依存关系的存在可以为下文中抽取评价对象和情感词的搭配关系做准备。把依存句法关系列入特征模板，可以改进条件随机场模型的性能，提高抽取的准确性。

3）新型特征——评价句特征

有时用户评论中可能不仅有意见评价句，还有客观句。虽然客观句也涉及评价对象，但没有评论者主观的意见表达及情感，所以应该将客观句排除在意见信息抽取的范围之外。此外非评价句中的一些词语与评价句中所用的词语虽然相同，但所表达的关键点是不同的。为了使结果更加准确，本节在词特征、词性特征和依存句法特征的基础上添加了"是否评价句"特征。它可以将客观句排除在意见信息标注范围之外，提高模型辨识评价词的准确率，从而提高算法的效率和性能。

是否评价句特征是为了过滤非评价句。例如，快递小哥服务很好哦，很赞。这句评价是针对快递服务的，且情感倾向为好，如果不对其做是否评价句判断，则在软件运行的过程中需要对其进行分析，同样性质的评价语句较多时就会降低算法效率，而且可能会发生误判，将这类语句认定为用户对产品本身的评价，从而对结果产生影响。

4）特征模板的设计

在条件随机场模型中，特征函数通常起关键作用。模型的特征函数根据特征模板和训练集生成。因此，若要获得特征函数，则需要对模板进行设计。特征模板中每一行都是一个扩展规则，扩展规则表示为"宏%x[row，col]"。其中，row代表的是当前 token 的相对行数，col 则是绝对行数。条件随机场模型的特征模板的一般形式图如图 5-4 所示。

```
#Unigram
U00:%x[-2,0]
U01:%x[-1,0]
U02:%x[0,0]
U03:%x[1,0]
U04:%x[2,0]
U05:%x[-1,0]/%x[0,0]
U06:%x[0,0]/%x[1,0]
#Bigram
```

图 5-4　条件随机场模型的特征模板的一般形式图

特征模板类型包括 Unigram template 和 Bigram template 两种，分别用于描述一元特征和二元特征。Unigram 模板可生成 $L \times N$ 个特征函数，L 代表输出的类别，N 代表在设计模板中扩展的元素集数。Bigram 模板可以生成 $L \times L \times N$ 个特征函数。当特征类别较多时，模型可以产生多个可区分的特征进行训练，但是同时也会导致训练和测试结果效率低下。为了验证选取的特征和特征模板的效果，以词、词性、依存句法关系和是否评价句四个特征的不同组合设计了八组对比试验，观测窗口为[-2，2]。试验选取的特征如表 5-14 所示。

表 5-14 不同特征模板中特征组合对比表

试验编号	特征选择
1	词
2	词、词性
3	词、依存句法关系
4	词、是否评价句
5	词、词性、依存句法关系
6	词、词性、是否评价句
7	词、依存句法关系、是否评价句
8	词、词性、依存句法关系、是否评价句

Pang 等（2002）采用 Unigrams、Bigrams 及二者的组合作为特征模板做了一组对比性实验。结果表明，与 Bigrams 及二者组合相比，Unigrams 在特征分类的应用中准确度更高，效果更好。因此本小节在实验中采用 Unigrams 方法设计特征模板。

5）模型的训练及测试

特征及特征模板确定后，通过条件随机场模型的训练标注出训练集和测试集中的评价对象与评价词。条件随机场模型的输入序列为经过分词、词性标注和依存句法分析后的电子商务平台中的产品评论。输出序列为标注符号集 $N = \{B\text{-}T, B\text{-}O, I\text{-}T, I\text{-}O, OFF\}$。经过特征函数的模型计算，输入序列的每一行将会输出条件概率最大的一个标注 $Y_i = \{y_1, y_2, \cdots, y_n\}$，其中所有的输出序列符号为标注符号集 N 中的元素，即 $y_i \in N$。

条件随机场模型将以整个句子作为输入序列，同时标注句子中的评价对象和评价词，将其转换成一维线性数据。模型的输出序列为标注符号集 N 中的五个元素。根据模型的标注结果，可以很容易地判断出句子中的评价对象和评价词。例如，评价句"手机系统反应快，外观也漂亮"的输出结果中，标注出评价对象"系统反应"和"外观"，对应的评价词分别为"快"和"很漂亮"。由此获得两个评价搭配对<系统反应，快>和<外观，很漂亮>。

条件随机场主要通过在磁盘操作系统（disk operating system，DOS）中输入 crf_learn 命令实现模型的训练、测试和结果分析。通过输入训练语料生成条件随机场模型。其步骤是首先通过输入特征模板文件、训练语料生成模型，其次通过输入测试文件、训练成的条件随机场模型对测试语料进行标注，如图 5-5 所示。在这里输入的训练语料格式与测试语料格式完全一致。

手机	n	ATT	1	OFF
系统	n	SBV	1	B-T
反应	v	HED	1	I-T
快	a	CMP	1	I-O
，	wp	WP	1	OFF
外观	n	SBV	1	B-T
也	d	ADV	1	OFF
很	d	ADV	1	I-T
漂亮	a	COO	1	I-O
。	wp	WP	1	OFF

图 5-5　条件随机场模型语料标注图

6）意见信息分类及频率统计

意见信息分类是将文本信息中抽取出的意见信息，根据其评价词的情感倾向，将全部语料中的评价词和评价对象标注为"好评"、"中评"和"差评"。由于评价词的情感根据评价对象的不同，反映了不同的情感，如"电池耗电　快"与"快递送货　快"。以上两组词的评价词均为"快"，由于形容的评价对象不同，分别反映了贬义和褒义。因此，在意见信息分类除考虑到词、词性、依存句法关系和是否评价句外，同时考虑到已标注出的评价对象和评价词作为特征。因此，在采用条件随机场模型标注出评价对象和评价词后，通过人工标注评价词的情感倾向，包括好评、中评和差评，利用条件随机场模型对测试集的意见信息进行分类。

由于评论者都表达不同的意见信息。因此提取的意见信息中，关于产品、服务和物流等信息的意见都混杂在一起，不能直观地观察出消费者对哪种意见更为强烈，认同感更强。因此，还需对意见信息进行频数统计。笔者采用 ROST Content Mining 进行意见信息的频率统计。将每条意见信息以"评论对象+评价词"为一行的形式导入 ROST Content Mining 中，根据一词一行的统计规则，对每个词出现的频度进行统计。

（三）条件随机场模型标注结果的评测

在信息检索领域常用的评价准则为准确率 P(precision)、召回率 R(recall)、F 值（F-measure）。准确率是指正确识别的商品特征个数与标注结果中识别出的商品特征个数的比例。召回率是指正确识别的商品与待识别出的商品特征个数的比例。F 值是准确率和召回率加权调和平均。本小节采用这三种评测指标对测试结果进行评估，评测指标的计算公式为

$$precision = \frac{正确识别的商品特征个数}{标注结果中识别出的商品特征个数} \times 100\% \qquad (5-24)$$

$$recall = \frac{正确识别的商品特征个数}{待识别出的商品特征个数} \times 100\% \qquad (5-25)$$

$$F\text{-}measure = \frac{2 \times precision \times recall}{precision + recall} \times 100\% \qquad (5-26)$$

为了评估测试效果，本小节采用 CONLL 2000 进行评估。在对测试语料进行标注时，已经同时将正确的标注结果作为一列放在表格中，条件随机场模型标注的结果会在最后一列生成。CONLL 2000 将把最后一列与倒数第二列进行对比，统计出最后各类的正确率、召回率和 F 值等。根据 CONLL 2000 评测的测试语料标注结果。

在给出的评测结果中，分别标明了各个标注的准确率、召回率、F 值及标注结果中识别出的标注个数。根据前面的实验，共得到 8 组评测结果。将 8 组评测结果进行对比，选择能获得最佳标注结果的模型。由于采用特征模板 8 时，对评价对象和评价词的抽取结果的准确率最高，所以模型采用特征模板 8。

三、数据来源及实证结果

（一）数据来源及预处理

本小节采用的数据来源于数据堂网站（http：//www.datatang.com）中抓取的京东商城魅族 MX3 的用户评论，共 1 149 条数据，评价日期为 2013 年 11 月至 2014 年 4 月。删除数据集中无用的选项和无意义的评论后，对数据集进行词性标注和依存句法分析。本小节采用语言云 LTP 对文本进行分词、词性标注和依存句法分析。通过分词和词性标注等预处理过程，用户评论数据分为 13 935 个词串，并对这些词串进行人工标注。

（二）条件随机场模型的训练与测试

本小节利用 CRF++0.53 外部开发包对条件随机场模型进行训练和测试。CRF++0.53 是专门用于进行条件随机场模型训练和测试的开源软件，可以高效地实现条件随机场的运行，具有扩展性好，功能强大的优点。为了减少人工标注的影响，采用 3 折交叉验证法，即将所有数据分为 3 个子集，其中两份作为训练集，剩余 1 份作为测试集，循环 3 次。以 3 次试验结果的平均值作为评测指标。这里用于条件随机场模型的数据集不再是从网站获取的原始评论集，而是经过预处理之后的语料集。根据条件随机场模型的输入要求，输入的数据集每一行的格式需相同，列与列之间用空格分隔开来，最后一列是已经标注好的符号。每个句子之间用空行分隔。利用 LTP 工具对训练语料和测试语料进行预处理之后得到的结果如表 5-15 所示。

表 5-15　LTP 词性、依存关系分析表

句子编号	词语	词性	依存句法关系	依存句法关系类型	语义角色标注
0	分辨率	n	1	SBV	—
1	高	a	–1	HED	高
2	，	wp	1	WP	—
3	外观	n	4	SBV	—
4	漂亮	a	1	COO	漂亮
5	，	wp	1	WP	—
6	屏幕	n	7	SBV	—
7	大	a	1	COO	大
8	。	wp	1	WP	—

在 LTP 的分析结果中，每一行代表句子中某个词的信息，词标号从 0 开始。分析结果中包含了分词结果、词性标注信息和依存句法关系的父亲节点标号等。列与列之间用 Tab 分割，值为空用"—"占位，并且该结果在格式上也符合条件随机场模型的输入规则。

因为 LTP 的分析结果中只有词本身、词性和依存句法关系是本小节需要的特征，所以可以将这些特征提取出来，并以空格隔开，从而可以得到模型训练与测试所用的数据集。

（三）条件随机场模型的训练

条件随机场模型根据制定好的特征模板进行参数匹配计算，最后生成一个训练模板，用于后续特征词的识别提取。在 CRF ++ 0.53 软件中，模型训练命令为 crf_learn template train.txt model。在上述命令中，template 为特征模板，train.txt 为输入的训练语料，训练生成的条件随机场模型存放在 model 中。在条件随机场模型的训练结果中，会产生五个参数，即 iter 代表模型迭代次数，terr 代表词语标记错误率，serr 代表句子标记错误率，obj 代表当前对象的值，当 obj 收敛到某个确定值时迭代结束，diff 代表与前一对象值的相对差。训练结束后，比较八组试验训练结果中的五个参数，选择最优的一组。

（四）条件随机场模型的测试

模型的测试命令为 crf_test -m model test.txt > output.txt。在测试过程中不需要指定 template，因为训练时生成的 mode 中已经有了 template 的信息。test.txt 为输

入的测试语料，是想要标注序列标记的测试语料。这个文件的书写格式应该与训练语料格式一致。output.txt 为生成标注结果后的语料。

（五）条件随机场模型结果分析

意见信息挖掘领域常用的评价准则为准确率 P、召回率 R 和 F 值。根据模型训练结果，仅词串特征用于训练时，虽然训练时间最短，但是模型的准确率最低。在两个特征组合成的模板文件中，"是否评价句"特征与"词性""依存关系"特征相比，准确率更高，表明"是否评价句"特征对意见信息的识别有显著效果。在三个特征组合中，"词+词性+是否评价句"的组合可以带来更大的准确率。当四个特征均参与到模型训练中时，模型的准确率相比于仅"词"特征的模型提高了 2.72%，训练时间增加了 1.64 秒，具体训练时间和准确率如表 5-16 所示。

表 5-16　模型的训练时间和准确率对比表

试验编号	第一组数据		第二组数据		第三组数据		平均值	
	时间/s	准确率/%	时间/s	准确率/%	时间/s	准确率/%	时间/s	准确率/%
试验 1	4.01	93.28	3.28	90.51	3.06	88.05	3.45	90.61
试验 2	4.70	93.47	3.60	91.98	3.42	89.84	3.91	91.76
试验 3	4.22	93.11	3.80	91.50	3.23	88.77	3.75	91.13
试验 4	5.72	94.72	5.00	92.26	4.85	91.23	5.19	92.74
试验 5	5.10	93.14	4.17	91.87	3.86	90.10	4.38	91.70
试验 6	5.87	95.36	4.88	92.56	4.33	91.65	5.03	93.19
试验 7	5.76	95.14	4.98	92.37	4.53	91.38	5.09	92.96
试验 8	5.89	95.33	4.78	92.78	4.61	91.89	5.09	93.33

条件随机场模型标识的意见信息识别包括五种，即评价对象的首词 B-T、评价对象的其他词串 B-O、评价词的首词 I-T、评价词的其他词串 I-O 和其他词 OFF。评价对象和评价词的标识识别中，评价对象抽取的准确率、召回率和 F 值相对较高。评价词，尤其是评价词的首词 I-T 的召回率和 F 值很低。评价词召回率较低的原因是模型不能很好地识别口语化词语和修饰类词语等。

根据 8 组对比试验的训练结果和评测结果（图 5-6~图 5-8），试验 8 中对评价对象和评价词的标识准确率与其他试验相比持平，召回率和 F 值相对较高，整体模型效果更好。因此，选择试验 8 中的模型进行意见信息分类。

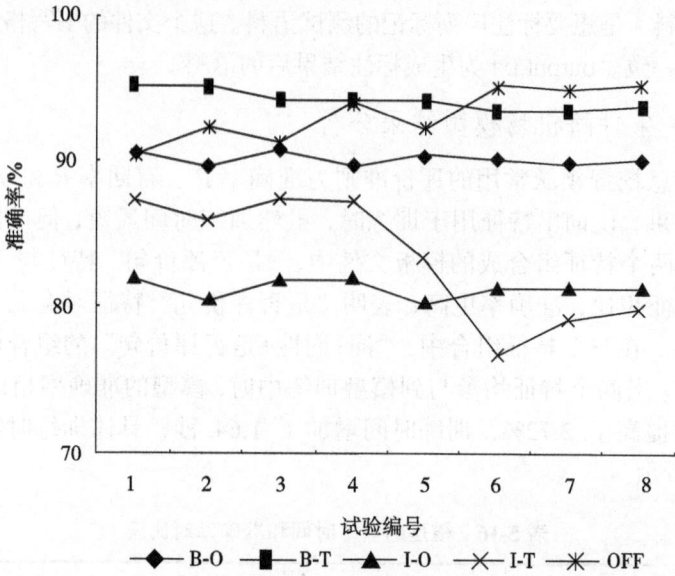

图 5-6 试验模型的准确率对比图

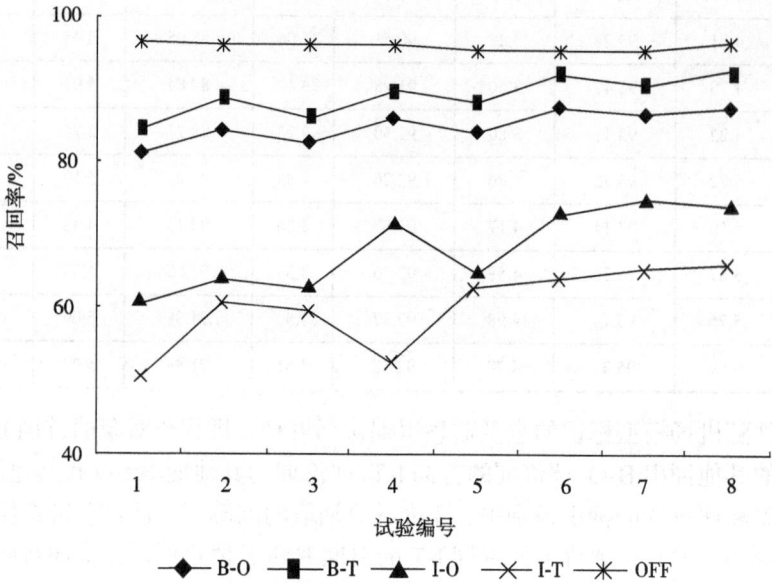

图 5-7 试验模型的召回率对比图

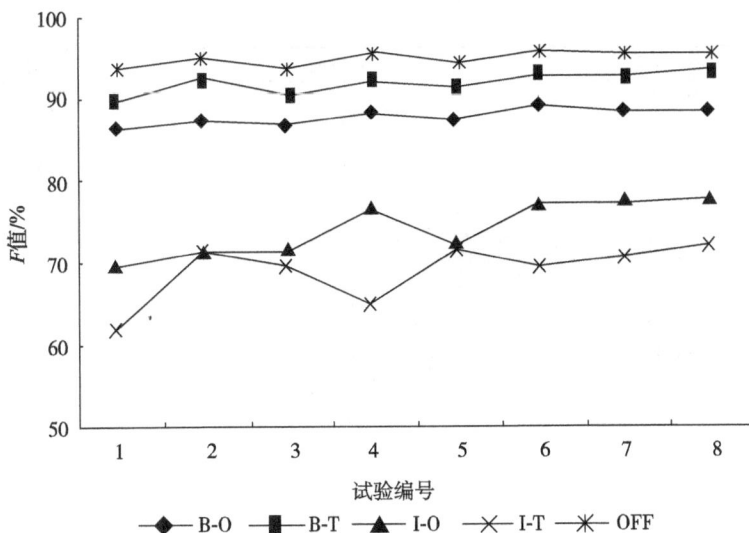

图 5-8 试验模型的 F 值对比图

1. 意见信息抽取结果

意见信息的抽取是为了获得用户对某个产品、服务或店铺、网站的意见。为了获得用户们综合的意见信息，需要将抽取出的意见信息进行统计。统计意见信息，可以使用户的评论意见更加直观。

由于意见信息散落在不同的评价句中，通过条件随机场模型已将评价对象和评价词抽取出来。用户的意见信息有些是一致的，可以反映共同的意见特征。因此，应将这些意见信息通过频率分析统计出来。根据条件随机场模型试验的对比结果，选择试验 8 的模型抽取意见信息。

通过武汉大学内容挖掘软件 ROST CM 可以获得评价要素的频率，表 5-17 是对测试集中抽取意见信息频率大于 4 的意见信息的汇总。从表 5-17 看到，在京东商城中对手机"魅族 MX3"的评价，用户表达出情感更多的是"性价比高"、"支持国产机"、"外观漂亮"和"屏幕大"等，也有对购物不满意的情感表达，如"手机比较一般"和"电池不耐用"等。

表 5-17 意见信息频数分析表

评价对象	评价词	频数
性价比	高	45
国产机	支持	43
外观	漂亮	35
手机	不错	31
屏幕	大	29
系统	流畅	27

续表

评价对象	评价词	频数
分辨率	高	23
反应	快	20
功能	齐全	18
音质	好	17
照相	不错	16
软件	不错	12
信号	稳定	11
通话质量	好	10
后盖	很漂亮	7
手机	比较一般	6
手机	很好	6
字体	大	4
电池	耐用	4
电池	不耐用	4
手机	挺好	4
手机	漂亮	4

　　为了更形象地显示用户评论中的意见信息频率，采用标签云工具 WordItOut 对用户评论中抽取出的意见信息进行可视化分析。标签云是根据输入信息的出现频率设置不同的字体大小，在标签云中字体越大，表示该字串在整体的输入语料中越重要，如图 5-9 所示。

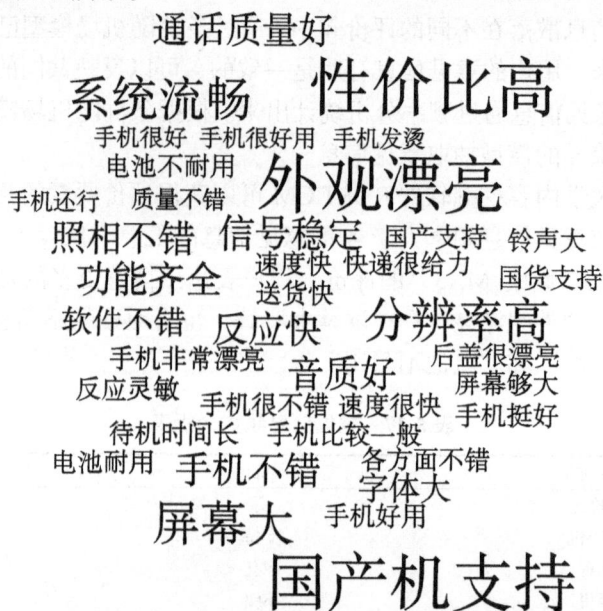

图 5-9　意见信息统计（频率>2）的标签云图

2. 意见信息分类结果

在意见信息频率分析中，已将所有出现的意见信息统计出来。但是，用户所反映的意见信息，包括满意或不满意的信息都堆砌在一起，不能明显分辨出好评、中评或差评。因此采用条件随机场模型、集合词特征、词性特征、是否评价句特征及意见信息标注特征五个特征的特征模板，对意见信息进行分类。

根据模型的分析结果，分类整体准确率达到 97.72%。其中"好评"的准确率、召回率和 F 值都较高，"中评"标识的准确率、召回率和 F 值最低。在全部词语识别中，好评的识别数量最高，达到 1 106 个，差评的识别数量为 137 个，中评的识别数量最低，只有 19 个，具体分类模型如表 5-18 所示。

表 5-18　分类模型结果表

类别	准确率/%	召回率/%	F 值/%	识别数量/个
好评	95.12	98.32	96.69	1 106
中评	63.16	31.58	42.19	19
差评	84.67	75.32	79.73	137

中差评的各项评测指标较低的原因主要在于中差评标识较少，从识别数量可以看出，好评的标识率远远高于中差评，中评的标识是最少的，也是准确率、召回率和 F 值最低的。

利用 WordItOut 对分类后的意见信息进行可视化分析（图 5-10 和图 5-11）。从图 5-10 和图 5-11 中可以看出，好评中，系统流畅、性价比高、功能齐全和分辨率高等是用户对手机满意的地方，而电池耗电快、手机没有耳机、机子发热厉害和客服没人理等因素是用户不满意的地方。

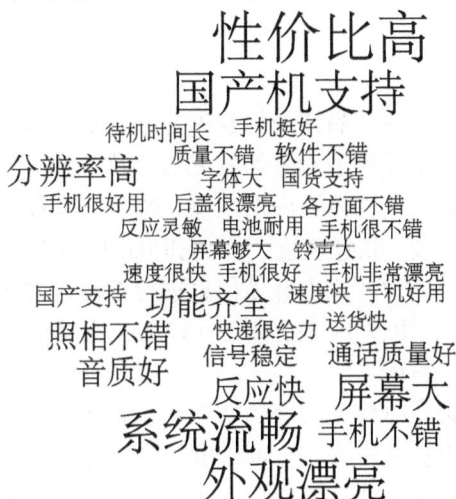

图 5-10　"好评"的意见信息（频率>2）的标签云图

屏幕没有保护膜
后盖不好打开
电池易发热
听筒有回音   物流不太给力
发热太严重   WIFI信号不太好
快递有点慢 客服没人理 散热很差
发热严重   声音忽高忽低
后盖很难开 机子发热厉害 手机问题不断
降价太快
机子很热 手机没有耳机 通话有
手机差
后盖看着太山寨   后盖丑   手机发烫
发货有点晚 电池耗电快 电池不可拆卸
机身会烫   耳机没有
手机偶尔会卡 后盖不好取   后壳发热
耳机简配 后盖比较难打开 机子发烫
固件优化不好 散热问题很严重
机子有点坑人
照相晚上不行
摄像功能不是很好
相机有点小BUG

电池不耐用

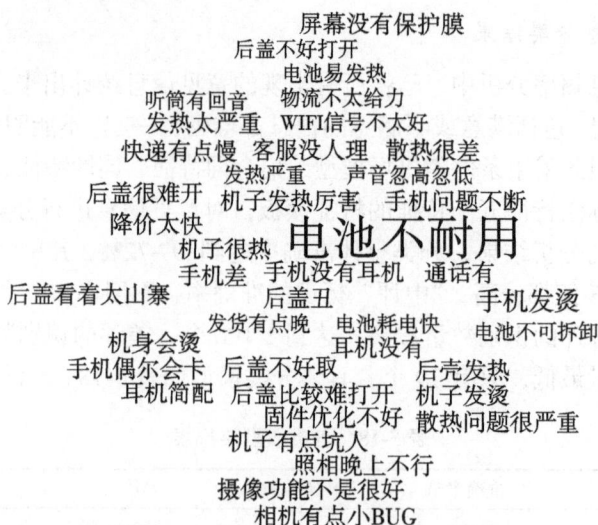

图 5-11   "差评"的意见信息标签云图

四、结论与政策建议

本节基于条件随机场模型对网站中产品评论的意见信息进行抽取。产品评论中的意见信息主要包括评论对象和评价词。通过对意见信息的抽取,获得用户在购物体验中好的或者不好的感受,从而帮助网站改进其产品或服务,优化用户体验效果。本节首先利用哈尔滨工业大学的 LTP 工具对语料进行分词、词性标注和依存句法分析,获得条件随机场模型可识别的训练集和测试集。其次以词、词性、依存句法关系和是否评价句为特征,通过对特征的组合构建模型的模板文件,以此设计了 8 组试验进行对比。

(一)结论

基于条件随机场模型对产品评论的意见挖掘结果,可以得出以下结论。

用户评论可以真实地反映消费者的意见信息及情感。用户评论区是中国电子商务平台为消费者设置的购物体验反馈途径。这个反馈途径可以真实地反映消费者在售前咨询、发货速度、快递速度、产品和售后服务等多个方面的感受。本节基于条件随机场模型对用户评论中意见信息进行挖掘,共抽取出 1 262 条意见信息,包括好评 1 106 条,中评 19 条,差评 137 条。意见信息涉及购物构成、售后服务和产品质量等多个方面。

当所有特征参与训练时模型的准确率最高。通过模型间的对比发现,在 8 组模型中,评价对象的识别准确率、召回率和 F 值均比较高,而评价词识别的召回率和 F 值较低,但随着模型特征的增加,其召回率和 F 值均有提高。效果最好的模型总体准确率达到 93.33%。

评价对象识别效果优于评价词。在评价对象的首词（B-T）、评价对象的其他词（I-T）、评价词的首词（B-O）、评价词的其他词（I-O）、评价对象和评价词以外的其他词（OFF）五个标识的识别中，评价对象的识别效果优于评价词。模型对口语化词语、专用名词和网络名词的识别不够准确，导致某些评价对象无法识别。在评价词的识别中，对于修饰性的词语"非常""很"等的识别效果不好，使评价词的召回率，尤其是首词的召回率相对较低。

"好评"信息的数量较多导致好评的准确率较高。采用条件随机场模型将意见信息分类为"好评"、"中评"和"差评"三项，模型整体准确率达到97.72%，其中"好评"标识的准确率较高，中差评的准确率较低，原因在于中差评的用户描述较少，使模型无法更准确识别。

消费者最为关注魅族 MX3 的外观和性价比等特征。利用内容挖掘软件ROST CM 对已标识出的评价对象和评价词所反映的意见信息频率进行统计。通过频率统计，可以看到用户对产品的外观、性价比、电池及国产等特征较为关注。

用户对手机魅族 MX3 的外观、性价比等较为满意，对手机的电池、后盖很不满意。通过用户意见信息的分类发现，在好评中，大多数用户表示手机的性价比很高、外观漂亮、屏幕很大与支持国产机等。而通过分类得到的差评可以看出，大部分用户表示，手机耗电量太快、后盖很难拆卸及手机发热也很严重等。

（二）政策建议

电商产品评论的意见信息抽取的挖掘分析对中国电商的综合竞争力提升具有重要意义，体现在电子商务平台的宣传推广方向、服务改进、产品供应商的用户体验搜集等诸多方面。针对本节研究的结果，针对中国电子商务平台提出根据消费者认可的优势特点进行宣传推广，通过优势对比凸显产品优势、改进相应的售后服务及生产商需要对产品进行改进升级等建议。

在用户评论分析中可以采用意见挖掘的方法进行分析。意见挖掘是专门用于对人们所表达的主观性观点及情感进行分析的方法。通过加入人工智能部分，使意见挖掘比文本挖掘、数据挖掘更加容易理解评论语句中的深层含义。因此，意见挖掘是更适用于用户评论或舆论导向分析的统计分析方法。本节采用意见挖掘中的条件随机场模型，可以有效地标识出用户评论中的意见信息。因此，可以用意见挖掘方法分析用户评论信息。

采用消费者认可的优势特点进行宣传推广。在电子商务平台中，同一类别的产品往往有多个品牌进行竞争，且在网络购物各种产品的相似度非常严重。对于消费者而言，在没有专业产品购买经验的前提下，对产品的识别度较低。消费者往往在三四款类似产品的选择中犹豫不决。在这种情况下，应该如何凸显本产品特点，促使消费者在众多相似产品中购买本产品呢？可以采取的措施是将已购物消费者认可的产品优势作为卖点，对产品进行宣传推广。用户评论都是已购买同一款产品的消费者对产品的体验感受。其发表的用户评论是消费者最为在意或印象最深的产品特点，这些产品特点就是吸引消费者购买的因素之一。因此在产品标题、产品详情页及产品的广告宣传等地方对产品的优势进行宣传，可以让潜在消费者看到该款产品的特点及优势以促使购买行为。另外，各类品牌的产品极为相似，产品同质化严重。因此，在产品详情设计中可以将本产品的特点、优势与其他产品同类性能做对比，凸显本产品的特点。本节实证结果表明，消费者关于魅族 MX3 最为在意的因素为"支持国产机"、"性价比高"、"外观漂亮"及"屏幕大"。因此，电子商务平台就可以将这些特点作为魅族 MX3 的卖点体现到魅族手机的标题搜索、产品详情宣传、广告宣传及优势对比中。

　　电子商务平台需注意售后服务及快递期限问题的改进。在电子商务平台中，一款产品的竞争对手不仅包括本电子商务平台其他品牌的产品，同时也包括其他电子商务平台的同款产品。在产品相同的情况下，电子商务平台间争取客户的重要手段就在于服务。服务不仅包括售前、售后的咨询服务，还包括发货速度、快递期限和快递员态度等。其中，售后服务则需要做好产品的退换货与维修等。这些服务的好坏，直接影响到当前消费者的购物体验效果。在通信功能快速发展的今天，一个消费者坏的购物体验，很容易在短时间内分享到更多的人，从而影响其他潜在购物者的印象。本节实证结果表明售后服务和快递期限需要加强改进。在魅族 MX3 手机的用户评论中，多个用户提出京东的售后服务及态度有待改进。针对这一问题，电子商务平台需对售后服务进行改进，并对相关用户进行回访，抚慰客户情绪，以免流失用户。另外，也有个别客户提及快递期限过长的问题，电子商务平台也应针对消费者所接受的快递服务做好调查，及时收集消费者的反馈。

　　生产商需针对消费者的反馈改善产品差评性能，进行产品升级。为了增加产品及品牌的生命力，产品生产商会不断推出升级型产品。升级型产品将完善原有产品的缺点，更加贴近消费者的需求，从而提升消费者对产品及品牌的满意度。用户评论中反馈的产品问题同样也是生产商应该搜集的信息。根据产品使用者的意见，发现现有产品中存在的不便利及不满足需求的因素，并在以后的产品升级换代中加以改进。根据魅族 MX3 手机使用者的反馈，发现消费者普遍反映的是电池耗电快、后盖虽然漂亮但拆卸较为困难等问题，这些问题都可以作为魅族MX3 手机生产商在以后的手机更新换代中需要改进的问题。

第四节　基于DEA交叉评价模型的中国企业及高校科研机构R&D效率实证研究及建议

R&D 活动是科技活动的核心，是技术创新的源头和必要环节。长期以来发达国家较高的科技水平为其经济保持持续稳定的发展提供了动力，这与其对 R&D 投入的高度重视是分不开的。R&D 投入强度是目前我们衡量 R&D 活动的一个主要指标，各个国家都力求在维持本国经济稳定增长的基础上加大 R&D 投入。一直以来，中国都提出向创新驱动型国家转型，同时也强调要"重效率"。在保持 R&D 投入稳步增长的基础上，还应该注重 R&D 投入产出效率。

一、文献评述

国内外研究成果中，对 R&D 效率评价的研究已取得显著成果，领域较为广泛，从区域经济和不同行业等角度探讨了 R&D 效率问题。Zhang 等（2003）基于 8 341 个中国工业企业，探究企业所有权对 R&D 效率的影响。Cherehye 和 Abeele（2005）用 DEA 方法，以发表学术论文数和论文引用率作为产出指标，对荷兰大学经济管理系 R&D 活动进行分析。Kafouros（2006）研究了互联网与企业 R&D 投入产出效率的关系。Zhong 等（2011）基于中国首次经济普查各地区数据评价了各地区 R&D 投入绩效。Sueyoshi 和 Goto（2013）评估信息技术企业及其他制造业的共同价值，并对日本信息技术企业和制造业的 R&D 活动进行比较。闫冰和冯根福（2005）以 1998~2002 年的中国工业 R&D 活动为研究对象，探究工业 R&D 效率问题。戴魁早（2011）、肖泽磊等（2012）及叶锐等（2012）等对中国高技术产业的 R&D 效率进行分析。

同时，研究者们利用了参数方法、非参数方法，如 DEA 模型等来研究 R&D 效率。Abbott 和 Doucouliagos（2003）利用非参数方法估计澳大利亚私营高校的技术和规模效率。Kafouros（2006）构建 DEA 效率评价模型来探究互联网与企业 R&D 投入产出效率的关系。Lee 等（2009）利用 DEA 方法，评价并比较韩国六个项目的 R&D 投入产出效率，同时对评价结果进行 KW 检验。Wang 和 Chin（2010）介绍了一种中立的 DEA 交叉评价模型，而非对抗型或交互型，这种方法得到的权重更加客观，从而使 DEA 效率均值更加精确。Sueyoshi 和 Goto（2013）则构建了 DEA-DA 模型，即 DEA 判别分析方法。郭均鹏和吴育华（2005）改进 DEA 模型，将一种超效率 DEA 模型（super-efficiency DEA model，SE-DEA）拓展到区间投入产出情形。该模型比传统的 DEA 模型更具区别性。魏权龄和庞立永（2010）提出一个新的网络模型——链式网络 DEA 模型，可评价各阶段的有效性，若决策单元非整体有效，通过此模型可明确在哪些阶段是无效的。陈明艺和裴晓东（2013）运用 DEA 交叉评价模型对我国治理环境的政策效率进行评估。熊婵等（2014）从企业运营的角度，综合基本 DEA 效率评价模型及改进竞争型 DEA 交叉效率模型，对我国不同地区的高科技创业企业的运营效率进行评价。

从文献评述可以发现，国内外学者在研究 R&D 效率时，大多是从区域经济及不同行业等方面进行的，而本节则从机构部门的角度着手分析。

另外，测度 R&D 效率的方法分为参数方法和非参数方法。参数方法需在一定的假设前提下，构建函数并考虑误差项，对回归方程进行估计，得到最终线性模型。而非参数方法则无须任何假设，也不需要构建回归方程，只需以线性规划方法求得各决策单元的相对效率值，从而达到测度 R&D 效率的目的。DEA 交叉评价模型就是一种非参数方法。因为目前还没有可用的方法来确定 R&D 投入与产出之间的明确关系，而 DEA 交叉评价模型本身就是评价多产出多投入的非参数方法，而且不需要任何的假定前提，同时该方法通过解线性规划模型得到每一个决策单元的最佳权重，作为自身的效率评价值；然后用每一个决策单元的最佳权重计算其他决策单元的效率值，得到交叉评价值，进而将所得到的交叉评价效率值求均值作为每个决策单元最终的效率值，这样得到的权重更加科学合理。

综合上述分析，本节采用 DEA 交叉评价模型对不同机构部门的 R&D 效率进行测度研究。

二、理论基础及模型构建

对于社会经济活动来说，以最小的投入获得最大的产出，令有限的资源得到最大限度的利用是至关重要的。而效率就是衡量这一限度的关键指标，效率通常是指加权意义之下的投入产出之比，也称为相对有效性。效率表示该决策单元将最少的投入转化为最大程度的产出或服务的能力，它是衡量一个决策单元的绩效度量，关键之处在于合理地测度该项经济活动投入与产出之间的关系。

由效率的定义可以得到提高决策单元效率的两个有效方法，即在投入确定时提高产出和在产出确定时压缩投入。在产出一定的前提下，研究改变投入量对该项经济活动的影响称为面向投入的效率测度（input-oriented efficiency measurement）。本节选择此种面向投入的效率测量。

传统 DEA 模型通过构建线性最优方程，求得效率最优的前沿面，将各个决策单元的投入产出指标数据包络起来，判断各个决策单元是否位于该前沿面上，即其经济活动是否是有效的，以此测度其效率值。但其在利用线性规划求解的过程中，由于对输入和输出指标采用不合理的权重分配，对有利于自己的输入和输出指标赋权很大，反之则赋权很小甚至为 0，所以不能有效区分各决策单元的优劣。因此引入 DEA 交叉评价模型，用一个决策单元的最佳权重计算其他决策单元的效率值。

假设对 n 个地区的 R&D 投入产出效率进行评价，每个地区（即 DMU）都有 m 个投入变量和 s 个产出变量。X_{ij} 表示第 j 个地区的第 i 种投入的总量，Y_{rj} 表示第 j 个地区的第 r 种投入的总量。则第 j 个地区的投入和产出分别表示为 $X_j = (x_{1j}, x_{2j}, \cdots, x_{mj})^T$，$Y_j = (y_{1j}, y_{2j}, \cdots, y_{sj})^T$。令投入向量 X 的权系数向量为 $v = (v_1, v_2, \cdots, v_m)^T$，产出向量 Y 的权系数向量为 $u = (u_1, u_2, \cdots, u_s)^T$，则有

$$\begin{cases} \max \ Y_i^T u = E_{ij} \\ Y_j^T - X_j^T \leqslant 0, \quad 1 \leqslant j \leqslant n \\ X_i^T v = 1, \qquad u \geqslant 0, v \geqslant 0 \end{cases} \tag{5-27}$$

设上述线性规划的解为 u_i^* 和 v_i^*，则最优值 $E_{ij} = Y_i^T u_i^*$ 为 DMU_i 的效率值。

但在利用线性规划求解的过程中，存在对输入和输出指标采用极端和不合理的权重分配等问题，如对有利于自己输入和输出的指标赋权很大，反之则赋权很小甚至为 0。这样就不能有效区分各决策单元的优劣。因此引入 DEA 交叉评价模型，用一个决策单元的最佳权重去计算其他决策单元的效率值。其基本思想为，用每一个决策单元求解的最佳权重 $\boldsymbol{\omega}_i^* = (u_i^*, v_i^*)^T$ 计算其他决策单元的效率值，得到的交叉评价如下：

$$E_{ik} = \frac{q_k u_i^*}{x_k v_i^*} \tag{5-28}$$

其中，E_{ik} 越大对第 k 个决策单元越有利，对第 i 个决策单元越不利。

考虑到在线性规划模型求解过程中每个决策单元的最优解 u_i^* 和 v_i^* 都不唯一，为此可采用对抗型交叉评价模型。此模型的本质是保证每一个决策单元在尽可能提高自身权重的同时，贬低其他决策单元的权重。所以，采用 $\max q_j u$ 为第一目标，以 $\min \dfrac{q_j u}{x_j v}$ 为第二目标，建立对抗型交叉评价模型，最后得到的交叉评价矩阵如下：

$$E = \begin{pmatrix} E_{11} & \cdots & E_{1I} \\ \vdots & & \vdots \\ E_{I1} & \cdots & E_{II} \end{pmatrix} \tag{5-29}$$

其中，主对角线元素为自我评价效率值，非主对角线元素为交叉评价效率值。将 E 每列的平均值作为衡量各个决策单元是否具有效率的一项指标，该均值越大，表明该决策单元越优。

三、指标体系的建立

本节的研究对象是我国科研机构、高校和企业 2006~2008 年、2007~2009 年、2008~2010 年、2009~2011 年、2010~2012 年及 2011~2013 年六个时间段内的 R&D 活动。

（一）指标体系构建的原则

合理构建 R&D 效率评估指标体系，是运用 DEA 交叉评价模型进行效率评估的前提，更是在得到评估结果后提出合理化政策建议的重要依据。因此，建立一套科学合理有效的指标体系，对分析我国各地区 R&D 投入产出效率至关重要。在构建 R&D 效率评价指标体系时，应遵循以下原则，以确保研究结果全面、准确及可观。

（1）科学性原则。要求所选取的指标要遵循科学规律，明确其经济意义，是否能够作为本节的相关指标，同时应重点考虑整套指标体系的合理性和完整性，最大限度地代表各决策单元 R&D 的投入产出现状。

（2）同一性原则。要求所选取的指标在被研究的各地区或各个机构含义和口径要一致，以便进行研究。

（3）有效性原则。要求所选取的指标能够合理真实完整地反映研究对象 R&D 活动的现状，保证达到预先设定的目标，完成效率的评价。

（4）可操作性原则。要求所选取的指标是可以获取的，并能够代入模型进行研究。获得的途径可以是统计年鉴和企业年报等，或根据现有资料进行整理得到。

（二）R&D 投入产出指标的选取

本节实证分析部分从科研机构、高校和企业三个部门内部考察 R&D 投入产出效率。针对科研机构和高校，本小节选取论文数量和专利授权数作为 R&D 产出指标，而基于企业研发活动的特殊性，选取专利授权数和新产品销售收入作为该部门的产出指标。

（三）R&D 投入产出指标的说明

1. R&D 投入指标的说明

R&D 内部经费即本小节所用的 R&D 投入经费指标，是指在特定的一段时间内，某一统计单位或经济部门内实施 R&D 活动的全部经费，不论其资金来源如何。在统计单位或部门外部发生的但支持内部开展 R&D 活动的经费计入 R&D 内部经费、日常支出和资本支出也都包括在内。

R&D 人员全时工作当量（full-time equivalent，FTE）是 R&D 总量的真正测度，所有成员国都必须坚持进行以保证国际比较。R&D 活动可能是一些人的主要工作（如 R&D 实验室的工作人员）或次要工作（如设计与测试机构的人员）。它也可能是一项重要的非全日的活动（如大学教师或研究生）。如果仅仅计算以 R&D 为主要工作的人员，将低估 R&D 活动；而计算每个花费了一定时间在 R&D 上的人员总数又将高估 R&D 活动。因此，从事 R&D 活动的人员数应该按照 R&D 活动的 1 个全时工作当量统计。1 个全时工作当量可被认为是 1 人年。所以一个人如果有 30%的时间用于 R&D 活动，则被记为 0.3 个全时工作当量。

2. R&D 产出指标的说明

R&D 活动的最终目的是创造新产品，将研发成果专利、科技论文等转化为生产力，增加 GDP，提高竞争力。因此，本小节选择"新产品产值"和"技术贸易额"作为衡量 R&D 产出情况的关键指标，它不仅考虑了与 R&D 活动相关的专利和论文数等，同时也考虑了将研发成果转化为产品进入市场的价值。而在分部门研究中，企业的 R&D 产出指标选取了"新产品销售收入"，因为新产品产值的数据并未公开。

针对高校和科研机构，其中的 R&D 人员多进行科学研究，因此选取专利授权数及论文数作为这两个部门的 R&D 产出指标。论文数包含了科学引文索引（science citation index，SCI）、工程索引（Engineer Index，EI）和科学技术会议录索引（index to scientific & Technical Proceedings，ISTP）收录的论文数。

本节所有指标的数据均来源于《中国统计年鉴》和《中国科技统计年鉴》，且样本数大于所有指标之和的两倍，符合 DEA 方法的使用规则。

四、中国 R&D 效率评价实证分析

我国现阶段的 R&D 活动主要分布在三个机构，即高等院校、科研机构及企业。根据 R&D 活动定义分析可以看出，基础研究和应用研究主要在高等院校与科研机构进行，而企业主要进行试验发展，是将研究成果转化为生产力从而带动经济增长的主要原动力。

（一）高等院校及科研机构 R&D 投入产出效率评价

由于高等院校和科研机构进行 R&D 活动的性质相似，所选 R&D 产出指标也均为发表科技论文数、专利申请授权数及出版科技著作数，所以将两个机构的 R&D 活动都在本节进行讨论。表 5-19 和表 5-20 为我国 2004~2013 年高等院校及科研机构 R&D 投入产出基本情况。

表 5-19　2004~2013 年高等院校 **R&D** 活动情况表

年份	R&D 全时当量/人年	R&D 经费支出/亿元	发表科技论文/篇	专利申请授权数/件	出版科技著作/种
2004	21.2	200.9	668 520	6 399	—
2005	22.7	242.3	728 082	8 843	33 064
2006	24.2	276.8	830 948	12 043	34 633
2007	25.4	314.7	905 985	14 111	35 733
2008	26.6	390.1	964 877	19 248	37 541
2009	27.5	468.2	1 016 345	25 570	40 919
2010	29.0	597.3	1 062 512	37 490	38 101
2011	29.9	688.8	1 109 965	53 055	37 472
2012	31.4	780.6	1 117 742	74 550	38 760
2013	32.5	856.7	1 127 210	84 930	37 866

表 5-20　2004~2013 年科研机构 **R&D** 活动情况表

年份	R&D 全时当量/人年	R&D 经费支出/亿元	发表科技论文/篇	专利申请授权数/件	出版科技著作/种
2004	20.3	431.7	104 699	3 009	—
2005	21.5	513.1	109 995	3 234	3 578
2006	23.1	567.3	118 211	3 499	3 791
2007	25.5	687.9	126 527	4 196	4 134
2008	26.0	811.2	132 072	5 048	4 691
2009	27.7	996.0	138 119	6 391	4 788
2010	29.3	1 186.4	140 818	8 698	3 922
2011	31.6	1 306.7	148 039	12 126	4 292
2012	34.4	1 548.9	158 647	16 551	4 458
2013	36.4	1 781.4	164 440	20 095	4 619

由表 5-19 和表 5-20 可以看出，我国在不断提高对 R&D 活动投入的同时，R&D 产出也在逐年增长，并且增长速度不容小觑。但投入的增加是否也换来高质量的产出呢？为了得到高等院校及科研机构的 R&D 投入产出效率，选择 2006~2008 年、2007~2009 年、2008~2010 年、2009~2011 年、2010~2012 年及 2011~2013 年六个时间段的 R&D 活动作为决策单元，分别应用 DEA 交叉评价模型，进行 R&D 效率评价分析，得到六个时间区间内不同机构类型 R&D 效率的变动情况，如图 5-12 所示。

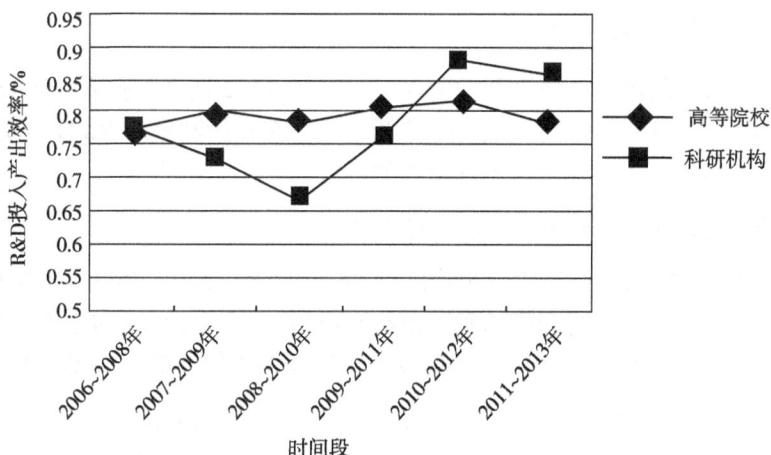

图 5-12　高等院校和科研机构 R&D 投入产出效率变动趋势图

从图 5-12 可以看出，从 2006 年起的前四个时间区间内，科研机构 R&D 相对效率低于高等院校，在此期间，科研机构经历了大落大起的大转折。2007~2008年，受全球经济危机的影响，R&D 投入产出效率下降到最低点。2012 年上升至最高点，表明国家开始对 R&D 效率问题给予高度重视。2010~2012 年和 2011~2013年两个时间段，科研机构 R&D 效率值赶超高等院校。而在此六个时间区间内，高等院校 R&D 效率值一直保持平稳发展趋势，这一方面是因为高等院校人才集中度逐渐升高，科研人员科研能力较强，科研实力较强；另一方面是因为科研机构较高等院校的 R&D 活动兴起得较晚，高校 R&D 活动受重视程度较高，各个高校都以发表论文数作为评价该校综合实力强弱的重要指标。

结合图 5-13 可以看出，科研机构的 R&D 经费支出一直远远高于高等院校，而其效率水平却在很长一段时间内居于高等院校之下，说明基于其现有科研能力，R&D 投入并非是有效的。

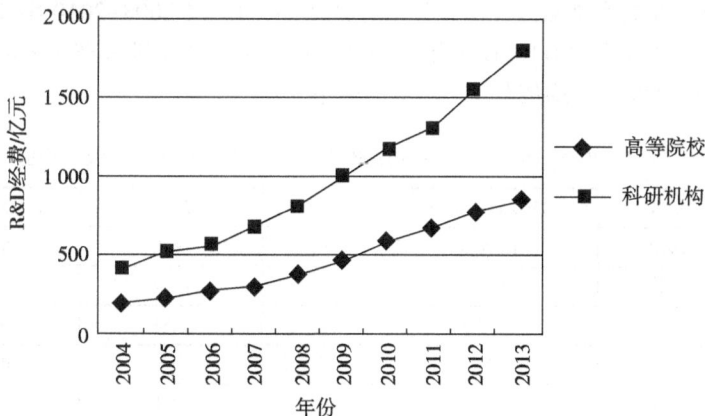

图 5-13　高等院校及科研机构 R&D 投入变化趋势图

（二）企业 R&D 投入产出效率评价

企业作为我国进行科技创新的关键力量，其 R&D 活动的投入产出效率不容忽视。"十一五"期间，在我国总 R&D 投入中，企业所利用的 R&D 经费比例一直稳定在 60%以上，并且呈现不断增长的趋势。

1. 企业 R&D 投入产出效率总体评价

选取 2006~2008 年、2007~2009 年、2008~2010 年、2009~2011 年、2010~2012 年及 2011~2013 年六个时间段的我国企业 R&D 投入产出指标，构建传统 DEA 模型及 DEA 交叉评价模型，进行 R&D 投入产出效率评价分析，如表 5-21 所示。

表 5-21　企业 R&D 投入产出交叉评价效率均值

阶段	2006~2008 年	2007~2009 年	2008~2010 年	2009~2011 年	2010~2012 年	2011~2013 年
企业 R&D 效率均值	0.798 6	0.752 3	0.671 5	0.832 3	0.979 1	0.779 8
规模报酬	不变	递减	递减	递减	不变	递减

从企业 R&D 效率的纵向变动情况来看，R&D 效率水平在 2012 年接近有效值 1 后又下降至 0.8 左右，始终未达到有效值 1。这说明造成企业效率水平较低的主要因素并不是投入问题，仅仅增加企业 R&D 投入是无法提高效率水平的。此外，在四个时间段内企业规模报酬呈现递减状态，说明相对于企业目前的科研实力，现有的投入规模并不是最有效的。我国企业缺乏 R&D 效率的主要原因并不是投入不足，而应从企业内部寻找原因，导致企业新科研成果转化为生产力的能力较低。

2. 分地区企业 R&D 投入产出效率评价

在说明了我国企业总体效率水平较低的基础上，本节将继续研究我国 30 个地区的 R&D 投入产出效率水平，以探求各地区企业的 R&D 活动特征。由于 2008 年之前的部分指标数据缺失，在此只研究四个时间区间（2008~2010 年、2009~2011 年、2010~2012 年和 2011~2013 年）的各地区企业 R&D 投入产出效率情况，所得 DEA 交叉评价效率均值如表 5-22~表 5-25 所示。

表 5-22　2008~2010 年各地区企业 R&D 的 DEA 交叉评价效率均值

排名	地区	R&D 效率均值	排名	地区	R&D 效率均值
1	海南	1.000 0	6	重庆	0.452 6
2	吉林	0.627 8	7	湖南	0.441 5
3	上海	0.571 2	8	北京	0.372 7
4	天津	0.542 1	9	广东	0.312 5
5	广西	0.496 1	10	浙江	0.309 4

排名	地区	R&D 效率均值	排名	地区	R&D 效率均值
11	江苏	0.303 0	21	河北	0.186 4
12	山东	0.292 0	22	四川	0.160 5
13	安徽	0.274 9	23	云南	0.160 5
14	湖北	0.258 1	24	陕西	0.149 6
15	贵州	0.249 7	25	甘肃	0.142 4
16	福建	0.244 6	26	河南	0.141 7
17	新疆	0.235 4	27	宁夏	0.141 6
18	辽宁	0.196 1	28	青海	0.100 5
19	内蒙古	0.191 1	29	黑龙江	0.096 7
20	江西	0.190 9	30	山西	0.091 5

注：西藏数据缺失

表 5-23 2009~2011 年各地区企业 R&D 的 DEA 交叉评价效率均值

排名	地区	R&D 效率均值	排名	地区	R&D 效率均值
1	海南	1.000 0	16	吉林	0.348 8
2	安徽	0.762 9	17	湖北	0.330 4
3	浙江	0.762 1	18	山东	0.306 5
4	江苏	0.571 9	19	宁夏	0.278 8
5	重庆	0.571 0	20	四川	0.259 3
6	湖南	0.569 6	21	河南	0.250 2
7	北京	0.563 4	22	陕西	0.244 6
8	天津	0.522 5	23	河北	0.242 0
9	贵州	0.459 0	24	辽宁	0.233 0
10	广东	0.453 1	25	甘肃	0.201 0
11	福建	0.446 7	26	江西	0.183 1
12	上海	0.428 8	27	山西	0.153 2
13	云南	0.384 0	28	内蒙古	0.152 1
14	广西	0.357 6	29	黑龙江	0.141 5
15	新疆	0.354 9	30	青海	0.117 1

注：西藏数据缺失

表 5-24 2010~2012 年各地区企业 R&D 的 DEA 交叉评价效率均值

排名	地区	R&D 效率均值	排名	地区	R&D 效率均值
1	海南	0.971 1	5	吉林	0.689 9
2	天津	0.852 1	6	北京	0.655 7
3	湖南	0.769 3	7	重庆	0.638 3
4	上海	0.714 3	8	安徽	0.632 9

续表

排名	地区	R&D 效率均值	排名	地区	R&D 效率均值
9	广西	0.590 9	20	河北	0.373 4
10	山东	0.583 2	21	四川	0.371 5
11	浙江	0.578 0	22	云南	0.362 9
12	江苏	0.523 3	23	贵州	0.270 2
13	宁夏	0.447 9	24	新疆	0.267 9
14	湖北	0.445 4	25	河南	0.230 5
15	福建	0.436 6	26	内蒙古	0.228 6
16	甘肃	0.405 9	27	陕西	0.195 6
17	辽宁	0.392 5	28	山西	0.189 1
18	江西	0.390 5	29	黑龙江	0.108 6
19	广东	0.375 1	30	青海	0.038 2

注：西藏数据缺失

表 5-25　2011~2013 年各地区企业 R&D 的 DEA 交叉评价效率均值

排名	地区	R&D 效率均值	排名	地区	R&D 效率均值
1	海南	0.924 2	16	江西	0.619 5
2	湖南	0.911 5	17	河南	0.590 1
3	天津	0.861 4	18	山东	0.569 0
4	重庆	0.836 2	19	河北	0.516 9
5	浙江	0.829 2	20	福建	0.496 0
6	安徽	0.811 8	21	云南	0.488 6
7	广西	0.743 4	22	辽宁	0.480 9
8	北京	0.734 5	23	新疆	0.465 2
9	四川	0.730 0	24	吉林	0.451 3
10	上海	0.715 5	25	贵州	0.445 3
11	甘肃	0.669 3	26	陕西	0.355 6
12	江苏	0.659 6	27	山西	0.339 8
13	宁夏	0.657 4	28	内蒙古	0.277 3
14	广东	0.652 5	29	黑龙江	0.204 8
15	湖北	0.631 7	30	青海	0.079 1

注：西藏数据缺失

　　由表 5-22~表 5-25 可以看出，我国 30 个地区中海南在四个时间区间内的企业 R&D 投入产出效率均位居榜首，且前两个时间区间内是有效的，而其他地区企业 R&D 活动效率水平均不高，平均效率值仅为 0.381 8，且有一半以上的地区未达到平均水平。由表 5-24 可知 R&D 投入经费处于领先地位的浙江、广东、山东等效率水平均不高，说明一味地增加 R&D 投入经费并不代表能被有效的利用，较多的经费并没有得到完全利用。虽然海南 R&D 投入经费并不多，但其效率水平高，能够做到真正意义上的完全利用。纵向来看，2008~2010 年，我国企业总体 R&D 投入产出效率水平呈现低迷的状态，所得 R&D 交叉评价均值仅为 0.297 8。这种现象应与 2008 年爆发的全球经济危机带来的冲击有关，期间我国企业发展较慢，整体经济形势走低。

为了更直观地了解地区间差异，将四个时间段各地区企业的 R&D 效率值求均值，绘制了空间地理地图。图 5-14 是通过 GeoDa 软件根据交叉效率均值做出的 Moran 散点图，是全局空间自相关图，表示单个地区与毗邻地区的关系。从图 5-14 可知，我国地区企业 R&D 效率的相关性仅为 0.194，即地区间企业 R&D 活动存在明显的不均衡发展趋势，R&D 投入产出效率地区间差异较大。

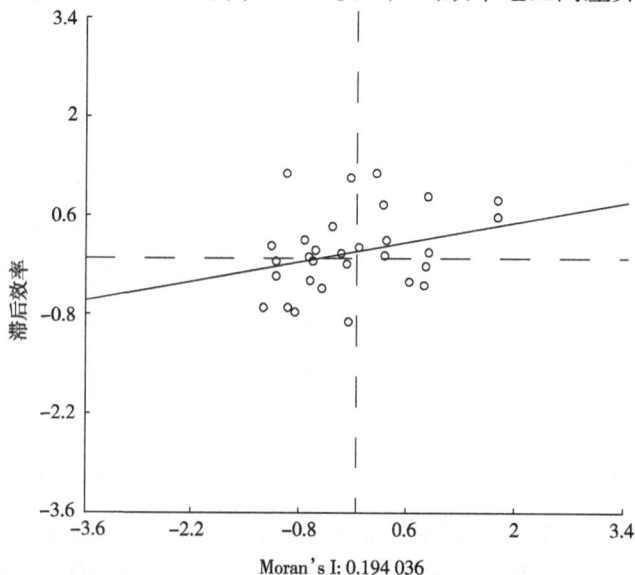

图 5-14 Moran 散点图

（1）第一象限（高-高，标记为 HH），表示一个高 R&D 效率水平的地区和它周围的地区有较小的空间差异程度，即该地区自身和周边地区的 R&D 效率水平均较高，两者的空间差异程度较小，存在较强的空间正相关，为热点区。

（2）第二象限（低-高，标记为 LH），表示该地区的 R&D 效率水平相比较周围地区是比较低的，两者空间差异程度较大，具有较强的空间负相关，即异质性突出。

（3）第三象限（低-低，标记为 LL），表示该地区自身和周边地区的 R&D 效率水平均较低，两者的空间差异程度较小，存在较强的空间正相关，即为盲点区。

（4）第四象限（高-低，标记为 HL），表示该地区自身 R&D 效率较高，周边地区较低，两者空间差异程度较大，较强的空间负相关，即异质性突出。

综上所述，我国 31 个地区企业 R&D 效率水平差异较大。处于东部地区的江苏省和浙江省效率水平处于领先地位，两省不但具有较高的 R&D 投入强度，同时也富有效率；而与其形成明显差异的是西部五个地区，分别为新疆、西藏、宁夏、青海和甘肃，该区域 R&D 效率水平处于落后地位，并且其 R&D 投入强度也不是很高，整体经济较不发达。

（三）高等院校、科研机构和企业 R&D 效率比较

上述分析中分别对高等院校、科研机构和企业的 R&D 效率做了评价研究，本小节将对三个不同机构的 R&D 效率进行比较，针对各自特点分析其 R&D 活动现状。将 2004~2013 年三个机构 R&D 经费支出绘制折线图，如图 5-15 所示。

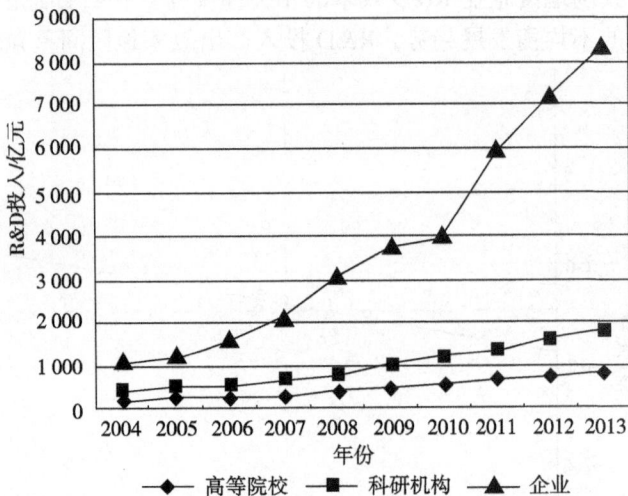

图 5-15　高等院校、科研机构和企业 R&D 投入变化趋势图

从图 5-15 中可以清楚地看到，企业 R&D 投入明显高于高校及科研机构，增长幅度也遥遥领先于其他两个机构。可见我国已经认识到企业作为科技成果转化的关键，正在逐步加大对企业 R&D 的投入，已保证科研成果向科技生产力有效转化。

图 5-16 为三个机构的 DEA 交叉评价效率值折线变化趋势图，该图显示三个机构 R&D 效率值在 2009 年前，高等院校效率水平较科研机构和企业高，这与高等院校研发活动较早开展并受到重视有关。2009 年后逐渐被科研机构和企业超越，高等院校的 R&D 活动进入停滞阶段，科研机构的 R&D 活动开始兴起，而此时企业也不断提高 R&D 效率，加快新产品的研发。三类机构在 2011~2013 年同时出现了 R&D 效率下滑的趋势，但 R&D 投入却在持续增加，说明仅仅依靠增加 R&D 投入经费并不能提高 R&D 效率，要从各机构内部入手，积极完善 R&D 活动机制，包括内部研发人员管理及研发活动政策的改善。同时我们也发现，企

业作为 R&D 投入最高的机构，但其在 2011 年 R&D 效率水平却落到了高等院校和科研机构之下，说明企业的大部分 R&D 投入并没有得到充分利用，出自高等院校和科研机构的研发新成果也并没有高效及时地转化为生产力，我国企业需从内部整顿，加快科研成果的转化，合理有效地利用 R&D 资源，提高 R&D 投入产出效率，真正为提高我国经济发展水平贡献力量。

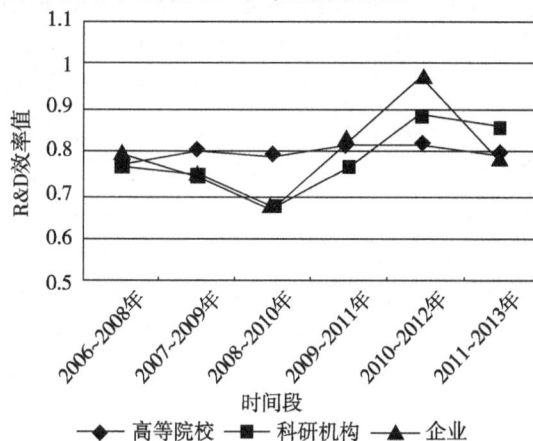

图 5-16　高等院校、科研机构和企业 R&D 效率值变化趋势图

五、结论与政策建议

（一）结论

通过对我国 31 个地区的 R&D 投入产出效率，以及高等院校、科研机构和企业的 R&D 投入产出效率的评估得出以下结论。

高等院校、科研机构 R&D 投入产出效率仍需提高。科研机构 R&D 投入总量明显高于高等院校，但其产出效率却居于高等院校之下，呈现效率较低的现象。我国 R&D 投入在高等院校所占比重偏低，高等院校 R&D 投入明显不足，从而导致基础研究投入比重偏低。

企业 R&D 投入产出效率较低，未能将科技成果有效转化，且存在地区间不均衡现象。我国 30 个地区仅有海南的 R&D 活动在投入不多的情况仍是有效的。同时，我国 30 个地区企业 R&D 效率水平差异较大。处于东部地区的江苏和浙江效率水平处于领先地位，这两个地区不但具有较高的 R&D 投入强度，同时也富有效率；而与其形成明显差异的是西部五个地区，分别为新疆、宁夏、青海、西藏和甘肃，该区域 R&D 效率水平处于落后地位，并且其 R&D 投入强度也不是很高，整体经济较不发达。总而言之，在本节研究的 6 个时间区间内，我国各个机构的 R&D 活动大都表现为投入产出效率偏低，因此，我国建设创新型国家的重点不能一味地增加 R&D 投入总量和提高 R&D 投入强度，而在于采取有效方法提高 R&D 投入产出效率。

（二）政策建议

根据实证分析结果，可以发现对我国大多数地区而言，受其整体经济发展水平的制约，R&D效率投入无法在短时间内得到提高，因此，如何利用现有的R&D投入，开展R&D活动，进行有效的新成果转化，合理配置R&D资源，规范安排相关制度体系就成为目前我国各地区亟待解决的首要问题。针对此问题，本小节提出以下建议。

充分调动政府的导向作用。其一，作为我国R&D投入经费的主要来源，政府应在保证R&D投入强度稳步增长的同时，充分发挥调节R&D支出结构的作用，加大财政科技拨款中基础研究经费所占的比例，提高对基础研究、前沿高技术研究、社会公益性研究和科技基础条件建设的支持力度，从而平衡基础研究与研究发展之间的协调关系；其二，政府应出台多种人才引进政策，吸引高科技创新人才，提高R&D活动的潜在能动力；其三，加强基础设施建设，为R&D活动营造良好的运作环境，提高人才的积极性；其四，政府应充分发挥其引导监督作用，保证全社会R&D活动的有序进行，并确保其有效性。

调整R&D投入结构，增加对高等院校及科研机构的R&D投入。提高R&D投入高效率，应该思考如何合理配置稀缺的R&D资源。在总量一定的情况下，只有通过调整R&D投入的结构才能最大化其效果。我国R&D投入主要集中在企业部门，对研究机构和高等学校的投入相对较少，使科技创新缺少顺利开展的原动力。所以我国政府需要调整R&D投入结果，今后对R&D经费的支出进一步向高等院校和科研机构倾斜，为R&D基础研究奠定有力的基础。从而平衡基础研究与研究发展之间的协调关系，保证整个研发体系的健康、持续和稳定发展，以提高我国R&D投入产出效率。

实现地区间R&D活动均衡发展。政府应该充分利用西部地区资源，推动高新技术产业在西部地区的崛起，为其实现R&D活动有效开展提供有利条件，从而带动西部R&D活动的蓬勃兴起，保证我国地区间R&D效率水平均衡提高。

企业应该组建高素质的科技研发人才队伍。企业R&D效率水平与研发人员素质密不可分，所以企业应该完善人才培养机制，吸纳高科技创新人才。企业通过与高校合作的方式，不仅可以从高校吸收人才，而且可以与高校共同开展R&D活动。

第五节　AHP与BP反向传播网络联合模型的中国跨境电商风险评估实证研究及建议

电子商务作为新兴的交易方式，经历了由国内电子商务一枝独秀逐步向跨境电商与国内电子商务各领风骚的发展过程。随着中国经济走向世界的步伐逐渐加快,跨境电商逐渐成为对外贸易的中坚力量。在中国逐步形成的"人民币国际化"、"一带一路"和亚投行等国际化战略布局下,跨境电商正蓬勃发展。当前中国已经形成了一条从营销、支付、物流和金融服务的清晰而完整的跨境电商贸易产业链,为中国跨境电商的进一步发展奠定基础。然而,在大力推进跨境电商发展的同时,电子商务投诉事件却频频发生,且增长速度高居不下,为此,建立一套完整的风险评估预警体系,实现事前防范、事中调节和事后反馈,使跨境电商企业健康稳定发展,应引起我们的高度关注。

虽然跨境电商已经成为当前线上购物的新潮流,但目前专家学者们还很少涉猎关于跨境电商整个流程的风险评估研究。因此,为更好地衡量跨境电商交易各流程出现的风险,本节尝试构建一套完整的跨境电商风险评估指标体系,并创新性地采取 AHP 法与当前应用广泛的数据挖掘方法——BP 反向传播网络模型,构建跨境电商风险评估系统。AHP 法较高的可信度结合 BP 反向传播网络模型的高精度及较高的可靠性,使集二者之长的联合模型具有较高精度和可靠性。本节通过 AHP 法确定风险指标权重结果,形成跨境电商风险评估样本数据,再联合 BP 反向传播模型构建跨境电商风险评估模型,实现跨境电商企业的风险评估。

一、国内外研究现状

(一)国外研究现状

最早的电子商务风险研究源于 20 世纪末期,Greenstein 和 Feinman(2001)认为电子商务风险主要是指秘密数据丢失,以及存储数据信息的硬件损坏可能性。

Alexandru 等(2000)从不完全信息角度出发,通过对比传统购物模式与网络购物模式指出:对于信息渠道获取有限的商品,商品商标知名度在消费者进行网络购物时尤为重要。Gefena 和 Straubb(2004)指出:由于消费者获取电商企业信息渠道有限,消费者更倾向于选择自身熟悉,或是信誉较高的电商网站进行网络购物。

Corbitt 等(2005)做了基于电子商务消费者感知信任的研究,指出如果网络消费者经常使用互联网,对电子商务有比较高的信誉感知,他们便更倾向于选择网上购物。Teo 和 Liu(2007)借助结构方程模型指出消费者信任与电子商务企业服务态度呈正相关关系,与消费者风险感知水平呈负相关关系,良好的企业服务态度与较低的风险感知是企业获取消费者信任的重要途径。Kim 等(2008)通过电商企业商品消费者购买行为数据,建立影响消费者决策的结构方程模型,结果表明消费者对电商企业的信任和对交易风险的感知是影响消费者做出购买决定的重要因素。

Mart(2011)等从消费者感知角度研究了不同风险间的关系,以及其对消费者重复购买意向的影响。Mart(2011)通过对社会风险、国家风险和交易风险三种主要风险相互关系的研究，指出在跨境电商中，国家风险与社会风险及交易风险呈正相关关系，国家风险将会增加社会风险和交易风险。

（二）国内研究现状

国内电子商务风险研究起步较晚，但经过十多年的研究发展，也积累了丰硕的成果。本节选取部分学者的研究成果，分别从四个角度进行阐述。

李琪和张仙锋（2006）、宋思伟和孙树栋（2007）分别从不同角度对电子商务交易环节进行划分来研究电子商务风险。李琪和张仙锋（2006）提出一个完整的电子商务链由商品与市场准备、展示、沟通、谈判、签约、支付、配送和售后服务八大环节组成，整个商务链的运营包含信息流、商流、资金流、物流、信用流和人员流的流动。宋思伟和孙树栋（2007）指出，根据电子商务合同签署阶段、款项支付阶段及商品送达阶段的不同表现形式，将电子商务流程分为不同类型的组合，即完全电子商务、不完全电子商务及非电子商务，并将电子商务面临的最突出风险分为道德风险和法律风险。

周黎安等（2006）、蒋侃和田巍（2007）及王文婧等（2012）从交易双方的信息不对称及信用角度进行风险研究。周黎安等（2006）指出在市场信息不对称的前提下，买卖双方如果不履行各自义务，信任将不复存在，市场交易将逐渐萎缩。蒋侃和田巍（2007）指出电商消费者无法获取完全信息，不能形成一个完整的质量无差异曲线，消费者通过尝试记忆不同零售商产品比对，来获取最大的满足感。王文婧等（2012）借助博弈论模型，通过分别建立是否存在第三方认证机构的云服务信任模型，论证了引入第三方认证是解决信任问题的必要措施，从事前防范、事中协调和事后惩罚三方面有效约束交易双方的欺诈行为，进一步完善了信用水平评价方法。

吴本家（2007）、吴德胜和李维安（2009）从传统竞争思维及竞争战略角度进行风险研究。吴本家（2007）从传统竞争思维及竞争战略角度，指出 B2B[①]电子商务市场发展战略的三种路径选择：一是注重某个行业或细分市场的垂直扩展路径；二是以成本为效率为中心，扩张多项服务功能的横向扩展路径；三是专业化的优势突出路径。吴德胜和李维安（2009）从商盟的角度阐述了对卖家的信用约束体制，指出电子商务交易过程中，由于交易双方的信息不对称性会产生囚徒困境的问题，在法律尚不完善的前提下，通过具有集体荣誉的商盟对电子商务企业进行约束，以保证商家如实执行契约，以弥补信用评价系统的缺陷。

杨青等（2010）从消费者网络信任及网上支付风险感知角度对电子商务进行风险研究，指出消费者的感知风险包括心理和社会风险、经济财务风险、技术安

---

① B2B：Business to Business，企业对企业。

全风险、隐私风险、绩效功能风险及时间风险六大风险因素。

纵观现有跨境电商风险的研究，国内外学者主要从消费者信任及感知、不完全信息、电子商务交易环节及指标设置等方面切入，并结合传统交易方式，对电子商务风险展开研究。众多学者认为，如何获取消费者信任、提升消费者感知是电商企业运营应考虑的首要因素。交易双方的信息不对称及电子商务交易环节的复杂性是电子商务风险存在的直观原因，由于交易双方信息获取的不完全性，在买卖双方进行双向选择时，交易双方或其中一方的不当行为会造成对方的信任流失、消费者感知度下降或企业机会成本的增加等后果。另外，电子商务交易的完成需要借助第三方跨境电商平台或第三方货物配送公司，这就增加了交易环节的不确定性，加之网络交易的无纸化和虚拟性，都会对电子商务交易买卖双方造成风险。部分学者对电子商务交易流程进行了风险研究，但对电子商务交易流程划分较为笼统，缺乏对交易细节的阐述与分析。有些则通过设置风险指标进行研究，但指标涉及交易环节少，不能较好地实现整个电子商务交易风险评估。整体而言，电子商务风险研究主要侧重于某一风险角度或针对电子商务部分交易环节，且风险指标设置不能很好地反映整个电子商务交易过程，在电子商务整体风险研究中存在不足。

基于前人对跨境电商风险的研究，本节致力于改进当前研究对跨境电商交易流程划分笼统、风险指标体系不完整，以及评估模型落后的不足，构建准确可靠的跨境电商风险评估系统。首先，对跨境电商交易流程进行细致清晰的划分；其次，依据细分的每个流程可能存在的风险选取指标构建完整的指标体系；再次，利用 AHP 法确定每个风险指标的权重；最后，采用 BP 反向传播网络模型对跨境电商风险进行全方位的评估。在本节的分析过程中，明晰跨境电商交易的每一步，建立完整的风险指标体系，采取精准度高的联合模型，都是对前文研究的进一步改进和深入，也为未来分析跨境电商风险提供一个新方向。

二、构建跨境电商风险评估系统

跨境电商是指不同国家的交易双方，通过第三方电子商务平台达成交易，通过电子支付方式完成商品款项的支付，并借助第三方物流公司完成商品配送，进而实现跨境交易的一种国际商业活动。跨境电商作为一种突破传统的新型交易方式，具有全球性、无形性、匿名性、即时性、无纸化和快速演进等特点。

当前，我国跨境电商主要有两种模式，即 B2B 和 B2C[①]。在 B2B 模式下，企业在线上运营广告和信息发布，但成交和通关流程仍基本在线下完成，本质上仍属传统贸易，现已纳入海关一般贸易统计。在 B2C 模式下，企业直接面对异国消费者，以销售个人消费品为主，物流方面主要采用航空小包、邮寄和快递等方

---

① B2C：Business to Customer，企业对消费者。

式，其报关主体是邮政或快递公司，目前大多未纳入海关登记，这种模式的交易流程较国内电子商务和 B2B 模式更加复杂，涉及异国消费者、海关环节及国外物流运输环节。这种模式也是当前跨境电商采取的主要模式，具有流量大、数据广和易获取的特点。因此，本节的研究主要基于跨境电商的 B2C 模式。我们针对跨境电商交易流程划分比较笼统、交易过程研究局部化及指标选择不够全面等现象，改进跨境电商整个交易流程的划分（图 5-17）。

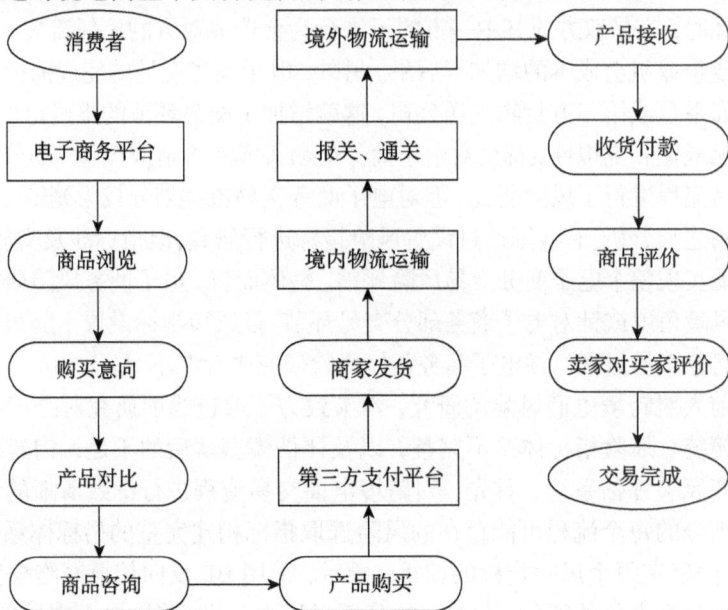

图 5-17　跨境电商交易流程图

一个完整的跨境电商交易流程可以分为四大部分。首先，消费者借助第三方电子商务平台进入电子商务网站对商品信息进行浏览，筛选意向商品。通过对商品的对比，选择最为满意的商品，产生购买意向，并与卖方进行商品咨询，确定购买行为。其次，在确定商品购买后，消费者借助第三方支付平台完成支付，支付商品费用暂由第三方支付平台保管。商家在确认买方完成第三方支付后，对商品进行出仓发货。再次，跨境电商企业自行选择或由买方指定物流公司对商品进行运输配送，并由境内物流公司集中报关，通关后由境外物流公司进行商品配送。此环节中电商所选择的物流公司提供的服务质量，包括商品配送时间，消费者商品的物件追踪，以及物流运输公司提供的咨询服务等，应作为跨境电商企业考虑因素。最后，商品通过境外物流公司实现消费者商品配送。买方在完成商品确定和接收后，指令第三方支付平台完成对卖家的付款，交易双方进行评价，一次成功完整的跨境电商交易就得以顺利完成。

三、跨境电商风险评估指标体系构建

（一）跨境电商风险评估指标选取

由跨境电商整个交易流程可以看出，完整的跨境电商交易环节较为复杂，在各交易环节都存在风险因素。消费者在做出商品购买决定之前，产品质量、产品价格、商品描述及卖方服务影响消费者的购买倾向。做出购买决定之后，款项支付方式、货物配送选择、通关流程、售后服务及消费者商品实物感知，对消费者做出是否退货退款有重要作用。在交易的每个环节，商家都会有失去消费者信任或引起消费者不满的风险，导致消费者寻找替代商品，引起消费者客户流失或对商家投诉，使企业蒙受损失。因此，本节提出的跨境电商风险主要是指在交易过程中，由不同交易因素引起跨境电商意向客户对产品放弃购买，或已完成购买但发生退货、客户拒收拒付或未能收到商品等造成跨境电商交易失败的行为，进而导致企业利益损失及企业信誉度下降的风险。

根据本节划分的跨境电商交易流程，我们认为跨境电商流程中存在的风险主要有系统风险、支付安全风险、商品风险、服务风险、物流风险、通关风险、客户风险和法律风险八大类风险，同时我们对风险因素下能引起企业信誉风险下降的因子进行分析，设置一套完整的跨境电商风险评估指标体系（图 5-18），实现对风险因子的指标反映。

（二）跨境电商风险评估指标释义

针对不同风险指标所包含的内容及含义，下面给出具体阐述。

系统风险：跨境电商系统安全包含跨境电商系统的计算机、储存设备和网络设施的物理安全，以及电子商务系统和数据管理系统等方面。主要通过以下三个方面反映：①跨境电商物理硬件风险，主要是指电子商务硬件系统选配是否合适；硬件、电路系统是否安全、稳定、规范等。物理硬件配备是能否保证跨境电商顺利运营的基础。②跨境电商技术风险，主要包括选择风险、系统完备性风险、数据存取风险及网络世界的环境风险等。技术风险是造成企业效率损失的风险，一旦出现问题，对电子商务企业危害比较大。③跨境电商企业内部风险，主要是指跨境电商企业在电子商务管理应用过程中，企业战略制定不合适或项目实施时采取不当措施带来的风险。

支付安全风险：电子支付是指从事电子商务交易的当事人，包括消费者、商家和金融机构等群体，通过网络平台进行货币交易或资金流转的行为。支付安全主要受到客观因素的影响，电子支付安全风险主要分为以下三类：①信息流失，主要是指在跨境电商支付行为实现的信息传输过程中，跨境电商客户支付信息存在丢失或泄露的风险，客户信息的丢失或泄露受到跨境电商企业和第三方支付平

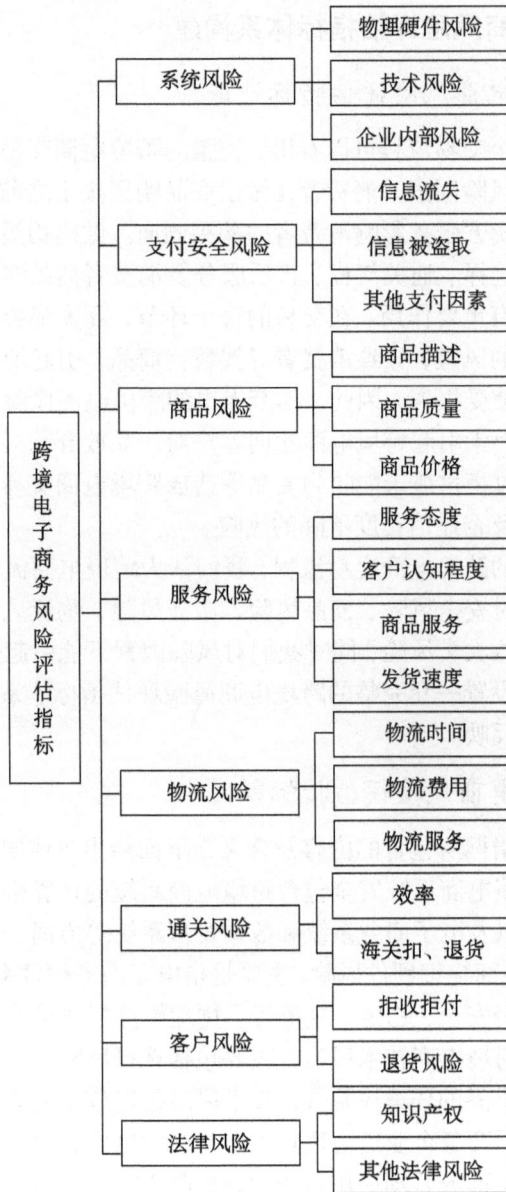

图 5-18 跨境电商风险评估指标体系

台的影响，是电商企业职业道德的体现。②信息被盗取，跨境电商交易支付过程
中及实现后，客户支付信息存在被盗取的风险，该风险主要受到第三方支付平台
的控制，健全的第三方支付体制能防护客户信息被盗取，受跨境电商企业影响较
小。③其他支付因素，主要是指除上述两个风险以外的其他支付风险，主要受到
支付便捷性、汇率变动等风险因素的影响。

商品风险：跨境电商商品风险是指以交易商品为中心，在交易环节中因商品因素而引起网络消费群体不满的风险指标。商品风险分为以下三类：①商品描述，主要是指电子商务网站对其所售商品描述是否与实物相符，是否充分反映商品信息，并对商品关键信息进行标注，使消费者能正确接收跨境电商网站商品信息，如鞋类商品的尺码、胖瘦、色差和透气性等因素描述是否跟实物匹配。②商品质量，商品质量的好坏直接关系到跨境电商企业的长久发展。③商品价格，商家对商品定价应该在同质商品价格合理波动范围之内。

服务风险：跨境电商服务风险是跨境电商企业在商品销售整个过程中，对消费者提供不当服务造成的风险。服务风险主要包括四个方面：①服务态度，服务包括售前服务和售后服务。售前服务主要是指客户在进行商品购买咨询时，客服人员对客户提供商品介绍等方面信息的服务态度。售后服务，主要是指为了赢取忠实客户、对出现商品问题的客户提供解决途径或相关帮助时，对顾客的服务态度。售前服务态度会对消费者做出购买决策产生重要影响，售后服务会影响消费者对跨境电商的感知。②客户认知程度，客户认知程度主要是指客户通过商品信息浏览或客服人员提供的咨询服务，从而获取的商品感知程度。客户认知程度受到买方个人主观因素的影响，若跨境电商不能使消费者较好地接收商品信息，会使消费者对网页浏览的商品感知与实际商品感知产生较大落差。③商品服务，对商品物件发货的完备性检验，是否存在瑕疵，如鞋类的吊牌损失、包装简易和发票等因素。④发货速度，发货速度是指顾客网上下单成功后，电商企业对交易商品的发放投递速度。发货速度能体现卖方对买方商品配送的重视程度，发货速度会直接影响买方货物的接收时间，影响消费者感知。

物流风险：物流风险主要是指跨境电商顾客购买的货物在配送过程中存在的风险。物流风险主要受物流配送公司的影响。物流风险主要体现在货物配送时间和费用方面。物流风险主要受货物运送公司的选择、货物配送安全性、配送效率和服务等因素影响。物流风险主要分为三个方面：①物流时间，跨境电商货物运转需要经过报关审批等环节，整个过程耗时长、环节复杂和费用成本高。②物流费用，物流费用是跨境电商商品配送的物流开支。由于跨境电商交易实现要通过国家间的货物配送，货物配送成本较高，是跨境电商流程中用户所要支付的重要开支，也是与国内电子商务重要的区别之处。③物流服务，跨境电商物流体系相对于国内电子商务而言，物流配送需要不同国家间的物流公司合作共同完成，配送环节较为复杂，因而在服务方面相对国内电子商务比较欠缺，在物件追踪及人员服务等方面需要完善。

通关风险：海关环节是跨境电商所特有的环节，报关、通关主要受国家海关政策的影响。通关因素分两个方面反映：①通关效率低，主要特点是通关周期长、费用高。跨境电商业务具有小批量和多批次等特点。②海关退货、扣货，跨境电商相对于国内电商一个较为显著的特点就是要经过海关通关。在海关物件检查过程中，商品审批应符合国家海关审批要求。若是无法通关，商品被扣留或退返，企业仍会遭受损失。

客户风险：跨境电商客户风险主要是消费者在接收到货物时，通过对商品感知，若商品无法达到消费者的期望值，将会促使消费者对跨境电商采取行动，是消费者对商品满意度的反映。客户风险分两个方面反映：①拒收拒付，跨境电商用户通过第三方网站购买商品，借助第三方物流公司实现配送。若消费者出现拒绝接收商品或在第三方支付平台延迟或拒绝支付货物款项等拒收拒付现象，将会给企业带来风险，造成企业经济损失。②退货风险，跨境电商客户在接收到货物之后，由于商品不能达到接收者的满意度，可能选择货物退回，将会给企业带来物流配送费用及劳务服务成本的损失。跨境电商退货流程较为复杂，买卖双方都会承担较大的经济和时间损失，主要是承担国际物流费用、通关费用和较长的时间成本。

法律风险：法律风险表现在对市场交易环境与主体的制度约束，包括各种围绕消费者和服务者的法律制度的建立与相关制度的健全性，会产生隐私风险、知识产权风险等法律风险。法律风险主要受国家法律法规的控制和影响，故本节对法律风险从两个方面进行简单反映：①知识产权，中国企业相对于外国企业而言，缺乏对知识产权保护的意识，而在跨境电商交易过程中，由于是针对国外客户或是企业，可能会遇到侵犯企业或客户知识产权的维权情况，给企业带来法律风险。②其他法律风险，主要是指知识产权风险外的其他法律风险。

为了便于下文表示跨境电商风险指标，根据跨境电商交易环节及图 5-18 所示的跨境电商风险评估指标体系，将跨境电商风险指标表示为如表 5-26 所示的风险指标体系。

表 5-26　跨境电商风险指标分类表

一级风险指标	二级风险指标
系统风险 X_1	物理硬件风险（ X_{11} ）
	技术风险（ X_{12} ）
	企业内部风险（ X_{13} ）
支付安全风险 X_2	信息流失风险（ X_{21} ）
	信息被盗取风险（ X_{22} ）
	其他支付风险（ X_{23} ）
商品风险 X_3	商品描述风险（ X_{31} ）
	商品质量风险（ X_{32} ）
	商品价格风险（ X_{33} ）

一级风险指标	二级风险指标
服务风险 X_4	服务态度风险（X_{41}）
	客户认知程度风险（X_{42}）
	商品服务风险（X_{43}）
	发货时间风险（X_{44}）
物流风险 X_5	物流时间风险（X_{51}）
	物流费用风险（X_{52}）
	物流服务风险（X_{53}）
通关风险 X_6	通关效率风险（X_{61}）
	海关退货风险（X_{62}）
客户风险 X_7	拒收拒付风险（X_{71}）
	退货风险（X_{72}）
法律风险 X_8	知识产权风险（X_{81}）
	其他法律风险（X_{82}）

四、AHP-BP 反向传播网络联合模型构建原理

（一）指标权重的确定

本小节运用 AHP 法的目的在于实现风险指标的权重确定，以及对样本风险值的计算。首先，通过对风险指标进行一致性检验，计算每个风险指标的权重系数，即每个指标风险对跨境电商风险确定的作用大小。其次，对于每个样本，根据其所包含的风险指标计算该样本指标权重总值。最后，为了减少 AHP 权重赋值计算的主观性因素的影响，通过对样本风险值设置 1~5 个风险值区间，根据样本指标权重总值对应的风险区间，得出该样本对应风险区间的风险值。

（1）AHP 法介绍。AHP 的基本思想是把复杂的问题分解为若干层次，通过同层次间各因素的两两比较，得出各因素的权重，通过由高到低的层层分析计算，最后计算出各方案中总目标的权数，进而实现风险指标的权重确定。AHP 分析的基本方法主要是建立层次结构模型。首先，通过对跨境电商风险评估指标的设置，实现不同层次风险因子的指标度量。其次，通过跨境电商风险评估指标设置，将风险指标划分为三个层次。第一层跨境电商风险为总目标层，第二层（中间层、分目标层）共有 8 个因子组成，第三层（底层）共有 22 个风险因子。再次，风险评估指标层次模型建立之后，通过同层次不同风险指标之间的两两对比，确定判断矩阵，进而通过判断矩阵，确定风险指标权重。最后，通过一致性检验，来判断矩阵是否具有满意的一致性。一般而言，当检验系数 CR < 0.1 时，可认为判断矩阵具有满意的一致性。

（2）风险因子判断矩阵。判断矩阵是 AHP 的核心。风险因子判断矩阵是通过同层次间的不同风险因子比较所得。设 P_i 表示第 i 个风险因子在某目标层次相对于该层其他风险因子对上层某一目标的重要性的权重，以同层次风险因子的相对重要性 P_i / P_j 作为风险因子判断矩阵的元素。判别 AHP 中，上一级层次下的各个因子相对重要性（即因子权重）之和等于1。记跨境电商风险因子判断矩阵为 A，矩阵 A 可表示为

$$A = \begin{pmatrix} \dfrac{P_1}{P_1} & \cdots & \dfrac{P_1}{P_n} \\ \vdots & & \vdots \\ \dfrac{P_n}{P_1} & \cdots & \dfrac{P_n}{P_n} \end{pmatrix} = \begin{pmatrix} a_{11} & \cdots & a_{1n} \\ \vdots & & \vdots \\ a_{n1} & \cdots & a_{nn} \end{pmatrix}$$

判断矩阵 A 具有以下性质：① $a_{ii} = 1$；② $a_{ij} = \dfrac{1}{a_{ji}}$。

（3）风险指标判断矩阵元素的确定。跨境电商风险评估因子判断矩阵中各元素的确定遵循表 5-27 的规则。通过对比同层次不同风险因子对电子商务企业风险影响的大小程度，结合表 5-27 风险因子指标重要性规则确定跨境电商风险因子判断矩阵，记为 A。

表 5-27　判断矩阵中元素的确定

a_{ij}	两目标相比
1	同等重要
3	稍微重要
5	明显重要
9	极端重要
2、4、6、8	介于以上相邻两种情况之间
以上各数的倒数	两个目标反过来比较

（二）BP 反向传播网络模型构建

BP 反向传播网络模型是一种前馈式多层的感知机构，包含输入层、输出层及一个或多个的隐层。隐层在 BP 反向传播网络模型的作用是能实现非线性样本的线性转化，即在 n 维特征空间中，将不能用一个超平面分开的样本，通过隐层节点处理，使非线性样本找到一个超平面将样本分开。

节点（风险因子）作为神经网络的神经元，是神经网络的关键。一个完整的节点由加法器和激活函数组成。风险因子（输入节点）在加法器和激活函数的共同作用下，将起到超平面的作用，每个风险因子将 n 维空间划分为上下两部分。处在超平面上、下部的所有可能的样本集各为一类。多个风险因子是多个超平面（相互平行或相交），将 n 维空间划分为若干区域，实现多值分类，不同区域上

的样本点的可能集合属于不同的类别。

数据准备。在对跨境电商风险因子数据处理时，对风险因子 X_{ij} 采取标准化处理，以消除不同指标数据 X_{ij} 的不同数量级别对权值的确定、加法器的计算及最终分类预测结果的影响。一般而言，输入变量的取值为[0，1]。数据标准化处理采用的一般处理策略是极差法，表达式为

$$X'_i = \frac{X_i - X_{\min}}{X_{\max} - X_{\min}} \tag{5-30}$$

其中，$X_{\max}$ 和 $X_{\min}$ 分别为输入变量 i 的最大值和最小值。

BP 反向传播算法。BP 反向传播算法的特点是采用梯度下降法，即网络权值的调整原则是使损失函数减小最快，损失函数主要取决于预测模型和误差函数。BP 反向传播网络采用参数优化方法实现网络权值的调整。参数优化是指在一个特定的模型结构 M 中，利用数据 D 优化模型参数，目标是使损失函数 $L(W) = L(W|D, M)$ 达到最小时的模型参数 W。对于一般预测问题，如果样本是独立的，损失函数通常是样本误差和的形式，即

$$L(W) = L(W|D, M) = \sum_{i=1}^{n} E(Y_i, f_i(X, W)) \tag{5-31}$$

其中，$E(Y_i, f_i(X, W))$ 为误差函数；$f_i(X, W)$ 为预测模型；X、Y 分别为输入和输出变量；参数 W 为网络权值向量。定义第 j 个输出节点 t 时刻的误差函数定义为

$$E_j(t) = E_j(Y_j(t), Y'_j(t)W(t)) = \frac{1}{2}(e_j(t))^2 = \frac{1}{2}(Y_j(t) - Y'_j(t))^2 \tag{5-32}$$

将加法器及激活函数代入式（5-32），可得 t 时刻输出节点 j 的误差函数为

$$E_j(t) = \frac{1}{2}(Y_j(t) - Y'_j(t))^2 = \frac{1}{2}(Y_j(t) - f(U_j(t)))^2$$

$$= \frac{1}{2}\left(Y_j(t) - f\left(\sum_{i=1}^{m} W_{ij}(t)O_i(t) + \theta_j(t)\right)\right)^2 \tag{5-33}$$

其中，$O_i(t)$ 表示上层第 i 个隐节点输出，上层共有 m 个节点。由式（5-33）可知，BP 反向传播网络中的损失函数是关于参数 W 的高维函数。损失函数的复杂程度取决于模型结构和误差函数的形式。

BP 反向传播网络中，损失函数 $L(W)$ 是参数 W 的平滑非线性复杂函数，没有闭合形式的解，通过迭代方式，在 $L(W)$ 曲率的局部信息引导下，在 $L(W)$ 曲面上局部搜索最小值，找到最优解。

网络结构的确定。网络结构的确定主要取决于隐层层数和隐节点个数。隐层层数及隐节点个数越少，网络结构越简单，学习时收敛速度越快，但分类预测的

准确性较低。隐层层数及隐节点个数越多，分层预测的准确性会较高，但效率降低，可能存在无法收敛的情况或出现过拟合等问题。本小节采取快速训练法确定网络结构。快速训练法只含有一个隐层，隐节点数 k 默认为

$$k = \max\left(3, (n_p + n_q) / 20\right) \qquad (5\text{-}34)$$

其中，n_p 和 n_q 分别表示输入节点个数和输出节点个数。

（三）跨境电商风险评估系统实证研究

本节致力于构建一个准确可靠的，能实现监控、防范、分析风险为一体的跨境电商风险评估系统，在该系统的输入端输入跨境电商的客户评价信息，以及其他相关风险数据，经由 AHP 法进行风险指标的筛选、识别及赋权的过程，最终输入 BP 反向传播网络模型中，对风险因子进行分析、评估并进行必要的预测，本系统运行的流程图如图 5-19 所示。

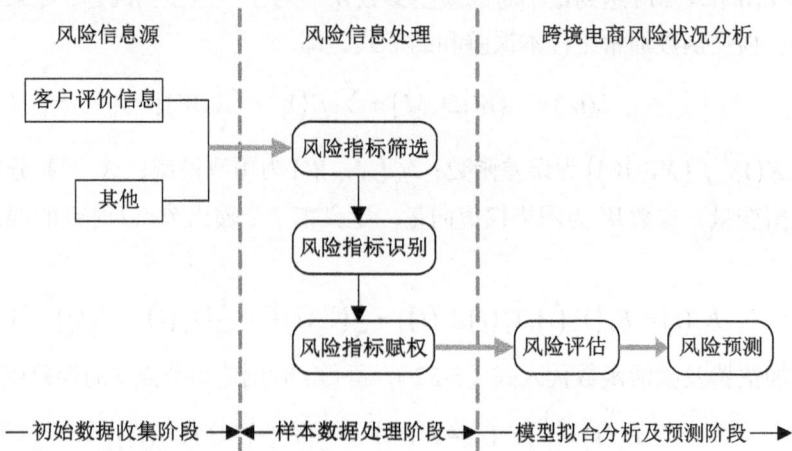

图 5-19　跨境电商风险评估系统流程图

以下是对本系统关键步骤进行的解释。

（1）风险指标的权重确定。由于跨境电商企业所面临的系统风险及支付安全风险主要受第三方跨境电子服务平台的影响，且在数据来源中无法显示，所以本节跨境电商风险数据分析主要集中在商品风险（X_3）、服务风险（X_4）、物流风险（X_5）、通关风险（X_6）、客户风险（X_7）和法律风险（X_8）各指标。根据 AHP 权重确定原理，各风险指标通过两两对比，可得到如表 5-28 所示的对比结果。

表 5-28　各风险指标重要性对比表

A	X_3	X_4	X_5	X_6	X_7	X_8
X_3	1	3/2	3	3	4	4
X_4	2/3	1	2	3	3	4
X_5	1/3	1/2	1	2	3	3
X_6	1/3	1/3	1/2	1	2	3
X_7	1/4	1/3	1/3	1/2	1	2
X_8	1/4	1/4	1/3	1/3	1/2	1

用矩阵 A 表示为

$$A = \begin{bmatrix} 1 & 3/2 & 3 & 3 & 4 & 4 \\ 2/3 & 1 & 2 & 3 & 3 & 4 \\ 1/3 & 1/2 & 1 & 2 & 3 & 3 \\ 1/3 & 1/3 & 1/2 & 1 & 2 & 3 \\ 1/4 & 1/3 & 1/3 & 1/2 & 1 & 2 \\ 1/4 & 1/4 & 1/3 & 1/3 & 1/2 & 1 \end{bmatrix}$$

将判断矩阵 A 经归一化后可得矩阵 B，即

$$B = \begin{bmatrix} 0.3529 & 0.3830 & 0.4091 & 0.3103 & 0.2963 & 0.2353 \\ 0.2353 & 0.2553 & 0.2727 & 0.3103 & 0.2222 & 0.2353 \\ 0.1176 & 0.1277 & 0.1363 & 0.2067 & 0.2222 & 0.1765 \\ 0.1176 & 0.0851 & 0.0682 & 0.1034 & 0.1481 & 0.1765 \\ 0.0882 & 0.0851 & 0.0682 & 0.0345 & 0.0741 & 0.1176 \\ 0.0882 & 0.0638 & 0.0455 & 0.0345 & 0.0370 & 0.0588 \end{bmatrix}$$

经计算可得矩阵 B 的特征向量 N，即

$$N = (0.3312, 0.2552, 0.1645, 0.1165, 0.0780, 0.0546)^{\mathrm{T}}$$

根据最大特征根的计算原理：$\lambda_{\max} = \sum_{i=1}^{n} \frac{(AN)_i}{nW_i}$，可得特征向量的最大特征根 $\lambda_{\max} = 6.2048$，经进一步计算可得 CR=0.0330。因为 CR=0.0330<0.1，即可认为该判别矩阵具有一致性，即判断矩阵 A 经过了一致性检验，一级风险指标权重确定比较合理。以此类推，对跨境电商风险评估二级指标进行 AHP 检验。

记 $A_i (i = 3,4,\cdots,8)$ 表示八个底层指标的判别矩阵，同理可得

$$A_3 = \begin{pmatrix} 1 & 1/3 & 1/3 \\ 3 & 1 & 2 \\ 3 & 1/2 & 1 \end{pmatrix}$$

经计算可得，相应的特征向量 $N_3 = (0.1416, 0.5247, 0.3338)$。对应的 $\lambda_{\max} = 3.0538$，$CR = 0.0464$。因为 $CR = 0.0464 < 0.1$，即可认为该判别矩阵具

有一致性（$A_4 \sim A_8$ 的判别矩阵均具有一致性，计算过程略）。

根据特征向量的大小便可以得出底层指标在所有风险指标中的重要性大小。跨境电商风险评估指标权重的最终计算结果遵循以下原理，即 $W_{ij} = W_{X_i} \times W_{X_{ij}}$。经计算可得如表 5-29 所示的跨境电商风险指标权重结果。

表 5-29　跨境电商风险指标权重结果

	一级风险指标	二级风险指标占一级指标的比重	二级风险指标占总指标的比重
跨境电商风险评估指标	X_3（0.331 2）	X_{31}（0.141 6）	X_{31}（0.046 9）
		X_{32}（0.524 7）	X_{32}（0.173 8）
		X_{33}（0.333 8）	X_{33}（0.110 5）
	X_4（0.255 2）	X_{41}（0.241 9）	X_{41}（0.061 7）
		X_{42}（0.190 6）	X_{42}（0.048 7）
		X_{43}（0.450 0）	X_{43}（0.114 9）
		X_{44}（0.117 4）	X_{44}（0.030 0）
	X_5（0.164 5）	X_{51}（0.490 5）	X_{51}（0.080 7）
		X_{52}（0.311 9）	X_{52}（0.051 3）
		X_{53}（0.197 6）	X_{53}（0.032 5）
	X_6（0.116 5）	X_{61}（0.333 3）	X_{61}（0.038 8）
		X_{62}（0.666 7）	X_{62}（0.077 7）
	X_7（0.078 0）	X_{71}（0.250 0）	X_{71}（0.019 5）
		X_{72}（0.750 0）	X_{72}（0.058 5）
	X_8（0.056 4）	X_{81}（0.500 0）	X_{81}（0.027 3）
		X_{82}（0.500 0）	X_{82}（0.027 3）

（2）样本数据收集与整理。本节实证数据来源于天猫国际 Plusone 海外专营店官网[①]，通过选取 Plusone 海外专营店鞋类商品客户评价信息，对该跨境电商网站所面临的商品问题进行研究。样本数据的收集流程如下：首先，选取 Plusone 海外专营店具有代表性的鞋类商品。鉴于样本数据量的问题，共选取该网店销量前十名的商品客户评价信息，每一条客户评价信息为一个样本，共形成 492 个样本。其次，根据客户评价信息设置样本收集数据规则。样本数据规则主要是通过客户评价信息，对电子商务交易各个阶段引起消费者不满的因素进行分类汇总，每一个样本数据共包含 16 个风险指标信息。最后，根据样本数据收集规则，对客户评价信息中出现风险指标的因素进行数据录入。数据录入采取变量 0 和 1，其中 0 代表该客户评级信息未出现该风险指标；1 代表出现该风险指标。

---

① 天猫国际 Plusone 海外专营店官网网址如下：http://oneplusone.tmall.hk/shop/view_shop.htm?spm=a220o. 1000855. 1997427721.d4918089.RkgTJr.

数据收集规则如下：在建立的跨境电商风险评估指标体系基础之上，首先对用户评价信息进行分类。对客户评价信息中出现的鞋子磨脚、尺码不合适、出现色差及透气性能不好等现象列为商品描述风险。商品面料较差、用户认为是高仿品、商品变形开胶、做工粗糙及不像真品等客户评价列为质量风险。消费者认为所购买的商品价格高于市场价格或所购买的商品价格高于其他电子商务网站同质品价格，则认为该商品存在价格风险。客服人员与消费者进行在线沟通时，因服务态度不端正而引起的消费者不满，列为服务态度风险。对没有商品发票、商品吊牌，商品包装有瑕疵等因为卖家服务不周而引起的消费者抱怨问题，列为商品服务态度风险。发货时间风险主要是买家进行商品付款后，买家未在规定的时间内发出商品且并未对消费者进行沟通，做出合理的解释。物流时间主要是指货物在运输过程中的耗时，若客户评价中出现货物配送时间长，则认为存在物流时间风险。物流费用风险主要包括商家是否提供包邮服务，以及对所选物流公司的运送价格问题。物流服务风险主要包括物流公司对消费者商品提供的物流服务质量。退货风险是指消费者由于对商品的不满，产生退换货物的意图。海关效率风险主要是指商品通关所耗费的时间，与跨境电商和海关部门的及时沟通存在一定的关系。具体商品客户评价信息的数据收集规则如表 5-30 所示。

表 5-30　风险指标表现特征对照表

风险指标	主要表现特征
商品描述风险（X_{31}）	尺码不合适、出现色差、透气性能不好及鞋底较硬等
商品质量风险（X_{32}）	商品面料较差、用户认为是高仿品、商品变形开胶、做工粗糙及不像真品等
商品价格风险（X_{33}）	价格不合适、买贵了、不值这个价钱等
服务态度风险（X_{41}）	服务态度差、处理问题速度太慢，语气生硬、问题解答敷衍了事等
客户认知程度风险（X_{42}）	商品描述已清楚反映，但消费者自身缺乏认知，如不同类型鞋底柔软度不同等
商品服务风险（X_{43}）	商品发票缺失、商品吊牌损坏，商品包装有瑕疵、商品配送有误等
发货时间风险（X_{44}）	发货时间长、出库时间久等
物流时间风险（X_{51}）	物流太慢、配送时间太久等
物流费用风险（X_{52}）	未提供包邮服务、物流费用太贵等
物流服务风险（X_{53}）	商品包装出现变形或损坏、配送人员服务态度差等
通关效率风险（X_{61}）	在海关环节停留时间久等
海关退货风险（X_{62}）	未能通关
客户拒收拒付风险（X_{71}）	客户未能按约履行交易
客户退货风险（X_{72}）	商品未到达客户要求等，进行退货处理

　　表 5-30 中由于系统风险、支付安全风险及法律风险未能在客户评价信息反映，且系统风险和支付安全风险主要受第三方跨境电商服务平台的影响，法律风险在以 B2C 贸易形式完成的交易中，基本不会出现该风险问题，客户评价信息基本未出现该指标特征表现，所以未将其纳入表内。

　　样本数据收集的主要工作是完成样本风险指标录入，而每个样本风险值的计算是数据整理的主要任务。样本数据整理工作共分三步完成。首先，结合 AHP 确定风险指标的权重计算样本风险值。样本风险值的计算规则如下：样本风险值=$\sum$(样本风险指标个数×风险指标权重)。其次，根据风险值计算结果，对样本值合理划分区间，实现样本值的分组。最后，通过样本区间的划分，实现样本风险值的分组。样本值的分组结果作为风险评估模型的风险值指标。由于 AHP 确定的风险指标权重具有一定的主观性因素，而初始样本风险值的计算通过样本所包含的指标与指标权重的乘积完成，进而通过分组确定样本风险值能减少指标权重确定主观因素的影响。

　　首先，按照初始样本风险值的计算准则，代入数据可得第一个样本风险值=$1\times0.046\,9+0\times0.017\,38+\cdots+0\times0.023\,7=1\times0.046\,9+1\times0.032\,5=0.141\,1$。其次，对风险值进行分组。本节样本总风险值的波动范围为（0，0.288 7），其中风险值多集中在（0，0.15）。为了合理划分样本区间，实现样本值的均匀分配，共将样本风险值分为 5 组，即（0，0.03）、（0.03，0.08）、（0.08，0.13）、（0.13，0.18）及（0.18，0.29），并将 5 组样本风险值分别记为 0、1、2、3 和 4。最后，根据样本风险值的组别划分情况，实现对样本风险值的分组。通过计算，第一个样本风险值大小为 0.141 1，介于（0.13，0.18），该样本的风险分组情况为 3，其余样本风险值的计算不一一列出。样本分组结果将作为 BP 反向传播网络模型的样本输入数据。

　　（3）跨境电商风险评估系统实证研究。图 5-20 为跨境电商风险评估样本风险值分组情况。本节共收集天猫国际 Plusone 海外专营店官网鞋类销量前十位商品的 492 条客户评价信息，在 492 条样本评价信息中，未出现任何风险指标的样本共计 328 条，占比为 66.67%；在低风险值区域共计 124 个样本，占比 25.2%；风险值相对偏高的样本共计 40 个，占比 8.13%。整体来看，该跨境电商网站具有较好的评价，但也存在一些不足之处有待改善。

　　表 5-31 为 BP 模型结构及精度输出情况，图 5-21 为风险指标的重要性排序，是系统的重要输出结果。

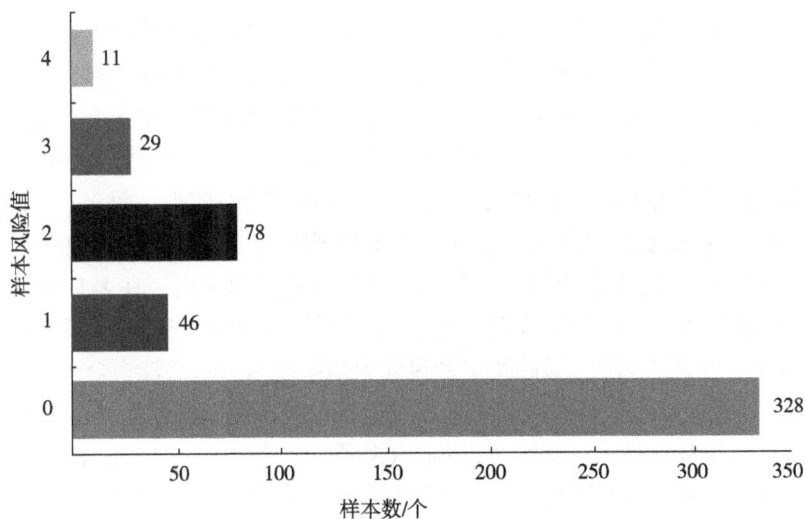

图 5-20　Plusone 海外专营店客样本风险分组图

表 5-31　Plusone 海外专营店 BP 模型信息表

系统概要				
目标层	模型	停止规则	隐藏层及神经元	准确度
风险值 Y	BP 反向传播网络	无法进一步降低误差	1 层共 10 个神经元	98.3%

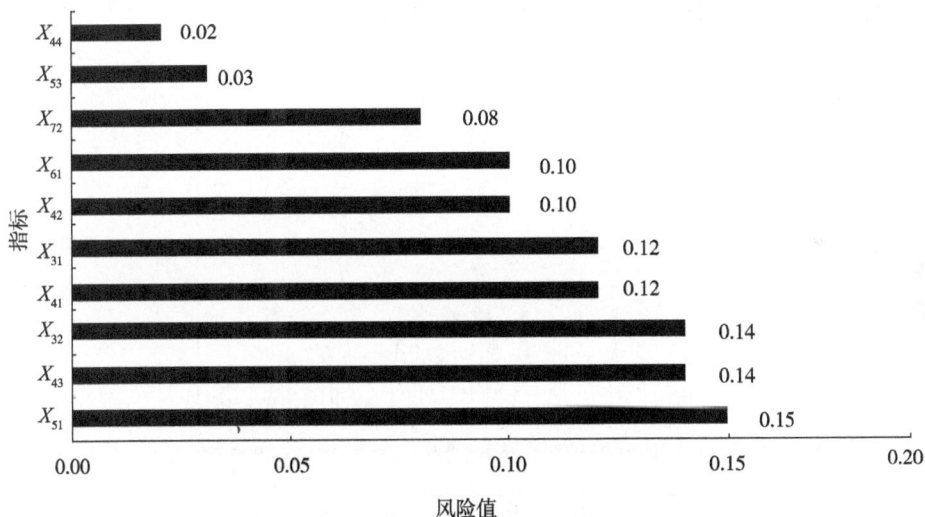

图 5-21　Plusone 海外专营店 BP 模型变量重要性输出结果图

图 5-21 显示，在输出的目标层跨境电商风险值结果中，X_{51}（物流时间风险）是引起该跨境电商客户抱怨的首要因素，对跨境电商风险值影响最大，变量的重要

性值为 0.15；跨境电商风险指标重要性变量是 X_{43}（商品服务风险）和 X_{32}（商品质量风险），二者变量重要性值均为 0.14；X_{41}（服务态度风险）和 X_{31}（商品描述风险）指标重要性值均为 0.12；X_{42}（客户认知程度风险）和 X_{61}（通关效率风险）指标重要性值均为 0.10；X_{72}（客户退货风险）、X_{53}（物流服务风险）和 X_{44}（发货时间风险）指标重要性值相对较小，对风险值影响较小；而 X_{33}（商品价格风险）、X_{52}（物流费用风险）、X_{62}（海关退货风险）、X_{71}（客户拒收拒付风险）、X_8（法律风险）、X_1（系统风险）和 X_2（支付安全风险）由于在客户评价信息未能反映出这些指标信息，所以在跨境电商风险评估系统中未能体现，即该跨境电商网站基本不存在此类风险。该跨境电商风险评估系统输出结果较为合理，因跨境电商货物配送时间比较长，故在消费者商品评价信息中涉及货物配送时间的问题比较多。而商品质量及商品服务是消费者对跨境电商反映最敏感的问题，直接牵涉到消费者自身利益问题。服务态度主要涉及售后服务方面，因消费者倾向得到高质量的感官享受，对感官服务的要求越来越高，客服服务的怠慢就会引起消费者的不满。由于网络购物是一种非直接接触的商品交易，而商品描述主要体现在细节的商品感知，消费者就会直接受到商品舒适度及尺码大小感知的影响。

图 5-22 为 100 个预测样本的预测输出与期望输出结果。不难看出，样本预测输出结果与期望输出波动方向基本一致，在个别样本中，预测输出波动幅度与期望输出存在差异。但总体来看，样本期望输出与预测输出拟合程度较好，即 BP 反向传播模型具有较好的跨境电子商务风险评估效果。

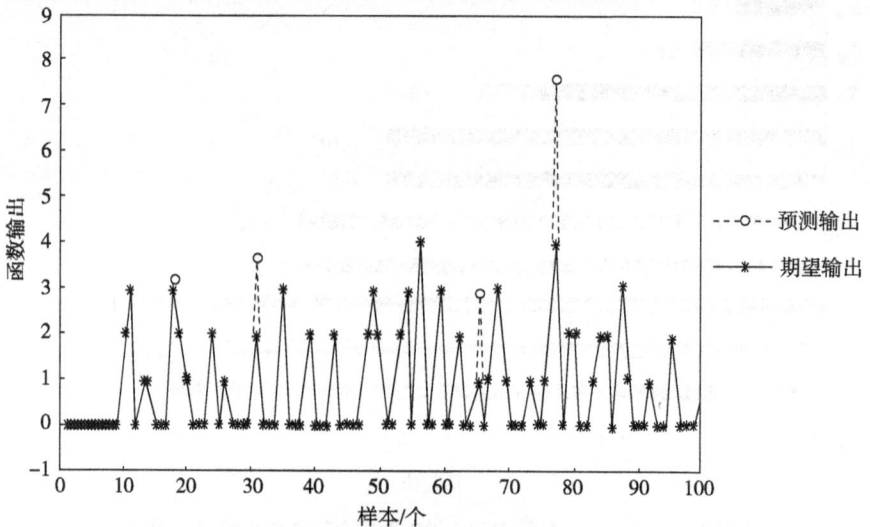

图 5-22　BP 模型预测输出与期望输出结果图

图 5-23 所示的 BP 反向传播网络预测误差图形中，样本误差值基本在 0 上下波动，仅有个别样本点出现相对较大波动。由于跨境电商交易环节的复杂性，在

客户评价信息中，难免存在一些对电商产品强烈不满的客户，对此类客户而言，客户风险值较大，所以会引起较大的误差波动，但对大多数样本而言，样本风险误差值较小，即该模型能较好地实现样本风险拟合。

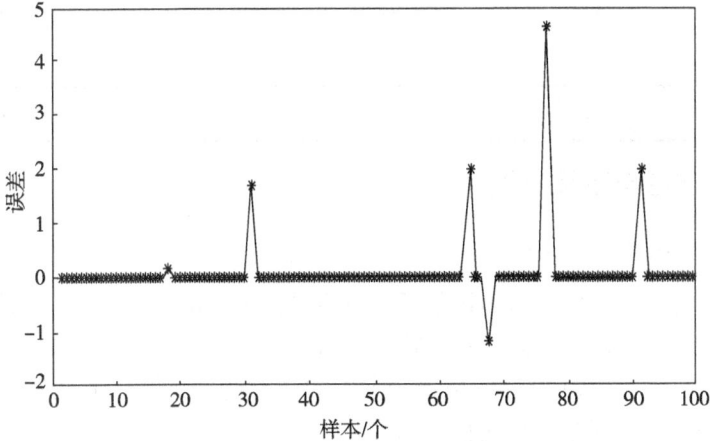

图 5-23　BP 模型预测误差图

　　表 5-32 给出了 BP 反向传播网络模型输出的训练样本集实际与预测值对比结果，不难发现，对于风险较低的样本，模型的预测效果最好，在风险值为 0 的样本中，模型预测正确率达到 100%，在风险值较高的样本中，风险值等于 4 的样本中，训练样本模型预测准确度为 71.4%，模型预测存在一定的误差。但总体模型精度水平较高，能较好地对训练样本进行预测。表 5-33 为 Plusone 专营店 BP 反向传播网络风险评估系统结果数据审核结果。该结果分别显示了训练样本集和测试样本集的模型检验效果。在测试样本集中模型精度达到 96.21%，具有较高的模型精度，模型拟合效果较好，由此可见，该风险评估系统能够较好地拟合、评估和预测风险，具有良好的应用前景。

表 5-32　BP 反向传播网络模型训练样本测试结果输出表　　　　单位：%

结果		预测				
		0	1	2	3	4
观测	0	100.0	0.0	0.0	0.0	0.0
	1	2.7	97.3	0.0	0.0	0.0
	2	0.0	0.0	100.0	0.0	0.0
	3	0.0	0.0	14.3	85.7	0.0
	4	0.0	0.0	14.3	14.3	71.4

表 5-33　BP 反向传播网络模型测试样本测试结果输出表

分区	训练样本	占比/%	测试样本	占比/%
正确	354	98.3	127	96.21
错误	6	1.67	5	3.79
总计	360	100.0	132	100.0

五、结论与政策建议

（一）结论

本节构建的跨境电商风险评估系统具有较高的精准度。该风险评估系统精确度达到 98.3%，精确度较高。对风险值为 0（风险较小）的样本进行预测，其正确率为 100%，对风险值为 4（风险较大）的样本进行预测，其正确率为 71.4%，存在一定的误差，但整体预测精度仍较高。

采用联合模型能更好地评估跨境电商交易风险。基于 AHP 与 BP 反向传播网络联合模型构建的跨境电商风险评估模型，能很好地实现对跨境电商交易流程进行监控与及时反馈，对跨境电商交易中存在的严重不足、略有缺陷及运营较好的方面都能得以体现。

跨境电商风险评估系统可以预估跨境电商交易风险。通过跨境电商风险评估模型反馈的结果，对引起企业风险的主要问题进行改善，不足之处进行弥补，较好环节给予保持和预防，能进一步提升企业信誉，提高跨境电商经济效益，给企业带来长期收益。

（二）政策建议

整体来看，Plusone 海外专营店面临的最主要问题是物流时间、商品质量及商品服务问题。在跨境电商整个交易过程中，物流是耗时最长的环节。针对跨境电商出现的物流时间长的问题，跨境电商首先要告知消费者整个商品配送的复杂性。由于部分消费者会将海关环节的耗时计算在物流环节中，且该部分信息未在商品评价信息中显示，这就造成消费者对商品配送较慢产生不满。另外物流公司的选择也是影响物流时间的重要因素。在客户评价信息中显示出物流公司对商品配送会存在一些怠慢现象，为此，企业应选择运送速度较快、服务态度较好的物流公司，也可由客户指定物流公司，以提高客户的满意度。另外，随着跨境电商的发展，物流配送渠道也逐步显示出多样化，跨境电商应选择最佳配送方式，以减轻货物的配送问题。但由于受国家政策的影响，该风险因素可控性相对较小。对消费者而言，商品质量问题是最重要也是最敏感的问题。商品生产会存在一定的次品率，以及不同消费者对商品质量的感知程度也存在差异。针对质量问题，Plusone 海外专营店应该在入库及出库时，对商品进行细致检验，以确认商品无瑕疵。针对消费者反馈的质量问题，卖方则应及时与消费者进行沟通，寻找问题的原因并及时处理。结合客户评价信息，可以发现反馈的质量问题主要集中在商品做工方面，作为跨境电商企业，由于不同国家对生产工艺的要求不同，以及各国消费者对商品的认知观念存在差异，所以该跨境电商应对商品工艺做一个简单的介绍，以解决客户的质疑或困惑，该因素具有较高的可控性。商品服务是商家可控的，商家可以通过精致的商品包装、合理的开具发票，以及注意商品的细节问题（商品吊牌是否缺失，鞋带是否缺失、整洁等）是否纰漏来提升自身信誉，该因素可控性强。

该电商企业面临的主要问题是服务态度和商品描述。服务态度包括消费者进行交易前及交易中的商品咨询，以及交易后的商品售后服务，售后服务是消费者反映的主要问题。针对服务问题，该电商可以通过对客服人员进行培训，端正客服态度，对客户反映的问题及时进行信息反馈途径来解决，该因素可控性强。对于在商品描述方面存在的问题，该跨境电商应优化对商品的描述，问题主要集中于鞋子舒适度、尺码不合适、存在色差和透气性能方面。由于不同品类的鞋具有不同的性能，且不同消费者对商品的感知程度也存在差异，该电商应对消费者反馈的商品描述问题给予突出说明，以减少消费者对商品描述环节的问题，该因素可控性强。

该跨境电商存在的相对不严重的问题是客户认知程度问题和海关效率问题。为提高客户认知程度，跨境电商企业应注意网站信息展示方式，突出商品的重要信息，对商品进行详细重点描述，使消费者能获得充足的商品信息。海关效率问题主要受各国海关政策的影响，跨境电商企业可控性较低。跨境电商企业应积极配合海关检查，完善海关手续，保证及时顺利通关。虽然客户退货、物流服务和发货时间问题，对该跨境电商风险影响较小，但也应引起注意。该企业基本不存在商品价格、物流费用、海关退货风险、客户拒收拒付和法律等方面的问题，应予以保持，防止此类问题的出现。

总体来看，Plusone 海外专营店具有相对较好的客户评价，在跨境电商交易部分环节中存在问题。该跨境电商应结合自身发展的实际情况对存在风险的环节进行调整，进一步提升企业信誉，赢取忠实客户群体，给企业带来长期收益。

第六节　基于面板数据的中国产业集群对企业无形资产的

影响性研究——以高新技术产业为例

　　产业集群作为一种新的经济现象，在经济发展中扮演越来越重要的角色。自 20 世纪 80 年代开始，随着产业集群的快速发展，国内外许多理论学者逐渐将产业集群作为研究的热点，不仅对产业集群的内涵、分类、形成机制和竞争优势等进行研究，而且开始对产业集群进行实证分析，并将研究视角延伸到高技术产业集群。

一、国内外研究文献评述

（一）国外研究文献评述

　　在产业集群对企业无形资产发挥的作用这一根本问题上，研究者之间存在一定的争议，产业集群对集群企业的无形资产到底是起促进作用还是阻碍作用？长期以来占据主导地位的观点认为，产业集群存在正的外部性。西方学者 Baum 和 Mezias（1992）、Shaver 和 Flyer（2000）证明了产业集群通过企业创新促进企业无形资产的形成；Pigneur 和 Fang（2010）通过对软件产业进行实证研究，得出集群内各组织间存在持久关系，有利于提高企业的创新绩效，从而促进企业无形资产的形成；Clifton 等（2010）以英国中小企业组成的产业集群作为研究对象，通过实证检验，探究了集群内形成的网络结构和知识治理能够促进企业创新，形成自身的异质资产。Hsu（2014）研究了我国台湾地区出口加工区、工业区和科技园区的产业集群现象，利用回归分析和相关分析进行实证研究，得出产业集群以知识管理为中介影响企业无形资产。

　　与上面观点相反的认识则为产业集群对企业无形资产有负面作用，也就是所谓的集群不经济。这种观点并没有占据主导地位，但是却给人留下深刻的印象。这种观点认为，产业集群会在竞争、成本和创新等方面给集群企业带来不利的影响，甚至会抵消产业集群的外部经济性。Arrow（1962）指出大量竞争性企业在空间的集聚会导致技术和信息的泄漏，从而削弱了集群企业的创新动机，抑制企业无形资产的形成。

（二）国内研究文献评述

　　在国外学者的研究基础上，国内很多学者也对中国背景下的产业集群与企业无形资产的关系展开讨论。周兵和蒲勇键（2003）通过研究产业集群的形成过程发现，产业集群通过发挥规模经济降低了产业集群的平均成本和集群内部企业的平均成本，同时集群区域具有的竞争优势，促使集群区域内企业无形资产的形成；沈正平等（2004）认为产业集群促使了各企业地理上的集中，促使集群内各企业分工协作、共享市场及互相学习，从而促进企业的创新，带动集群区域内企业无形资产的增加；吴迪（2012）认为区域产业集群与区域创新能力之间是互动的，两者相互作用共同促进企业无形资产的形成，从而带动整个区域经济的发展。

在总结国内外文献对产业集群影响企业无形资产的研究中发现，除了 1962 年Arrow 研究中提到产业集群对无形资产有负面影响，其余文献都指出产业集群对无形资产有正向促进作用。那么，产业集群对无形资产究竟会产生什么样的影响，这成为本节研究的重点。因此，本节在前人的研究基础之上，选取我国 28 个地区为研究对象，搜集高技术产业的相关数据，利用描述性统计分析、单指标面板数据聚类分析和面板数据计量分析等方法，研究产业集群对无形资产的影响。

二、相关概念界定与理论基础

（一）本节相关概念界定

1. 产业集群的基本界定

1990 年迈克尔·波特在《国家竞争优势》一书首先提出用产业集群一词对集群现象进行分析。他认为，产业集群是指在特定区域中，具有竞争与合作关系，且在地理上集中，有交互关联性的企业、专业化供应商、服务供应商、金融机构、相关产业的厂商及其他相关机构等组成的群体。不同产业集群的纵深程度和复杂性相异，代表介于市场和等级制之间一种新的空间经济组织形式。产业集群超越了一般产业范围，形成特定地理范围内多个产业相互融合、众多类型机构相互联结的共生体，构成这一区域特色的竞争优势。产业集群发展状况已经成为考察一个经济体，或其中某个区域和地区发展水平的重要指标。

随着区域经济的发展，产业集群现象变得更加广泛和多样，在对其研究的过程中，许多学者将产业集群划分为各种不同的类型。随着科技的进步，产业集群与创新的关系越来越密切，因此，本节根据产业集群的形成原因，将产业集群分为创新型产业集群和资源型产业集群。创新型产业集群是指以创新型企业和人才为主体，以知识和技术密集型产业为主要内容，以创新组织网络和商业模式等为依托，以有利于创新的制度和文化为环境的产业集群；资源型产业集群是指立足于资源型产业，主要以自然资源为依托的产业集群。

通过对产业集群的研究，本节认为产业集群的特征如下：地理位置上比较集中；集群内企业围绕同一产业或紧密相关的几个产业开展经营活动，如高技术产业集群；集群内多为中小企业，但整个集群规模庞大，拥有很高的市场占有率；

集群内各个企业之间具有明显的学习效应；集群内各个企业相互合作，促进了创新要素的获取。

2. 高技术产业的基本界定

1971 年，美国国家科学院在《技术和国家贸易》中首先提出高技术（high technology，High-Tech）的概念，随后，英国政府在撒切尔执政期间把高技术列为国家发展纲要，1982 年 8 月，日本新闻周刊和商业周刊相继发表了《日本的高技术》和《高技术专集》。关于高技术产业的界定，在国际上还没有形成统一的衡量标准。OECD 用研发的费用占企业总产值的比率作为衡量是否为高技术产业的标准。认为其比重小于 1% 则可以看做低技术产业，比重为 1%~2% 的为中技术产业，比重在 3% 以上的则为高技术产业。通过这种方式国际上将航空航天制造业、计算机与办公设备制造业、电子与通信设备制造业和医药品制造业等确定为高技术产业。目前，中国没有统一的标准来界定高技术产业，大体按照具体产业的技术密集度和复杂程度进行衡量。根据《中国高技术产业统计年鉴—2013》[①]中给出的高技术产业统计分类目录，中国高技术产业主要包括医药制造业，航空、航天器及设备制造业，电子及通信设备制造业，计算机与办公设备制造业，医疗仪器设备及仪器仪表制造业。

高技术产业具有高投入的特点，因此只有较大型的企业才会有实力进行高科技产品的研发，且研发过程通常也不是由单一企业进行，而是依托科研机构、高校联盟和企业间的相互合作，这就使高技术产业更易于形成产业集聚现象，即形成高技术产业集群。通常情况下，高技术产业依托于高新技术，其产品往往在研究开发上周期较长，难度较大，需要大量的人力、物力和财力的投入，但一旦成功研发，其产品科技含量高，在市场上具有独占性和领先性，形成企业的无形资产。同时，高技术产业具有战略性和环境污染少的优势，对社会和经济的发展都具有极为重要的意义。

（二）理论基础

1. 生命周期理论

生命周期作为一个严格的生物学概念，是指具有生命特征的有机体从出生、成长、成熟、衰老直至死亡的整个过程。生物周期概念引入经济、管理理论始于产品方面，以后逐渐被借用并拓展到技术、企业及社会方面。1957 年，美国的波兹（Booz-Allen）和汉密尔顿（Hamilton）所著的《新产品管理》一书中，提出了产品生命周期一说。弗农（R. Vernon）、阿伯纳西（Abernathy）和阿特伯克（James

---

① 《中国高技术产业统计年鉴—2013》，是由国家统计局、国家发展和改革委员会及科学技术部联合编著，出版于 2013 年 11 月。在其附录中给出了高技术产业统计分类目录。

M. Utterback）等对产品生命周期理论进行了完善和发展。1989 年美国著名管理学家伊查克·爱迪思（Ichak Adizes）首次提出了企业生命周期理论。而在这之后，有很多专家将生命周期理论引入对产业的分析。

产业集群作为一个有生命力的群落，具有自身的生命周期和发展规律，集群内的每个个体相互作用，共同推进产业集群的发展。1998 年，G.Tichy 借鉴弗农的产品生命周期理论，从时间维度考察了产业集群的演进，并将产业集群的生命周期划分为诞生阶段、成长阶段、成熟阶段和衰退阶段。2003 年迈克尔·波特发表的《竞争论》一书中也曾提出产业集群生命周期分为诞生阶段、发展阶段和衰退阶段。

综合各种生命周期理论的说法，本节认为产业集群有自己的演化过程，我们将其分为四个时期，分别为萌芽期、成长期、成熟期和衰退期，见图 5-24。

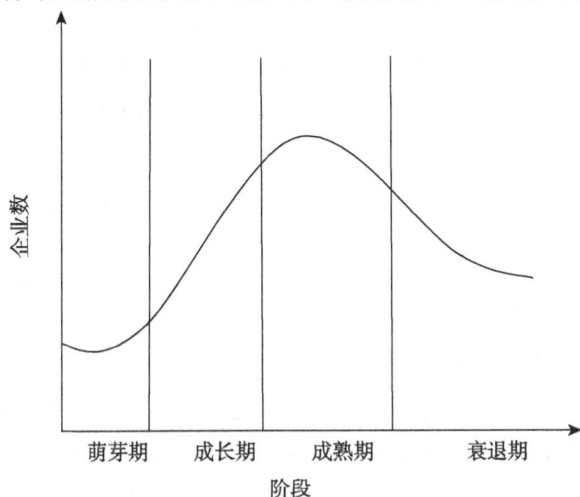

图 5-24　产业集群的生命周期图

产业集群在每个时期的规模和发展速度都不同，因此本节从集群的规模和发展速度两个方面对产业集群的生命周期进行讨论。其中，集群规模用整个集群的销售总收入（ Q ）来衡量，集群的发展速度则用每一单位时间段的销售收入增长数（ $Y = dQ/dT$ ）表示。在萌芽期，产业集群规模非常小，但有非常快的发展速度，即 $Y = dQ/dT > 0$ ，且发展加速度也非常快，即 $\Delta Y / Y > 0$ ；在成长期，集群规模逐渐增大，发展速度依然很快，即 $Y = dQ/dT > 0$ ，且发展加速度也较快，即 $\Delta Y / Y > 0$ ；在成熟期，产业集群规模达到最大，并开始慢慢回落，发展速度逐渐降低并趋向于零，即 $Y = dQ/dT \leq 0$ ，同时发展加速度 $\Delta Y / Y$ 也逐渐降低到零并开始变负；在衰退期，产业集群规模继续变小，发展速度变为负值，即 $Y = dQ/dT < 0$ ，同时发展加速度 $\Delta Y / Y$ 也为负值，见图 5-25。

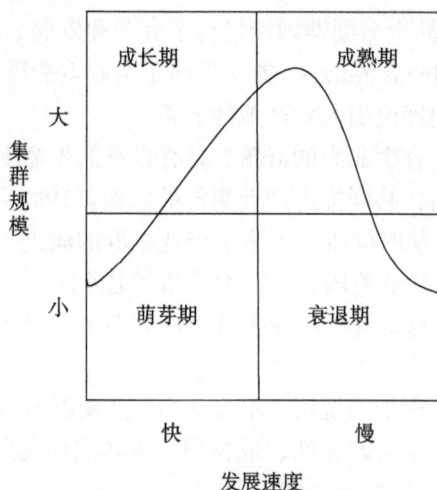

图 5-25　产业集群生命周期阶段分析图

下面对产业集群四个时期表现的特征和形成原因进行详细的阐述。

1）萌芽期——产业集群开始形成

在这一阶段，产业集群的最初形态表现为在一定地域范围内开始相对集中地创办或引进少数生产同种类型产品的企业。这些企业由于具有较强的市场竞争能力和较强的盈利能力，成为吸引企业集聚的"磁石"，企业所在区域就成为"磁场"。但这一阶段，企业的集聚还只是空间上的集中布局，企业之间基本上没有建立起太强的产业关联和分工协作关系，处于一种地理空间上的集中、产业关联上的离散状态，企业集聚效应还没有真正充分发挥出来。从严格意义上来说并没有形成产业集群，也不具备集群所具有的各种优势与特征，所以这个磁场的吸引力并不强，集聚作用也并不是很明显。然而，通过对国内产业集群形成过程的分析发现，产业集聚在某一地域不是偶然的，它由一系列因素起作用，如持续的区域优势、一定的市场需求和适合企业生存的环境等。

2）成长期——集聚作用强烈，集群快速形成

随着萌芽期的深入，区域内生产同类型产品的企业不断增加，该区域的引力作用不断增强，集聚作用越来越强烈，大量生产同种产品的企业在该地区集聚，集群进入成长阶段。在这一阶段，企业集聚既包括生产同一产品的企业集聚，也包括纵向联系企业和相关支撑机构的集聚与丛生，这种丛生作用来源于企业间越来越激烈的相互竞争。集群内企业竞争的加剧，使同一地区产生知识扩散效应，从而带动整个地区产业的升级。在这个阶段，产业集群还出现另外一个重要特征，就是随着竞争的深入开始出现劳动分工，相互联系、互相提供产品和服务的供应方或者服务方开始出现，产业链开始形成并逐渐完善。这一阶段，企业追求基于分工和交易费用的外部规模经济效应促进了集群的发展。

3）成熟期——竞争优势明显提升，企业关联度高并开始融入全球价值链

伴随着完整的、配套的产业链体系形成，产业集群开始步入成熟阶段，产业集群已经拥有较强的集群竞争力。在这一阶段，集群区域内已经聚集了众多的相关企业，与产业配套的企业也已形成配套的企业群，企业集聚区域稳定，个数不再增加或增加很少，集群内形成了一个完整的产业价值体系。在产业价值体系中，相关企业的劳动分工更加细化，各企业之间的联系更加密切，企业间既竞争又合作，形成了一个稳定、密切的本地网络关系，显著地增强了集群的竞争优势。在这一阶段，集群内可能出现几个以主体企业为核心，拥有大批下属企业的企业集团，但这并不是必然的。同时，产业集群内企业开始实施全球战略，在更多的国家销售产品并获取质量更好、成本更低的原材料，集群开始加入全球价值链。在这一阶段，社会资本和社会网络的形成促进了集群的成熟稳定。

4）衰退期——集群内特色产业衰退

在产业集群的成熟期，如果集群内的企业能很好地融入全球价值链，并在全球竞争中取得一定的竞争优势，该集群会拥有更多的机会丰富本身的各种知识，进一步刺激创新的出现，使集群维持一种稳步成长的发展状态。相反，如果在这一阶段，集群的发展没有融入全球价值链中去开拓新的市场空间，或者由于劳动力资源、市场需求和发展环境等状况的恶化，致使集群没有企业发生大规模的迁移，则集群的发展会出现停滞，直至步入衰退期。每个时期的特征及形成原因见表5-34。

表5-34　集群演化时期特征及形成原因一览表

演化时期	特点	形成原因
萌芽期	地理空间上集中，产业关联上离散	特定的区域优势，充足的市场需求，良好的企业生存环境
成长期	纵向联系企业和相关支持机构集聚，出现劳动分工	基于分工和交易费用的外部规模经济效应促进了集群的发展
成熟期	集聚区域稳定，形成了一个完整的产业价值体系	社会资本和社会网络的形成促进了集群的成熟稳定
衰退期	集群发展停滞，慢慢开始衰退	劳动力成本提高，资源匮乏，环境恶化等

2. 竞争优势理论

1985年，迈克尔·波特在《竞争优势》一书中提出企业价值链的概念，认为竞争策略应该从产业角度来探讨，而产业链则不是单一的个体能够形成的，需要一连串的行为主体和活动共同来创造。产业的价值链则需要上中下游的顾客、零售商、生产商等多个方面的联系和组合，最终构成一个共同联系的整体和价值链。竞争优势则取决于整个价值链上每个环节的构成情况和拟合情况。1998年，迈克尔·波特提出了竞争优势理论，包含了三种通用战略和五种竞争力，由此可以评价产业的竞争能力状况。

1990 年，迈克尔·波特在《国家竞争优势》一书中提出了新竞争优势理论，他认为产业部门获取竞争优势的一个重要手段就是产业集群。大量产业联系密切的企业及相关支撑结构在空间上集聚，形成了有效的产业链和价值链。集群区域内的信息、知识、技术和资源共享，企业间的合作以及产生的规模效应和内外部效应都对形成竞争优势有显著的促进作用

迈克尔·波特在《国家竞争优势》一书中将产业作为分析国家竞争优势的基本单位，提出了著名的钻石模型，如图 5-26 所示。波特用钻石体系对产业集群竞争力进行研究，认为产业集群是国家竞争优势的主要来源。结合本节对产业集群和无形资产的研究，分析产业集群提高国家竞争优势的作用机理。这主要体现在两个方面：一是产业集群内产业相关，企业间长期稳定的竞争合作关系有利于创新要素的获取，并提供良好的创新环境；二是企业之间能够形成一定的合作关系，甚至战略联盟，特别对高技术产业集群，能够促进学术科研机构与企业间的相互支撑，学术科研机构可以为企业不断地输送人才，提高企业的人力资本，同时，企业可以为学术科研机构提供资金搞科研，将研究成果应用于企业。无论是创新还是人力，都体现了企业的无形资产，产业集群通过促进创新和聚集人力资源获得企业无形资产，无形资产作为一种异质性资产，能够增强企业的竞争力，带动区域经济的发展，最终提高国家的竞争优势。

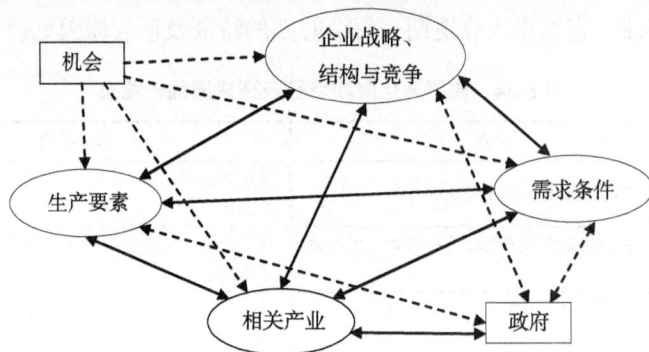

图 5-26　波特的钻石模型图

三、模型构建

（一）单指标面板数据的聚类分析方法介绍

鉴于国内外学者对面板数据聚类分析方法的介绍，本节以产业集群和无形资产作为两个单指标，对我国各地区进行聚类分析。首先给出单指标面板数据的聚类分析过程。

1. 聚类分析的基本思想

用 y_{it} 表示面板数据，$i=1,2,\cdots,N,0\leqslant t\leqslant T$。首先将每个横截面数据分为一类，共 N 类；其次把最相似的两个横截面数据聚成一类，剩余的为一类，共为 $N-1$ 类；以此类推，直到聚成特定的几类。

2. 面板数据的相似性描述

面板数据能否进行聚类分析的关键是样品之间的相似性，本节用欧氏距离衡量样品的相似程度。面板数据 y_{it}，$i=1,2,\cdots,N,0\leqslant t\leqslant T$，其 N 个样品之间的欧氏距离表示为

$$\boldsymbol{d}_{ij}=\left[\sum_{n=1}^{T}\left(y_{it_n}-y_{jt_n}\right)^2\right]^{\frac{1}{2}} \tag{5-35}$$

则 N 个样品之间的欧氏距离可以表示为一个 $N\times N$ 的矩阵，即

$$\begin{bmatrix} 0 & d_{12} & d_{13} & \cdots & d_{1N} \\ & 0 & d_{23} & \cdots & d_{2N} \\ & & \ddots & \ddots & \vdots \\ & & & \ddots & d_{N-1,N} \\ & & & & 0 \end{bmatrix} \tag{5-36}$$

其中，d_{ij} 表示 i 样品和 j 样品之间的欧氏距离。这个值越接近 0，则两个样品越相似。

3. 聚类方法

多元统计的分类方法包括 K-均值法、系统聚类法和模糊聚类法等，本节采用系统聚类法。类与类之间的距离也有多种表示方法，离差平方和法（即 Ward 方法）以欧氏距离为基础，因此本节将采用 Ward 方法进行单指标面板数据的聚类分析。用 S_k 表示第 k 类样品间的离差平方和，则

$$\boldsymbol{S}_k=\sum_{t=1}^{T}\sum_{i\in i^k}\left(y_{it}-\overline{y_t^k}\right)^2 \tag{5-37}$$

其中，i^k 表示第 k 类中所有样品的序号集合，$\overline{y_t^k}$ 表示 t 时刻第 k 类中所有样品的平均值，$\overline{y_t^k}=\dfrac{1}{N}\sum_{i=1}^{N}y_{it}^k$，$0\leqslant t\leqslant T$。

（二）面板数据模型的理论介绍

面板数据包括截面和时间两个维度，即由截面数据和时间序列数据组成。可以解释为变量 y 关于 N 个不同对象的 T 个观测期所得到的二维结构数据，记为

$y_{it}(i=1,2,\cdots,\ N;\ t=1,2,\cdots,\ T)$，表明在横截面 i 及时间 t 上取值。

面板数据模型可简化为

$$y_{it}=\boldsymbol{\alpha}_i+\boldsymbol{x}_{it}\boldsymbol{\beta}_i+\boldsymbol{u}_{it},\quad(i=1,2,\cdots,\ N,\ t=1,2,\cdots,\ T)\qquad（5\text{-}38）$$

其中，y_{it} 表示因变量；x_{it} 表示 $1\times k$ 维自变量向量；α_i 表示截距项；β_i 表示 $k\times1$ 维系数向量；k 表示自变量的个数；N 表示截面数；T 为观测时期数；μ_{it} 为随机误差项。

面板数据模型有三种类型，即不变系数模型、变截距模型和变系数模型。

（1）不变系数模型为 $\alpha_i=\alpha_j=\alpha,\beta_i=\beta_j=\beta$。其模型为

$$y_{it}=\alpha+x_{it}\beta+u_{it}(i=1,2,\cdots,\ N,\ t=1,2,\cdots,\ T)\qquad（5\text{-}39）$$

表示模型在截面上既无个体影响也无结构变化。

（2）变截距模型为 $\alpha_i\neq\alpha_j,\beta_i=\beta_j=\beta$。其模型为

$$y_{it}=\alpha_i+x_{it}\beta+u_{it}(i=1,2,\cdots,\ N,\ t=1,2,\cdots,\ T)\qquad（5\text{-}40）$$

表示模型在横截面有个体影响，但无结构变化，即每个解释变量的截距项不同，但其系数向量在不同截面上是相同的。变截距模型根据截距项 α_i 与解释变量 x_{it} 的相关关系又可分为固定效应模型和随机效应模型。固定效应模型中 α_i 与 x_{it} 相关，反映了所有可观察到的效应。随机效应模型中 α_i 与 x_{it} 不相关，表示有不可观察到的个体效应存在，其模型为

$$y_{it}=\alpha+\mu_i+x_{it}\beta+u_{it}(i=1,2,\ldots,\ N,\ t=1,2,\ldots,\ T)\qquad（5\text{-}41）$$

其中，μ_i 为随机元素。

（3）变系数模型为 $\alpha_i\neq\alpha_j,\beta_i\neq\beta_j$。其模型为

$$y_{it}=\alpha_i+x_{it}\beta_i+u_{it}(i=1,2,\cdots,\ N,\ t=1,2,\cdots,\ T)\qquad（5\text{-}42）$$

这种情形意味着模型在横截面上存在个体影响，又存在结构变化。

构建面板数据模型首先要检验参数 α_i 和 β_i 是否为常数，即检验样本数据属于上述的哪一种类型，以免使模型的设定出现偏差，影响参数估计的结果。确定模型形式的检验方法为协方差分析检验（analysis of covariance），检验的假设如下。

$$\mathrm{H}_1:\beta_1=\beta_2=\cdots=\beta_N$$

$$\mathrm{H}_2:\alpha_1=\alpha_2=\cdots=\alpha_N,\ \beta_1=\beta_2=\cdots=\beta_N$$

构造协方差分析检验的 F 统计量如下：

$$F_1=\frac{(S_2-S_1)\big/\big[(N-1)k\big]}{S_1\big/\big(NT-N(k+1)\big)}\sim F\big[(N-1)k,\ N(T-k-1)\big]\qquad（5\text{-}43）$$

$$F_2=\frac{(S_3-S_1)\big/\big[(N-1)(k+1)\big]}{S_1\big/\big(NT-N(k+1)\big)}\sim F\big[(N-1)(k+1),\ N(T-k-1)\big]\qquad（5\text{-}44）$$

其中，S_1、S_2 和 S_3 分别为变系数模型、变截距模型及不变系数模型的残差平方和。

检验过程如下：先检验 H_2，若 $F_2 < F_\alpha$，则接收 H_2，认为样本数据符合不变系数模型。反之，若 $F_2 > F_\alpha$，则继续检验 H_1。若 $F_1 < F_\alpha$，则接受 H_1，认为样本数据符合变截距模型。反之，若 $F_1 > F_\alpha$，则认为样本数据符合变系数模型，其中 F_α 表示给定显著性水平的临界值，其流程图见图 5-27。

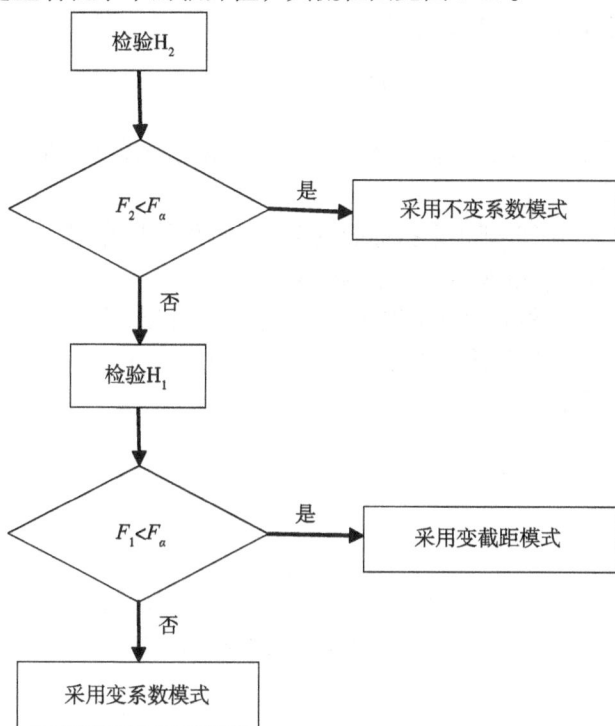

图 5-27　面板数据模型设计逻辑图

由于变截距模型分为固定效应模型和随机效应模型，所以也需要对其进行检验。检验方法为豪斯曼（Hausman）检验，其原假设与备择假设如下。

H_0：个体影响与解释变量不相关（随机效应模型）。

H_1：个体影响与解释变量相关（固定效应模型）。

当 Hausman 检验的统计量的 P 值 <0.05，则拒绝原假设，即建立固定效应模型。反之，则应建立随机效应模型。

（三）变量的选取与描述

1. 无形资产指数的构建

本节以我国 28 个地区为研究对象，从创新和人力资本两个方面，利用 AHP 法得到指标权重，构建无形资产指数。创新方面选取专利申请数和新产品产值作为衡量指标，因为这两个指标代表了创新的产出而非投入，可以较好地反映知识溢出的创新应用和转化成果。在人力资本方面，没有找到精确的指标进行衡量，考虑到公司的职工即为企业的无形资产，因此用每个地区高技术产业内的职工人数进行粗略的衡量，而且为了使各个地区的比较更加直观，采用各地区高技术产业雇员与全国高技术产业雇员的比值衡量人力资本（张涌，2009），并将其命名为人力投入指数（用 HC 表示），具体公式如下：

$$HC = \frac{x_{it}}{X_t} \tag{5-45}$$

其中，x_{it} 表示第 t 年区域 i 的高技术产业雇员；X_t 表示第 t 年全国的高技术产业雇员。

运用 AHP 法如何得到各个指标的权重，下面做简单介绍。

1）构建无形资产指数的层次结构模型

层次结构模型主要分为三个层面，第一层为目标层，第二层为准则层，第三层为决策层。由于本节所选的指标只有三个，因此建立一个只包含目标层和决策层的层次结构模型，见图 5-28。

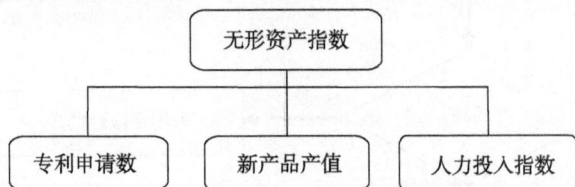

图 5-28 无形资产指数的层次结构图

2）专家打分

本节邀请了企业的 20 个高级专业人员独立地对衡量指标赋值，以确定他们在目标中占的比重。AHP 法采用 Saaty 1~9 标度方法（表 5-35），对不同衡量指标给出数量标度。

表 5-35 标度与含义对比表

标度	含义
1	两个因素同等重要
3	两个因素相比，前者稍微重要
5	两个因素相比，前者较强重要
7	两个因素相比，前者强烈重要
9	两个因素相比，前者极端重要
2，4，6，8	两相邻判断的中间值
倒数	若因素 y_i 与 y_j 的重要性指标为 α_{ij}，那么因素 y_j 与 y_i 重要性之比为 $\alpha_{ji} = 1/\alpha_{ij}$

3）构造比较矩阵

根据专家的打分，构造决策层对目标层的判断矩阵，以一个专家打分为例。

$$\boldsymbol{B} = \begin{bmatrix} 1 & \dfrac{1}{3} & 3 \\[2mm] 3 & 1 & 5 \\[2mm] \dfrac{1}{3} & \dfrac{1}{5} & 1 \end{bmatrix}$$

4）计算权向量并做一致性检验

对于每个成对比较矩阵计算最大特征值及其特征向量，检验其一致性比率 C.R.，若 C.R. < 0.1，则通过一致性检验；否则，需要重新构建成对比较矩阵。

以上面的判断矩阵为例，详细说明计算过程。

（1）计算矩阵每一行所有元素的几何平均值。

$$w_1 = \left(1 \times \frac{1}{3} \times 3\right)^{\frac{1}{3}} = 1, \; w_2 = 2.47, \; w_3 = 0.41$$

（2）将 w_i 做归一化处理，并计算 W_i。

$$W_1 = \frac{w_1}{\sum w_i} = \frac{1}{3.87} = 0.258\,3, \quad W_2 = 0.637\,0, \quad W_3 = 0.104\,7$$

（3）计算判断矩阵的最大特征值 $\lambda_{\max}$，记判断矩阵 $\boldsymbol{B}$ 的每一行为 B_i，$i = 1, 2, 3$，则有

$$\lambda_{\max} = \sum_{i}^{3} \frac{B_i w}{n w_i} = 3.038\,5$$

$$\mathrm{C.I.} = \frac{\lambda_{\max} - n}{n - 1} = 0.019\,3$$

其中，$n = 3$ 为方案的个数。

查随机一致性指标数值表得 R.I. = 0.58，因而有

$$\mathrm{C.R.} = \frac{\mathrm{C.I.}}{\mathrm{R.I.}} = 0.033\,2 < 0.1$$

因此，该判断矩阵通过一致性检验。则该专家给出的各指标比重即为

$$V_1 = (0.258\,3, 0.637\,0, 0.104\,7)$$

5）进行专家评分

对于通过一致性检验的矩阵，整理 20 位专家的打分结果，对权值进行加权平均，得到一个综合了专家观点的无形资产指数。最终得到各个指标的权重见表 5-36。

表 5-36　无形资产指数各指标权重表

指标	专利申请数	新产品产值	人力资本
权重	0.335 9	0.543 5	0.120 6

得到三个指标的权重后，对这三个指标的面板数据进行标准化处理，乘以其对应的权重，即得到无形资产指数（用 ITA 表示）的数值。若分别用 NP、PA 和 HC 分别表示新产品产值、专利申请数和人力投入指数，则可得

$$ITA^* = 0.543\ 5 \times NP^* + 0.335\ 9 \times PA^* + 0.120\ 6 \times HC^* \qquad (5\text{-}46)$$

2. 产业集群的衡量指标

参阅国内外相关文献，目前测量产业集群较为常见的指标主要有赫芬达尔指数、区位基尼系数、区位商指数（location quotient）、EG 指数、K 函数和行业集中度指数。本节采用区位商指数测度高技术产业集聚化水平。区位商指数，又称专门化率，它由哈盖特（Haggett）首先提出并用于区位分析中，用于衡量某一产业在一特定区域的相对集中程度。在产业结构研究中，运用区位商指数可以分析区域优势产业的状况。本节中区位商指数（用 LTQ 表示）是指一个地区特定产业的产值在该地区总产值中所占的比重与全国该产业产值在全国总产值中所占比重方面的比率，具体公式如下：

$$LTQ = \frac{e_{ijt}/e_{jt}}{E_{it}/E_t} \qquad (5\text{-}47)$$

其中，e_{ijt} 表示第 t 年区域 j 内产业 i 产值；e_{jt} 表示第 t 年区域 j 的地区生产总值；E_{it} 表示第 t 年全国内产业 i 产值；E_t 表示第 t 年全国的 GDP。

高技术产业区位商指数用于表征某一地区高技术产业的规模在全国的地位，该方法可以确定在国家、区域层面可能存在的高技术产业集群现象，并进一步确定高技术产业集聚水平。

3. 控制变量的选取

作为知识密集型产业，近年来我国高技术产业的 R&D 投入不断增大，有力地推动了其发展。R&D 的投入分为 R&D 经费和 R&D 人员的投入。R&D 经费的投入为企业的研发提供了经济保障，有充足的资金搞科研，才有可能研究出新的技术或新的产品，从而提高企业的研发能力，加大企业的创新动力，进而获得自己的品牌，即丰富企业的无形资产。R&D 人员的投入，为企业的研发提供人力保障，R&D 人员越多，新的观点也会越多，更能有效地促进企业的创新能力，进而影响企业的无形资产。因此，本节选用 R&D 的投入作为控制变量，分析其对高技术产业无形资产的影响。R&D 活动的投入指标分为经费和人员两个核心因素，因此选取 R&D 经费支出（research & development expense，RDE）和 R&D

人员全时当量（research & development people，RDP）为 R&D 的投入指标，作为研究高技术产业集聚化对无形资产影响的控制变量，而且在经济分析中这也是两个通用的指标，具体解释见表 5-37。

表 5-37　变量定义表

变量	所选指标	变量符号	变量解释
被解释变量	无形资产指数	ITA	从创新和人力资本角度构建无形资产指数
解释变量	区位商指数	LTQ	地区高技术产业产值在该地区总产值中所占的比重与全国高技术产业产值在全国总产值中所占比重的比率
控制变量	R&D 经费投入	RDE	R&D 经费支出
	R&D 人员投入	RDP	R&D 人员全时当量

（四）模型假设与模型构建

1. 模型假设

产业集群作为一个有生命力的群落，具有自身的生命周期和发展规律，产业集群的演化过程分为四个时期，分别为萌芽期、成长期、成熟期和衰退期。基于以上分析和有关文献研究，提出第三个假设。

H_2：产业集群对企业无形资产的影响呈倒 "U" 形变动关系，如图 5-29 所示。

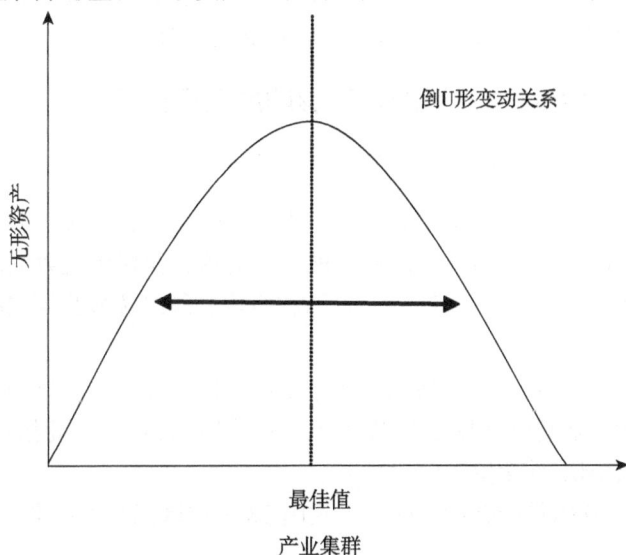

图 5-29　产业集群与企业无形资产关系图

美国进行研发时，一直走的是节约型 R&D 道路，特别注重 R&D 的投入效率，美国在保证有新产品产出的同时加大对 R&D 的投入。若只是盲目地加大 R&D

的投入，不注重研发效率，可能会造成研发经费的冗余，更不利于新产品的产出，即无形资产的形成。由此，提出本节的第四个假设。

H₃：研发投入对无形资产的影响呈倒"U"形变动关系。

在产业集群形成的过程中，集群企业能够从产业集聚中获得特有的资源和信息优势，为企业创新创造了条件，而且集群企业相互合作和学习，增强了创新动机，为了创新必然会加大 R&D 经费的投入。因此，提出本节的第三个假设。

H₄：产业集群与研发投入有交互作用，且此交互作用影响无形资产的形成。

2. 模型构建

为研究高技术产业集群对企业无形资产的影响，将无形资产作为被解释变量，产业集群为解释变量。基于前文对面板数据模型的描述，结合前文中选取的研究变量，可以建立面板数据模型。由于假设高技术产业集群和研发投入与无形资产存在倒"U"形变动关系，所以建立的模型中包含区位商指数和 R&D 经费支出的平方项，并且假设中提出产业集群和 R&D 经费投入是交互影响的，故模型中应加入区位商指数和 R&D 经费支出的交叉项。因此，基本面板数据模型设定如下：

$$\text{ITA}_{it} = \alpha_i + \beta_1 \text{LTQ}_{it} + \beta_2 \text{LTQ}_{it}^2 + \beta_3 \text{RDE}_{it} + \beta_4 \text{RDE}_{it}^2 + \beta_5 \text{RDP}_{it}$$
$$+ \beta_6 (\text{LTQ}_{it} \times \text{RDE}_{it}) + \mu_{it} \tag{5-48}$$

其中，我们用 ITA_{it}、LTQ_{it}、RDE_{it} 及 RDP_{it} 分别表示第 i 个地区第 t 年高技术产业的无形资产指数、区位商指数、R&D 经费支出和 R&D 人员全时当量。

四、产业集群对企业无形资产影响的实证分析

（一）样本选取及数据来源

样本以我国 28 个地区为研究对象，提取 2005~2012 年高技术产业的相关数据。由于西部部分地区的高技术产业发展比较落后，存在相关数据的缺失，所以本节剔除了三个地区，分别为新疆、青海和西藏。最终选取我国 28 个地区作为本节的研究样本。

各地区高技术产业的相关数据来源于 2006~2013 年的《中国科技统计年鉴》和《中国高技术产业统计年鉴》，并以手工方式采集；计算区位商指数用到的 GDP 数据来源于《中国统计年鉴》。

根据对区位商指数的介绍，计算出我国 28 个地区高技术产业的区位商指数，见表 5-38。

表 5-38　区位商指数表

年份	北京	天津	河北	山西	内蒙古	辽宁	吉林
2005	1.64	2.94	0.14	0.08	0.14	0.42	0.23
2006	1.73	2.86	0.12	0.11	0.10	0.38	0.22
2007	1.75	2.40	0.13	0.12	0.12	0.40	0.21
2008	1.46	1.57	0.19	0.14	0.14	0.47	0.36
2009	1.28	1.43	0.21	0.15	0.18	0.49	0.42
2010	1.14	1.31	0.22	0.15	0.14	0.50	0.45
2011	0.95	1.26	0.21	0.15	0.16	0.45	0.52
2012	0.87	1.18	0.20	0.18	0.14	0.41	0.52

年份	黑龙江	上海	江苏	浙江	安徽	福建	江西
2005	0.31	2.27	1.92	0.52	0.14	1.29	0.29
2006	0.17	2.28	1.87	0.59	0.15	1.2	0.31
2007	0.16	2.56	2.04	0.69	0.15	1.09	0.32
2008	0.19	2.30	2.12	0.44	0.23	1.00	0.46
2009	0.20	2.08	2.13	0.47	0.26	0.91	0.56
2010	0.18	2.16	2.11	0.66	0.30	0.96	0.59
2011	0.17	1.96	2.12	0.87	0.39	0.93	0.65
2012	0.17	1.98	2.11	0.96	0.42	0.83	0.67

年份	山东	河南	湖北	湖南	广东	广西	海南
2005	0.46	0.13	0.28	0.12	2.63	0.09	0.09
2006	0.46	0.14	0.29	0.11	2.72	0.07	0.09
2007	0.52	0.16	0.30	0.16	2.63	0.07	0.11
2008	0.70	0.26	0.41	0.25	2.48	0.18	0.17
2009	0.76	0.28	0.45	0.28	2.45	0.20	0.19
2010	0.71	0.29	0.44	0.31	2.46	0.24	0.22
2011	0.73	0.42	0.47	0.42	2.37	0.28	0.21
2012	0.75	0.53	0.60	0.44	2.34	0.35	0.20

年份	重庆	四川	贵州	云南	陕西	甘肃	宁夏
2005	0.30	0.41	0.38	0.06	0.62	0.09	0.18
2006	0.20	0.41	0.35	0.06	0.56	0.10	0.13
2007	0.23	0.49	0.32	0.08	0.54	0.09	0.13
2008	0.27	0.64	0.34	0.12	0.49	0.10	0.11
2009	0.30	0.70	0.42	0.13	0.50	0.11	0.14
2010	0.36	0.67	0.38	0.13	0.46	0.11	0.11
2011	0.62	0.82	0.35	0.12	0.45	0.10	0.11
2012	0.64	0.87	0.31	0.12	0.45	0.10	0.11

资料来源：由 2006~2013 年《中国科技统计年鉴》中的数据计算得到

由表 5-38 可知，北京、天津等一线发达城市的区位商呈现逐年下降趋势。其中，北京的区位商甚至跌破 1.00 大关。原因可能是，这两个城市的产业集群发展到一定程度，为更大地提高集群内企业的利益，集群内企业会去研发新的技术或者生产新的产品，这样就会对集群效应起到稀释作用。例如，北京的中关村软件产业，可能以前集群企业只生产一种软件，而现在可能不同的企业生产不同的软件，如制图软件和数据处理软件等，这样对中关村软件产业的集聚效应起到了客观稀释作用。江苏、广东、上海近年来保持在较稳定的水平。这主要原因如下：广东依托国家级高新技术园区，打造高技术产业集群，近几年，广东产业升级加快，特别注重新兴产业的发展，国家级高新技术园区成为新兴产业孵化的摇篮，截止到2014年，广东已建成九个国家级高新技术园区，大大带动了高技术产业集群的发展。江苏依托高新技术特色产业基地与高新园区的互动发展，推进高技术产业集群的形成。上海通过开拓新领域促进高技术产业集群的形成，覆盖互联网、新材料、清洁能源、生物技术及医疗服务等领域。

（二）产业集群与无形资产的聚类分析

为了深入了解我国各地区产业集群和企业无形资产情况，证明两者之间有一定的关联，本节将借鉴朱建平和陈民恳（2007）的研究方法，分别对2005~2012年我国28个地区的产业集群和无形资产进行聚类分析。因此，本节将采用R软件进行面板数据的聚类分析。

根据图 5-30 的无形资产聚类分析的谱系树状图，为了更好地与产业集群进行对比分析，也将我国 28 个地区分为 4 类。第一类为广东，企业无形资产位居全国首位；第二类为江苏；第三类为上海、北京、浙江、山东、天津和福建；第四类为四川、辽宁、陕西、广西、云南、甘肃、海南、内蒙古、宁夏、黑龙江、江西、山西、吉林、河北、贵州、重庆、安徽、湖南、河南和湖北。

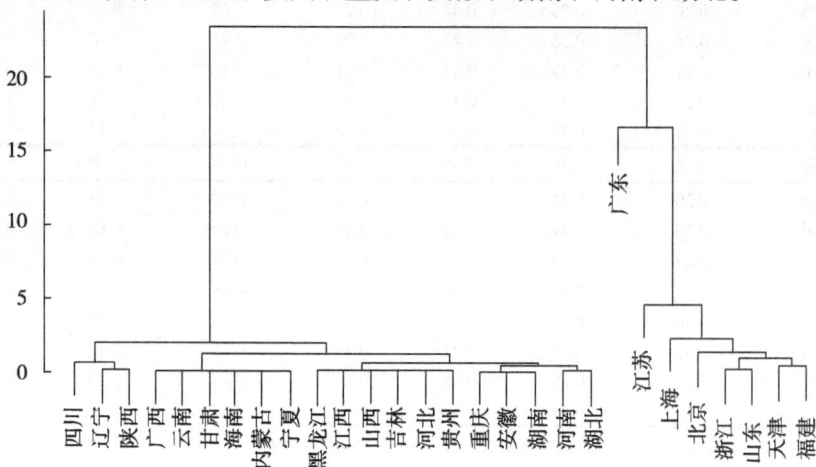

图 5-30　无形资产聚类分析的谱系树状图

通过对产业集群和无形资产分类结果的对比发现：高技术产业集聚化水平最高的广东和江苏的企业无形资产发展势头也很好；上海、天津、北京和福建四个地区的高技术产业集聚化水平比较高，其企业无形资产也比较多；山东和浙江虽然在产业集群聚类中归为第三类，但由表 5-38 的数据可以看出，这两个城市的区位商指数接近 1.0，说明其高技术产业集聚水平也比较高，因此在对无形资产聚类分析时，将其与北京等城市归为一类；高技术产业集聚水平比较低的广大中西部地区，其无形资产的发展势头比较弱。这进一步验证了产业集群与企业无形资产有一定关联。

（三）产业集群对企业无形资产影响的计量分析

1. 产业集群与无形资产的相关分析

测度两个变量之间相关性常用的是 Pearson 简单相关系数、Spearman 秩相关系数和 Kendall 秩相关系数，本节将简单介绍如何用 Pearson 简单相关系数测定两者之间的相关性。其基本公式如下：

$$r = \frac{\sigma_{xy}^2}{\sigma_x \sigma_y} \tag{5-49}$$

其中，σ_{xy}^2 为变量 x 和 y 的协方差；σ_x 和 σ_y 分别为变量 x 和 y 的标准差。

Pearson 简单相关系数有如下特征：$|r| \leqslant 1$，$|r|$ 越大表示两变量相关性越强，$|r|$ 越小表示两变量相关性越弱；$r = 0$ 时，表示两变量不存在相关性关系；$r = 1$ 时，表示两变量完全正相关；$r = -1$ 时，表示两变量完全负相关。

对相关性的显著性进行检验的原假设为两总体相关系数等于 0，检验的 t 统计量为

$$t = \frac{r\sqrt{n-2}}{\sqrt{1-r^2}} \tag{5-50}$$

当检验的 t 统计量 P 值小于 0.05 时，拒绝原假设，认为两变量的相关系数不为 0，即两者存在相关关系。

由表 5-39 可以看出，三种相关系数的数值都大于 0.7，表示产业集群和无形资产具有较强的相关性，并且统计量的 P 值都为 0.00，说明两变量的相关性是显著的。

表 5-39　无形资产与产业集群相关分析表

系数	Pearson 简单相关系数	Spearman 秩相关系数	Kendall 秩相关系数
相关系数	0.720	0.737	0.915
检验的 P 值	0.00	0.00	0.00

2. 产业集群与无形资产的回归分析

（1）面板数据的单位根检验。为检验面板数据的平稳性，需要先检验单位根是否存在，通常会选择单位根检验。单位根检验的原假设是序列存在单位根，若其统计量的 P 值大于显著性水平，则变量是非平稳的；反之，若 P 值小于显著

性水平，则变量是平稳的。本节综合使用 Breitung 检验和 Fisher-ADF 检验分别对被解释变量 ITA 和解释变量 LTQ、RDE、RDP 的原始序列与一阶差分项进行检验，最终判断出它们的平稳性与单整阶数，具体检验结果如表 5-40 所示。其中 D^* 表示一阶单整符号。

表 5-40 单位根检验结果表

变量	显著性水平	Fisher-ADF 检验的 P 值	Breitung 检验的 P 值	结论
ITA	0.05	0.615 2	0.995 0	非平稳
D^*ITA	0.05	0.001 2	0.000 0	平稳
LTQ	0.05	0.517 4	0.194 8	非平稳
D^*LTQ	0.05	0.030 6	0.022 3	平稳
RDE	0.05	0.947 1	1.000 0	非平稳
D^*RDE	0.05	0.003 1	0.000 4	平稳
RDP	0.05	0.997 8	0.249 4	非平稳
D^*RDP	0.05	0.000 0	0.000 3	平稳

由表 5-40 可以看出，四个变量在 5%显著性水平下原始序列是非平稳的。而这四个变量的一阶差分项均通过了显著性水平为 5%的检验，是平稳的，由此说明这四个变量都是一阶单整 Ⅰ（1）的。

（2）面板数据的协整检验。协整检验的原假设是被解释变量和解释变量之间不存在协整关系，即 ITA 和 LTQ、RDE、RDP 不存在协整关系。本节采用了 Pedroni 检验和 Kao 检验两种方法对变量进行协整检验，检验结果见表 5-41。

表 5-41 协整检验结果表

检验方法	统计量	P 值	结论
Pedroni 检验	-5.938 5	0.000 0	存在协整关系
Kao 检验	-9.145 9	0.000 0	存在协整关系

从表 5-41 中可以看出，Pedroni 检验和 Kao 检验都表明被解释变量和解释变量存在显著的协整关系，即各变量间存在长期稳定的均衡关系。所以得出结论，面板数据是平稳的，且变量间存在协整关系，因此在此基础上就可以进行面板数据的回归分析。

（3）模型设定形式的检验。根据前文有关面板数据模型的理论介绍内容可知，可以通过协方差分析检验和 Hausman 检验确定面板数据模型的具体形式。

协方差分析检验。首先估计不变系数模型，得到其残差平方和 S_3=2.641 9；其次估计变截距模型，得到其残差平方和 S_2=1.564 3，最后估计变系数模型，得到其残差平方和 S_1=0.216 0，N=28，k=6，T=8。经计算得，F_2=1.663 9，在

5%显著性水平下，$F_{0.05}(189,28)=1.6926$。因为，$F_2 < F_{0.05}(189,28)$，接受 H_3，因此采用不变系数模型。由于不变系数模型没有固定效应和随机效应之分，所以无须再做 Hausman 检验。

根据上述检验结果，我们应该建立无个体影响的不变系数模型。该模型的基本估计方程为

$$ITA_{it} = \alpha + \beta_1 LTQ_{it} + \beta_2 LTQ_{it}^2 + \beta_3 RDE_{it} + \beta_4 RDE_{it}^2$$
$$+ \beta_5 RDP_{it} + \beta_6(LTQ_{it} \times RDE_{it}) + \mu_{it} \qquad (5-51)$$

其中，$i = 1,2,\cdots,28$；$t = 1,2,\cdots,8$。

（4）模型的估计及其经济意义分析。对建立的不变系数面板数据模型进行估计，估计结果如表 5-42 所示。

表 5-42 企业无形资产影响因素分析结果表

被解释变量	ITA			
变量	系数估计值	标准差	t 统计量	P 值
常数项 C	−0.0408	0.0112	−3.6477	0.0003
LTQ	0.1885	0.0228	8.2853	0.0000
LTQ²	−0.0209	0.0107	−1.9591	0.0514
RDE	0.5710	0.0485	11.7610	0.0000
RDE²	−0.0085	0.0040	−2.1133	0.0357
RDP	0.0970	0.0471	2.0585	0.0407
LTQ × RDE	0.1118	0.0176	6.3525	0.0000
拟合优度 R^2	0.9872			
调整后 R^2	0.9869			
F 统计量	2 798.3220（0.0000）			

根据表 5-42 的估计结果，可得出面板数据的不变系数模型为

$$ITA_{it} = -0.0408 + 0.1885\,LTQ_{it} - 0.0209\,LTQ_{it}^2 + 0.5710\,RDE_{it}$$
$$- 0.0085\,RDE_{it}^2 + 0.0970\,RDP_{it} + 0.1118(LTQ_{it} \times RDE_{it})$$

由上式可以看出，企业无形资产受产业集群、R&D 经费支出、R&D 人员全时当量及产业集群和 R&D 经费支出的交互作用影响。

五、本节结论与政策建议

（一）本节结论

（1）产业集群对企业无形资产的影响呈显著的倒"U"形变动关系。上述回归结果表明，产业集群的区位商指数的系数是 0.188 5，为正数，通过了显著性水平为 5%的检验，而其二次方的系数是-0.020 9，为负数，通过了显著性水平为 10%的检验。这表明，产业集群对企业无形资产的影响呈显著的倒"U"形变动关系，即当产业集聚化程度过大或过小时，企业无形资产均不多，只有集聚化程度适当时，才能有效地促进企业无形资产的形成。本节的 H_2 得到了实证支持，并且与本节介绍的生命周期理论相吻合。

经计算可得，当产业集群标准化后的区位商指数约为 4.509 6 时，企业的无形资产将达到最大值。2005~2012 年 28 个地区共计 224 个样本中，区位商指数最大的是天津，为 3.242 9，小于 4.509 6，说明到目前为止，我国所有地区高技术产业的聚集化程度与无形资产是一种非线性递增变动的关系，即图 5-31 中虚线左侧。

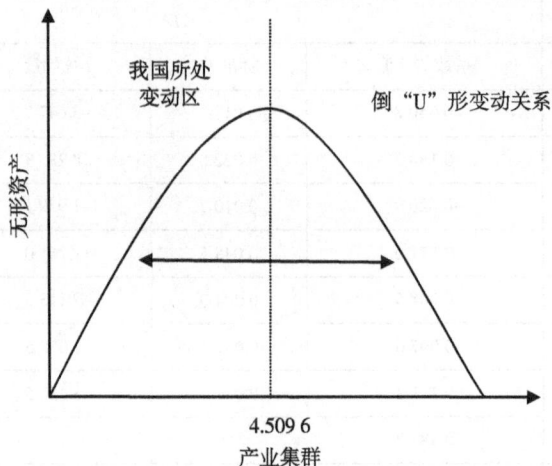

图 5-31　产业集群与企业无形资产关系图

（2）企业无形资产与 R&D 经费支出呈显著的倒"U"形变动关系。从回归结果可以看出，R&D 经费支出的系数是 0.571 0，而其二次方的系数是-0.008 5，为负数，且两者都通过了显著性水平为 5%的检验。这表明，企业无形资产与 R&D 经费支出呈显著的倒"U"形变动关系，即当 R&D 经费支出过大或过小时，企业无形资产均不多，只有 R&D 经费支出适当时，才能有效地促进无形资产的形成。本节的 H_3 得到了实证支持。

（3）R&D 人员全时当量对企业无形资产有正向影响。从回归结果可以看出，R&D 人员全时当量的系数是 0.097 0，为正数，且通过了显著性水平为 5%的检验。这表明，高技术产业中 R&D 人员全时当量对无形资产的影响是正向的，加大对 R&D 人员的投入，不但能提高企业的人力资本，而且还能为企业创新提供保障。

R&D 人员投入的短缺可能是造成 R&D 经费难以高效利用的重要原因,因此,适当地加大 R&D 人员的投入,不但能减少 R&D 经费的冗余,而且能提高研发效率,促进企业的创新能力,加大企业的人力资本。

（4）产业集群与 R&D 经费支出的交互作用对企业无形资产的影响是正向的。由回归结果得到,两者交互作用的回归系数为 0.111 8,是正数,并且通过了显著性水平为 0.05 的检验,表明两者的交互作用对无形资产的正向作用是显著的。本节的 H_4 得到了实证支持。

在产业集群形成的过程中,集群企业能够从产业集聚中获得特有的资源和信息优势,为企业创新创造了条件,而且集群企业相互合作和学习,增强了创新动机,创新必然会加大 R&D 经费的投入。随着 R&D 经费的投入,集群企业的研发资金得到保证,更有可能创造出自己的品牌,然后吸引更多的企业进入集群,或者原有企业也会通过资产分拆等形式分离出新创立企业,从而提高产业集聚化程度。两者相互作用,相互影响,共同促进集群内企业无形资产的形成。

（二）政策建议

1. 产业集群发展建议:"引凤"不如"养凤"

"引凤"不如"养凤"的战略核心如下。

（1）选择合适条件的企业纳入"养凤"计划,促进其快速强势崛起。

（2）加强龙头企业的辐射效应,整体拉动地方经济的发展。

（3）布局校企联合之技术攻关,短期时间内抢占技术高端,甚至制高点。

（4）探索中小企业的资本扩张模式。

2. 培育龙头企业的具体政策

（1）放宽政策,加大财政扶持。既然培育龙头,就不能用统一政策,一律对待,而要实行一企一策的方针,不同的企业有不同的政策,而且要放宽政策,过多的政府审批,降低效率,延误商机,应把权力放给企业,以市场为基础,让企业自主选择投资项目。另外,各省财政要切实加大资金投入,引导大型企业向龙头企业转变,建设一批与龙头企业有效对接的生产基地,形成龙头企业加生产基地的产业化经营新格局,推进生产经营专业化、标准化、规模化和集约化。

（2）鼓励龙头企业多渠道融资。鼓励企业多渠道融资的方法如下:①政府可以设立专门的贷款担保基金,以减少银行对企业还款能力的担心。②利用资产重组、控股、参股和租赁等多种方式扩大企业规模,支持企业通过兼并、收购的方式,组建大型企业集团,增强企业实力。③符合条件的重点企业,实行规范的公司制后,可申请发行股票上市融资或发行企业债券。④创造条件鼓励重点企业利用外资开展合资、合作项目。

（3）打造龙头企业品牌形象。鼓励和引导重点企业创建品牌，提高企业竞争力，支持企业申报和推介驰名商标、名牌产品、原产地标记、产品地理标志，并给予适当的奖励。运用上文提到的文化产业与其他产业融合的发展方式，通过文化公司，传播企业文化理念，为企业做宣传。例如，以某企业的发展历程为原型，拍成电视剧或电影，将辽宁省企业的文化与管理理念推向全国，打造良好的企业形象。

（4）促成企业间联合。加强大型企业与中下游企业的联系，被带动起来的中小企业，应与龙头企业进行资源共享，使龙头企业与其他企业形成你中有我，我中有你的共同发展局面。同时，地方政府做好产业梳理，在区域产业布局和大项目建设中，为产业链延伸预留充分的空间，强化对龙头项目和产业链缺失环节的招商引资与项目引进，形成产业聚集效应，通过产业集群发展，推动企业聚集，增强龙头企业的竞争实力。

（5）加强龙头企业技术支持。采用校企合作的方式。

3. 中小企业资本扩张的策略

（1）完善信用担保体系。加大政府对担保机构的投入。政府应加大对融资性担保机构的投入，使它们的实力更强，覆盖面更大。政府投资主要是引导和放大两个任务，引导是指政府不以营利为目的，舍弃部分或全部商业利益，与担保机构共同建立担保基金，释放担保的风险。完善多层次的信用担保体系。第一层次是以政府为主体的信用担保体系，对担保机构开展一般再担保和强制再担保业务，有效地分散担保风险；第二层次是商业性担保体系，实行商业化运作，按市场原则为中小企业提供融资担保业务；第三层次是互助型担保体系，充分发挥商会或协会在信用联保中的重要作用，会员企业互助联合、小额入股，自我服务、自我管理及自担风险。

（2）成立中小企业金融服务联盟。解决中小企业融资难题不仅要降低其上市门槛，让更多企业能进入创业板上市融资，还需要发展真正能够为中小企业服务的中小金融机构、合作金融组织，包括城市商业银行、中小银行、社区银行和村镇银行等。例如，选择一批有从业经验、能力比较强的小额贷款公司直接"翻牌"为村镇银行，扩大民间融资渠道和范围。金融机构准入门槛要进一步降低，这样金融服务体系才能更有活力，更有弹性，有利于对中小企业放贷。银行、创投机构、保荐机构和信用担保机构可以建立中小企业金融服务联盟，推出"企业上市一站式服务"，方便各中小企业上市。例如，2011 年深圳共有 30 家企业在境内外资本市场首发上市，共募集资金 305 亿元，平均每家融资逾 10 亿元，融资数目非常可观。

（3）中小企业集群融资与民间资本对接。成立中小企业集群基金与融资租赁公司。组建中小企业集群，成立集群基金，基金来源主要从集群内所有中小企业的营业收入中提取，用于产业发展和风险投资，集群内企业共同使用，共担风险；开展民间资本入股融资。民间资本持有者以持股形式向集群企业投资，让中小企业直接拿到股金，融资效率高，具体运作方式如下：成立中小企业集群→建立集团公司→政府制定政策支持集团公司上市→民间资本参股→集团公司获利后返利给民间投资人。此种融资方式不仅保障性高，风险小，而且效率极高。

第六章 基于数据挖掘的无形资产统计展望

第一节 现有无形资产中应用的数据挖掘系统梳理

一、数据挖掘方法的特征选择

从一个给定的数据集中过滤掉不典型的特征，是数据挖掘、特征选择或降维中数据预处理最重要的一个步骤。尤其是特征选择被用于查找对目标概念很必要和有效的最小特征子集。它还可以改善预测精度或在只使用所选特征构建分类预测精度的前提下减小规模。它也可以提高预测的精度或者降低结构的大小，并且不用显著地降低仅使用所选特征建立起的分类器的预测精度。

在文献中，有许多有名的特征选择技术，如主成分分析、因子分析和决策树等，在本节中，我们选择在当前文献应用比较流行和普遍的五个特征选择方法，并且对它们进行比较，分别是主成分分析、逐步回归、决策树、关联规则和遗传算法。具体描述如下。

（一）主成分分析

主成分分析的目的是确定众多变量之间的关系，然后确定可以解释目标或减少数据集维数的大量相互关联的代表维度（即特征）（Canbas et al.，2005；Tsai，2009），主要是通过创建一个全新的变量（成分组合）来减少的，不仅数量小得多，而且可以部分或完全替换原来的变量。通过计算各成分的特征值和特征向量，使方差达到最大的原始变量的线性组合。第 I 主成分对数据变化的影响最大，并且每个成功的组合占剩余可变性也要尽可能得多（Jolliffe，1986）。

（二）逐步回归

逐步回归是一种常见的特征选择的传统统计方法（Shin and Lee, 2002; Tsai, 2009）。从给定的大量特征中选择很重要的变量，从对最佳预测值的依赖变量开始逐步回归。然后，根据自变量加入回归模型后给因变量带来的解释程度的增量来选择自变量。只要自变量的偏相关系数在统计上显著异于零，那么该自变量就加入模型中。然而，当其他独立变量添加到模型中时，预测能力下降到非显著水平时，它们也会被删除。最后，所有自变量由通过显著性检验的预测变量组成。

（三）决策树

决策树在之前的研究中是一种常见的特征选择方法。决策树是由许多不同阶段和条件下的节点与分支构成的。决策的各种分类被逐步排除，直到找到一个可接受的决策为止。它决定哪些类系统被拒绝，直到最后一个接受类的多级决策系统。为此，关键特征空间被分割成独特的区域，以顺序的方式对应各类。已经开发了几种决策树的算法，如 C 4.5 和 C 5.0。其中，CART 是一种构造决策树的非参数统计方法，从大量的解释变量（x）中选择确定的响应变量（y）是非常重要的。CART 只是一个使用相同技术分析分类或连续数据的过程。当响应变量是分类变量时，CART 就会生成一个分类树，当它是连续变量时，将会被读为回归树。

（四）关联规则

关联规则是一种有名的数据挖掘技术。它通常用于在数据库中发现变量之间的关系，每个关系（也称为一个关联规则）可能包含两个或两个以上的变量。这些关系是通过分析数据集中变量的同时出现得出的。因此，关联规则可以解释为在一个数据库中当先行变量 A 发生时，顺向变量 B 也会发生。这被定义为 $A=>B$，也即在某些事件或情况下，A 和 B 都是重要的变量。

此外，通常用支持度和置信度决定一个关联规则的作用。关联规则 $A=>B$ 的支持度是 A 与 B 的联合在 A 全集中的比例，用于衡量关联规则发生在整个组的频率。关联规则 $A=>B$ 的置信度是 A 与 B 联合的数量与 A 的全部数量的比率，用于衡量规则的可靠性。在关联规则中，所选取的规则必须同时满足最低支持度阈值和最小的置信度。

（五）遗传算法

遗传算法是直接类比达尔文的自然选择学说和生物系统中的遗传学而发展来的，它是一种通用的自适应优化选择方法。根据达尔文的"适者生存"原则，遗传算法经过一系列的迭代计算获得最优解决方案。最近的实证研究表明，在遵循生物进化机制的繁殖、交叉和基因突变的指导下用适应方法探索复杂空间是很有效的。在复制、交叉和变异的生物进化机制指导下，遗传算法在以自适应的方式进行复杂空间的探索是非常有效的。

通常情况下，遗传算法使用二进制编码的形式。如果问题像染色体一样编码后，种群就会初始化。在初始化阶段后，用用户定义的适应度函数来评估每个染色体。适应度函数能使染色体性能编码数字化。根据适应度函数的值，与个人相关的染色体经常会比那些不相关的更多地被繁殖。根据繁殖的交配公约，只有那些高得分的成员会一代一代保留并传承它们有价值的特征，从而有助于继续搜索最佳的解决方案。交叉允许用不同方法寻找有吸引力的解决方案，并且允许来自不同父母的染色体材料联合成一个孩子。交叉发生有一定的概率，被称为交叉率。同时，任意的突变会改变选择的染色体的一个或多个组合，这也把新信息引入种群中。最后，遗传算法往往趋向于最优或最接近的解决方案。

虽然相关研究旨在特定领域的问题中找出最好的特征选择技术来提高预测精度，但是我们的目标是使用几种权威的技术来识别影响无形资产价值的重要因素。也就是说，我们不关注这样的研究问题，如"哪种方法可以使预测模型最好"？相反地，我们强调的是对选择特征的理解和解释。

二、数据挖掘中的分类技术

为了建立一个有效准确的模型来预测无形资产，监督分类，重要的数据挖掘技术之一可以拿来使用。在文献中，各种不同业务领域都广泛地使用数据挖掘方法。

分类模型是从一个给定的训练数据中创建一个函数发展而来的。训练数据由一对输入数据和相应的输出数据（即类标签）组成。函数的输出值可以是连续的，并且可以预测输入数据对应的输出值。

（一）单分类技术

在文献和相关研究中，存在大量的分类算法。其中，决策树（如 C 4.5）、K-近邻、朴素贝叶斯和 SVM 被广泛地应用于分类和预测模型。另外，人工神经网络已被应用于许多分类和预测的问题。接下来，我们简要介绍这些分类技术。

（1）决策树。对于分类和预测的问题，决策树是一种非常流行的分类方法。它由在各种不同阶段和条件下的许多节点与分支构成。决策树可以用做多阶段的决策系统，在该系统中，决策的各种分类被逐步排除，直到找到一个可接受的决策为止。这样，重要的特征依据选择的决策被顺序地分排在一个特定的区域（如叶节点）。具体来说，每个节点代表了一个条件的某些属性，而每个分支则对应于该属性的可能值之一。

（2）人工神经网络。试图模拟生物神经系统的人工神经网络是一类能够借鉴反复试验投入-产出模型，它们共同构建出一类特殊的非线性参数模型，该模型借鉴了模型参数的统计估计。它可以被视为一个黑盒子系统，这也就是我们只要最终输出的决定而不必顾及它的内部结构。

神经网络通常被用做一个分类器。通过单层感知器和多层感知器它很容易被识别出来。特别是多层感知器，由经过加权连接的多个单层感知器、两面处理节点或神经元组成。多层感知器网络的第一或最低层是输入层，它用来接收外部信息。最后或最高层是输出层，此层我们将获得问题的解决方案。该网络可能包含介于输出层和输入层之间的许多层。这些中介层被称为隐藏层，它们连接了输入层和输出层。基于以前的研究，多层感知器是最具有影响力且相对精确的神经网络模型。

（3）朴素贝叶斯。贝叶斯分类依据的是贝叶斯定理，贝叶斯定理利用各种观察到的事先概率来预测事后概率。贝叶斯分类器假定一个给定分类的特征值的作用是独立于其他特征值的。该假设被称为分类条件的独立性。该假设用以简化相关的计算，在某种意义上说，这被认为是"朴素的"。因此，朴素贝叶斯分类器是通过使用经过处理后的数据，来估计新问题每一个分类的特征向量的可能性。

（4）SVM。SVM 提供一个二元分类器，该分类器通过把输入向量非线性地映射到高维特征空间，使线性模型区分非线性的分类标准，在新的空间里，所谓的最优分类超平面可以区分为两种分类。特别地，与最大边缘超平面最接近的经过处理的点被称为支持向量。其他所有经处理的例子都与确定二元分类的标准无关。

然而，在数据未被线性分离的更一般情况下，SVM 采用非线性机器找到一个使经处理过的集合错误数量最少的超平面。尽管处理速度最快的 SVM 的处理时间也很长，但是 SVM 的处理过程却是十分准确的，这使其具有模拟复杂的非线性决策界限的能力。与其他方法相比，SVM 不易出现过度拟合的情况。

（5）K-近邻。K-近邻方法在 20 世纪 50 年代初被第一次描述。由于该方法简单并且易于使用，所以它被广泛地应用于模式分类的领域中。近邻分类器以类推法为基础，即通过把一个给定的要进行处理的元组与已处理过的相似元组进行比较。已处理过的元组由 n 个特征来描述。每个元组代表一个 n 维空间中的一个点。这种方式下，所有的已处理元组被存储在一个 n 维的模式空间中。对于分类来说，给定一个未知的元组，K-邻近分类器在模式空间中搜索与未知元组相接近的已处理元组。这些搜索出来的已处理元组是未知元组的 K-近邻。

（二）多分类器的组合

（1）集成分类器。近年来，一些研究发现单一的分类技术存在局限性。为了提高单分类器的使用性能，在机器学习领域有人提出了多分类器的组合，如集成分类器。研究结果指出与单一分类技术相比，多分类器在使用方法及其特征上均具有优势。具体来说，合并多分类器输出的两种相联合的方法，为套袋神经网络集成提供了一种普遍的减少误差的方法。

应用集成器的主要思想是多分类器的组合（如神经网络、朴素贝叶斯、决策树等）可以使模式识别系统在推广、效率和设计等方面提高性能。应用集成器的优点在于可以利用合并每个分类器的输出结果，从而减少由输入数据的方差引起的不同结果。

多分类器的组合有两种形式，即串联组合和并联组合。并联组合的方式源自于分类器的平行组合。如果给定一个输入数据，分类器进行分类的同时，分类结果将被以相联合的方法综合给出，如大多数投票、加权投票、套袋和升压等。其中，升压（如 AdaBoost）和套袋是两种比较流行的方法。

（2）混合分类器。除了集成分类器以外，混合分类器是提高单分类器性能的另外一种方法。由于混合分类器联合了不同的分类技术，所以它具有处理更复杂任务的潜力。混合模型是基于其联合了两个或以上数据挖掘或机器学习的技术。对于第一种混合模型，无监控的学习技术——聚类，不能像监控模型（如分类器）那样准确地预测数据。为此，我们首先可以处理分类器，其次把选出的正确数据作为聚类的输入数据，以此提高结果的准确性。另外，在第二种混合模型中，聚类可以用于为后续分类而必须经历的识别分类类型的预处理阶段。进而，输出的结果成为一个新的待处理的数据，它需要进行处理并依据一些分类技术建立适用的预测模型。换句话说，第一种混合模型可以简单地完成孤立点检测和删减数据的任务，而第二种混合模型则适用于开发新的预测模型。

（三）模型分类和预测

数据收集和预处理的任务完成后，数据挖掘算法可以应用于数据。使用的算法的类型取决于问题的性质。如果是分类或预测的问题，则有一套由输入特征和相应输出类组成的完整的训练数据用于训练分类者，这被称为监督模式分类。监督式学习算法，如人工神经网络、逻辑回归和决策树已经在很多商业预测问题中应用。

尤其是当培训或学习阶段的目的是做一个接近输入输出数据和有一定显著性水平的带有准确标签的训练数据之间映射的分类或预测模型。分类训练之后就能够把未知实例分类成训练集的分类标签之一。

第二节　现有无形资产中应用的数据挖掘技术展望

一、基于文本挖掘技术的展望

随着数据挖掘技术的不断进步，人们已不再满足基于数字上的挖掘。因此，能对在线即时文本进行挖掘的技术正悄然兴起,并将在未来很长一段时间得到充分的利用和发展。无形资产本身就是"无形"的,无法简单用数字描述,利用文本挖掘评估无形资产将是十分契合的方法。当然,目前的文本挖掘技术还有待完善,因此,在研究大量外文文献之后,本书总结了文本挖掘技术可以有所改进之处。

(一)语义学

先进的语义分析技术在文本分类问题中是十分重要的。然而,这种进步并没有很好地应用于无形资产评估领域中。通过创建新的或自定义当前的字典(如词汇网络)仍需要更多的关注,许多现行研究仍过多地专注于词语出现方法,几乎很少使用词汇网络。此外,语义关系也可以基于不同目的进行研究,如为特征代表定义加权方式,语义压缩和降维等方面都需要语义关系的辅助。

(二)语法学

语法分析技术比语义分析技术更少受到关注。更多先进的基于语法的技术,如使用解析树方法识别文本模式,可以显著提升文本挖掘的质量。这方面还需要更多的研究人员来关注。

(三)情绪和情感分析

情绪和情感分析在文本挖掘领域起很大作用,政府可以通过情绪分析把握公众对政策的反应,公司则以此观察客户的喜好,来向顾客推送专门的产品广告。例如,除了大量金融新闻的影响,社交网络的发展也使公众对股票或产品的评论几乎都是公开的,根据有效市场理论,市场会对这些信息做出反应,市场走向将瞬息万变,即使是最优秀的交易者或投资者也很难确定市场会对这些文本信息做何反应。因此,情绪分析未来有很大的研究空间。

(四)文本挖掘组件、文本来源或应用市场专业化

我们通过对前人成果的总结得知,当下基于文本挖掘的无形资产评估系统大多是一次性端到端系统,这仍不够全面有效。因此,将来的文本挖掘过程中应当在关键组件的专业化上有所突破,如特征提取、特征表示和特征减少等都需要进一步专业化。此外,无形资产的文本挖掘可以通过关注特定文本来源(如一个特定的社交媒体上的文本信息、特定新闻标题或正文等)变得更专业。

(五)机器学习算法

当今学者们普遍偏好 SVM 算法和朴素贝叶斯算法。但其他算法,如人工神经网络法、K-NN 法和模糊逻辑等,在文本分类和情感分析中也表现出相当的潜力,但这些算法在无形资产文本挖掘的背景下有效性还没有进行实验。以后的研

究人员应当将多种算法引入无形资产文本挖掘中,对不同算法的优劣进行比较。

（六）技术信号集合

尽管其对市场交易者来说很重要,信号技术是技术算法或规则（如移动平均、相对强度规则、过滤规则和交易区间突破规则）的输出结果,几乎总是被排除在文本挖掘研究之外。可能是因为这样一个事实:基于文本挖掘进行预测的研究人员最有可能使用基本分析方法,而不使用技术分析方法。然而,从逻辑上可以推导出,基于两种方法的混合模型必然会产生更好的结果,这在未来的研究应该多加考虑。

（七）与行为经济学研究的联系

这一领域的研究存在大量跨学科性质,特别在经济学和计算机科学之间,深化经济理解,对未来的研究人员是至关重要的。经济学,尤其是行为经济学理论,公众的情绪只有建立在其基础上才会对市场产生影响,因此,应当对行为经济学进行深入研究。那些能够掌握行为经济学精髓并能实现文本挖掘的计算机科学家可能引发真正的突破,我们期待跨学科专家们的出现。

（八）实验数据集的可用性和质量

我们观察到的主要挑战是,包含了文本映射到市场之上的高度标准化数据集,在特定时期是不可用的,研究人员只好通过同化实验来评价结果。在有效的研究中,大多数研究人员试图积累自己的数据集,这自然导致了离散的数据集格式和内容,并且缺少对数据集关键特征的观察。例如,大多数研究没有注意到如果他们的实验数据不平衡,能用什么样的方式来改善他们的结果。未来研究人员应当将他们使用的数据集标准化并发布出来,作为金融市场预测文本挖掘的实验数据集,解决研究工作中数据集格式内容不统一而无法进行横向比较的问题。当前,主要的文本挖掘研究的数据集是电影评论,其实并不适用于金融市场预测这种研究。我们期待在文本挖掘领域出现更多高质量的标准实验数据集,使文本挖掘系统的研究和应用变得更广泛。

（九）评价方法

研究人员选择评价机制同选择实验数据集一样具有很大的主观性。他们通常使用的评价机制广泛且不同,在这一领域对现有的成果进行客观地总结和综合评估十分困难。未来研究人员可以在专注与提出广泛适用的标准评价机制基础上,为在金融市场预测文本挖掘系统的研究工作带来便利。

二、基于数据预处理技术的展望

在文本知识发现领域，实证的贡献可以从文本表示和数据预处理方面进行评价。数据预处理是在发掘序列模式的过程中，从电子文档中获取可信数据的方法设计。从文本表示的角度来说，贡献在于事物/序列模型的设计和描述。

（一）移除停止词对无形资产评估系统的影响

本节发现，移除停止词对提取规则的数量没有明显作用，但是对基于长度（段/句）的序列识别提取规则的数量有重大作用。因此本节从更长的序列中得到大量频繁序列和规则。

停止词对减少无法解释规则的数量没有明显作用。具体来说，在段落序列识别和语句序列识别的情况下，没有办法证明移除停止词对减少无法解释规则所占份额的影响。相反，移除停止词恰恰增加了无法解释规则。有效规则、不重要规则和无法解释规则所占比例依赖于段落序列识别而不是语句序列识别。按语句和段落把序列分配过，移除停止词之后，无法解释规则数增加了。然而在段落序列的情况下，这种比例是显著的。这样，它可能是不相关序列的合并，并且移除停止词会使无法解释规则增加更多。此外，它对减少不重要规则和有效规则比例也有影响。

移除停止词可以提高提取规则的质量。只有在段落序列识别的情况下，移除停止词才会对提取规则的质量产生影响。这说明移除停止词在段落序列识别上会对提取规则的质量有重大影响。反之，在语句序列识别的情况下，移除停止词对提取规则的质量则没有什么显著影响。

当使用事务序列模型时，如果特定问题的解决方案不需要其他的序列识别，本节建议使用基于语句的序列识别。当然，在定量语法分析领域解决问题时，序列识别方法看起来是最合适的。

但是移除停止词会增加无法解释规则，尤其是在段落序列识别被视为语句序列识别时。另外，停止词移除还会导致有效规则和不重要规则的减少。因此，在进一步研究中，我们将侧重于在知识抽取时，研究各种类型停止词的影响，以及尽可能地减少停止词。

（二）特征选择对无形资产评估系统的影响

由于创造公司价值的方式已经从传统的实物资产转移到了无形知识。通常情况下，我们发现知识型企业的市场价值远高于账面价值。因此，无形资产的估值成为新兴经济的普遍话题。然而，由于在财务报表中缺乏对无形资产的评估，所以引起了内外部人员的信息不对称。因此，尤其是当投资者在评估一个首次公开募股的公司时，对该公司的无形资产和市场价值的准确评估是非常重要的。

在特征选择过程中，特征选择可以从大量相关材料中选择和提取出更有用的信息，是数据挖掘的数据预处理步骤。本节选用了五个特征选择方法，包括主成分分析、逐步回归、决策树、关联规则和遗传算法。此外，通过交叉和联合的方式把不同的特征选择方法结合起来会产生其他的特征选择方法。

我们对包含 61 个变量的所选数据集进行了实验。结果表明：在使用单一特征选择方法时，决策树是提供最高预测准确度和最低第Ⅰ类错误的最优方法。此外，它用非常有效的方式构建了一个预测模型。另外，由单一特征选择方法联合成的多元方法中，遗传算法和逐步回归的联合、决策树和主成分分析的联合是最有效的两种方法。它们提供了最好的预测准确性，是比决策树更有效的方法。因此，所选择的这些特征可以视为影响无形资产的重要因素。

基于实证结果，在预测精度与第Ⅰ和第Ⅱ类错误方面，混合分类器，即 k-均值和升压或套袋集成分类器比其他方法做得都好，预测效果更好。再者，k-均值和套袋决策树集成是评估企业无形资产价值的最佳模型。作为最佳预测模型，k-均值和套袋决策树集成可以帮助投资者与债权人做出更准确的投资及借款决策。

当然，在未来工作中以数据挖掘方法可以应用于其他领域的问题。例如，金融领域的破产预测、股票价格预测和财务困境预测；审计意见预测、审计师对不确定的决策预测的持续关注和会计/审计领域的诉讼预测；等等。当确定了不同商业领域问题的最优特征选择方法时，由所选择的特征就会衍生出有用的管理含义。

三、本节思考

由前文可知，数据挖掘方法可以很好地应用于无形资产评估系统中，并且同样可以很好地用于其他学科的研究中，因此本节也提出相应的思考。

（1）其他社会科学也能使用数据挖掘技术。因为在社会科学中定性的问卷调查与统计方法也是经常用到的研究技术。例如，认知科学、心理学和人类行为学经常用不同的方法调查特殊的人类问题。所以将来其他的社会科学必将会用到数据挖掘技术。

（2）方法的综合。数据挖掘技术是各学科间的研究课题，未来它的发展一定会和不同的方法结合起来。这种方法的综合和跨学科的研究能够更深刻地理解问题。

（3）知识库中知识的更新是未来专家系统发展的动力。由于社会和技术原因，知识的更新可以促进或抑制专家系统及其应用的发展。可以看出学习和创新上的落后，是由专家系统对日常问题不变的解决过程、停滞不前的信息来源和对过去经验与知识的依赖造成的，这对个人和组织来说会阻碍系统的改进。

参 考 文 献

波特 M. 2002.国家竞争优势.第 3 版.陈小悦译.北京：华夏出版社.

陈俊丽. 2009. 基于期权定价模型的无形资产评估方法初探.经济研究导刊, 26：81-82.

陈明艺,裴晓东. 2013. 我国环境治理财政政策的效率研究——基于 DEA 交叉评价分析.当代财经,（4）：27-36.

陈亚芸. 2013. 欧债危机背景下欧盟信用评级机构监管改革研究. 德国研究,（1）：27-39.

陈耀明, 钟登华. 2004. 无形资产的动态评估方法研究. 数量经济技术经济研究,（5）：35-39.

陈玉清, 宋志华. 1998. 组合预测在无形资产评估应用中的可行性分析. 预测,（4）：40-41.

崔茂中, 杨鑫. 2009. 基于相关者利益最大化的信用评级研究. 金融与经济,（11）：28-31.

戴魁早. 2011. 中国高技术产业R&D效率及其影响因素——基于面板单位根及面板协整的实证检验.开发研究,（1）：56-60.

丁振辉. 2014. 大数据背景下的小微企业信用评级研究. 征信, 11：45-49.

鄂志寰, 周景彤. 2012.美国信用评级市场与监管变迁及其借鉴. 国际金融研究,（2）：31-40.

范莉莉, 马军. 2009.基于无形资产组合系统的企业核心竞争力评价方法.管理科学, 2：45-49.

冯琦. 2013. 五大问题制约我国信用评级产业发展. 中国国情国力, 6：39-40.

冯宗宪, 谈毅. 1998. 从期权定价理论看企业最优投资规模的确定. 预测, 6：54-56.

高洁, 蒋冲, 向显湖. 2013. 企业知识资产及其战略体系构建——基于财务的视角. 财经科学, 6：71-79.

高敏雪. 2006. 国民经济核算仍然面临变革.统计与信息论坛, 6：78-90.

高敏雪. 2009. 请关注 SNA 的最新修订.中国统计, 1：35-39.

高汝熹, 陆飞, 姚静芳. 1995. 技术资产的特性及评估影响因素分析. 科研管理,（4）：53-56.

郭均鹏, 吴育华. 2005. 超效率 DEA 模型的区间扩展. 中国管理科学,（2）：40-43.

国民经济核算司 1993 年 SNA 修订问题研究小组. 2006.1993 年 SNA 修订问题综述——1993 年 SNA 修订问题研究系列之一. 统计研究,（3）：3-12.

韩亮亮, 李凯, 宋力. 2006. 高管持股与企业价值——基于利益趋同效应与壕沟防御效应的经验研究. 南开管理评论, 4：35-41.

郝净. 2004. 无形资产评估方法若干问题研究. 西南交通大学硕士学位论文.

何晓洁. 2001. 基于经营性期权的投资决策. 系统工程, 4：58-60.

贺业明. 2012. 小企业无形资产价值评估方法研究. 东北大学硕士学位论文.

洪玫. 2006. 资信评级. 北京：中国人民大学出版社.

胡胜, 朱新蓉. 2011. 我国上市公司信用风险评估研究——基于 Logit 模型的分析. 中南财经政法大学学报, 3：38-41.

胡文玉. 2009. 移动通信客户价值评价模型的研究及实证分析.首都经济贸易大学硕士学位论文.

胡臻. 2011. 中国信用评级对债券回报率的影响分析. 南方金融, 2: 64-68.

贾元华, 刘艳慧, 田景禧. 2002. 关于企业信用等级评价理论方法的探讨. 技术经济,(9): 23-26.

江少波. 2014. 信用评级研究文献评述. 财会通讯, 12: 41-43.

姜梅. 2003. 基于数据仓库、数据挖掘的人力资源决策支持系统. 四川大学硕士学位论文.

蒋侃, 田巍. 2007. 网络环境下消费者价格形成和产品定价风险分析. 企业定价,(2): 68-69.

蒋萍. 2011. 知识经济和可持续发展: 测算方法与实证分析. 北京: 北京师范大学出版社.

蒋衔武. 2002. 知识经济下企业无形资产基本特征的哲学思索. 山东社会科学, 2: 44-46.

界屋太一. 1999. 知识价值革命. 金泰相译. 沈阳: 沈阳出版社.

李宝虹, 白建东, 赵辰光. 2013. 中国信用评级机构取得国际话语权的现实阻碍与转型选择. 征信,(5): 48-51.

李峰. 2011. 收益法评估技术型无形资产若干问题分析. 商业会计, 11: 7-9.

李萌. 2005. Logit 模型在商业银行信用风险评估中的应用研究. 管理科学, 2: 33-38.

李琪, 张仙锋. 2006. 面向交易的点子商务理论与实践的综合分析框架——电子商务三维分析模型. 经济管理,(14): 65-72.

李实, 叶强, 李一军, 等. 2009. 中文网络客户评论的产品特征挖掘方法研究. 管理科学学报, 12(2): 142-152.

李双海, 李海英, 徐宏玲. 2003. 无形资产评估的模糊综合评判模型. 统计与决策, 8: 87-88.

李正伟. 2013. 浅谈收益法在无形资产评估中的应用. 财会通讯, 2: 70-71.

厉以宁. 2005-04-22. 中国需要加强对信用评级业的培育与监管. 中国经济时报.

联合国, 欧盟委员会, 经济合作与发展组织, 等. 2012. 国民账户体系 2008. 联合国, 等译. 北京: 中国统计出版社.

刘德运. 2010. 无形资产评估. 北京: 中国财政经济出版社.

刘敏. 2011. 基于代理问题的创业型家族企业治理机制研究. 东华大学硕士学位论文.

柳永明. 2007. 美国对信用评级机构的监管: 争论与启示. 上海金融,(12): 57-61.

罗芳. 2011. 意见挖掘中若干关键问题研究. 武汉理工大学博士学位论文.

吕峰. 1998. 面向知识经济的无形资产评估方法. 科学对社会的影响, 3: 28-32.

马晓君. 2011. 成长型企业无形资产统计问题研究. 东北财经大学博士学位论文.

马晓君. 2013. 关于将研究与开发支出资本化、科学反映 GDP 中资本形成所占比重的建议. 辽宁经济统计,(2): 28-30.

茅宁. 2001. 无形资产在企业价值创造中的作用与机理分析. 外国经济与管理, 7: 32-35.

孟祥霞. 2008. 大股东控制: 利益协同效应还是壕沟防御效应——基于终中国上市公司的实证分析. 经济理论与经济管理, 4: 37-43.

聂飞舟. 2011. 美国信用评级机构法律监管演变与发展动向——多德法案前后. 比较法研究, 4: 144-153.

潘旭涛. 2015-03-19. 国际信用评级需要中国声音. 人民日报, 第 5 版.

庞东，杜婷. 2004. 基于实物期权理论的无形资产定价方法探析. 财经研究，（7）：130-136.

彭红. 2005. 基于客户生命周期的客户价值分析. 经济管理，8：70-75.

彭红兵. 2012. 企业无形资产管理现状审视及对策. 行政事业资产与财务，4：179.

秦江萍，段兴民. 2003. 试论无形资产会计创新. 财会通讯，5：12-15.

秦青，金明娟. 2002. 基于 DEA 交叉评价的中部六省服务业效率. 河南科技大学学报（社会科学版），1：19-23.

邱仰林. 2013. 评级真相. 北京：中国经济出版社.

沈正平，刘海军，蒋涛. 2004. 产业集群与区域经济发展探究. 中国软科学，（2）：28-31.

宋思伟，孙树栋. 2007. 电子商务、诚信与风险防范. 经济管理，（18）：55-59.

孙先定，黄小原. 2002. 产业投资规模基于期权观点的优化. 预测，1：33-36.

汤湘希. 1997. 论无形资产范围的界定. 中南财经大学学报，1：72-75.

汤湘希. 2004. 无形资产会计研究的误区及其相关概念的关系研究. 财会通讯，13：57-60.

万君康，凌丹. 1998. 技术类无形资产评估的原理与方法. 研究与发展管理，（4）：87-93.

王根，赵军. 2007 基于多重冗余标记 CRFs 的句子情感分析研究. 中文信息学报，（5）：51-57.

王广庆. 2004. 对我国无形资产准则的一些思考. 会计研究，5：40-41.

王化成，卢闯，李春玲. 2005. 企业无形资产与未来业绩相关性研究——基于中国资本市场的经验证据. 中国软科学，10：120-124.

王文婧，杜慧英，吕廷杰. 2012. 基于第三方认证的云服务信任模型. 系统工程理论与实践，（12）：2774-2780.

王燕，刘澄，王煦. 2009. 基于层次分析法的组合无形资产价值分割. 财会月刊，12：66-68.

王月. 2014. 刍议收益法评估无形资产. 财会通讯，32：127-128.

未瑞，罗国亮. 2007. 基于聚类分析和层次分析法的电力客户信用评价研究. 现代电力，（6）：80-84.

魏和清. 2012. SNA2008 关于 R&D 核算变革带来的影响及面临的问题. 统计研究，29：67-78.

魏纪林，万君康，柴秀云，等. 1997. 无形资产评估的一般方法与特殊方法. 中国软科学，（1）：115-120.

魏权龄，庞立永. 2010. 链式网络 DEA 模型. 数学的实践与认识，（1）：213-226.

吴本家. 2007. 电子商务市场的发展及风险规避. 经济管理，（16）：72-75.

吴德胜，李维安. 2009. 集体声誉、可置信承诺与契约执行. 经济研究，（6）：142-154.

吴迪. 2012. 区域产业集群竞争优势构建——基于产业集群与区域创新能力互动关系视角. 区域经济，（2）：128-131.

吴晶妹. 2002. 现代信用学. 北京：中国金融出版社.

吴晶妹. 2014. 国际信用评级业的美式评级：认识与思考. 首都师范大学学报，2：68-73.

吴军，张斌. 2009. 收益法在无形资产评估中的应用. 财会通讯，11：76-77.

吴清佳，张青平，万健. 2005. 遗传神经网络的智能天气预报系统. 计算机工程，31（14）：176-177.

吴雪晖. 2013. 金字塔结构、税收筹划与企业价值——基于国有上市公司的经验数据. 西南财经大学硕士学位论文.

肖泽磊，封思贤，韩顺法. 2012. 我国高技术产业两阶段效率的测算及其提升路径分析——基于改进 SBM 方向性距离函数的实证.产业经济研究，（4）：10-19.

熊爱桃. 2011. 电信 CDMA 客户生命周期价值研究及应用. 昆明理工大学硕士学位论文.

熊婵，买忆媛，何晓斌，等. 2014. 基于 DEA 方法的中国高科技创业企业运营效率研究. 管理科学，（2）：26-37.

熊俊. 2005. 经济增长因素分析模型：对索洛模型的一个扩展. 数量经济技术经济研究，（8）：25-34.

徐达. 2014. 基于意见挖掘的网络评论动态分析方法. 中国科学技术大学硕士学位论文.

徐晓霞，李金林. 2006. 基于决策树法的我国商业银行信用风险评估模型研究. 北京理工大学学报，（8）：71-74.

闫冰，冯根福. 2005. 基于随机前沿生产函数的中国工业 R&D 效率分析. 当代经济科学，（6）：14-18.

杨青，钱新华，庞川. 2010. 消费者网络信任与网上支付风险感知实证研究. 统计研究，（10）：89-97.

杨胜刚，成程. 2011. 中国的主权信用评级是否被低估. 国际金融研究，7：59-66.

杨小凯，张永生. 2001. 新贸易理论、比较利益理论及其经验研究的新成果：文献综述. 经济学（季刊），1（1）：20-44.

杨亚西，杨波. 2009. 实物期权法在无形资产价值评估中的应用. 财会月刊，21：40-42.

姚天昉，聂青阳，李建超，等. 2006. 一个用于汉语汽车评论的意见挖掘系统//曹右琦，孙茂松. 中文信息处理前沿进展——中国中文信息学会二十五周年学术会议论文集. 北京：清华大学出版社.

姚奕，叶中行. 2004. 基于支持向量机的银行客户信用评估系统研究. 系统仿真学报，（16）：783-786.

叶锐，杨建飞，常云昆. 2012. 中国省际高技术产业效率测度与分解——基于共享投入关联 DEA 模型. 数量经济技术经济研究，（7）：3-18.

于玉林. 2004. 无形资产：面向全球化企业核心竞争力的选择. 理论与现代化，3：60-63.

于玉林. 2005. 无形资产：面向全球化企业核心竞争力的选择. 理论与现代化，（3）：60-63.

于玉林. 2009. 无形资产词典. 上海：辞书出版社.

岳杰. 2009. 超额收益法基础上的无形资产评估模型研究. 统计与决策，17：32-36.

翟东海，聂洪玉，崔静静，等. 2014. 基于 CRFs 模型的敏感话题识别研究. 计算机应用研究，31（4）：993-996.

翟万里. 2013. 基于人工神经网络的商业银行信用风险评估模型研究. 长沙理工大学硕士学位论文.

张诚. 2014. 企业信用风险及评价与决策方法研究综述. 时代金融，7：176-178.

张海珊. 2007. 战略并购双方的匹配性研究. 北京交通大学博士学位论文.

张家平. 2008. 企业信用评价指标体系的构建研究. 商场现代化，6：113-114.

张丽. 2006. 移动通信业客户关系价值评估模型研究. 大连理工大学硕士学位论文.

张莉, 钱玲飞, 许鑫. 2011. 基于核心句及句法关系的评价对象抽取. 中文信息学报, 25(3): 23-29.

张鹏. 2010. 中文意见挖掘的特征层次构建和抽取算法. 重庆大学硕士学位论文.

张守一. 1998. 知识经济讲座. 北京: 人民出版社.

张维. 2014. 信息环境下基于模糊层次分析的中小企业信用评级研究. 河南科学, 11: 2373-2378.

张训苏. 1995. 试论无形资产估价. 统计研究, 6: 43-46.

张涌. 2009. 产业集群与区域经济增长之间关系的研究. 大连理工大学硕士学位论文.

张宇. 2015-03-12. 为什么西方经济学不能解释中国经济. 人民日报, 第7版.

郑敏洁, 雷志城, 廖祥文, 等. 2012. 中文句子评价对象抽取的特征分析研究. 福州大学学报(自然科学版), (5): 584-590.

钟永圣. 2011. 中国经典经济学. 北京: 中国财政经济出版社.

周兵, 蒲勇键. 2003. 产业集群的增长经济学解释. 中国软科学, (5): 36-38.

周春喜. 2003. 企业信用等级综合评价指标体系及其评价. 科技进步与对策, 4: 123-126.

周黎安, 张维迎, 顾全林, 等. 2006. 信誉的价值: 以网上拍卖交易为例. 经济研究, (12): 81-91.

朱洪. 2002. 生存曲线法在无形资产评估中的应用. 广西财政高等专科学校学报, 2: 47-49.

朱建平, 陈民恳. 2007. 面板数据的聚类分析及其应用. 统计研究, (4): 11-14.

朱顺泉. 2012. 信用评级理论、方法、模型与应用研究. 北京: 科学出版社.

祝波善, 唐元虎. 1995. 无形资产评估模型初探. 上海交通大学学报, S1: 137-142.

邹薇. 2002. 建立和完善企业信用制度, 促进金融经济健康发展. 当代财经, (4): 37-40.

左大培, 杨春学. 2007. 经济增长理论模型的内生化历程. 北京: 中国经济出版社.

Greenstein M, Feinman T M. 2001. 电子商务: 安全、风险管理与控制. 谢谆译. 北京: 华夏出版社.

Abbott M, Doucouliagos C. 2003. The efficiency of Australian universities: a data envelopment analysis. Economics of Education Review, 22 (1): 89-97.

Adachi H, Kikuchi M, Watanabe Y. 2006. Electric switch machine failure detection using data-mining technique. Quarterly Report of RTRI (Railway Technical Research Institute), 47(4): 182-186.

Adderley R, Townsley M, Bond J. 2007. Use of data mining techniques to model crime scene investigator performance. Knowledge-Based Systems, 20 (2): 170-176.

Adeli H, Hung S. 1995. Machine Learning: Neural Networks, Genetic Algorithms, and Fuzzy Systems. New York: Wiley.

Ahn H, Ahn J J, Oh K J, et al. 2011. Facilitating cross-selling in a mobile telecom market to develop customer classification model based on hybrid data mining techniques. Expert Systems with Applications, 38 (5): 5005-5012.

Alexandru M, Degerat A R, Wu J. 2000. Consumer choice behavior in online and traditional supermarkets: the effects of brand name, price, and other search attributes. International Journal of Research in Marketing, (17): 55-78.

Al-Hamami A H, Al-Hamami M A, Hasheem S H. 2006. Applying data mining techniques in intrusion detection system on web and analysis of web usage. Information Technology Journal, 5 (1): 57-63.

Aliev R A, Aliev R R, Guirimov B, et al. 2008. Dynamic data mining technique for rules extraction in a process of battery charging. Applied Soft Computing Journal, 8 (3): 1252-1258.

Allayannis G, Weston J P. 2001.The use of foreign currency derivatives and firm market value. The Review of Financial Studies, 14 (1): 243-276.

Altman E I. 1968. The prediction of corporate bankruptcy: a discriminant analysis. The Journal of Finance, 23 (1): 193-194.

Anderson E W, Fornell C, Mazvancheryl S K. 2004. Customer satisfaction and shareholder value. Journal of Marketing, 68 (4): 172-185.

Andronie M. 2009. Data mining techniques used in metallurgic industry. Metalurgia International, 14 (12): 17-22.

Anthony G. 1990. The Consequences of Modemity. Stanford: Stanford University Press.

Arrow K J. 1962. Economic welfare and the allocation of resources for invention // Nelson R. The Rate and Direction of Inventive Activity. Princeton: Princeton University Press.

Arrow K J, Frank H. 1999. Notes on sequences economics, transaction costs, and uncertainty. Journal of Economics Theory, 86 (2): 203-216.

Assous F, Chaskalovic J. 2011. Data mining techniques for scientific computing: application to asymptotic paraxial approximations to model ultrarelativistic particles. Journal of Computational Physics, 230 (12): 4811-4827.

Bae J K, Kim J. 2011. Product development with data mining techniques: a case on design of digital camera. Expert Systems with Applications, 38 (8): 9274-9280.

Bagui S, Mink D, Cash P. 2007. Data mining techniques to study voting patterns in the US. Data Science Journal, 6: 46-63.

Balogh Z, Turcani M. 2011. Possibilities of modelling web-based education using IF-THEN rules and fuzzy petri nets in LMS. Communications in Computer and Information Science, 251: 93-106.

Balzano W, del Sorbo M R. 2007. Genomic comparison using data mining techniques based on a possibilistic fuzzy sets model. BioSystems, 88 (3): 343-349.

Baum J A C, Mezias S J.1992.Localized com petition and organizational failure in the Manhattan hotel industry. Administrative Science Quarterly, 37 (4): 580 -604.

Bekkerman R, El-Yaniv R, Tishby N, et al.2002. Distributional word clusters vs. words for text categorization. Journal of Machine Learning Research, 1: 1-48.

Besse P, Milhem H, Mestre O, et al. 2007. A comparison of data mining techniques for the statistical adaptation of ozone forecasts of chemistry transport MOCAGE model. Pollution Atmospherique, 195 (45): 285-292.

Black B S, Jang H, Kim W. 2006. Does corporate governance predict firms' market values? Evidence from Korea. The Journal of Law, Economics, & Organization, 22 (2): 366-413.

Borghini A, Crotti P, Pietra D, et al. 2010. Chemical reactivity predictions: use of data mining techniques for analyzing regioselective azidolysis of epoxides. Journal of Computational Chemistry, 31 (14): 2612-2619.

Boujelben S, Fedhila H. 2011. The effects of intangible investments on future OCF. Journal of Intellectual Capital, 12 (4): 480-494.

Bozec R, Dia M, Bozec Y. 2010. Governance-performance relationship: a re-examination using technical efficiency measures. British Journal of Management, 21 (3): 684-700.

Breck E, Choi Y, Cardie C. 2007. Identifying expressions of opinion in context. In Proceedings of the Twentieth International Joint Conference on Artificial Intelligence (IJCAI 2007).

Brooking A. 1996. Intellectual Capital. London: International Thomson Business Press.

Buckinx W, van den Poel D. 2005. Customer base analysis: partial defection of behaviourally loyal clients in a non-contractual FMCG retail setting. European Journal of Operational Research, 164 (1): 252-268.

Burez J, van den Poel D. 2007. CRM at a pay-TV company: using analytical models to reduce customer attrition by targeted marketing for subscription services. Expert Systems with Applications, 32 (2): 277-288.

Burgman R, Roos G. 2007. The importance of intellectual capital reporting: evidence and implications. Journal of Intellectual Capital, 8 (1): 7-51.

Canbas S, Cabuk A, Kilic S B. 2005. Prediction of commercial bank failure via multivariate statistical analysis of financial structures: the turkish case. European Journal of Operational Research, 166 (2): 528-546.

Canuto A M P, Abreu M C C, de Melo Oliverira L, et al. 2007. Investigating the influence of the choice of the ensemble members in accuracy and diversity of selection-based and fusion-based methods for ensembles.Pattern Recognition Letters, 28 (4): 472-486.

Cao Y H. 2009. The research on the recognition and measurement of intangible assets for high-tech enterprise.Management Science and Engineering, 3 (2): 55-60.

Caropreso M F, Matwin S, Sebastiani F. 2001. A learner-independent evaluation of the usefulness of statistical phrases for automated text categorization. Text Databases and Document Management: Theory and Practice, 36（2）: 78-102.

Cesana M, Cerutti R, Grossi E, et al. 2007. Bayesian data mining techniques: the evidence provided by signals detected in single-company spontaneous reports databases. Drug Information Journal, 41（1）: 16-28.

Chan L K C, Lakonishok J, Sougiannis T. 2001. The stock market valuation of research and development expenditures. The Journal of Finance, 56（6）: 2431-2456.

Chandra D K, Ravi V, Ravisankar P. 2010. Support vector machine and wavelet neural network hybrid: application to bankruptcy prediction in banks. International Journal of Data Mining, Modeling and Management, 1（2）: 1-21.

Chandrakala D, Sumathi S, Saraswathi D. 2010. Blur identification with image restoration based on application of data mining techniques. International Journal of Imaging, 4（10 A）: 99-122.

Chang C, Wang C, Jiang B C. 2011. Using data mining techniques for multidiseases prediction modeling of hypertension and hyperlipidemia by common risk factors. Expert Systems with Applications, 38（5）: 5507-5513.

Chatrath A, Miao H, Ramchander S, et al. 2014. Currency jumps, cojumps and the role of macro news. Journal of International Money and Finance, 40: 42-62.

Chauhan N J, Ravi V, Chandra D K. 2009. Differential evolution trained wavelet neural network: application to bankruptcy prediction in banks. Expert Systems with Applications, 36（4）: 7659-7665.

Chen C, Chen M. 2009. Mobile formative assessment tool based on data mining techniques for supporting web-based learning. Computers and Education, 52（1）: 256-273.

Chen C T, Chien C F, Lin M H, et al. 2004. Using DEA to evaluate R&D performance of the computers and peripherals firms in Taiwan. International Journal of Business, 9（4）: 178-190.

Chen S, Bai S. 2010. Using data mining techniques to automatically construct concept maps for adaptive learning systems. Expert Systems with Applications, 37（6）: 4496-4503.

Chen T, Chang J, Chen D. 2008. Applying data mining technique to compute LDE for rutting through full scale accelerated pavement testing. Road Materials and Pavement Design, 9（2）: 227-246.

Chen W, Du Y. 2009. Using neural networks and data mining techniques for the financial distress prediction model. Expert Systems with Applications, 36（2）: 4075-4086.

Cherehye D A. 2002. An option model for R&D valuation. International Journal of Technology Management, 11（24）: 44-56.

Cherehye L, Abeele P V. 2005. On research efficiency: a micro-analysis of Dutch university research in economics and business management. Research Policy, 34（4）: 495-516.

Chun S, Park Y. 2006. A new hybrid data mining technique using a regression case based reasoning: application to financial forecasting. Expert Systems with Applications, 31（2）: 329-336.

Chun S, Kim J, Hahm K, et al. 2008. Data mining technique for medical informatics: detecting gastric cancer using case-based reasoning and single nucleotide polymorphisms. Expert Systems, 25（2）: 163-172.

Claessens S, Djankov S, Fan J P H, et al. 2002. Disentangling the incentive and entrenchment effects of large shareholdings. The Journal of Finance, 57（6）: 2741-2771.

Clifton N, Keast R, Pickernell D, et al. 2010. Network structure, knowledge governance and firm performance: evidence from innovation networks and SMEs in the UK. Growth and Change, 41（3）: 337-373.

Constantinescu Z, Marinoiu C, Vladoiu M. 20100. Driving style analysis using data mining techniques. International Journal of Computers, Communications and Control, 5(5): 654-663.

Corbitt B J, Thanasankit T, Yi H. 2005. Trust and e-commerce: a study of consumer preceptions. Electronic Commerce Research and Applications, 2: 203-215.

Coussement K, van den Poel D. 2008. Churn prediction in subscription services: an application of support vector machines with comparing two parameter-selection techniques. Expert Systems with Applications, 34（1）: 313-327.

Cox J, Ross S. 1976. The valuation of options for alternative stochastic processes. Jounral of Finnaeial Eeonomics, 2（3）: 145-166.

Cruz A M, Aguilera-Huertas W A, D'ıas-Mora D A. 2009. A comparative study of maintenance services using the data-mining technique. Colombia's Journal of Public Health Broad-Casts Research, 11（4）: 64-72.

Dadalt P J, Donaldson J R, Garner J L. 2003. Will any Q do? Journal of Financial Research, 26(4): 535-551.

Das S R, Chen M Y 2007. Yahoo! For Amazon: sentiment extraction from small talk on the web. Management Science, (53): 1375-1388.

Dave K, Lawrence S, Pennock D M. 2003. Mining the peanut gallery: opinion extraction and semantic classic cation of product reviews. Proceedings of the 12th International World Wide Web Conference（WWW2003）. Budapest, Hungary.

de Andrade A A, Pereira S L, Dias E M, et al. 2010. Using data mining techniques for development expert systems equipped with learning capabilities for use in automated industrial plants. WSEAS Transactions on Systems and Control, 5（6）: 21-31.

Deufemia V, Risi M, Tortora G. 2014. Sketched symbol recognition using Latent-Dynamic conditional random fields and distance-based clustering.Pattern Recognition, 47（3）: 1159-1171.

dr Tan C N W. 2011. A study on using artificial neural networks to develop an early warning predictor for credit union financial distress with comparison to the probit model. Managerial Finance, 27: 56-77.

Dumais S T, Platt J, Heckerman D, et al. 1998. Inductive learning algorithms and representations for text categorization. Proceedings of CIKM'98, 7th ACM International Conference on Information and Knowledge Management.

Duran O, Rodriguez N, Consalter L A. 2010. Collaborative particle swarm optimization with a data mining technique for manufacturing cell design. Expert Systems with Applications, 37（2）: 1563-1567.

Durst S, Gueldenberg S. 2009. The meaning of intangible assets: new insights into external company succession in SMEs. Electronic Journal of Knowledge Management, 7（4）: 437-446.

Dutta M, Mukhopadhyay A, Chakrabarti S. 2004. Effect of galvanizing parameters on spangle size investigated by data mining technique. ISIJ International, 44（1）: 129-138.

Eckstein C. 2004. The measurement and recognition of intangible assets: then and now. Accounting Forum, 28（2）: 139-158.

Edvinsson L, Malone M. 1997. Intellectual Capital: Realizing Your Company's True Value by Finding its Hidden Brainpower. New York: Harper Business.

Ellili N O D. 2011. Ownership structure, financial policy and performance of the firm: UK evidence. International Journal of Business and Management, 6（10）: 80-93.

Fan J P H, Wong T J. 2005. Do external auditors perform a corporate governance role in emerging markets? Evidence form East Asia. Journal of Accounting Research, 43（1）: 35-72.

Fan Y, Chaovalitwongse W A, Liu C M. 2009. Optimisation and data mining techniques for the screening of epileptic patients. International Journal of Bioinformatics Research and Applications, 23（2）: 121-135.

Fayyad U M. 1996. Data mining and knowledge discovery: making sense out of data. IEEE Expert, 11（5）: 20-25.

Feng L, Lu H. 2004. Managing multiuser database buffers using data mining techniques. Knowledge and Information Systems, 6（6）: 679-709.

Feng Y J, Lu H, Bi K. 2004. An AHP/DEA method for measurement of the efficiency of R&D management activities in universities.International Transactions in Operational Research, 11: 181-191.

Fesharaki M, Shirazi H, Bakhshi A. 2011. Knowledge acquisition from database of information management and documentation softwares by data mining techniques. Information Sciences and Technology, 26（2）: 259-283.

Fong A C M, Hui S C, Jha G. 2003. A hybrid data mining technique for vehicle fault diagnosis. Engineering Intelligent Systems, 11（3）: 113-122.

Fukui Y, Ushijima T. 2007. Corporate diversification, performance, and restructuring in the largest Japanese manufacturers.Journal of the Japanese and International Economies, 21（3）: 303-323.

Fung P C, Xu G., Yu J, et al. 2003. Stock prediction: integrating text mining approach using real-time news. In 2003 IEEE international conference on computational intelligence for financial engineering.

Furdík K, Bednár P. 2009. Using bowl library for natural language processing（in Slovak）. Varia XVI, Proc. of 16th Colloquium of Young Linguists.

Gajzler M. 2010. Text and data mining techniques in aspect of knowledge acquisition for decision support system in construction industry. Technological and Economic Development of Economy, 16（2）: 219-232.

Gefena D, Straubb D W. 2004. Consumer trust in B2C e-commerce and the importance of social presence: experiments in e-products and e-services. Omega The International Journal of Management Science, （32）: 407-424.

Gerpott T J, Thomas S E, Hoffmann A P. 2008. Intangible asset disclosure in the telecommunications industry. Journal of Intellectual Capital, 9（1）: 37-61.

Gleason K I, Klock M. 2006. Intangible capital in the pharmaceutical and chemical industry. The Quarterly Review of Economics and Finance, 46（2）: 300-314.

Goh D H, Ang R P. 2007. An introduction to association rule mining: an application in counseling and help-seeking behavior of adolescents. Behavior Research Methods, 39（2）: 259-266.

Gong G, Greiner A, Semmler W. 2004. Endogenous growth: estimating the romer model for the US and Germany. Oxfod Bulletin of Economics and Statitcs, 66（2）: 147-164.

Granitto P M, Biasioli F, Aprea E, et al. 2007. Rapid and non-destructive identification of strawberry cultivars by direct PTRMS headspace analysis and data mining techniques. Sensors and Actuators, 33（1）: 44-56.

Gregori D, Petrinco M, Bo S, et al. 2011. Using data mining techniques in monitoring diabetes care, the simpler the better? Journal of Medical Systems, 35（2）: 277-281.

Grunert J, Norden L, Martin W. 2005. The role of non-financial factors in internal credit ratings. Journal of Banking and Finance, （2）: 509-531.

Guo Q, Zhang P. 2000. Neural networks for classification: a survey. IEEE Transactions on System, Man, and Cybernetics, 30（4）: 451-462

Guyon I, Elisseeff A. 2003. An introduction to variable and feature selection. Journal of Machine Learning Research, 3（7~8）: 1157-1182.

Hall M J, Minns A W, Ashrafuzzaman A K M. 2002. The application of data mining techniques for the regionalisation of hydrological variables. Hydrology and Earth System Sciences, 6（4）: 685-694.

Han D, Han I. 2004. Prioritization and selection of intellectual capital measurement indicators using analytic hierachy process for the mobile telecommunications industry. Expert systems with Applications, 26（4）: 519-527.

Han J, Kamber M. 2001. Data Mining: Concepts and Techniques. Burlington: Morgan Kaufmann.

Han J, Kamber M. 2006. Data Mining: Concepts and Techniques(2nd Edition.). Burlington: Morgan Kaufmann.

Hang S, Jia W J, Xia Y J, et al. 2009. Opinion analysis of product reviews. Proceedings of the 6th International Conference on Fuzzy Systems and Knowledge Discovery. Tianjin, China: IEEE.

Hayashi Y, Setiono R. 2002. Combining neural network predictions for medical diagnosis. Computers in Biology and Medicine, 32（4）: 237-246.

Hearst M A. 1999. Untangling text data mining.Proceeding of ACL' qq: the 37th Annual Meeting of the Association for Computational Linguistics.

Hoonakker F, Lachiche N, Varnek A, et al. 2011. A representation to apply usual data mining techniques to chemical reactions illustration on the rate constant of SN2 reactions in water. International Journal on Artificial Intelligence Tools, 41（1）: 31-45.

Hoontrakul P, Sahadev S. 2008. Application of data mining techniques in the on-line travel industry: a case study from thailand.Marketing Intelligence and Planning, 26（1）: 60-76.

Houskova Beranková M, Houska M. 2011. Data, information and knowledge in agricultural decision- making. In Agris On-line Papers in Economics and Informatics, 3（2）: 74-82.

Hsia T, Shie A, Chen L. 2008. Course planning of extension education to meet market demand by using data mining technique—an example of chinkuo technology university in Taiwan. Expert Systems with Applications, 34（1）: 596-602.

Hsieh K. 2007. Employing data mining technique to achieve the parameter optimization based on manufacturing intelligence. Journal of the Chinese Institute of Industrial Engineers, 24（4）: 309-318.

Hsieh N C. 2005. Hybrid mining approach in the design of credit scoring models. Expert Systems with Applications, 28（4）: 655-665.

Hsieh N C, Chu K. 2009. Enhancing consumer behavior analysis by data mining techniques. International Journal of Information and Management Sciences, 20（1）: 39-53.

Hsu M S. 2014. The effects of industry cluster knowledge management on innovation performance. Journal of Business Research, 67（5）: 734-739.

Hu M Y, Tsoukalas C. 2003. Explaining consumer choice through neural networks: the stacked generalization approach. European Journal of Operational Research, 146（3）: 650-660.

Huang C J, Liao J J, Yang D X, et al. 2010. Realization of a news dissemination agent based on weighted association rules and text mining techniques. Expert Systems with Applications,（37）: 6409-6413.

Huang C L, Wang C J. 2006. A GA-based feature selection and parameters optimization for support vector machines. Expert Systems with Applications, 31（2）: 231-240.

Huang S, Lin J. 2002. Enhancement of power system data debugging using GSA-based data-mining technique. IEEE Transactions on Power Systems, 17（4）: 1022-1029.

Huang S C, Chuang P J, Wu C F, et al. 2010. Chaos-based support vector regressions for exchange rate forecasting. Expert Systems with Applications, 37: 8590-8598.

Huang Z, Chen H, Hsu C J, et al. 2004. Credit rating analysis with support vector machines and neural networks: a market comparative study. Decision Support Systems, 37（4）: 543-558.

Hung S Y, Yen D C, Wang H Y. 2006.Applying data mining to telecom churn management. Expert Systems with Applications, 31（3）: 515-524.

Huysmans J, Baesens B, Vanthienen J, et al. 2006. Failure prediction with self organizing maps. Expert Systems with Applications, 30（3）: 479-487.

Hwang W, Kim J, Jang W, et al. 2008. Fault pattern analysis and restoration prediction model construction of pole transformer using data mining techniques. Transactions of the Korean Institute of Electrical Engineers, 57（9）: 1123-1154.

Jacobs P S. 1992. Joining statistics with NLP for text categorization. Proceedings of the Third conference on Applied Natural Language Processing.

Jakob N, Gurevych I. 2010.Extracting opinion targets in a single and cross-domain setting with conditional random fields. In Proceedings of EMNLP-10, 27（3）: 1035-1045.

Jian L, Wang C, Liu Y, et al. 2011. Data mining techniques on graphics processing unit with compute unified device architecture（CUDA）. The Journal of Supercomputing, 15（1）: 1-26.

Jimenez A, Aroba J, de la Torre M L, et al. 2009. Model of behaviour of conductivity versus pH in acid mine drainage water, based on fuzzy logic and data mining techniques. Journal of Hydroinformatics, 11（2）: 147-153.

Jo H, Harjoto M A. 2011. Corporate governance and firm value: the impact of corporate social responsibility. Journal of Business Ethics, 103（3）: 351-383.

Jolliffe I T. 1986. Principal Component Analysis. New York: Springer.

Kafouros M L. 2006. The impact ofthe Internet on R&D efficiency: theory and evidence. Technology, 26, 827-835.

Kaichang D, Deren L, Deyi L. 2000. Remote sensing image classification with GIS data based on spatial data mining techniques. Geo-Spatial Information Science, 3 (4): 30-35.

Kang Z, Luo F, Pan M, et al. 2004. Networked non-destructive testing system based on data mining technique. Journal of Test and Measurement Technology, 18 (3): 263-268.

Kaplan R S, Norton D P. 1996. Linking the balanced scorecard to strategy. California Management Review, 39(1): 53-78.

Katz S. 1974. The price and adjustment process of bonds to rating reclassifications: a test of bond market efficiency. The Journal of Finance, 29 (2): 551-559.

Kessels J. 2001. Verleiden tot kennisproductiviteit. Enschede, Universiteit Twente.

Khanna T, Yafeh Y. 2007. Business groups in emerging markets: paragons or parasites?Journal of Economic Literature, 45 (2): 331-372.

Kim D J, Ferrin D L, Rao H R. 2008.A trust-based consumer decision-making model in electronic commerce: the role of trust, perceived risk and their antecedents. Decision Support Systems, 44: 544-564.

Kim K J, Han I. 2000. Genetic algorithm approach to feature discretization in artificial neural network for the prediction of stock price index. Expert Systems with Applications, 19 (2): 125-132.

Kim M. 2013. Semi-supervised learning of hidden conditional random fields for time-series classification. Neuro Computing, 119: 339-349.

Kim S, Hovy E. 2004. Determining the sentiment of opinions. In Proceedings of the international conference on computational linguistics (COLING 2004) East Stroudsburg, PA, 1367.

Kim T Y, Oh K J, Sohn I, et al. 2009.Usefulness of artificial neural networks for early warning system of economic crisis. Expert Systems with Applications, 4: 583-593.

Kira K, Rendell L. 1992. A practical approach to feature selection. Proceedings of the Ninth International Conference on Machine Learning, Aberdeen, Scotland, Morgan Kaufmann.

Kirkos E, Spathis C, Manolopoulos Y. 2007. Data mining techniques for the detection of fraudulent financial statements. Expert Systems with Applications, 32 (4): 995-1003.

Ko M, Osei-Bryson K. 2006. Analyzing the impact of information technology investments using regression and data mining techniques. Journal of Enterprise Information Management, 19(4): 403-417.

Koller D, Sahami M. 1996. Toward optimal feature selection. Proceedings of International Conference on Machine Learning.

Korhonen P, Tainio R, Wallenius J. 2001. Value efficiency analysis of academic research. European Journal of Operational Research, 130 (1): 121-132.

Kucuksille E U, Selbas-R, Sencan A. 2009. Data mining techniques for thermophysical properties of refrigerants. Energy Conversion and Management, 50 (2): 399-412.

Kuo R J, Ho L M, Hu C M. 2002. Integration of self-organizing feature map and K-means algorithm for market segmentation. Computers and Operations Research, 29 (11): 1475-1493.

La Porta R, Lopez-de-Silanes F, Shleifer A, et al. 2002. Investor protection and corporate valuation. Journal of Finance, 57 (3): 1147-1170.

Lafferty J, Mccallum A, Pereira F. 2001. Conditional random fields: probabilistic models for segmenting and labeling sequence data.Proceedings of the International Conference on Machine Learning.

Lancashire L J, Mian S, Ellis I O, et al. 2005. Current developments in the analysis of proteomic data: artificial neural network data mining techniques for the identification of proteomic biomarkers related to breast cancer. Expert Systems with Applications, 32 (5): 1434-1445.

Lang M H, Lins K V, Miller D P. 2003. ADRs, analysts, and accuracy: does cross listing in the United States improve a firm's information environment and increase market value? Journal of Accounting Research, 41 (2): 317-345.

Larcker D F, Richardson S A, Tuna I. 2007. Corporate governance, accounting outcomes, and organizational performance. The Accounting Review, 82 (4): 963-1008.

Lee H, Park Y, Choi H. 2009. Comparative evaluation of performance of national R&D programs with heterogeneous objectives: a DEA approach. European Journal of Operational Research, 196 (3): 847-855.

Lee I, Liao S, Embrechts M. 2000. Data mining techniques applied to medical information. Medical Informatics and the Internet in Medicine, 25 (2): 81-102.

Lemmon M L, Lins K V. 2003. Ownership structure, corporate governance, and firm value: evidence from the East Asian financial crisis. Journal of Finance, 58 (4): 1445-1468.

Li C T, Tan Y H. 2006. Adaptive control of system with hysteresis using neural networks. Journal of Systems Engineering and Electronics, 17 (1): 163-167.

Li D. 2004. Is the AK model still alive? The long-run relation between growth and investment reexamined: Canadian. Journal of Economics, 35 (1): 92-114.

Li J, Liu J, Gu J, et al. 2007. Study of operation optimization based on data mining technique in power plants. Frontiers of Energy and Power Engineering in China, 1 (4): 457-462.

Li X, Li H, Zhou J, et al. 2011. Identifying water flooded layers based on the domain-driven data mining technique. Shiyou Kantan Yu Kaifa/Petroleum Exploration and Development, 38 (3): 345-351.

Lin H, Hsu C, Wang M J, et al. 2008. An application of data mining techniques in developing sizing systems for army soldiers in Taiwan. WEAS Transactions on Computers, 7（4）: 245-252.

Lin W T, Wang S J, Wu Y C, et al. 2011. An empirical analysis on auto corporation training program planning by data mining techniques. Expert Systems with Applications, 38（5）: 5841-5850.

Lins K V. 2003. Equity ownership and firm value in emerging markets. Journal of Financial and Quantitative Analysis, 38（1）: 159-184.

Liu N, Zhang B, Yan J, et al. 2005. Text representation: from vector to tensor. IEEE International Conference on Data Mining, ICDM, 144（2）: 725-728.

Lo A W. 2004. The adaptive markets hypothesis. The Journal of Portfolio Management, 30（5）: 15-34.

Loia V, Senatore S. 2014. A fuzzy-oriented sentic analysis to capture the human emotion in web-based content. Knowledge-Based Systems,（58）: 75-85.

Lustgarten S, Thomadakis S. 1987. Mobility barriers and Tobin's q. Journal of Business, 60（4）: 519-537.

Ma P C H, Chan K C C. 2007. An effective data mining technique for reconstructing gene regulatory networks from time series expression data. Journal of Bioinformatics and Computational Biology, 5（3）: 651-668.

Macleod H D. 1889. The theory of credit. London, New York, Longmans, Green, and Co.

Mahajan A, Dey L, Haque S M.2008. Mining financial news for major events and their impacts on the market. In IEEE/WIC/ACM international conference on web intelligence and intelligent agent technology, 8（1）: 23-26.

Mahesh S, Mahesh T R, Vinayababu M. 2010. Using data mining techniques for detecting terror-related activities on the web. Journal of Theoretical and Applied Information Technology, 16（2）: 99-104.

Mankiw N G. 1992. Macroeconomics in disarray. Society, 29（14）: 19-24.

Mara G V M, Sanehez M, Castro C, et al. 2008. Use of data envelopment analysis and Clustering in multiple criteria optimization .Intelligent Data Analysis, 12（1）: 89-101.

Mart S S. 2011. Dual effect of perceived risk on cross-national e-commerce. Internet Research, 21（1）: 46-66.

Martinelli E, Carvlho A D, Rezende S, et al. 1999.Rules Extractions from Banks' bankrupt Data Using Connectionist and Symbolic Learning Algorithms. In Proceedings Computational Finance Conference.

McConnell J J, Servaes H. 1990. Additional evidence on equity ownership and corporate value. Journal of Financial Economics, 27（2）: 595-612.

Megna P, Klock M. 1993. The impact of intangible capital on Tobin's q in the semiconductor industry. The Value of Intangible Assets, 83（2）: 265-269.

Mei D, Zhang X. 2007. Data mining techniques for structure of single XML document. Journal of Petrochemical Universities, 20 (1): 94-98.

Min J H, Lee Y C. 2005. Bankruptcy prediction using support vector machine with optimal choice of kernel function parameters.Expert Systems with Applications, 28 (4): 603-614.

Mittermayer M A. 2004. Forecasting intraday stock price trends with text mining techniques. In Proceedings of the 37th annual Hawaii international conference on system sciences. Hawaii.

Morck R, Yeung B. 2003. Agency problems in large family business group. Entrepreneurship, Theory and Practice, 27 (4): 367-382.

Morgan N A, Rego L L. 2009. Brand portfolio strategy and firm performance. Journal of Marketing, 73 (1): 59-74.

Mucherino A, Papajorgji P, Pardalos P. 2009. A survey of data mining techniques applied to agriculture. Operational Research, 9 (2): 121-140.

Munk M, Kapusta J, Svec P. 2010. Data preprocessing evaluation for web log mining: reconstruction of activities of a web visitor. International Conference on Computational Science, ICCS 2010, Procedia Computer Science, 1 (1): 2273-2280.

Munková D, Munk M, Fráterová Z, et al. 2012. Analysis of social and expressive factors of requests by methods of text mining. Pacific Asia Conference on Language, Information and Computation, PACLIC 26.

Nanni L, Lumini A. 2009. An experimental comparison of ensemble of classifiers for bankruptcy prediction and credit scoring. Expert Systems with Applications, 36 (2): 3028-3033.

Oh H, Doh I, Chae K. 2009. Attack classification based on data mining technique and its application for reliable medical sensor communication. International Journal of Computer Science and Applications, 6 (3): 20-32.

Ohana B, Tierney B. 2009. Sentiment classification of reviews using Senti-WordNet. 9th IT &T Conference, London.

Olafsson S, Li X, Wu S. 2008. Operations research and data mining. European Journal of Operational Research, 187 (3): 1429-1448.

Oxelheim L, Randoy T. 2003. The impact of foreign board membership on firm value. Journal of Banking and Finance, 27 (12): 2369-2392.

Pagourtzi E, Hatzichristos T, French N. 2003. Real estate appraisal: a review of valuation methods. Journal of Property Investment and Finance, 21 (4): 383-401.

Pang B, Lee L, Vaithyanathan S. 2002. Thumbs up? Sentiment classification using machine learning techniques. Proceedings of the 2002 conference on engineering methods in natural language processing, Morristown, NJ.

Parhizi S, Shahrabi J, Pariazar M. 2009. A new accident investigation approach based on data mining techniques. Journal of Applied Sciences, 9 (4): 731-737.

Pelletier R P, Diderrich G T. 2007. A note on breiman' s random forest data mining technique and conventional cox modeling of survival statistics. Communications in Statistics-Theory and Methods, 36 (10): 1953-1964.

Pendharkar P C, Rodger J A. 2004. An empirical study of impact of crossover operators on the performance of non-binary genetic algorithm based neural approaches for classification. Computers & Operations Research, 31 (4): 481-498.

Peramunetilleke D, Wong R K. 2002. Currency exchange rate forecasting from news headlines. Australian Computer Science Communications, (24): 131-139

Petty R, Guthrie J. 2000. Intellectual capital literature overview: measurement, reporting and management. Journal of Intellectual Capital, 1 (2): 155-176.

Pigneur Y, Fang G. 2010. The configuration and performance of international innovation networks: some evidence from the Chinese software industry. International Journal of Learning and Intellectual Capital, 38 (7): 167-187.

Pino R, Parreno J, Gomez A, et al. 2008.Forecasting next-day price of electricity in the Spanish energy market using artificial neural networks. Engineering Applications of Artificial Intelligence, 21 (1): 53-62.

Popovic Z. 2004. Implementation of data mining techniques in construction estimating. Neural, Parallel and Scientific Computations, 12 (1): 37-52.

Qiang Y, Guo Y, Zhang S, et al. 2008. Using data mining techniques to establish solitary pulmonary nodules diagnosis model. Chinese Journal of Medical Imaging Technology, 24 (3): 438-442.

Questier F, Put R, Coomans D, et al. 2005. The use of CART and multivariate regression tree for supervised and unsupervised feature selection. Chemometrics and Intelligent Laboratory System, 76: 45-54.

Rachlin G, Last M, Alberg D, et al. 2007 .ADMIRAL: a data mining based financial trading system. In IEEE symposium on computational intelligence and data mining.

Radosavljevic V, Vucetic S, Obradovic Z. 2010. A data-mining technique for aerosol retrieval across multiple accuracy measures. IEEE Geoscience and Remote Sensing Letters, 7(2): 411-415.

Ranjan J, Bhatnagar V. 2010. Application of data mining techniques in the financial sector for profitable customer relationship management . International Journal of Information and Communication Technology, 2 (4): 342-354.

Rao B B. 2010. Time-series econometrics of growth-models: a guide for appied economists. Applied Economics, 42: 73-86.

Rao V R, Agarwal M K, Dahlhoff D. 2004. How is manifest branding strategy related to the intangible value of a corporation? Journal of Marketing, 68（4）: 126-141.

Ravisankar P, Ravi V, Rao R G, et al. 2011. Detection of financial statement fraud and feature selection using data mining techniques. Decision Support Systems, 50（2）: 491-500.

Reacy W F, Carey M. 2000. Credit risk rating systems at large US banks. Journal of Banking & Finance,（1）: 167-201.

Ribeiro M, Plastino A, Martins S. 2006. Hybridization of GRASP metaheuristic with data mining techniques. Journal of Mathematical Modelling and Algorithms, 5（1）: 23-41.

Riquelme J C, Ruiz R, Rodriguez D, et al. 2009. JISBD 04: finding defective software modules by means of data mining techniques. Latin America Transactions, IEEE（Revista IEEE America Latina）, 7（3）: 377-382.

Romer P M. 1990. Capital, labor, and productivity. Brookings Papers on Economic Activity. Microeconomics, 1990: 337-367.

Roos G, Roos J. 1997. Measuring your company's intellectual performance. Long Range Planning, 30（3）: 413-426.

Rygielski C, Wang J, Yen D C. 2002. Data mining techniques for customer relationship management. Technology in Society, 24（4）: 483-502.

Saitta S, Raphael B, Smith I F C. 2005. Data mining techniques for improving the reliability of system identification. Advanced Engineering Informatics, 19（4）: 289-298.

Sanchez A, Pena J M, Perez M S, et al. 2004. Improving distributed data mining techniques by means of a grid infrastructure. Expert Systems with Applications, 26（1）: 21-33.

Schumaker R P, Chen H. 2009. Textual analysis of stock market prediction using breaking financial news: the AZFin text system. ACM Transactions of Information Systems, 27: 1-19.

Schumaker R P, Zhang Y, Huang C N, et al. 2012. Evaluating sentiment in financial news articles. Decision Support Systems, 53（3）: 458-464.

Segura A, Vidal-Castro C, Menendez-Domínguez V, et al. 2011. Using data mining techniques for exploring learning object repositories. Electronic Library, 29（2）: 162-180.

Setoguchi S, Schneeweiss S, Brookhart M A, et al. 2008. Evaluating uses of data mining techniques in propensity score estimation: a simulation study. Pharmacoepidemiology and Drug Safety, 17（6）: 546-555.

Shahrabi J, Neyestani R S. 2009. Discovering iranians' shopping culture by considering virtual items using data mining techniques. Journal of Applied Sciences, 9（13）: 2351-2361.

Shapira P, Youtie J. 2006. Measures for knowledge-based economic development: introducing data mining techniques to economic developers in the state of georgia and the US south. Technological Forecasting and Social Change, 73（8）: 950-965.

Shapiro C, Varian H. 1999. Information Rules. Boston: Harvard Business School Press.

Shaver J M, Flyer F. 2000. Agglomeration economies, firm heterogeneity and foreign direct investment in the United States. Strategic Management Journal, 21 (12): 1175-1193.

Shen C, Chuang H. 2009. A study on the applications of data mining techniques to enhance customer lifetime value. WSEAS Transactions on Information Science and Applications, 6(2): 319-328.

Shin K S, Lee Y J. 2002. A genetic algorithm application in bankruptcy prediction modeling. Expert Systems with Applications, 23 (3): 321-328.

Silva F, Majluf N, Paredes R D. 2006. Family ties, interlocking directors and performance of business groups in emerging countries: the case of Chile.Journal of Business Research, 59 (3): 315-321.

Singhal A, Jajodia S. 2006. Data warehousing and data mining techniques for intrusion detection systems. Distributed and Parallel Databases, 20 (2): 149-166.

Smith K A, Gupta J N D. 2000. Neural networks in business: techniques and applications for the operations researcher. Computers & Operations Research, 27 (11~12): 1023-1044.

Sohn S Y, Lee S H. 2003. Data fusion, ensemble and clustering to improve the classification accuracy for the severity of road traffic accidents in Korea. Safety Science, 41 (1): 1-14.

Solow R M. 1956.A contribution to the theory of economic growth. The Quarterly Journal of Economics, 70 (1): 65-94.

Soni A, van Eck N J, Kaymak U. 2007. Prediction of stock price movements based on concept map information. In IEEE symposium on computational intelligence in multicriteria decision making.

Srivastava A N, Oza N C, Stroeve J. 2005. Virtual sensors: using data mining techniques to efficiently estimate remote sensing spectra. Geoscience and Remote Sensing, IEEE Transactions on Engineering, 43 (3): 590-600.

Steiner M, Heinke V G. 2001. Event study concerning international bond price effects of credit rating actions. International Journal of Finance & Economics, 6: 139-158.

Stewart T A. 1997. Intellectual Capital.London: Nicholas Brealey Publishing.

Su Q, Shao P, Zou T. 2010. CRBT customer churn prediction: can data mining techniques work? International Journal of Networking and Virtual Organisations, 7 (4): 353-365.

Sueyoshi T, Goto M. 2013. A use of DEA-DA to measure importance of R&D expenditure in Japanese information technology industry. Decision Support Systems, 54 (2): 941-952.

Sugihara T. 2006. An approach of electric power demand forecasting using datamining method: a case study of application of data-mining technique to improve decision making. International Journal of Management and Decision Making, 7 (1): 88-104.

Sugumaran V, Muralidharan V, Ramachandran K I. 2007. Feature selection using decision tree and classification through proximal support vector machine for fault diagnostics of roller bearing. Mechanical Systems and Signal Processing, 21 (2): 930-942.

Sui L，Meng L. 2001. Adding the value of NAVTECH road database：an implementation of spatial data mining techniques. Journal of Geographical Sciences，11：69-73.

Sveiby K. 1997. The New Organizational Wealth：Managing and Measuring Knowledge-based Assets. San Francisco：Barrett-Kohler Publishers.

Symeonidis A L，Kehagias D D，Mitkas P A. 2003. Intelligent policy recommendations on enterprise resource planning by the use of agent technology and data mining techniques. Expert Systems with Applications，25（4）：589-602.

Tam K Y，Kiang M Y 1992. Managerial applications of neural networks：the case of bank failure prediction. Management Science，38（7）：926-947.

Tam S，Cheing G L Y，Hui-Chan C W Y. 2004. Predicting osteoarthritic knee rehabilitation outcome by using a prediction model developed by data mining techniques. International Journal of Rehabilitation Research，27（1）：65-69.

Teo T S H，Liu J. 2007. Consumer trust in e-commerce in the United States，Singapore and China. Omega，35：22-38.

Tetlock P C，Saar-Tsechansky M，Macskassy S. 2008. More than words：quantifying language to measure firms' fundamentals. The Journal of Finance，（63）：1437-1467

Theodoridis S，Koutroumbas K. 2006. Pattern Recognition（3rd ed.）. New York：Academic Press.

Thiruvadi S，Patel S C. 2011. Survey of data-mining techniques used in fraud detection and prevention. Information Technology Journal，10（4）：710-716.

Thomton H. 1999. The discussion of the nature and function of credit for great Britain，London，England，1802.

Tobin J. 1969. A general equilibrium approach to monetary theory. Journal of Money，Credit，and Banking，1（1）：15-29.

Trafalis T B，Richman M B，White A，et al. 2002. Data mining techniques for improved WSR-88D rainfall estimation. Computers and Industrial Engineering，43（4）：775-786.

Treacy W F，Carey M. 2000. Credit risk rating systems at large US banks. Journal of Banking & Finance，（1）：167-201.

Tremblay M C，Dutta K，Vandermeer D. 2010. Using data mining techniques to discover bias patterns in missing data. Journal of Data and Information Quality，2（1）：23-55.

Tsai C，Chen M. 2008. Using adaptive resonance theory and data-mining techniques for materials recommendation based on the e-library environment. Electronic Library，26（3）：287-302.

Tsai C，Lu Y. 2010. Data mining techniques in customer churn prediction. Recent Patents on Computer Science，3（1）：28-32.

Tsai C F. 2009. Feature selection in bankruptcy prediction. Knowledge-Based Systems，22（2）：120-127.

Tsai C F, Wu J W. 2008. Using neural network ensembles for bankruptcy prediction and credit scoring. Expert Systems with Applications, 34 (4): 2639-2649.

Tsai C F, Chen M L. 2010. Credit rating by hybrid machine learning techniques. Applied Soft Computing, 10 (2): 374-380.

Tu C, Chang C, Chen K, et al. 2011. Application of data mining technique in the performance analysis of shipping and freight enterprise and the construction of stock forecast model. Journal of Convergence Information Technology, 6 (3): 331-342.

Tzeng M, Goo Y J J.2005. Intellectual capital and corporate value in an emerging economy: empirical study of Taiwanese manufacturers. R&D Management, 35 (2): 187-201.

Vandemaele S N, Vergauwen P G M C, Smits A J. 2005. Intellectual capital disclosure in The Netherlands, Sweden and the UK: a longitudinal and comparative study. Journal of Intellectual Capital, 6 (3): 417-426.

Vega J, Pereira A, Portas A, et al. 2008. Data mining technique for fast retrieval of similar waveforms in fusion massive databases. Fusion Engineering and Design, 83 (1): 132-139.

Vergauwen P, Bollen L, Oirbans E. 2007. Intellectual capital disclosure and intangible value drivers: an empirical study. Management Decision, 45 (7): 1163-1180.

Verikas A, Kalsyte Z, Bacauskiene M, et al. 2010. Hybrid and ensemble-based soft computing techniques in bankruptcy prediction: a survey. Soft Computing, 14 (9): 995-1010.

Vu T T, Chang S, Ha Q T, et al. 2012. An experiment in integrating sentiment features for tech stock prediction in twitter. In Proceedings of the workshop on information extraction and entity analytics on social media data. Mumbai, India: The COLING 2012 Organizing Committee.

Wan S, Lei T C, Chou T Y. 2010. A novel data mining technique of analysis and classification for landslide problems. Natural Hazards, 52 (1): 211-230.

Wang E C, Huang W. 2007. Relative efficiency of R&D activities: across-country study accounting for environmental factors in the DEA approach. Research Policy, 36 (4): 260-273.

Wang X, Tang J, Liu H. 2011. Document clustering via matrix representation. IEEE International Conference on Data Mining, ICDM.

Wang Y, Chiang D, Lai S, et al. 2010. Applying data mining techniques to WIFLY in customer relationship management. Information Technology Journal, 9 (3): 488-493.

Wang Y M, Chin K S. 2010. A neutral DEA model for cross-efficiency evaluation and its extension. Expert Systems with Applications, 37 (5): 3666-3675.

Wasan S K, Bhatnagar V, Kaur H. 2006. The impact of data mining techniques on medical diagnostics. Data Science Journal, 5: 119-126.

Werner A, Myrray Z F. 2004. Is all that talk just noise? The information content of internet stock message boards. Journal of Finance, (10): 1259-1294.

West D, Dellana S, Qian J. 2005. Neural network ensemble strategies for financial decision applications. Computers & Operations Research, 32（10）: 2543-2559.

Wi Y, Song K, Joo S. 2009. Data mining technique using the coefficient of determination in holiday load forecasting. Transactions of the Korean Institute of Electrical Engineers, 58（1）: 18-22.

Wiwattanakantang Y. 2001. Controlling shareholders and corporate value: evidence from Thailand. Pacific-Basin Finance Journal, 9（4）: 323-362.

Wong J, Chen H, Chung P, et al. 2006. Identifying valuable travelers and their next foreign destination by the application of data mining techniques. Asia Pacific Journal of Tourism Research, 11（4）: 355-373.

Wu X, Kumar V, Quinlan J R, et al. 2008. Top 10 algorithms in data mining. Knowledge Information System, 14: 1-37.

Xiao H, Zhang G, Liu D, et al. 2006. Selecting forest fire spreading models based on the fuzzy data mining technique. Journal of Beijing Forestry University, 28（6）: 93-97.

Xie B, Davidson Ⅲ W N, Dadalt P J. 2003. Earnings management and corporate governance: the role of the board and the audit committee. Journal of Corporate Finance, 9（3）: 295-316.

Yang J, Olafsson S. 2006. Optimization-based feature selection with adaptive instance sampling. Computers & Operations Research, 33（11）: 3088-3106.

Yu H, Xie Y, Zhou Z, et al. 2004. Application of holter ECG signal analysis based on wavelet and data mining technique. Transactions of Tianjin University, 10（2）: 126-129.

Yu H, Zhang L, Liu W, et al. 2006. Application of holter ECG signal analysis based on wavelet and data mining technique. Journal of Tianjin University Science, 12（3）: 243-254.

Yu Y, Duan W, Cao Q. 2013. The impact of social and conventional media on firm equity value: a sentiment analysis approach. Decision Support Systems, 55（4）: 919-926.

Zhai Y, Hsu A, Halgamuge S K. 2007. Combining news and technical indicators in daily stock price trends prediction. In Proceedings of the 4th international symposium on neural networks: advances in neural networks Part Ⅲ. Nanjing, China.

Zhan G, Patuwo B E, Hu M Y. 1998. Forecasting with artificial neural network: the state of the art. International Journal of Forecasting, 14（1）: 35-62.

Zhang A, Zhang Y, Zhao R. 2003. A study of the R&D efficiency and productivity of Chinese firms. Journal of Comparative Economics, 31（3）: 444-464.

Zhang S, Jia W J, Xia Y J, et al. 2009. Opinion analysis of product reviews. Proceedings of the 6th International Conference on Fuzzy Systems and Knowledge Discovery. Tianjin, China.

Zhen H, Chang K, Kim J J, et al. 2014. Identifying features in opinion mining via intrinsic and extrinsic domain relevance. IEEE Transactions on Knowledge & Data Engineering, 26（3）: 623-634.

Zhong W, Yuan W, Li S X, et al. 2011. The performance evaluation of regional R&D investments in China: an application of DEA based on the first official China economic census data. Omega, 39（4）: 447-458.